Oriel Klatt, Eliah Arcuri,
Elio Nora Hillermann, Jo Menhard,
Katharina Vitt, Tom Wulf
als Herausgeber_innenkollektiv

freie fäden

Perspektiven auf Beziehungsweisen im Kapitalismus

Dieses Buch ist ein gefördertes Sonderprojekt der Österreichischen Hochschüler_innenschaft und wurde u.A. ebenfalls gefördert vom RefRat der Humboldt-Universität zu Berlin.

Oriel Klatt, Eliah Arcuri, Elio Nora Hillermann, Jo Menhard, Katharina Vitt und Tom Wulf als Herausgeber_innenkollektiv (Hg.)

FRAGILE FÄDEN

Perspektiven auf Beziehungsweisen im Kapitalismus

1. Auflage 2024

ISBN 978-3-96042-189-4

info@edition-assemblage.de | www. edition-assemblage.de

Umschlag:

Satz: Hannah C. Rosenblatt | edition assemblage

Lektorat: Elio Nora Hillermann, Jo Menhard und Eliah Arcuri

Druck: Interpress | Printed in Hungary 2024

Die Deutsche Bibliothek verzeichnet diese Publikation in der Deutschen Nationalbibliografie; detaillierte bibliografische Daten sind im Internet über http://dnb.ddb.de abrufbar.

Oriel Klatt, Eliah Arcuri,
Elio Nora Hillermann, Jo Menhard,
Katharina Vitt und Tom Wulf

als Herausgeber_innenkollektiv

Fragile Fäden

Perspektiven auf Beziehungsweisen im Kapitalismus

edition assemblage

Inhalt

Das Herausgeber_innenkollektiv

Bzw. Sammelband

Fragile Fäden: Das sind die Fäden, die uns verbinden, dich und mich. Von mir führen Fäden zu dir, dort hören sie nicht auf, sondern führen weiter zu anderen Lebewesen, Orten, Dingen oder Ideen. Die Fäden verstricken uns miteinander und mit der Welt. Sie setzen uns in Beziehung. Sie trennen uns aber auch voneinander und manchmal durchtrennen wir sie. Viele der Fäden haben wir uns nicht ausgesucht. Sie sind trotzdem da, wirken subtil, aber beständig. Wir bemerken oft nicht, wie sehr sie uns einengen und unsere Vorstellungskraft abschnüren. Dann wieder spüren wir ihre ganze unterdrückende Gewalt. Sich aus diesen Fäden zu lösen ist gar nicht so einfach. Doch da sind auch jene Fäden, die wir selbst mit Mühe gesponnen haben. Sie bilden für uns ein schützendes Auffangnetz. In ihnen bündeln wir unsere widerständigen Kräfte.

Die Fäden dienen uns als ambivalentes Sinnbild. Einerseits symbolisieren sie unsere vermeintlich unauflösbare Verstrickung in kapitalistische Strukturen. Sie erscheinen uns als reißfeste, quasi-natürliche Kontinuitäten. Sie sind schon so lange da, dass der Eindruck entsteht, sie würden da irgendwie hingehören. Deshalb suchen wir nach ihren Schwachstellen und beleuchten die Fragilität des kapitalistischen Fadenwerks. Denn es ist weder naturgegeben noch zeitlos. Es ist historisch gewachsen, stets krisenhaft und in Bewegung. Bisweilen wird es durch Proteste und Revolten auf die Zerreißprobe gestellt. Andererseits versinnbildlichen die Fäden unsere zarten Netzwerke gegenseitiger Unterstützung und politischer Kämpfe. Sie verknüpfen uns mit unseren Freund_innen, Nachbar_innen, Communities, Kollektiven, sozialen Bewegungen. In diesen gewebten Netzen suchen wir gemeinsam nach Möglichkeiten, nicht-kapitalistische, solidarische Beziehungsweisen zu entwickeln und zu leben.

Die hier versammelten Autor_innen wollen Kritik üben, Bestehendes untergraben und Visionen entwerfen. Sie fragen danach, wie der Kapitalismus die Art und Weise, wie wir uns in Beziehung setzen, beeinflusst – und danach, wie wir uns in Beziehung setzen könnten, um uns kapitalistischen Strukturen zu widersetzen. Wie könnten Beziehungsweisen aussehen, die nicht mit Unterdrückung, Ausbeutung, Ausgrenzung und Gewalt einhergehen? Und was bliebe übrig vom kapitalistischen Fadenwerk, würden wir diese Beziehungsweisen leben?

Der Begriff der Beziehungsweisen

Mit dem Begriff der ‚Beziehungsweisen' umschreiben wir die Art und Weise, wie wir uns zu uns selbst, zu anderen Menschen und zu unserer dinglichen und lebendigen Umwelt verhalten. Dabei denken wir immer die ökonomischen Verhältnisse mit, die diese Beziehungsweisen bestimmen. Wir verwenden den Begriff lose in Bezug auf Bini Adamczaks Buch *Beziehungsweise Revolution* (2017). Darin beschreibt sie Beziehungsweisen als historisch gewachsene Formen des Sich-Beziehens, die immer von der vorherrschenden Produktionsweise geprägt sind. Entsprechend werden *kapitalistische* Beziehungsweisen von Aspekten wie (Selbst-)Ausbeutung, Entfremdung, Austauschbarkeit, Warenförmigkeit oder Individualisierung bestimmt. Daher, so Adamczak, müsse die nächste Revolution eine Revolution der Beziehungsweisen sein (vgl. Adamczak 2017: 102, 217). Eine solche Revolution hätte zum Ziel, von Ausbeutung, Konkurrenz und Individualisierung geprägte Beziehungsweisen durch solidarische Beziehungsweisen zu ersetzen. Adamczaks Ausführungen dienen uns als Inspiration und stellen einen Bezugspunkt dar, der uns bei unserer Arbeit an diesem Band stets begleitet hat. Wir bauen darauf auf. Zugleich möchten wir den Begriff der Beziehungsweisen auch anders lesbar machen, indem die hier thematisierten Beziehungsweisen oft auf eine sehr persönliche Art und Weise verhandelt werden.

Raus aus der Uni

Dieser Sammelband hat seinen Ursprung im akademischen Kontext. Entsprechend hatten wir am Anfang des Projekts noch die Idee, wissenschaftliche Essays zu veröffentlichen, die an den Begriff der Beziehungsweisen anknüpfen sollten. Wir orientierten uns dabei an der Vorstellung davon, wie Wissenschaftlichkeit im deutschen universitären Raum auszusehen hat: Wissenschaftliche Texte sollen dort zumeist rational, objektiv, entkörpert und in einer kühlen Distanz zur Thematik verfasst werden. Dieses Konzept von Wissenschaftlichkeit ist jedoch historisch gewachsen. Es beruht auf einer männlich dominierten eurozentristischen Haltung, die im universitären Raum oftmals als einzig legitime Perspektive auf Wissen anerkannt wird. Diese starre Formvorstellung des wissenschaftlichen Essays wurde den vielfältigen Perspektiven auf Beziehungsweisen im Kapitalismus, die wir abbilden wollten, nicht gerecht. Durch verschiedene Beiträge haben wir uns von der dichotomen Einteilung in wissenschaftliche und nicht-wissenschaftliche Texte wegbewegt, uns für eine machtkritische Wissensproduktion und damit auch für unterschiedliche Textformen geöffnet. Wir schätzen es wert, dass wir und die Autor_innen mit unseren Gefühlen, gesellschaftlichen Positionen, Körpern und unserem Aktivismus in den Beiträgen auftauchen. Um in den Texten Raum für Emotionen und persönliche Erfahrungen zu schaffen, wurde essayistisch oder lyrisch geschrieben, auch Formate wie verschriftlichte Gespräche oder *embodied writings* sind enthalten. Es wurde aus verschiedenen Perspektiven heraus beschrieben, was es bedeutet, im Kapitalismus zu leben, sich gegen ihn aufzulehnen und wie es nach ihm – ohne ihn – sein könnte.

Ein Mosaik

Die hier versammelten Texte bilden ein Mosaik aus unterschiedlichen Perspektiven und Themen. Sie leisten einen Beitrag gegen die linke Bilderarmut. Sie sind nicht die ersten ihrer Art und werden keinesfalls die letzten sein. Sie sollen Mut machen, Verhältnisse nicht nur zu kritisieren, sondern auch zu verändern. Sie wollen zeigen, dass antikapitalistische Praxis darin besteht, sowohl in der Breite (Geschlechterverhältnisse, Rassismus, Mensch-Umwelt-Beziehungen etc.) als auch in der Tiefe (Emotionen, Körper, Nahbeziehungen etc.) anzusetzen. Was die Texte miteinander verbindet, ist eine solche antikapitalistische Grundhaltung. Daher werden in den Beiträgen politische Themen und persönliche Erfahrungen stets an ökonomische Verhältnisse zurückgebunden: Wer oder was ist wertvoll oder wertlos, wem gehört was und wie viel davon, wer wird gehört, wer gilt als schützenswert und wer nicht? Die gesellschaftlich vorherrschenden Antworten auf Fragen wie diese folgen kapitalistischen Logiken. In den vorliegenden Texten wird der Versuch unternommen, diese Logiken immer wieder zu benennen und zu verstehen, wie und warum sie da sind. Diese Stoßrichtung erscheint geeignet, kapitalistische Beziehungsweisen zu entnaturalisieren, zu kritisieren und zu verändern. Die Ausrichtung dieses Sammelbands ist also eine antikapitalistische, mit unterschiedlichen Ausprägungen und Gewichtungen: Die Positionen der Texte bzw. ihrer Autor_innen reichen von anarcha-queerfeministisch bis marxistisch-kommunistisch. Wir haben uns aktiv für diese Vielfalt an Perspektiven entschieden, und zwar mit dem Willen, als linkes Kollektiv strömungsübergreifend zu arbeiten. Wir wollen uns von Differenzen nicht spalten lassen, sondern solidarisch mit ihnen umgehen. Wir betrachten es als inhaltliche Grundlinie dieses Sammelbands, dass Unterdrückungsformen wie (Cishetero-)Sexismus, Rassismus, Ableismus, Antisemitismus oder Dickenfeindlichkeit mit kapitalistischen Strukturen verwoben sind und einander bedingen.

Situiertes Wissen

Eine weitere Grundidee dieses Sammelbands ist, dass alles Wissen situiert ist. Das heißt, dass Wissen nicht im leeren Raum entsteht, sondern durch Körper, Kontexte und eine bestimmte Perspektive auf die Welt hervorgebracht wird. Welcher Mensch mit welchem Körper zu welchem Zeitpunkt und an welchem Ort zu einer bestimmten Erkenntnis kommt, ist entscheidend – entscheidend dafür, welches Wissen entsteht und welches nicht. Und es ist entscheidend dafür, ob das jeweilige Wissen Anerkennung findet oder eben nicht. Die Tatsache, dass in diesem Band unterschiedliche Perspektiven auf verschiedene, sich überschneidende Unterdrückungsformen eingenommen werden, schließt an einen intersektionalen Blickwinkel an. Der Begriff ‚Intersektionalität' wurde von Kimberlé Crenshaw eingeführt und beschrieb ursprünglich, dass es zum besseren Verständnis der Unterdrückung Schwarzer Frauen andere Werkzeuge sowie andere politische Kämpfe benötigt als jene, die für *weiße* Frauen oder Schwarze Männer in Betracht kämen. Crenshaws Appell bestand darin, dass ein sinnvoller Blick auf die soziale Welt mehrere Dimensionen von Identität adressieren sollte (vgl. Crenshaw 1991: 1245). Das Konzept der Intersektionalität verweist darauf, dass jede Erfahrung von Unterdrückung spezifisch ist und jede Perspektive auf die Welt davon geprägt ist, wie Menschen in ihr positioniert sind. Wissen ist demnach kein in sich abgeschlossener, feststehender Gegenstand, sondern ein sich stetig in Veränderung befindliches Gebilde, das sich je nach Betrachter_in und Betrachtungswinkel anders zusammenfügt.

Wir sind uns bewusst, dass die Grenzen unserer eigenen Blickwinkel Ein- und Ausschlüsse (re-)produzieren. Daher ist es unser Anspruch, die gesellschaftliche Position, aus der heraus wir denken, handeln und fühlen sowie die Stärken und Einschränkungen unserer Positionierungen transparent zu machen. Gleichzeitig ist uns mindestens genauso wichtig, wie wir uns zu unseren Positionierungen und den damit einhergehenden toten Winkeln verhalten. Wir betrachten es als Teil kritischer Wissensproduktion, dass wir unsere Privilegien reflektieren, aufbrechen und mitteilen. Wir wollen uns in unserer Betroffenheit politisch positionieren und in Solidarität verbinden.

Zugänge und Zugänglichkeiten

Die Herausgabe dieses Sammelbands war ein jahrelanger gemeinschaftlicher Arbeitsprozess, der von vielen politischen Aushandlungen, Lernmomenten, Fallstricken und Debatten begleitet war. Eine Debatte um Zugänglichkeit etwa führte zu einem den Beiträgen vorangestellten Glossar und zu integrierten Infoboxen. Damit wollen wir sichtbar machen, dass Wissen nicht vorausgesetzt werden kann. Erklärungen sollen nicht nur als Randnotizen oder Fußnoten erscheinen, sondern einen prominenten Platz einnehmen. Im Glossar und in den Infoboxen finden Lesende bei Interesse Informationen zu Begriffen und Konzepten, die zum Verständnis der Texte hilfreich sind. Der Sprachstil im akademischen Bereich stellt eine hohe Hürde für viele Menschen dar. Dass wir uns von unserem akademischen Hintergrund nicht vollständig frei machen können, ist uns im Laufe der Zeit klar geworden. Wir können aber versuchen, die dort vorherrschenden Maßstäbe an Sprache und Textformate aufzubrechen, indem wir versuchen, Barrieren abzubauen und eben nicht ‚zu akademisch' zu schreiben. Wir hoffen, dass dadurch die Idee der widerständigen und solidarischen Beziehungsweisen auch über den akademischen Rahmen hinaus zugänglich gemacht werden kann.

Kollektive Wissensproduktion

Dieser Sammelband entstand aus einem Modus des kollektiven Arbeitens heraus, der aktiv hergestellt wurde. Ein Kollektiv von sechs Personen trug die Herausgeber_innenschaft gemeinsam und teilte sich alle damit einhergehenden Aufgaben. In kleinschrittigen Prozessen wurde das Entstehen der einzelnen Beiträge begleitet. Teil der kollektiven Arbeit war auch das wiederholte Infragestellen und Neuaushandeln einzelner Arbeitsschritte und Verfahrensweisen, die mit dem Veröffentlichungsprozess einhergingen. In jedem Schritt, der uns der Veröffentlichung näherbrachte, spiegelten sich die politischen Ansprüche und Aushandlungen des Kollektivs wider. So entstand eine ganz eigene Beziehungsweise, nämlich die des kollektiven Publizierens unter kapitalistischen Bedingungen. Sie setzt sich zusammen aus Gesprächen über die Verteilung von *emocare*[1] und dem Ausgleich von Mehrarbeit im Kollektiv; aus der kontinuierlichen Aushandlung von Verantwortlichkeiten; oder aus dem gegenseitig aufgefangenen Frust über den chronischen Zeitmangel im Kapitalismus. All das und ganz viel leckeres Essen aus der Gemeinschaftsküche, *Energizer*-Spiele im Garten und müde Witze

1 Mit *emocare* ist hier emotionale Sorgearbeit gemeint.

vor dem Bildschirm während unzähliger digitaler Treffen ermöglichten es, dieses Projekt zu Ende zu bringen. So entstanden die unsichtbaren Fäden, die unser Kollektiv über die Jahre zusammengehalten haben. Vor diesem Hintergrund beinhaltet das vorliegende Buch nicht nur eine vielstimmige Reflexion über Beziehungsweisen im Kapitalismus. Es ist darüber hinaus eine konkrete, greifbare Materialisierung einer solchen Beziehungsweise selbst. Der Sammelband und dessen Entstehungsprozess sind verheddert in den Fäden des kapitalistischen Verwertungszwangs und versuchen zugleich, sich daraus zu befreien.

Failure Feiern

Im Zuge der gemeinsamen Arbeit hat sich als politische Richtschnur entwickelt, dass wir uns dem kapitalistischen Imperativ des effizienten, schnellen, Output-orientierten Arbeitens nicht unterwerfen möchten. Stattdessen haben wir uns entschieden, auf unsere Belastungsgrenzen zu achten und uns Zeit zu nehmen, um unseren politischen Ansprüchen gerecht zu werden. Dazu gehörte auch, zuzulassen, dass wir bestimmte Dinge nicht umsetzen, nicht leisten können. Das Scheitern zu akzeptieren kann als das verstanden werden, was Jack Halberstam *The queer Art of Failure* nennt: die aktive Verweigerung, bestimmte gesellschaftliche Normen zu erfüllen (vgl. Halberstam 2011). Nicht selten sind unsere politischen Wünsche für das Projekt, das wir als Herausgeber_innen unentlohnt neben Studium, Jobs und anderen Politprojekten umgesetzt haben, mit unseren begrenzten Kapazitäten in Konflikt geraten. Im Umgang damit war es uns ein Anliegen, diese Schwierigkeit zu adressieren. Weder wollten wir leichtfertig politisch wichtige Arbeit unterlassen noch über die Grenzen unserer Belastbarkeit gehen. Trotz aller Herausforderungen haben wir über die Zeit nie den liebevollen Blick füreinander und die Wertschätzung für unsere Arbeit verloren. Entsprechend ist dieser Sammelband, kitschig ausgedrückt, einfach *not perfect* und vielleicht gerade deshalb auch ganz gut so, wie er ist.

Ein lückenhaftes Mosaik

Einige Themen, die für uns in der Auseinandersetzung mit dem kapitalistischen Gefüge zentral sind und die in diesem Sammelband einen Platz haben müssten, blieben unbehandelt. Diese Themen sind beispielsweise Flucht und Vertreibung, Krieg, Antisemitismus, die Ausbeutung und Entwertung von Menschen, die be_hindert werden oder Gefängnis- oder Psychiatrieerfahrungen machen. Dies hängt nicht zuletzt mit der Positionierung von uns als Herausgeber_innen zusammen: Der Sammelband ist und bleibt geprägt von der Arbeit eines *weißen*, queeren, akademisierten Herausgebers_innenkollektivs. Dies ist zu einem wichtigen Diskussionsfeld innerhalb der Herausgeber_innengruppe geworden, welches uns die Strukturen hat reflektieren lassen, in denen wir das Projekt umgesetzt haben. Manche Aushandlungsprozesse der letzten Jahre bilden sich im Sammelband gut sichtbar ab, manche könnt ihr nur zwischen den Zeilen lesen und schmecken. Doch von Beginn an waren die Wissensbestände, Gefühle, Gedanken, Vorstellungen, Perspektiven und Erfahrungen von manchen marginalisierten und mehrfachdiskriminierten Personen weniger sicht-, hör- und fühlbar. Im Ergebnis entstand ein lückenhaftes Mosaik. An den Leerstellen können die fehlenden Mosaiksteine künftig noch eingesetzt werden. Nicht länger durch uns, aber durch die vielen anderen, die ihre eigenen fragilen Fäden spinnen und dabei Netzwerke des Widerstands weben.

Danke

Wir möchten uns bei allen bedanken, die diesen Sammelband ermöglicht haben! Bei *edition assemblage* für die geduldige und herzliche Begleitung sowie für das durchgehende Vertrauen in dieses Projekt. Bei allen Autor_innen für eure Mitarbeit, großartigen Beiträge, Ideen, kritischen sowie konstruktiven Feedbacks und vor allem für eure Geduld mit uns und dem langjährigen Prozess. Ohne euch wäre dieser Sammelband nicht das, was er ist. Bei allen ehemaligen Kollektivmitgliedern, insbesondere Emilia Mertens, die ein großes Stück des Wegs zur Veröffentlichung mit uns gegangen ist. Ohne finanzielle Unterstützung durch Fördergeber_innen wäre dieses Buch nie zustande gekommen und wir möchten uns bei allen Organisationen, Gruppen, Gremien und Ausschüssen bedanken, die uns unterstützt haben.

Darüber hinaus möchten wir ein großes Danke an alle lieben Menschen und auch an unsere nicht-menschlichen Begleiter_innen aussprechen, die uns auf unterschiedliche Art und Weise unterstützt haben. Danke für Feedback, Ideen, Anregungen, Austausch und Kontakt, offene Ohren, leckeres Essen, gute Laune und ganz viel mehr. Besonders danken wir den lieben Menschen, die uns im ländlichen Sachsen-Anhalt einen ruhigen, gemütlichen Ort zur Verfügung gestellt haben, der uns mehrfach ähnlich einem Schneckenhaus als Rückzugsort zum Arbeiten gedient hat.

Zu guter Letzt bedanken wir uns bei all den Menschen, die uns mit ihren Büchern und Geschichten bereichern und deren Gedanken und Ideen, Handeln und Leben uns anregen; bei Bini Adamczak für die Inspiration durch das Buch

Beziehungsweise Revolution und bei allen Lesenden, die während der Lektüre in ihren Gedanken weiterspinnen.

Literatur

Adamczak, Bini (2017): *Beziehungsweise Revolution: 1917, 1968 und kommende*. Berlin: Suhrkamp.

Crenshaw, Kimberlé (1991): „Mapping the Margins: Intersectionality, Identity Politics, and Violence against Women of Color." In: *Stanford Law Review*, Bd. 43, Nr. 6, S. 1241–1299.

Halberstam, Jack (2011): *The queer art of failure*. Durham/London: Duke University Press.

Glossar

In diesem Glossar werden Begriffe erläutert, die in den folgenden Texten enthalten sind und die für das Verständnis und die Auseinandersetzung mit Beziehungsweisen im Kapitalismus eine wichtige Rolle spielen. Die Definitionen haben wir teilweise den Textinhalten angepasst. Um ausufernde Definitionen zu vermeiden, sind sie mancherorts mit Verweisen versehen. Sie sollen bei Bedarf eine vertiefende Beschäftigung ermöglichen. Literaturverweise finden sich am Ende des Glossars. Sämtliche Begriffe, die im Glossar angeführt werden, sind in den Texten bei Erstnennung unterstrichen.

Ableismus / ableistisch
Ableismus ist ein gesellschaftliches Machtverhältnis und umfasst alle Strukturen, Regelungen und Handlungen, die Menschen aufgrund körperlicher, mentaler oder intellektueller Fähigkeiten oder körperlicher wie psychischer Be_hinderungen benachteiligen. Es ist ableistisch, wenn ein Mensch wegen bestimmten Eigenschaften oder Fähigkeiten – seinem Be_hindertsein bzw. Be_hindertwerden – bewertet wird.[2] Ableistisch ist es auch, wenn bestimmte Fähigkeiten oder Eigenschaften als Norm gesetzt werden. Der Unterstrich in dem Wort be_hindert wird teilweise in aktivistischen Kreisen verwendet, um deutlich zu machen, dass Be_hinderung ein soziales Konstrukt ist und Menschen von behindernden Strukturen betroffen sind (vgl. Payk 2019).

Adultismus / adultistisch
Adultismus ist ein gesellschaftliches Machtverhältnis, in dem die Bedürfnisse und Perspektiven von ‚erwachsenen' Menschen sämtliche gesellschaftliche Strukturen dominieren und ‚Erwachsene' über Kinder und Jugendliche bestimmen,

2 Vgl. Eintrag „Ableismus." In: *Wörterbuch der Fachstelle Ergänzende unabhängige Teilhabeberatung*. Online unter: https://www.teilhabeberatung.de/woerterbuch/ableismus [letzter Zugriff am: 12.12.2023].

ihre Meinungen und Bedürfnisse häufig nicht ernst nehmen und ihnen Wissen, Erfahrung und Kompetenzen absprechen. Es ist adultistisch, wenn ‚Erwachsene' sich z.B. über die Meinungen von Kindern und Jugendlichen lustig machen, Entscheidungen über sie ohne deren Einbeziehung getroffen werden oder wenn Wünsche, Bedürfnisse und Grenzen ignoriert werden. Adultismus prägt zudem auch Institutionen wie Kindergärten, Vereine oder Schulen – Institutionen, denen sich Kinder und Jugendliche kaum entziehen und die sie nicht selbstbestimmt mitgestalten können.

Ageism / Ageismus / ageistisch

Ageismus bezieht sich auf Vorurteile und davon abgeleitete Diskriminierung aufgrund des Alters einer Person. Der Begriff beschreibt die Ausgrenzung und/oder Stereotypisierung insbesondere älterer, aber auch jugendlicher Menschen, basierend auf Annahmen über deren Fähigkeiten, Leistungsfähigkeit oder Wert. Ageismus kann sich in verschiedenen Bereichen manifestieren, wie z.B. Arbeitsmarkt, Sexualität, Bildung oder medialer Repräsentation. Ageismus geht mit einer bestimmten Vorstellung von Geradlinigkeit und Entwicklung menschlichen Lebens einher.

***Agency* / Handlungsmacht**

Agency oder Handlungsmacht bezeichnet die Fähigkeit oder Eigenschaft, selbstbestimmt handeln und entscheiden sowie Einfluss auf etwas nehmen zu können.

Akteur_innen

Als Akteur_innen werden Personen bezeichnet, die handeln oder an etwas beteiligt sind und damit eine Beziehung, eine Situation oder einen Prozess durch ihr Handeln und ihre Beteiligung mitgestalten.

Allianzen

Unter Allianzen können Vereinigungen, Bündnisse, Verbündetenschaften oder andere Formen gleichberechtigter Gemeinschaften verstanden werden.

Allies / *Allyship*

Der Begriff ‚Ally' (Mehrzahl: Allies) kommt aus dem Englischen und bedeutet ‚Verbündete_r'. Beispiel: Eine nicht-queere Person, die sich für queere Anliegen einsetzt, kann als ‚Ally' bezeichnet werden.

Ambivalenzen / ambivalent
Ambivalenzen bezeichnen eine sogenannte Gleichzeitigkeit oder auch Zwiespältigkeit und Widersprüchlichkeit zwischen unterschiedlichen Bestrebungen, Interessen oder Gefühlen. Menschen sind ambivalent, wenn sie z.B. zwei gegensätzliche Dinge wollen. Beziehungen sind ambivalent, wenn die beteiligten Personen mehrere widersprüchliche Interessen gleichzeitig verfolgen, die unvereinbar scheinen.

Antagonismus / antagonistisch
Antagonismus beschreibt ein Verhältnis des Gegeneinanders – etwa Gegensätze, die gegeneinander wirken. Beispiel: Zwei Personen, Gruppen oder Klassen mit unterschiedlichen Interessen oder Zielen.

Anarchismus / anarchistisch
Anarchismus ist eine politische Ideenlehre und Philosophie, die Herrschaft von Menschen über Menschen (und andere Lebewesen) und jede Art von Hierarchie ablehnt. Stattdessen wird Selbstverwaltung und freiwillige Kooperation angestrebt. Es gibt nicht den ‚einen' Anarchismus, sondern verschiedene anarchistische Strömungen. Diese haben unterschiedliche Schwerpunkte und Ansätze, z.B. kommunistischer Anarchismus, Anarchosyndikalismus, Anarchafeminismus, Anarcha-Queerfeminismus/Queeranarchismus, Öko-Anarchismus u.a.

Antisemitismus / antisemitisch
Antisemitismus ist eine feindliche Haltung zu Jüdinnen_Juden, die sich als Hass gegenüber Jüdinnen_Juden ausdrücken kann. Antisemitismus richtet sich in Wort oder Tat gegen jüdische oder nichtjüdische Einzelpersonen und/oder deren Eigentum sowie gegen jüdische Gemeindeinstitutionen oder religiöse Einrichtungen (vgl. IHRA 2016). Bilder, Erzählungen und mediale Darstellungen können antisemtisch sein, ohne das offen Jüdinnen_Juden genannt oder adressiert werden müssen.

Awareness / *aware* sein
Awareness ist ein englischer Begriff, der so viel wie ‚Bewusstsein' oder ‚Kenntnis' bedeutet und sich auf eine Art Achtsamkeit für diskriminierte Positionen bezieht. Daher bedeutet *aware* sein, gesellschaftliche Machtverhältnisse mitzudenken

und machtkritisch zu handeln. Was genau zum Konzept der Awareness gehört, wird stetig neu verhandelt.

Beziehungsweise

Unter Beziehungsweise wird die Art und Gestaltung einer Beziehung oder eines Verhältnisses verstanden. Dabei kann es um die Beziehungen zwischen Menschen, aber auch zwischen Menschen und nicht-menschlichem Leben, Dingen oder Waren gehen.

Binarität / binär

Binär bedeutet ‚zweiteilig' und bezieht sich in diesem Sammelband auf das Zwei-Geschlechter-System, also die Annahme, dass es ausschließlich zwei Geschlechter gibt: Männer und Frauen. Durch geschlechtliche Binarität wird die Existenz von trans und inter Personen sowie nicht-binären oder queeren Identitäten unsichtbar gemacht oder abgestritten.

BI_PoC

BI_PoC ist eine englische Abkürzung, die für *Black*, *Indigenous* und *People of Color* steht. Der Unterstrich steht für all jene nicht-*weißen* Menschen, die sich nicht mit dem Begriff BIPoC identifizieren. Das Akronym wird als Sammelbegriff für gemeinsame Erfahrungen kolonialer und imperialer Rassifizierung nicht-*weißer* Menschen verwendet. Gleichzeitig muss in diesem Zusammenhang deutlich gemacht werden, dass BI_PoCs auch sehr unterschiedliche Unterdrückungs- und Gewalterfahrungen machen. Der Begriff ‚PoC' wurde erstmals von Schwarzen Aktivist_innen benutzt und erfunden, wurde aber im Laufe der Zeit von anderen nicht-*weißen* und nicht-Schwarzen Menschen angeeignet. Deswegen sind zwar Schwarze Menschen mit in den Begriff einbezogen, in Bi_PoC steht der Begriff *Black* allerdings zusammen mit *Indigenous* extra, weil Schwarze und Indigene Menschen zusätzlich noch einen anderen geschichtlichen, sozialen, sozioökonomischen Hintergrund in Bezug auf das System Rassismus und Kolonialismus teilen.[3]

---

3 Vgl. Eintrag zu BI_PoC im Awareness Glossar von *wir muessten mal reden*. Online unter: https://wirmuesstenreden.blogspot.com/p/woketionary.html [letzter Zugriff am: 11.12.2023].

bürgerlich
In diesem Sammelband wird ‚bürgerlich' im Anschluss an Marx im Sinne der Zugehörigkeit zur herrschenden Klasse verwendet, die der Klasse des Proletariats gegenübersteht. Mit ‚bürgerlich' ist also eine privilegierte gesellschaftliche Position gemeint. Alltagssprachlich wird bürgerlich häufig als Synonym für konservativ verwendet, allerdings wird der Begriff historisch und je nach Kontext sehr unterschiedlich genutzt und verstanden.

Care-Arbeit / *care work*
Care work ist ein englischer Begriff aus den 90er Jahren und ein Synonym zum Begriff Sorgearbeit.

(Global) care chains
(Global) care chains beschreiben die (globalen) Verflechtungen und Verkettungen von Sorgearbeit, die an marginalisierte, migrantisierte, *prekär* lebende Menschen ausgelagert wird. Oftmals sind es Frauen aus dem Globalen Süden, die migrieren, um Sorgearbeit im Globalen Norden zu verrichten und dies tun, um gleichzeitig ihre eigenen Familien zu versorgen.

Care-Arbeiter_innen / Sorgearbeiter_innen / *care worker*
Darunter werden Personen gefasst, die für die Pflege und Betreuung von Menschen Verantwortung übernehmen und Sorge tragen. Dies kann als nicht entlohnte Reproduktionsarbeit und/oder auch als Lohnarbeit passieren.

cis / cisgender / cisgeschlechtlich
Cisgender bezeichnet die Übereinstimmung von Geschlechtsidentität und dem Geschlecht, das einer Person bei der Geburt zugewiesen wurde. Dem gegenüber stehen transgender oder nichtbinär.

cis-tem
Der Ausdruck ‚*cis-tem*' stammt aus trans-aktivistischen Kontexten und ist eine Wortzusammenführung aus ‚*cis*' und ‚*system*'. Er verweist auf das von cisgeschlechtlichen Normen dominierte Geschlechtersystem.

Dekonstruktion / dekonstruieren
Dekonstruieren bedeutet, etwas in seiner gesamten Bedeutung zu durchdringen, d.h. etwas auseinanderzunehmen, um zu verstehen, wie es funktioniert und welche

Ideen dahinterstecken. Der Begriff wird oft für nicht-dingliche Gegenstände verwendet, z.B. um tiefere Bedeutungen in Texten oder Konzepten zu finden.

Deregulierung / deregulieren

Deregulierung bedeutet, dass staatliche Vorschriften, Gesetze und Regeln in einem bestimmten Wirtschaftsbereich oder Sektor abgebaut werden.

Developmentalism / Developmentalismus

Developmentalismus bezeichnet die Vorstellung davon, dass sich das Leben und die Gesellschaft stetig und geradlinig weiterentwickeln würde. Teil dieser Vorstellung ist auch, dass das, was als ‚entwickelt' gilt, als besser bewertet wird als das, was als ‚weniger entwickelt' markiert wird. Diese Vorstellung wird häufig benutzt, um Menschen abzuwerten, auszubeuten, zu unterdrücken und zu bevormunden. Dies ist eng mit dem Fortschritts- und Wachstumsparadigma, aber auch mit Kolonialismus, Rassismus, Paternalismus und Adultismus verbunden.

Dichotomie / dichotom

Eine oft vereinfachte Zweiteilung in zwei Gegensätze. Kategorien, Ideen, Dinge oder Konzepte werden in zwei Gruppen eingeteilt, um dann zu sagen, dass diese beiden Gruppen grundsätzlich gegensätzlich sind. Beispiel: hell und dunkel, gut und böse, richtig und falsch.

Diskurs

Mit dem Begriff ‚Diskurs' soll beschrieben werden, wie (häufig in der Öffentlichkeit) über ein bestimmtes Thema gesprochen wird und welche Aspekte dabei auftauchen. Ein Diskurs wird von verschiedenen Fragen beeinflusst: Wer spricht? Wie wird gesprochen? Was wird besprochen? Worüber wird nicht gesprochen?

Elitarismus

Elitarismus ist eine soziale oder politische Ideologie, die darauf abzielt, eine Elite oder elitäre Gruppen in der Gesellschaft zu etablieren oder zu fördern. Elitarismus basiert auf dem Glauben, dass bestimmte Menschen aufgrund ihrer Eigenschaften, Fähigkeiten, Bildung oder sozialen Herkunft überlegen sind und das Recht oder die Verantwortung haben, die Führung und Kontrolle über die Gesellschaft zu übernehmen. Elitarismus kann damit zu einer Hierarchisierung der Gesellschaft führen, in der Macht und Ressourcen ungleich verteilt sind und die Interessen und Bedürfnisse der weniger privilegierten Gruppen vernachlässigt oder unterdrückt werden können.

Emanzipation / emanzipatorisch
Kurz meint Emanzipation politische Selbstbefreiung. Was genau als emanzipatorisch gilt, hängt vom Kontext ab. Häufig wird damit das Anstreben von mehr Gleichheit, Gleichberechtigung, Freiheit und Solidarität bezeichnet.

Empowerment
Empowerment ist ein englischer Begriff, der so viel wie ‚Selbstermächtigung' bedeutet. *Empowerment* heißt, Menschen stark zu machen, damit sie mehr Handlungsmacht haben und selbstbestimmt Veränderungen bewirken können. Es geht darum, Möglichkeiten zu schaffen, damit insbesondere marginalisierte Menschen, die Benachteiligung und strukturelle Gewalt erfahren, ihre Ziele erreichen und für sich selbst einstehen können.

Entnormalisierung / entnormalisieren
Von Entnormalisierung wird gesprochen, wenn etwas, das als ‚normal' gilt, so diskutiert, beeinflusst oder verändert wird, dass es nicht mehr als ‚normal' verstanden wird. Die zugrundeliegende Norm wird bewusst gemacht, damit sie langfristig nicht mehr als Norm angesehen wird.

Epistemologie / epistemologisch
Epistemologie ist die Wissenschaft über das Wissen. Sie beschäftigt sich damit, wie Wissen hergestellt und was als Wissen angesehen wird. Als feministische Epistemologien können Zugänge zu Wissen und Wissenschaften gefasst werden, die sich kritisch mit den Ausschlüssen, Be- und Entwertungen sowie struktureller Gewalt in den Wissenschaften auseinandersetzen und Methoden anwenden sowie Perspektiven einnehmen, die z.B. struktureller Gewalt entgegenwirken.

Essay / essayistisch
Ein Essay ist eine Textform, in der eine Fragestellung subjektiv und argumentativ behandelt wird. Der Essay ist geprägt von einer freien und persönlichen Schreibweise, bei der Autor_innen eigene Gedanken und Reflexionen auf kreative Art und Weise zum Ausdruck bringen können und zielt darauf ab, Leser_innen zum Nachdenken und zu Diskussionen anzuregen.

Essentialismus / Essentialisierung / essentialisierend
Der Begriff ‚Essentialismus' kommt aus der Philosophie und beschreibt die Vorstellung, dass es bestimmte Eigenschaften gibt, die eine Person, eine

Personengruppe oder Dinge wesentlich ausmachen und die unveränderbar sind. Es ist bspw. essentialisierend, wenn behauptet wird, dass alle in einer bestimmten Gruppe gleich sind und auf bestimmte vermeintlich ‚natürliche' Merkmale reduziert werden können.

Ethos / ethisch

Ethos ist ein Konzept, das sich auf die ethischen und moralischen Werte, Überzeugungen und Prinzipien einer Person, einer Gruppe oder einer Gesellschaft bezieht. Es definiert, wie eine Person oder eine Gemeinschaft sich verhalten und handeln sollte, basierend auf moralischen Vorstellungen. Etwas gilt als ethisch vertretbar, wenn es mit den jeweiligen moralischen Vorstellungen übereinstimmt.

Faschismus / faschistisch

Faschismus ist eine autoritäre und totalitäre Ideologie. Faschistische Gruppierungen und Regime folgen dieser Ideologie mit sehr unterschiedlichen Ausprägungen, die sich z.B. durch Nationalismus, Diktatur, Gewalt, Rassismus, Antisemitismus, Menschenrechtsverletzungen und eine starke Betonung von Kontrolle und Gehorsam sowie Unterdrückung von politischen Gegner_innen auszeichnen. Faschistische Ideologie nimmt an, dass es eine ‚überlegene' (häufig an eine Nationalität gebundene) Gruppe von Menschen gibt, die schützenswert ist, während alle ihr nicht zugehörigen Menschen abgewertet, ausgeschlossen oder sogar getötet werden sollen. Faschismus kann sich in verschiedenen Bereichen zeigen: In der Politik als politische Bewegungen oder Parteien; in rassistischen und diskriminierenden Einstellungen oder Gewalt gegenüber Minderheiten; im faschistischen Glauben an die Notwendigkeit militärischer Stärke; in aggressivem Nationalismus; in der Verbreitung und Manipulation von Nachrichten und Medien, um eine bestimmte nationalistische, autokratische oder diskriminierende Agenda zu fördern usw.

Feminismus / feministisch

Feminismus ist eine Bewegung, die sich ursprünglich für die Rechte von cis Frauen einsetzte und die in verschiedene Strömungen geteilt werden kann. Da die patriarchale Ordnung auf alle Menschen wirkt, hat die feministische Bewegung heute nicht nur cis Frauen im Blick, sondern kämpft dafür, dass alle Geschlechter die gleichen Rechte und Chancen haben. Sie kämpft gegen Gewalt, Diskriminierung und Ungleichbehandlung aufgrund von Geschlecht und will, dass alle Geschlechter die gleichen Möglichkeiten und Anerkennung erhalten. Gleichzeitig beschäftigt sich der Feminismus heute auch vermehrt kritisch mit Männlichkeiten, welche die patriarchale Ordnung hervorbringt, bestärkt oder unterdrückt.

FLINTA*

Der Begriff FLINTA* stammt aus dem feministischen Aktivismus und steht für Frauen, Lesben, intergeschlechtliche, nichtbinäre, trans und agender Personen. Er wurde entwickelt, um eine inklusivere Sprache zu schaffen und Menschen zu repräsentieren, die in binären Geschlechtskategorien oft unsichtbar gemacht oder diskriminiert werden. In der Praxis wird der Begriff zunehmend kritisiert, da es in FLINTA*-Räumen häufig zu ausschließenden Praktiken gegenüber trans, inter und nichtbinären Personen kommt und FLINTA* im Alltagsgebrauch zu häufig synonym mit ‚weiblich gelesenen' Menschen verwendet wird, was falsch ist.

Föderalismus / föderativ

Unter Föderalismus wird ein politisches System bzw. eine Form der dezentralen Regierung verstanden, bei der die Gliedstaaten über eine gewisse Autonomie und Eigenständigkeit verfügen, aber auch in ein übergeordnetes System eingebunden sind. Ein verwandtes System, das zum Teil auch synonym verwendet wird, ist die Konföderation. Die Ausgestaltung kann sehr unterschiedlich aussehen und viele Staaten oder auch die EU enthalten föderative Strukturen. U.a. fällt auch der Demokratische Konföderalismus nach Abdullah Öcalan darunter (siehe Infobox S. 270).

gendern

Gendern bedeutet, in der Sprache auf Geschlechtergerechtigkeit zu achten. Das kann auf unterschiedliche Arten passieren. In diesem Buch werden zum Beispiel Personengruppen, wie Aktivist_innen, mit einem Unterstrich geschrieben, um klarzumachen, dass wir von Menschen mit unterschiedlichen Geschlechtern sprechen und nicht nur Männer und Frauen gemeint sind.

genderqueer

Setzt sich zusammen aus *gender* (Englisch für ‚Geschlecht') und ‚queer' und bezeichnet Personen, die sich nicht den herkömmlichen (binären) Geschlechtskategorien zuordnen. Unter genderqueer können Vorstellungen, Verhaltensweisen und Ausdrücke von Geschlecht verstanden werden, die sich normativen Zuschreibungen und Kategorisierungen entziehen.

Globaler Süden / Globaler Norden

Die Begriffe ‚Globaler Süden' und ‚Globaler Norden' beschreiben Ungleichheiten und Abhängigkeiten in Bezug auf Reichtum und Verfügung über Ressourcen. Die Unterscheidung basiert nicht auf tatsächlichen geografischen Positionen, sondern ist eine Fortsetzung sprachlicher Unterscheidungen, die auch rassistisch und kolonialgeschichtlich geprägt sind (‚entwickelt' vs. ‚nicht-entwickelt', ‚zivilisiert' vs. ‚wild', ‚Westen' vs. ‚Osten' etc.). Während diese sprachlichen Unterscheidungen zum Teil hilfreich sein können, um Verhältnisse zu beschreiben, sind sie auch vor diesem Hintergrund kritisch zu betrachten.

Habitus

Habitus ist ein Begriff aus der Philosophie und Soziologie. Er kann unterschiedlich verstanden und verwendet werden. In diesem Buch ist der Begriff des Soziologen Pierre Bourdieu gemeint. Er versteht unter Habitus das Auftreten und Verhalten einer Person. Beides ist durch deren Positionierung im sozialen Raum gekennzeichnet und kommt etwa durch Lebensstil, Sprache, Kleidung und Geschmack zum Ausdruck (vgl. Bourdieu 1982).

Hegemonie / hegemonial

Der Begriff ‚Hegemonie' kommt aus dem Griechischen und bedeutet ‚Führung'. Hegemonie wird in der marxistischen Theorie verwendet, um eine Form politischer Macht oder Herrschaft zu beschreiben. Er wurde u.a. von Antonio Gramsci geprägt, der Hegemonie in den sogenannten Gefängnisheften (zwischen 1929 und 1935 verfasst) als einen Typus von Herrschaft beschrieben hat, der im Wesentlichen darauf beruht, die Interessen der Herrschenden als gesellschaftliche Allgemeininteressen zu definieren und durchzusetzen. In diesem Sinne können auch bestimmte Vorstellungen, Eigenschaften o.Ä. als hegemonial bezeichnet werden, wenn sie mit den Interessen der Herrschenden zusammenfallen und von der Mehrheitsgesellschaft mitgetragen werden.[4]

4 Vgl. „Die Theorie der Hegemonie von Antonio Gramsci." In: *Lexikon der Politik*, 31.08.2023. Online unter: https://www.lexikon-der-politik.de/basiswissen/politische-ideologien/hegemonie/ [letzter Zugriff am: 11.12.2023].

Herrschaftsverhältnisse
Herrschaftsverhältnisse bezeichnen sowohl die Beziehungen zwischen Menschen als auch deren Strukturen, denen Machtungleichheiten und/oder Ausbeutung zugrunde liegen. In Herrschaftsverhältnissen gibt es immer Menschen mit mehr und Menschen mit weniger Macht.

heterogen
Eine heterogene Gruppe setzt sich aus unterschiedlichen und vielfältigen Perspektiven und Zielen zusammen. Die meisten Gruppen sind mit unterschiedlichen und zum Teil widersprüchlichen Interessen und Bedürfnissen konfrontiert.

Heteronormativität / heteronormativ
Beschreibt ein gesellschaftliches Wertesystem, das nur zwei Geschlechter (männlich und weiblich) und heterosexuelle Beziehungen (ein Mann und eine Frau) zwischen diesen Geschlechtern anerkennt und als normal ansieht. Das Zwei-Geschlechter-System und die Heteronorm sind miteinander verbunden und bedingen sich gegenseitig (vgl. Butler 1990; Rich 1980).

Hierarchie / hierarchisch
Hierarchien sind grundsätzlich Systeme der Unter- und Überordnung. Mit gesellschaftlichen Hierarchien ist gemeint, dass nicht allen die gleichen Möglichkeiten, Rechte und die gleiche Anerkennung zukommen. Es können mehrere Hierarchien gleichzeitig wirken, die sich aus gesellschaftlichen Formen der Unterdrückung ergeben: z.B. aus Geschlecht, Alter, Klasse, *race* usw.

historisch gewachsen
Die Strukturen der Gesellschaften sind nicht unabhängig von Zeit und Raum. Sie haben sich entwickelt und verändern sich ständig. Sie sind daher historisch gewachsen bzw. historisch bedingt.

Ideologie / ideologisch
Ideologien sind (politische) Überzeugungssysteme. Sie bestimmen den „Deutungshorizont, in dem wir uns und die gesellschaftlichen Verhältnisse verstehen und die Art und Weise, in der wir uns in diesen bewegen" (Jaeggi 2009: 269). Ideologien können der Aufrechterhaltung von Herrschaftsverhältnissen dienen.

Imperialismus / imperialistisch

Der Begriff kann sich auf Verschiedenes beziehen. Einerseits wird Imperialismus in Bezug auf Staaten und deren politische Bestrebungen verwendet, Einfluss auf andere Staaten zu erlangen. Dies kann durch den Aufbau und Erhalt ungleicher wirtschaftlicher, kultureller oder territorialer Beziehungen geschehen. Andererseits wird der Begriff im Sinne von Kulturimperialismus (vgl. Chakrabarty 2002; Young 2002) oder kultureller Hegemonie zur Kritk von innergesellschaftlichen und kolonialen Beziehungen genutzt.

Individualisierung / Individualismus

Bedeutet in der Soziologie, dass das Individuum mehr Freiheiten hat, mehr selbst bestimmen kann, aber auch mehr Verantwortung übernehmen muss. Hier ist gemeint, dass die einzelne Person verantwortlich gemacht wird für Zustände, die eigentlich durch das System hervorgebracht werden. Individualisierung geht auch mit gesellschaftlicher Vereinzelung einher, also der Tendenz, dass Gemeinschaft und Zusammenhalt zunehmend durch Eigenverantwortung und vermeintliche Freiheit der einzelnen Person ersetzt werden.

Institution / Institutionalisierung / institutionell / institutionalisiert

Als Institutionen gelten Einrichtungen wie Krankenhäuser, Ämter, Schulen und Bildungseinrichtungen, Universitäten, Kirchen usw. aber auch Formen von Beziehungen wie Partner_innenschaft, Ehe oder Eltern-Kind-Beziehung. Wenn etwas institutionell verankert ist, dann ist es an diese gesellschaftlichen Einrichtungen oder Beziehungen gebunden. Institutionalisierung bezeichnet den Prozess der Bildung neuer Institutionen bzw. den Prozess der Verankerung von Beziehungsweisen in Institutionen.

Internalisierung / internalisieren

Durch Internalisierung werden Werte, Normen, Rollenvorstellungen und auch gesellschaftliche Strukturen und Gewaltdynamiken verinnerlicht, übernommen und reproduziert. Internalisierte Dinge können sich bewusstgemacht, verlernt und neu gelernt werden.

Internationalismus / internationalistisch / internationale Solidarität
Unter Internationalismus wird das Streben nach länderübergreifendem Zusammenschluss und Solidarität verstanden. Als Beispiele können die internationale Solidarität der Arbeiter_innenbewegung, oder die Zusammenarbeit sozialistischer Länder, genannt werden.

Intersektionalität / intersektional
Der Begriff wurde von Kimberlé Crenshaw eingeführt und beruht auf der Erkenntnis, dass zum besseren Verständnis der Unterdrückung Schwarzer Frauen andere Werkzeuge und politische Kämpfe nötig sind als die Kombination der Kämpfe *weißer* Frauen und Schwarzer Männer. Crenshaws Appell bestand darin, dass die Betrachtung von Identitäten immer mehrdimensional sein sollte (vgl. Crenshaw 1991).

Intervention / intervenierend
Intervention bedeutet ‚in ein Geschehen eingreifen'. Der Begriff wird häufig im politischen und gesellschaftlichen Kontext verwendet. Wer interveniert, greift in eine Sache oder einen Vorgang ein, um eine Änderung zu bewirken.

inter* / intergeschlechtlich
Inter* ist ein Überbegriff für Menschen, deren körperliches Geschlecht (z.B. Genitalien, Hormone oder Chromosomen) nicht der medizinischen Norm in Europa von ‚eindeutig' männlichen oder weiblichen Körpern zugeordnet werden kann. Eine Person kann inter* und gleichzeitig trans oder cis sein. Das Gegenteil von inter* ist endo.[5]

Kapital
Unter Kapital wird allgemein die Summe aller Geld- und Sachwerte verstanden. Kapitalsorten können aber nach Pierre Bourdieu neben diesen Geld- und Sachwerten (ökonomisches Kapital) auch soziales, kulturelles, symbolisches und affektives Kapital umfassen (vgl. Penz/Sauer 2016).

---

5 Vgl. Glossar von Inter* NRW. Online unter: https://inter-nrw.de/glossar/ [letzter Zugriff am: 11.12.2023] sowie FAQ von VIMÖ – Verein intergeschlechtlicher Menschen Österreich. Online unter: https://vimoe.at/ueber-inter/ [letzter Zugriff am: 11.12.2023]

Kapitalismus / kapitalistisch

Kapitalismus ist eine Wirtschafts- und Gesellschaftsordnung, die auf dem Prinzip freier Marktwirtschaft beruht. Darin besitzt eine verhältnismäßig kleine Gruppe von Menschen den Großteil des Kapitals. Die anderen Menschen müssen ihre Arbeitskraft verkaufen und erhalten dafür Lohn. Eine kapitalistische Wirtschaftsordnung basiert dadurch auf der Ausbeutung von Arbeitskraft.

Kapitalakkumulation

Akkumulation bedeutet ‚Anhäufung' oder ‚Ansammlung'. Kapitalakkumulation bezeichnet daher die Ansammlung von Kapital. Kapital kann z.B. durch die Ausbeutung von Arbeitskraft akkumuliert werden.

Keynesianismus

Der Keynesianismus ist eine Theorie, die auf den britischen Ökonomen John Maynard Keynes zurückgeht. Keynes stellt sich gegen klassische Wirtschaftstheorien, die von Angebot und Nachfrage sowie Selbstregulation als Basis für wirtschaftliches Wachstum ausgehen. Nach Keynes ist es notwendig, dass der Staat regelmäßig durch Investitionen und Kontrolle der Zinsen und Gehälter auf den Markt Einfluss nimmt.

Kink

Unter Kink werden sexuelle Fetische, Vorlieben oder bestimmte Praktiken gefasst, die von der gesellschaftlichen Norm abweichen und als ‚pervers' gelten. Kinks können sowohl mentale, emotionale, psychische als auch physische Aspekte von Sexualität umfassen.

Klasse / Klassenstandpunkt

Die Verwendung des Begriffs der (sozialen) Klasse geht auf Karl Marx zurück und beschreibt im Wesentlichen das Klassen- und Ausbeutungsverhältnis zwischen einer herrschenden und einer beherrschten Klasse (grob: Bourgeoisie und Proletariat). Der Klassen-Begriff wurde seitdem intensiv diskutiert und hat viele Definitionen und Anwendungen. Der Begriff Klassenstandpunkt umfasst die Ansichten und Interessen sowie die Art und Weise des Denkens und Handelns von Angehörigen einer bestimmten Klasse.

Klassismus / klassistisch

Klassismus umfasst Vorurteile oder Diskriminierungen aufgrund der Klassenzugehörigkeit bzw. der sozialen Position und richtet sich gegen Angehörige einer ‚niedrigeren' sozialen Klasse. Klassismus kann sich vielfältig zeigen: bspw. in der Abwertung von Menschen aufgrund fehlender formaler Bildungsabschlüsse oder in der Abwertung von bestimmten Kleidungsstücken oder der Verwendung bestimmter Sprache.

Kollektiv / Kollektivität

Ein Begriff aus der Soziologie. Er bezeichnet allgemein eine Gruppe von Personen, die aufgrund von gemeinsamen Normen, Werten oder Handlungen Gefühle der Zusammengehörigkeit entwickelt.

Kommodifizierung

Durch den Prozess der Kommodifizierung wird etwas zur Ware, die gehandelt werden kann. Kommodifizierung kann nicht nur Gegenstände, sondern auch Lebewesen, Raum, Handlungen oder Fähigkeiten betreffen. Im Rahmen von Versklavung oder Menschenhandel wurden und werden Menschen gewaltvoll zur Ware gemacht. Menschliche Arbeitskraft, die zur Ware wird, bildet zudem einen der Eckpfeiler des Kapitalismus.

Kommunismus / kommunistisch

Nach Karl Marx beschreibt Kommunismus die befreite, klassenlose Gesellschaft nach einer Revolution der Arbeiter_innen, die den Kapitalismus überwunden haben. Im Kommunismus sind die Produktionsmittel Kollektiveigentum. Es gibt jedoch je nach kommunistischer Strömung unterschiedliche Vorstellungen davon, wie genau die kommunistische Gesellschaft aussehen soll.

Konsens / Konsent

Konsens-Entscheidungen streben die Zustimmung aller Beteiligten an. Konsent-Entscheidungen hingegen kommen dann zustande, wenn keine schwerwiegenden Einwände bestehen. Vereinfacht heißt das: Konsens – wenn alle dafür sind. Konsent – wenn keine_r dagegen ist.

Konvention / konventionell

Folgt etwas einer Konvention, entspricht es einer Norm oder einem Regelwerk. Etwas ist daher konventionell, wenn es Normen und Regeln erfüllt oder befolgt.

Legitimation / legitimieren / legitim

Etwas ist legitim, wenn eine Gruppe es als ‚wertvoll', ‚richtig', ‚berechtigt', ‚normal' oder ‚dazugehörig' bezeichnet oder behandelt. Was als legitim behandelt wird, hängt vom Kontext sowie von politischen oder moralischen Werten ab. So ist es im Schwimmbad zwar legitim, nur eine Badehose zu tragen, in einem Restaurant hingegen nicht.

Liberalismus / liberal

Die Bezeichnung ‚liberal' wird häufig im Zusammenhang mit wirtschaftlichen Systemen verwendet und bedeutet dort ‚frei von Eingriffen durch den Staat'. Liberalismus ist eine Art der Weltanschauung, die auf der Freiheit der einzelnen Person, Rechtsstaatlichkeit, Meinungsfreiheit und Pluralismus basiert. ‚Liberal' im deutschen Kontext ist nicht das gleiche wie das englische ‚*liberal*', was sich neben der wirtschaftlichen Bedeutung auch darauf beziehen kann, dass eine Person politisch progressive Ansichten vertritt.

Lohnarbeit / lohnarbeiten

Als Lohnarbeit wird die Arbeit gegen Lohn bzw. Geld bezeichnet. Dabei kann die Entlohnung zum Teil auch nicht in Form von Geld sein, sondern z.B. in Form von Anerkennung oder Zertifikaten. Nicht jede Form von Arbeit ist Lohnarbeit. Es ist wichtig, nicht nur die Tätigkeiten als Arbeit zu benennen, die entlohnt werden, sondern auch dann von Arbeit zu sprechen, wenn Tätigkeiten unentlohnt verrichtet werden.

Lookism / Lookismus

Menschen, die Benachteiligung, Diskriminierung oder Gewalt aufgrund ihres Aussehens erfahren, sind von Lookismus betroffen. Dem zugrunde liegen soziale Verhältnisse, welche Be- und Entwertungen von Körpern normalisieren.

Marginalisierung / marginalisiert

Der Begriff kommt vom englischen Wort ‚margin' bzw. vom lateinischen Wort ‚margo', beide heißen so viel wie ‚Rand'. Marginalisierung bezeichnet die Diskriminierung und Ausgrenzung von Menschen aufgrund ihrer gesellschaftlichen Positionierung bzw. Zugehörigkeit zu einer Gruppe, die von der Dominanzgesellschaft an den ‚Rand' gedrängt wird.

Marktwirtschaft / marktwirtschaftlich
Eine Wirtschaftsordnung mit einem Markt, der auf dem Prinzip von Angebot und Nachfrage basiert. Es gibt unterschiedliche Formen der Marktwirtschaft. Die Basis für die kapitalistische Marktwirtschaft ist das Privateigentum an den Produktionsmitteln. Die zentrale Idee ist, dass ein Markt durch Wettbewerb Innovation und Wachstum fördert. Eine Marktwirtschaft ist auch ohne Kapitalismus denkbar – z.B. sozialistische Marktwirtschaft, die sich u.a. durch Gemeineigentum an den Produktionsmitteln auszeichnet. In diesem Buch ist jedoch eine kapitalistische Marktwirtschaft gemeint.

Materialismus / materialistisch
Im Materialismus gibt es unterschiedliche Definitionen und Strömungen. Materialistisch meint hier die Vorstellung, dass die Gesellschaft und ihre Strukturen immer auf eine materielle Basis zurückzuführen sind. Dieses Verständnis von Materialismus bezieht sich auf Theorien und Ansichten des Marxismus. Hierbei werden ökonomische und materielle Faktoren als treibende Kräfte für soziale Veränderungen und Konflikte angesehen.

materiell
Materiell bedeutet einerseits: dinglich, sachlich und andererseits: wirtschaftlich, ökonomisch. Die materiellen Grundlagen einer Gesellschaft, Gruppe oder Person umfassen also Dinge, Körper, Güter, Ressourcen, Gelder, Eigentum usw.

Marxismus / marxistisch
Als Grundlage des Marxismus dienen die Theorien von Karl Marx und Friedrich Engels. Sie entwickelten eine materialistische Gesellschaftsanalyse, welche die Geschichte der Menschheit als eine Geschichte von Klassenkämpfen versteht (vgl. Marx/Engels 1974 [1848]: 462). Sie analysierten den Kapitalismus als vorherrschendes Wirtschaftssystem und kritisierten die Ausbeutungsverhältnisse und Ungerechtigkeiten, die aus diesem System resultieren. Nach Marx und Engels sollte der Kapitalismus durch einen Klassenkampf der Arbeiter_innen und schließlich eine Revolution überwunden werden, um eine freie und gerechte Gesellschaft zu erschaffen. Es gibt aber unterschiedliche marxistische Strömungen und diese entwickeln sich auch immer weiter – was Marxismus oder marxistisch ist, kann daher nicht eindeutig festgeschrieben werden.

Mehrheitsgesellschaft
Als Mehrheitsgesellschaft wird jener Teil einer Gesellschaft bezeichnet, der den größten Anteil der Bevölkerung ausmacht und die gesellschaftlichen Normen festlegt und aufrechterhält.

Migrantisierung / migrantisieren / migrantisiert
Menschen werden durch Fremdzuschreibungen migrantisiert. Diese Migrantisierung kann stattfinden, wenn Menschen als nicht-*weiß* oder ihre Namen, Akzente oder Dialekte als nicht-deutsch gelesen werden. Migrantisierung passiert unabhängig davon, wo eine Person geboren, aufgewachsen oder wohnhaft ist. Mit ihr einher gehen Diskriminierung, Benachteiligung, Ausgrenzung und Gewalt.

Milieu
Ein Milieu ist ein spezifisches soziales Umfeld, in dem eine Person aufwächst oder lebt. Der Begriff ermöglicht eine Art der gesellschaftlichen Unterteilung ähnlich wie ‚Klasse' oder ‚Schicht'.

misgendern
Misgendern bedeutet, Personen oder Gruppen mit Pronomen oder geschlechtsspezifischen Bezeichnungen anzusprechen oder ihnen diese zuzuschreiben, die nicht deren Geschlecht entsprechen. Das kann absichtsvoll und im Wissen um das Geschlecht der Personen oder Gruppen oder aus Unwissenheit und unabsichtlich geschehen.

Misogynie / misogyn
Misogynie bedeutet Frauenfeindlichkeit, Frauenhass. Misogynie kann individuell in Form von persönlichen Überzeugungen, Einstellungen oder Verhaltensweisen auftreten. Sie kann aber auch gesellschaftlich als strukturelle Diskriminierung von Frauen auftreten. Misogynie ist eine Form von Sexismus, die sich spezifisch auf Frauen richtet. Es kann auch von Transmisogynie gesprochen werden, wenn sich die feindliche Haltung gegen Frauen richtet, die trans sind.

Monopol
Als Monopol wird eine konkurrenzlose Position in der Wirtschaft bezeichnet. Dieser Begriff bezieht sich meistens auf Unternehmen, die einen Marktbereich aufgrund ihrer Größe dominieren.

monogam

Als monogam wird eine dauerhafte romantische Beziehung mit nur einer Person als Partner_in verstanden. Der Begriff wird oft synonym mit monoromantisch und monosexuell verwendet.

Narrativ

Als Narrativ wird eine normative Erzählung bezeichnet, die sich durch Wiederholung auszeichnet.

Nationalismus / nationalistisch

Nationalismus ist eine Ideologie, die auf der Identifikation mit einer Nation aufbaut und meistens die Bildung und Aufrechterhaltung eines Nationalstaats zum Ziel hat. Eine starke Form von Nationalismus ist der Faschismus.

Naturalisierung / naturalisierend

Etwas wird naturalisiert, wenn es als ‚natürlich' oder ‚naturgegeben' (um) gedeutet wird.

Negation

Als Negation wird die Ablehnung, Verneinung oder Aufhebung von etwas verstanden.

Neoliberalismus / neoliberal

Der Neoliberalismus ist eine wirtschaftliche, soziale und politische Ideologie. Die neoliberale Marktwirtschaft zeichnet sich durch Merkmale wie Privateigentum, Wettbewerbsorientierung, Deregulierung, Privatisierung und die Minimierung staatlicher Eingriffe in die Wirtschaft aus. Unter Neoliberalismus ist außerdem eine Regierungstechnik zu verstehen, bei welcher der Staat möglichst wenig Verantwortung für gesellschaftliche Angelegenheiten übernimmt und diese auf die Individuen übertragen wird. Neoliberale Gesellschaften zeichnen sich durch starke soziale Ungleichheit und Ungerechtigkeit aus.

Neurodiversität / neuro-divergent / neurodivergent

Neurodiversität betont die Vielfalt neurobiologischer Voraussetzungen, d.h. die Art und Weise, wie Menschen denken, wahrnehmen und Informationen verarbeiten. Im Gegensatz zu ‚neuro-typisch' bezeichnet ‚neuro-divergent' neurobiologische (Gehirn und Nervensystem betreffende) Entwicklungen, Zustände und Prozesse, die als von der Norm ‚abweichend' verstanden werden, wie z.B.

Autismus, ADHS, Dyskalkulie, Legasthenie, bipolare ‚Störung' etc. Dies sind Ausprägungen der menschlichen Neurodiversität, werden aber häufig pathologisiert und neurodivergente Menschen erfahren daher oft Be_hinderungen, Diskriminierung und Stigmatisierung.

nicht-binär / nichtbinär / nonbinary
Ein Überbegriff für Menschen, die weder Mann noch Frau sind. Sie können z.B. zwischen diesen beiden Geschlechtern sein, sowohl Mann als auch Frau sein oder ganz außerhalb davon sein, gar kein Geschlecht haben oder ein Geschlecht haben, das sich immer wieder ändert.

Norm / Normen / Normierung / normativ
Normen umschreiben, was als ‚normal' gilt und sind grundsätzlich etwas, nach dem sich ausgerichtet wird. Gesellschaftliche Normen bestimmen meist unausgesprochene Erwartungen an Verhaltensweisen, Aussehen, Meinungen etc. von Menschen. Häufig werden Normen von einer gesellschaftlichen Mehrheit aufrechterhalten und können dazu führen, Personen oder Gruppen auszuschließen oder abzuwerten, wenn sie den Normen nicht entsprechen.

Ökonomie / ökonomisch
Ökonomie ist ein anderer Begriff für Wirtschaftssystem. Bestandteile einer Ökonomie sind neben Unternehmen auch private und öffentliche Haushalte, Maschinen und Produktionsmittel sowie Einzelpersonen und Ressourcen. Herstellung, Verbrauch, Umlauf und Verteilung sind Teil wirtschaftlichen Handelns. Es gibt unterschiedliche Formen von Ökonomie. Dabei ist die jeweilig bestehende Form geprägt durch die Interessen derjenigen Gruppen, die gesellschaftliche Macht innehaben sowie durch hegemoniale Wertevorstellungen. Wirtschaft kann nie abstrakt oder wertneutral sein kann, da sie in direkter Beziehung zur Befriedigung von Bedürfnissen gesellschaftlicher Gruppen steht (vgl. Seithe 2011). Bei der Gemeinwohlökonomie steht das Wohl der Gemeinschaft im Zentrum. Um die Interessen der Gemeinschaft ökonomisch verfolgen zu können, braucht daher die Gemeinschaft die gesellschaftliche Macht.

Ökonomisierung
Ökonomisierung ist der Prozess des wirtschaftlichen Eingriffs in Bereiche, die zuvor nicht wirtschaftlich organisiert waren. Dabei werden ökonomische Gesetze verallgemeinert sowie über alle anderen Werte und Prinzipien erhöht.

Othering / ge-othered-werden
Othering beschreibt den Prozess des ‚Andersmachens' von Personen oder Gruppen, in dem sie als ‚Normabweichung', ‚anders', ‚falsch', ‚fremd', ‚eigenartig', ‚kurios' usw. markiert werden.

Paternalismus / paternalistisch
Unter Paternalismus wird die Bevormundung anderer Menschen durch Äußerungen oder Handlungen verstanden, die vermeintlich auf deren Wohl abzielen, aber häufig gegen deren Willen stattfinden. Es ist beispielweise paternalistisch, wenn Entscheidungen für oder über andere Personen getroffen werden, ohne dass diese einbezogen oder gefragt werden.

Pathologisierung / pathologisierend
Der Begriff der Pathologisierung beschreibt, wie bestimmte Verhaltensweisen, Empfindungen, Wahrnehmungen, Gedanken, soziale Verhältnisse oder Beziehungen als ‚krank', ‚krankhaft' oder als ‚Störung' gedeutet und behandelt werden. Diese Deutung steht immer im Zusammenhang mit Machtverhältnissen und gesellschaftlichen Strukturen.

Patriarchat / patriarchal
Unter Patriarchat wird ein gesellschaftliches Machtverhältnis verstanden, in dem Männer und Männlichkeit eine privilegierte, also vorteilhafte Position haben.

Peripherie / peripher
Peripherie bedeutet so viel wie ‚Rand'. Etwas wird als peripher bezeichnet, wenn es am Rand von etwas steht, z.B. am Rand der Gesellschaft durch weniger Sichtbarkeit oder Schutz, Ausgrenzung usw.

PoC / Person of Color
PoC steht für *Person/People of Color* und ist eine Selbstbezeichnung von Menschen, die Rassismuserfahrungen machen. Die Bezeichnung ist in der Bürger_innenrechtsbewegung in den USA entstanden und wurde dort von Schwarzen Aktivist_innen geprägt.[6] Die Verwendung von PoC zielt darauf ab, die unterschiedlichen Gruppen, die Rassismus erfahren, zu vereinen, um so Kräfte zu

6 Vgl. Eintrag zu BI_PoC im Awareness Glossar von *wir muessten mal reden*. Online unter: https://wirmuesstenreden.blogspot.com/p/woketionary.html [letzter Zugriff am: 11.12.2023].

bündeln und gemeinsam gegen Rassismus zu kämpfen.[7] PoC ist nur bedingt als Sammelbegriff für die Erfahrungen Schwarzer Menschen geeignet. Zwar kann PoC als Selbstbezeichnung Schwarzer Menschen verwendet werden, aber nicht alle Menschen, die sich als PoC verstehen, sind Schwarz und teilen dementsprechend nicht dieselben Gewalt- und Unterdrückungserfahrungen.

poly / polyamor / polysexuell / Polybeziehung / Polykül

Poly bedeutet ‚viele'. Während ‚polyamor' meist romantische Beziehungen zu mehreren Menschen gleichzeitig bezeichnet, beschreibt ‚polysexuell' sexuelle Beziehungen und Anziehung zu mehreren Geschlechtern oder Menschen. Eine Polybeziehung bezeichnet Beziehungen zu mehreren Menschen gleichzeitig, unabhängig davon, wie sich diese Beziehungen gestalten und was in den Beziehungen miteinander geteilt wird. Eine Person ist auch dann als ‚poly' zu verstehen, wenn keine oder nur eine momentane Beziehung besteht. Für manche Menschen ändert sich das eigene Verständnis auch abhängig von der jeweiligen Beziehungskonstellation. Als ‚Polykül' wird das Beziehungsnetz aus mehreren miteinander verbundenen Beziehungen und den darin befindlichen Personen bezeichnet.

Positionierung / positioniert sein

In diesem Sammelband bezieht sich der Begriff auf die gesellschaftliche Positionierung von Menschen oder Gruppen. Diese Positionierung kann als Haltung oder Meinung, als Betroffenheit von Diskriminierung oder Benachteiligung, aber auch als das Innehaben von Privilegien innerhalb gesellschaftlicher Strukturen verstanden werden.

Prekariat / Prekarisierung / Prekarität / prekär

Prekär bedeutet, dass etwas unsicher, heikel oder ungewiss ist. Als ‚Prekariat' wird oft ein Bevölkerungsanteil bezeichnet, der von finanzieller Unsicherheit bedroht ist. Der Begriff beschreibt ökonomisch benachteiligte Lebensrealitäten.

Privatisierung

Unter Privatisierung wird die Umwandlung von öffentlichen Gütern in Privateigentum verstanden (vgl. BPB o.D.)

---

7 Vgl. Eintrag zu PoC (Person/People of Color) im Glossar der Kompetenzstelle für intersektionale Pädagogik Berlin. Online unter: https://i-paed-berlin.de/glossar [letzter Zugriff am: 11.12.2023].

Privateigentum
Im Gegensatz zu anderen Besitz- und Eigentumsverhältnissen baut das Privateigentum auf dem Recht eines Individuums oder einer Organisation auf, alleinig über bestimmte Güter oder Ressourcen zu verfügen. Privateigentum kann verschiedene Formen annehmen, z.B. Grundstücke, Gebäude, Fahrzeuge, Geld, Aktien oder sogar geistiges Eigentum wie Patente oder Urheberrechte.

Privilegien / privilegiert / Deprivilegierung
Ein Privileg ist ein meist unsichtbares Vorrecht oder ein Vorteil, der einer Person oder Gruppe zukommt und mit einer Machtposition verbunden ist. Deprivilegierung beschreibt das Fehlen oder den Verlust eines solchen Vorteils.

Produktionsmittel
Die materiellen Grundlagen, Ressourcen und Vermögenswerte, die zur Herstellung von Waren oder Dienstleistungen notwendig sind. Sie umfassen sowohl Rohstoffe und Werkzeuge als auch Maschinen, Fabriken und Infrastrukturen.

Produktionssphäre
Nach Marx besteht die Produktionssphäre aus allen Produktionsprozessen, die notwendig sind, um Waren her- und Dienstleistungen bereitzustellen. In diesem Sinne umfasst die Produktionssphäre die gesamte wirtschaftliche Aktivität, bei der Rohstoffe und Produktionsmittel zur Herstellung von Gütern und Bereitstellung von Dienstleistungen verwendet werden.

Profit / profitieren
Als Profit wird ein Gewinn oder Vermögenszuwachs bezeichnet. Das Streben nach Profit bildet eine der Grundlagen des Kapitalismus und seiner Ungleichheiten.

Proletariat / proletarisch
Karl Marx bezeichnet jene Menschen als Proletarier_innen, die nur überleben können, indem sie ihre Arbeitskraft verkaufen. Ihre Arbeitskraft verkaufen Menschen als Ware an die Personen, die Arbeit zur Verfügung stellen (z.B. in Fabriken).

Propaganda / propagieren
Als Propaganda wird die systematische Verbreitung von Ideen oder Informationen verstanden, die der Formung einer bestimmten Vorstellung, Haltung oder Meinung dienen.

queer / Queerness

Queer ist ein englischer Begriff, der ursprünglich ‚komisch', ‚lustig' oder ‚eigenartig' bedeutete und auf das deutsche Wort ‚quer' zurückgeht. Im englischsprachigen Raum wurde der Begriff mit dem Beginn des 20. Jahrhunderts abwertend für Homosexuelle genutzt. Später eignete sich ihn die LGBTIQ+ Community an. Er ist inzwischen ein recht vager Sammelbegriff und eine Selbstbezeichnung, die sich auf alle Personen beziehen lässt, die von der geschlechtlichen oder sexuellen Norm abweichen.

queering / (ver-)queeren

Queering oder (ver-)queeren bedeutet etwas gegen den Strich zu lesen, umzukehren, anders zu verwenden, zu denken, zu sprechen oder zu tun, als es gewohnt oder ‚normal' ist. Queeren bezeichnet somit das Aufbrechen von bestehenden Normvorstellungen (insbes. Geschlechternormen) oder Gewohnheiten.

Queerfeminismus / queer-feministisch

Queerfeminismus kann als vielschichtige, sowohl aktivistische als auch akademische Strömung des Feminismus bezeichnet werden, die sich auf die *Queer Theory* bezieht. Diese Theorieströmung geht davon aus, dass Geschlecht nicht biologisch oder psychologisch vorherbestimmt ist, sondern dass den Menschen ein soziales und körperliches Geschlecht sowie daran gebundene Geschlechterrollen gesellschaftlich zugeschrieben werden.

race

Der Begriff *race* ist eine politische Analysekategorie und bezeichnet eine sozial hergestellte und keine biologische Kategorie. Diese ist wirkmächtig und spiegelt sich in gesellschaftlichen Strukturen sowie Gewalt- und Unterdrückungsformen wider.

Rassismus / rassistisch

Unter Rassismus werden nicht nur Diskriminierung und Vorurteile bzgl. *race* und ‚Ethnizität' beschrieben, sondern Rassismus beschreibt auch ein gesellschaftliches Wertesystem, das sich in gesellschaftlichen Strukturen (in Recht, Bildung, Institutionen usw.) widerspiegelt.

Rassifizierung / rassifiziert

Rassifizierung beschreibt gesellschaftliche Prozesse, die *race* und ‚Ethnizität' konstruieren. Das bedeutet, dass Menschen rassistische Kategorien und Stereotypen zugeordnet und sie anhand dieser hierarchisiert werden. In der Folge erfahren rassifizierte Menschen rassistische Diskriminierung (vgl. El-Maawi et al. 2022).

Rationalität / rational

Rationalität bedeutet so viel wie ‚auf Vernunft basierend'. Rational wird oft gleichgesetzt mit ‚objektiv', ‚nüchtern' und ‚aus der Distanz heraus' betrachtend/handelnd. Die Bewertung und Markierung von bestimmtem Handeln oder Denken als ‚rational' ist Teil euro-patriarchaler Wissensproduktion (siehe Infobox S. 236).

reaktionär

Reaktionär bedeutet so viel wie gegenrevolutionär, d.h. am Bestehenden festhaltend und Veränderung blockierend oder verhindernd.

Reflexion / reflektieren

Unter Reflexion wird die bewusste Auseinandersetzung mit einem bestimmten Thema verstanden.

Repression / repressiv

Repression meint (gewaltsame) Unterdrückung, z.B. von Kritik, Widerstand, politischen Bewegungen, Rechten, Selbstbestimmung oder Bedürfnissen.

Reproduktion / reproduzieren

Reproduktion bedeutet Erneuerung, Wiederherstellung, Wiederholung.

Reproduktionsarbeit / Reproduktionssphäre

Reproduktionsarbeit ist unentlohnte oder gering entlohnte Arbeit, die im Kapitalismus insbesondere der Wiederherstellung und Aufrechterhaltung von Arbeitskraft dient. Als reproduktive Arbeiten gelten z.B. Kinderbetreuung und -versorgung, die Pflege alter oder kranker Menschen, Haus- und Familienarbeit oder Beziehungspflege. Bei der Reproduktionsarbeit werden keine Waren hergestellt, mit denen gehandelt werden kann. Neben der Produktionssphäre, die Waren produziert, wird daher von der Reproduktionssphäre gesprochen.

Repräsentation / repräsentieren
Repräsentation bedeutet, dass etwas stellvertretend für eine Person oder Gruppe steht.

Ressourcen
Ressourcen sind Mittel, Gegebenheiten oder Eigenschaften, die dazu dienen, bestimmte Ziele zu verfolgen, Anforderungen zu bewältigen oder Handlungen durchzuführen. Ressourcen können z.B. Geld, Bildung, Beziehungen oder Fähigkeiten sein.

Ressentiment
Ressentiment ist ein aus dem Französischen stammender Begriff, der Gefühle des Widerstands oder Abwehrens oder das negative Beurteilen einer Person oder Gruppe bezeichnet. Diese meist unbewusste Abneigung kann mit empfundener Ohnmacht oder Unterlegenheit einhergehen, welche die Abwertung bestimmter Personen oder Gruppen zur Folge hat.

Revolution / revolutionär
Als Revolution wird die grundlegende und dauerhafte Veränderung eines Systems oder mehrerer Systeme verstanden.

Schwarz
Schwarz ist eine politische Selbstbezeichnung und wird bewusst großgeschrieben. Schwarz bezeichnet keine Eigenschaften oder biologischen Merkmale, sondern ist ein politischer Begriff, der sich auf die geteilten Rassismuserfahrungen bezieht. Diese Erfahrungen können mit Hautfarbe zu tun haben, müssen dies aber nicht zwangsweise, da es um die als soziale und rassifizierte Gruppe gemachten Erfahrungen geht (vgl. Ogette 2020 [2017]: 77). Dieser Begriff ist Ausdruck einer politischen Positionierung. So war es etwa durch die gemeinsame Definierung als ‚Schwarz' im Kontext Südafrikas möglich, gemeinsam gegen Apartheid zu kämpfen und sich zu solidarisieren. Auch in den USA, in Großbritannien und im deutschsprachigen Kontext wird ‚Black' bzw. ‚Schwarz' als politischer Kampfbegriff verwendet.[8] Im Deutschen Kontext wurde die Selbstbezeichnung ‚Schwarze Deutsche' Mitte der 1980er Jahre zeitgleich mit dem Begriff ‚Afrodeutsche' entwickelt. Beide Begriffe basieren auf transnationalen Bezügen und

8 Vgl. Glossar der politischen Selbstbezeichnungen von Migrazine. Online unter: http://www.migrazine.at/artikel/glossar-der-politischen-selbstbezeichnungen [letzter Zugriff am: 11.12.2023].

sind als maßgebliche Voraussetzung für die politische Selbstorganisation zu sehen (vgl. Al-Samarai 2022: 611).

Selbstermächtigung
Deutsches Wort für ‚Empowerment', das Strategien und Handlungen bezeichnet, welche die Eigenständigkeit und Selbstbestimmung einer Person oder Gruppe erhöhen sollen. Dadurch sollen Bedürfnisse und Interessen eigenmächtig, selbstbestimmt und selbstverantwortlich verfolgt werden können.

Selbstverwaltung / selbstverwaltet
Selbstverwaltung findet statt, wenn Personen, die etwas nutzen, herstellen, bewohnen oder Instand halten, selbst in der Verantwortung sind und alle damit einhergehenden Tätigkeiten selbst lenken bzw. Strukturen selbst gestalten.

***self care* / Selbstsorge / Selbstfürsorge**
Self care bedeutet auf Deutsch ‚Selbst(für)sorge'. Sie umfasst Tätigkeiten, welche die eigene körperliche, psychische und seelische Wiederherstellung, Erholung und das Wohlbefinden fördern. *Self care* kann neoliberal vereinnahmt werden, wenn sie sich auf eine rein individuelle und konsumorientierte Bewältigung der strukturellen Stressfaktoren in der kapitalistischen Gesellschaft beschränkt. Sie kann jedoch auch Bestandteil politischer Kämpfe um Selbsterhaltung durch radikale Selbstliebe sein, wie es bspw. in der Schwarzen feministischen Bewegung praktiziert wurde (vgl. Lorde 2017).

Sexarbeit / Sexarbeiter_innen
Der Begriff geht auf die Aktivistin Carol Leigh zurück, die ihn seit 1978 verwendete. Unter Sexarbeit werden unterschiedliche Formen sexueller und erotischer Dienstleistungen gefasst. Durch den Begriff soll unterstrichen werden, dass es sich bei Sexarbeit um Lohnarbeit handelt.

Sexismus / sexistisch
Sexismus ist ein Sammelbegriff für diskriminierendes, be- und entwertendes Denken, Verhalten oder Handeln in Bezug auf Geschlecht. Sexismus zeigt sich insbesondere in der Marginalisierung von trans und cis Frauen (sowie trans und inter Personen). Cis und endogeschlechtliche Männlichkeit wird dabei ebenso wie Heterosexualität als Norm verstanden und cis endo Männerkörper werden alleinig als ‚normale' Körper anerkannt (vgl. Küppers o.D.).

Situiertheit / situiert sein
Unter Situiertheit wird die Einbettung von Gegenständen, Lebewesen, Personen oder Wissen in einen bestimmten Kontext verstanden (ähnlich zu Verortung).

Solidarität / solidarisch / sich solidarisieren
Solidarität bezeichnet ein (politisches) Zusammenhalten, gegenseitiges Unterstützen oder füreinander Eintreten.

Sorgearbeit
Sorgearbeit umfasst Tätigkeiten der Fürsorge, des Pflegens und Sich-Kümmerns. Darunter fallen im engeren Sinn die Betreuung und Pflege von Kindern, alten oder kranken Menschen oder Menschen, die be_hindert werden. Im weiteren Sinn fällt darunter aber auch die Erfüllung und das Mitdenken von Bedürfnissen, die Pflege von Beziehung(en) und/oder die Unterstützung dabei. Sorgearbeit ist häufig unentlohnt, kann aber auch entlohnt sein, bspw. im Fall von Sexarbeit, Mediation oder Krankenpflege.

Sozialisierung / Sozialisation
Sozialisierung bzw. Sozialisation bezeichnet den Prozess, den alle Menschen von Geburt an durchlaufen und bei dem sie die sozialen Normen, Werte- und Rollenvorstellungen ihrer gesellschaftlichen Umgebung verinnerlichen.

Sozialismus / sozialistisch
Sozialismus ist eine politische Weltanschauung, die unterschiedliche Ausrichtungen umfasst. Gemeinsam ist ihnen der Kampf für eine solidarische, sozial gerechtere und freie Gesellschaft sowie für die Überwindung des kapitalistischen Wirtschaftssystems durch Verstaatlichung oder Vergesellschaftung von Privateigentum. Nach Karl Marx ist der Sozialismus eine Vorstufe zum Kommunismus.

Sozialstaat
Als Sozialstaat wird ein Staat bezeichnet, der soziale Sicherheit und Gerechtigkeit anstrebt und dies durch Sozialpolitik zu erreichen versucht (ähnlich wie Wohlfahrtsstaat).

Spätkapitalismus
Spätkapitalismus bezeichnet wie Frühkapitalismus eine bestimmte Periode der wirtschaftlichen bzw. gesellschaftlichen Entwicklung. Bei der Zeitspanne ab dem Zweiten Weltkrieg spricht man von Spätkapitalismus. Der Spätkapitalismus zeichnet sich durch eine weitreichende Ökonomisierung, Neoliberalisierung und zunehmende Prekarität aus.

Stereotype
Stereotype sind Vorstellungen über eine bestimmte Gruppe von Menschen, die sich gesellschaftlich durch Wiederholung und Vereinfachung eingeprägt haben. Stereotype hängen mit Normen zusammen und werden explizit und auch unbewusst weitervermittelt.

Stigma / Stigmatisierung / stigmatisierend
Stigmatisierung beschreibt einen Prozess, bei dem Individuen oder Gruppen einer bestimmten, meist negativ bewerteten Kategorie zugeordnet werden.

Struktur(en) / strukturell
‚Struktur' ist ein weiter Begriff, der in verschiedenen Bereichen verwendet wird. Auf Gesellschaften bezogen sind damit z.B. die Bedingungen und Verhältnisse gemeint, die bestimmtes Handeln ermöglichen, verunmöglichen oder entwerten.

Subjekt
Subjekt ist ein Begriff aus der Philosophie. Er meint eine Einheit, meistens eine Person, die ein Bewusstsein und Handlungsmacht hat. Subjekt ist das Gegenteil von ‚Objekt'.

Subjektivierung / Entsubjektivierung
Subjektivierung beschreibt den Prozess, wie Menschen zu Subjekten werden. So wird zum Beispiel eine Person erst in Wechselwirkung mit der Gesellschaft und deren Normen und Strukturen zu dem gemacht, wie sie ist. (Siehe Infobox auf S.206)

Totalität
Unter Totalität wird die Gesamtheit, der volle Umfang oder das ganze Ausmaß von etwas verstanden.

Totalitarismus / totalitär

Totalitarismus ist ein politisches Konzept, welches das uneingeschränkte Herrschen über Menschen bis in den privaten Bereich hinein beschreibt. Ein totalitäres Ziel wäre z.B. die Durchsetzung eines gesamtgesellschaftlich gültigen Wertesystems und der Ausschluss von allem, was diesem System nicht entspricht.

trans / trans* / transgender

Trans ist eine Selbst- oder Fremdbezeichnung für Menschen, die nicht (oder nicht nur) in dem Geschlecht, das ihnen bei Geburt zugewiesen wurde bzw. der damit verbundenen Geschlechterrolle leben können oder wollen. Das Sternchen (oder der Asterisk) steht nach dem Vorbild von Suchmaschinen und Programmiersprachen für eine Vielzahl möglicher Endungen, wie z.B. transgeschlechtlich, transsexuell, transident oder transgender. Aus unterschiedlichen Gründen wird trans mit oder ohne Asteriks geschrieben. Das Gegenteil zu trans ist cis.[9]

Transfeindlichkeit / transfeindlich

Unter Transfeindlichkeit fällt die Ablehnung der Vorstellung, dass Menschen Geschlecht selbstbestimmt leben und das ihnen zugeschriebene Geschlecht verändern dürfen. Dies geht einher mit negativen Einstellungen, Vorurteilen und Stereotypen gegenüber trans Personen und äußert sich in ausgrenzendem, diskriminierendem und gewaltvollem Handeln gegenüber Menschen, die trans sind.

transgenerational

Transgenerational beschreibt das Weitergeben von Eigenschaften, Verhaltensweisen oder neurobiologischen Veränderungen (z.B. bzgl. Traumata) über Generationen hinweg.

Transformation / transformieren / transformatorisch

Transformation meint einen grundlegenden Wandel. Mit dem Begriff werden z.B. grundlegende Veränderungen in politischer, wirtschaftlicher oder technologischer Hinsicht beschrieben.

transnational

Als transnational werden Dinge oder Prozesse bezeichnet, die über die Grenzen von Nationen hinausgehen.

---

9 Vgl. Beitrag „Was ist trans*?" der Fachstelle TransInterQueer Berlin. Online unter: https://www.transinterqueer.org/themen/trans/ [letzter Zugriff am: 11.12.2023].

Transition / transitionieren

Bei einer Transition entfernt sich eine Person von dem ihr bei der Geburt zugewiesenen Geschlecht und nähert sich in ihrem Geschlechtsausdruck dem eigenen Geschlechtsempfinden an.

Trauma / Traumatisierung

Eine körperliche und/oder psychische Reaktion auf eine Verletzung oder ein gewaltvolles Ereignis, das von der betroffenen Person nicht mit den ihr zur Verfügung stehenden Mitteln bewältigt werden kann. Je nach Auslöser und Reaktion können verschiedene Arten von Traumatisierung unterschieden werden.

Utopie / utopisch

Eine Utopie ist die Vision von einer Gesellschaft, die einen Gegenentwurf zu den herrschenden Verhältnissen zeichnet.

Umverteilung

Umverteilung beschreibt den Prozess einer Neuverteilung von Ressourcen, um sozialer Ungleichheit in der Gesellschaft entgegenzuwirken.

Vergeschlechtlichung / vergeschlechtlicht

Die Verwendung des Verbs ‚vergeschlechtlichen' spiegelt ein Verständnis von Geschlecht als aktiven, anhaltenden Prozess wider. Geschlecht, entsprechende Vorstellungen und Rollenzuschreibungen werden immer wieder aktiv hergestellt oder zugeschrieben. Z.B. werden die Farben rosa und hellblau vergeschlechtlicht, in dem sie als ‚weibliche' bzw. ‚männliche' Farben bezeichnet oder gelesen werden.

Vergesellschaftung

Vergesellschaftung hat unterschiedliche Bedeutungen. In der Soziologie meint sie die Einbindung von Individuen in eine Gesellschaft. Dies kann sich auf unterschiedliche Aspekte beziehen. Bspw. meint die ‚doppelte Vergesellschaftung von Frauen', dass frauisierte Personen häufig doppelt in Lohn- und Reproduktionsarbeit eingebunden werden. Politisch bzw. ökonomisch meint bspw. die Vergesellschaftung von Wohnraum, dass privates Wohneigentum in kollektives oder öffentliches Eigentum überführt wird. In marxistischer Theorie steht der Begriff für die Aneignung der Produktionsmittel durch das Proletariat.

Verkörperung / verkörpert
Erfahrung und Wissen schreiben sich in Körper ein, werden in diesen gespeichert und durch sie wieder zum Ausdruck gebracht. Dieser Prozess wird als Verkörperung bezeichnet.

Verortung / verortet sein / verortet werden
Wenn eine Gesellschaft als sozialer Raum verstanden wird, in dem es Hierarchien, Ein- und Ausschlüsse, Ressourcen, Macht usw. gibt, dann besetzen Menschen unterschiedliche Orte in diesem Raum, sie sind in ihm verortet.

Wachstumsparadigma
Als Wachstumsparadigma wird eine Denkweise bezeichnet, die Wachstum und Fortschritt ins Zentrum gesellschaftlicher Entwicklung stellt.

weiß
Mit *weiß* ist keine Beschreibung von Hautfarbe gemeint, sondern die Benennung einer Position in unserer Gesellschaft in Bezug auf Rassismus. Während der Aufklärung und des Kolonialismus wurde *weiß* Sein als Marker der Überlegenheit konstruiert. Auch heute wird *weiß* Sein als eine weitgehend unbenannte Norm verhandelt und geht mit Privilegien einher. Wenn *weiß* als „Analysekategorie für unterdrückende Machtverhältnisse" (Kelly 2019: 14) verstanden werden muss, wird es kursiv gesetzt.

Westen / westlich
Mit den Begriffen ‚Westen' und ‚westlich' werden in diesem Sammelband keine geografischen Himmelsrichtungen bezeichnet, sondern ein bestimmter Wissens- und Erfahrungsraum, der vom europäisch-/angloamerikanischen Kolonialismus und Kapitalismus geprägt ist (vgl. Hall 2018 [1992]).

Wohlfahrtsstaat
In einem Wohlfahrtsstaat gibt es vermehrt staatliche Interventionen in die kapitalistische Wirtschaftsordnung, indem soziale Dienstleistungen und finanzielle Unterstützung bereitgestellt werden, um die Grundbedürfnisse der Bevölkerung zu erfüllen und soziale Ungleichheiten zu verringern.

Literatur

Al-Samarei, Nicola Lauré (2022): „Schwarze Deutsche." In: Nadja Ofuatey-Alazard; Susan Arndt (Hg.): *Wie Rassismus aus Wörtern spricht. (K) Erben des Kolonialismus im Wissensarchiv deutsche Sprache. Ein kritisches Nachschlagewerk*. Münster: Unrast, S. 611–613.

Bourdieu, Pierre (1982): *Die feinen Unterschiede. Kritik der gesellschaftlichen Urteilskraft*. Frankfurt am Main: Suhrkamp.

Bundeszentrale für politische Bildung (BPB) (o.D.): „Privatisierung." In: *Das Lexikon der Wirtschaft der BPB*. Online unter: https://www.bpb.de/kurz-knapp/lexika/lexikon-der-wirtschaft/20348/privatisierung/ [letzter Zugriff am: 05.11.2023].

Butler, Judith (1990): *Gender Trouble: Feminism and the Subversion of Identity*. New York u.a.: Routledge.

Chakrabarty, Dipesh (2002): „Europa provinzialisieren. Postkolonialität und die Kritik der Geschichte." In: Sebastian Conrad, Randeria Shalini (Hg.): *Jenseits des Eurozentrismus. Postkoloniale Perspektiven in den Geschichts- und Kulturwissenschaften*. Frankfurt am Main: Campus, S. 283–312.

Crenshaw, Kimberlé (1991): „Mapping the Margins: Intersectionality, Identity Politics, and Violence against Women of Color." In: *Stanford Law Review*, Bd. 43, Nr. 6, S. 1241–1299.

El-Maawi, Rahel et al. (2022): *No to racism: Grundlagen für eine rassismuskritische Schulkultur*. Bern: hep.

Hall, Stuart (2018 [1992]): „The West and the Rest: Discourse and Power [1992]." In: David Morley (Hg.): *Essential Essays, Volume 2, Identity and Diaspora*. Durham: Duke University Press, S. 141–184.

International Holocaust Remembrance Alliance (IHRA) (2016): „Arbeitsdefinition von Antisemitismus. Bukarest, 26. Mai 2016." In: *International Holocaust Remembrance Alliance*. Online unter: https://www.holocaustremembrance.com/de/resources/working-definitions-charters/arbeitsdefinition-von-antisemitismus [letzter Zugriff am: 05.11.2023].

Jaeggi, Rahel (2009): „Was ist Ideologiekritik?" In: Rahel Jaeggi; Tilo Wesche (Hg.): *Was ist Kritik?*. Frankfurt am Main: Suhrkamp, S. 266–295.

Kelly, Natasha A. (2019): „Weil wir weitaus mehr als nur ‚Frauen' sind! Eine Einleitung." In: Natasha A. Kelly (Hg.): *Schwarzer Feminismus. Grundlagentexte*. Münster: Unrast, S. 7–14.

Küpper, Carolin (o.D.): „Wie Sexismus, Misogynie und LSBTIQ*-Feindlichkeit zusammenhängen." In: *Regenbogenportal*. Online unter: https://www.

regenbogenportal.de/informationen/wie-sexismus-misogynie-und-lsbtiq-feindlichkeit-zusammenhaengen [letzter Zugriff am: 12.12.2023].

Lorde, Audre (2017): *A Burst of Light and Other Essays*. New York: Dover Publications Inc.

Marx, Karl; Engles, Friedrich (1974 [1848]): „Manifest der Kommunistischen Partei." In: *Marx-Engels-Werke* (MEW), Band 4. Berlin: Dietz, S. 459–493.

Ogette, Tupoka (2020 [2017]): „Die Macht der Sprache – Sprache der Macht." In: Tupoka Ogette: *exit racism. rassismuskritisch denken lernen*. Münster: Unrast, S. 74–80.

Payk, Katharina (2019): „Hä? Was bedeutet be_hindert?" In: *Missy Magazine*, Nr. 1. Online unter: https://missy-magazine.de/blog/2019/03/12/hae-was-bedeutet-be_hindert/ [letzer Zugriff am: 09.12.2023].

Penz, Otto; Sauer, Birgit (2016): *Affektives Kapital. Die Ökonomisierung der Gefühle im Arbeitsleben*. Frankfurt am Main: Campus.

Rich, Adrienne (1980): „Compulsory Heterosexuality and Lesbian Existence." In: *Signs*, Bd. 5, Nr. 4, S. 631–660.

Seithe, Mechthild (2011): „Wie viel Ökonomisierung kann die Soziale Arbeit vertragen?", Online unter: http://zukunftswerkstatt-soziale-arbeit.de/diskussionstexte/ [letzer Zugriff am: 10.12.2023].

Young, Iris Marion (2002): „Fünf Formen der Unterdrückung." In: Christoph Horn, Nico Scarano (Hg.): *Philosophie der Gerechtigkeit. Texte von der Antike bis zur Gegenwart* . Frankfurt am Main: Suhrkamp.

Mascha Linke

Transitionierende Beziehungsweisen

Dieser Text entsteht aus einem Unbehagen heraus. Während heute trans Influencer_innen immer mehr Verwertungspotenzial in ihren eigenen Transitionsgeschichten erkennen, finden trans Menschen in linken Kämpfen häufig wenig Beachtung. Vor einigen Monaten besuchte ich ein Panel, bei dem es um den Zusammenhang von Transition und Klasse gehen sollte. Wo die Vorfreude groß war, wurde die Enttäuschung umso größer. Transition wurde als Privileg dargestellt: Man müsse erst einmal die Zeit und das Geld haben, um sich mit sich selbst auseinandersetzen zu können; nicht alle wären in der Lage, das in dem notwendigen Ausmaß zu tun. Dem würde ich zwar in einem bedingten Maß zustimmen, dennoch halte ich eine solche Darstellung auch für falsch, denn sie verkennt queere Geschichte und Lebensrealitäten. Waren es doch insbesondere prekarisierte transfeminine BI PoCs, die maßgeblich dazu beigetragen haben, dass wir uns heutzutage überhaupt Gedanken über Queer- und Transsein machen können. Trotz aller Hindernisse haben sie dafür gesorgt, dass transitions-spezifisches Wissen hergestellt und weitergegeben wurde. Außerdem spielt die Auffassung von Transition als Luxusproblem einer Darstellung von Klasse in die Hände, in der Identitätsfragen keinen Platz haben. Das ist ebenso fatal und irreführend wie die Vorstellung, dass queere Kämpfe nichts mit Klassenverhältnissen zu tun hätten. Gerade in Bezug auf die medizinische Versorgung von trans Personen ist das aber von großer Bedeutung. Auf besagtem Panel wurde allerdings kaum über die Ungleichverteilung von Transitionsmaßnahmen gesprochen. Dabei spielt diese eine ganz zentrale Rolle, wenn es um den Zugang zu geschlechtsangleichenden Maßnahmen wie Hormontherapien oder Operationen geht. Identität findet nicht jenseits der Klassenfrage statt, sondern ist eng mit ihr verwoben.

Innerhalb von und während Transitionen spielen verschiedenste *Beziehungsweisen* eine wichtige Rolle. Um das zu beleuchten, greife ich auf Bini Adamczaks Begriff der Beziehungsweisen und ihren beziehungstheoretischen Ansatz aus

Beziehungsweise Revolution (2017) zurück. Wie Adamczak versuche ich dadurch Befreiungs- und Emanzipationskämpfe im Verhältnis zwischen Individuum und Gesellschaft zu begreifen: Menschen (genauso wie Nicht-Menschen) werden durch Relationen, also Beziehungen, in Verbindung gesetzt. Dadurch, dass wir in Beziehungen zueinanderstehen, wird es auch möglich, uns als Subjekte mit unseren Identitäten zu verstehen. Somit sind es auch Beziehungen und nicht einfach *das* Individuum oder *die* Gesellschaft, die progressiven Wandel herbeiführen. Wenn wir über trans Realitäten nachdenken, dann wird mit einem solchen Blick auch deutlich, welche Beziehungen verschiedene Transitionsmöglichkeiten möglich bzw. unmöglich machen. Wie also können wir Transitionen beziehungstheoretisch begreifen? Inwiefern hilft uns diese Perspektive dabei, über alternative Wege der Gesundheitsvorsorge und Transinklusivität nachzudenken?

Viele Beziehungen, in denen wir uns befinden, sind sehr verdinglicht: sei es das Geld, das Waren in Beziehung zueinander setzt, aber auch darüber entscheidet, was wir konsumieren können und was nicht; oder die Kündigung eines Mietvertrags, gegen die man sich nicht wehren kann. Adamczak versucht mit dem Begriff der Beziehungsweise aufzuzeigen, dass diese Beziehungen Mittel benötigen, um aufrechterhalten zu werden – zum Beispiel staatliche Gewalt oder Kapital. Das soll uns ermöglichen, über revolutionäre Momente nachzudenken. Ein Moment ist nämlich genau dann revolutionär, wenn „die am stärksten verdinglichten und verfestigten Beziehungsweisen, jene, die kaum überhaupt als Beziehungen erscheinen“ (Adamczak 2017: 245) kollektiv und grundlegend in Frage gestellt werden.

Das Verständnis von Transition, das meinem Text zugrunde liegt, ist vielschichtig. Es umfasst die unterschiedlichen Veränderungen, die eine trans Person vollzieht, um sich in der eigenen geschlechtlichen Rolle auszudrücken.[10] Eine Transition kann soziale Ebenen, zum Beispiel den eigenen Kleidungsstil, aber auch medizinische Ebenen wie Hormontherapien oder geschlechtsangleichende Operationen umfassen. Es geht nicht darum, Transitionen als Geschlechterwechsel zu begreifen. Im Gegenteil: Anstatt auf festen Identitäten zu beharren, sollen Geschlechtlichkeiten historisch, in ihren Beziehungsweisen und nicht lediglich als persönliche Eigenschaften begriffen werden. Dazu kommt, dass Transitionen sich hinsichtlich ihrer Möglichkeiten und Zugänge stark unterscheiden. Menschen ohne deutsche Staatsbürger_innenschaft oder gesetzliche Krankenversicherung sind erheblich größeren Hürden ausgesetzt, wenn sie

10 Siehe dazu auch den Eintrag im Queer-Lexikon. Online unter: https://queer-lexikon.net/2017/06/08/transition/ [letzter Zugriff am: 01.04.2023]

geschlechtsangleichende Maßnahmen in Anspruch nehmen möchten. Ich erlebte Gewalt und Widerstand durch medizinisches Personal erst im Zuge meiner Transition, aber viele Menschen erfahren auch unabhängig davon schon Gewalt, Widerstand und Diskriminierung innerhalb des medizinischen Apparats: seien es z.B. BI_PoCs, die sich permanentem Rassismus durch Ärzt_innen aussetzen müssen, fette Menschen, deren Beschwerden nicht ernst genommen werden, oder be_hinderte Menschen, die durchgehend ableistische Gewalt im Gesundheitssystem erfahren.

Entlang von drei Ebenen – das eigene Umfeld, medizinische Apparate und die Arbeit von trans Communities – möchte ich mit diesem Essay versuchen, Beziehungsweisen in den Blick zu nehmen, die in der Transition eine Rolle spielen. Mit der Verbindung dieser drei Ebenen möchte ich verdeutlichen, dass eine Transition keine individuelle Leistung der transitionierenden Person ist. Stattdessen sind transitionierende Menschen immer in Abhängigkeiten verwickelt, die ihre Selbstbestimmung in transfeindlichen und kapitalistischen Gesellschaften einschränken.

Das eigene Umfeld

Die Gesellschaft besteht nicht aus Individuen, sondern drückt die Summe der Beziehungen aus, worin diese Individuen zueinanderstehen.[11]

Transitionen sind eine kollektive Leistung. Oder wie es Comrade Josephine (aka Luce DeLire) formuliert: „Each transition requires the social environment of the transitioning person *to co-transition*." [12](Comrade 2021)

Doch häufig werden Transitionen als eine einseitige Angelegenheit verstanden: Eine trans Person muss sich outen, sich gegebenenfalls mit neuem Namen und Pronomen vorstellen und darauf hoffen, dass das Umfeld positiv darauf reagiert. Doch es sind die Beziehungen mit anderen Menschen, zu Arbeitskolleg_innen aber auch zu staatlichen Instanzen, die eine Transition möglich oder unmöglich machen. Eine Transition ist dabei ein konkreter, materieller Eingriff in diese Beziehungen. So hat ein neues Auftreten, sei es im Kleidungsstil oder wegen physischer Veränderungen durch Hormone, Auswirkungen auf die Art und Weise, wie trans Menschen wahrgenommen werden und potenziell Gewalt erfahren.

---

11 Marx 1983: 189.

12 Übers. d. Hg.: „Jede Transition verlangt vom sozialen Umfeld der transitionierenden Person, zu ko-transitionieren."

Ähnlich verhält es sich, wenn eine trans Person einen neuen Namen für sich wählt. Dieser muss kommuniziert und angenommen werden – von der Familie, Freund_innen oder Kolleg_innen. Das kann im kleinen Rahmen stattfinden und sich auf öffentliche Instanzen ausweiten. Doch ohne jegliche externe Bestätigung oder Anerkennung läuft eine Transition ins Leere.

Damit streite ich nicht die geschlechtliche Identität einer ungeouteten trans Person ab. Doch erst im Kollektiv wird eine Geschlechtlichkeit zu einer materiellen Kategorie, also zu einem Zustand, der gesellschaftliche Konsequenzen für die transitionierende Person mit sich bringt. Transitionierende Menschen müssen innerhalb dieses Kollektivs eine Mehrarbeit leisten, der cisgeschlechtliche Menschen nicht nachgehen müssen. Sei es die wöchentliche Therapiesitzung für das Indikationsschreiben[13] einer Hormontherapie, das tausendste Aufklärungsgespräch über die richtige Verwendung der eigenen Pronomen im Freund_innenkreis oder die emotionale Aufarbeitung von traumatischen Erlebnissen beim Aufwachsen in einer cisnormativen Familie.

Mit einem beziehungstheoretischen Blick wird die Vielschichtigkeit hinter der Arbeit einer Transition deutlich. Einerseits braucht eine Transition eine Initiation der transitionierenden Person, auf die das Umfeld reagiert. Eine Transsensibilität muss für die eigenen Veränderungen hergestellt werden. Die Herstellung einer solchen Sensibilität ist wechselseitig. Trans Personen müssen sich ein entsprechendes Umfeld zum Beispiel durch neue Freund_innenschaften oder Aufklärungsarbeit aktiv erschließen. Andererseits müssen die Menschen im Umfeld aber auch eine Bereitschaft zur Sensibilisierung für die Realität der trans Person entwickeln. Ein Ansatz, der lediglich die einmalige Aneignung einer Identität in den Blick nimmt, verkennt den vielschichtigen Arbeitsaufwand, der hinter Transitionen steckt und eben *nicht nur* von der transitionierenden Person geleistet werden kann und muss. Dadurch werden auch strukturelle Unmöglichkeiten von trans Existenzen genau benennbar, wenn gewisse Sensibilitäten im Umfeld oder auch rechtlich nicht vorliegen.

Wenn wir Transition als materiellen Prozess verstehen, müssen wir außerdem auch in den Blick nehmen, was diese spezifische Arbeit von transitionierenden Menschen in einer kapitalistischen Gesellschaft bedeutet. Die trans Aktivistin und Wissenschaftlerin Nat Raha argumentiert in *Queer Capital: Marxism in Queer Theory and Post-1950 Poetics*, dass eine Theorie der Reproduktion ebenso die Reproduktionsarbeit berücksichtigen muss, der queere Menschen für ihr

13 In diesem Schreiben wird angegeben, dass eine Behandlung mit Hormonen aus medizinischer Sicht als angemessen erachtet wird.

Überleben in einer kapitalistischen, cisheteropatriarchalen Gesellschaft nachgehen müssen (vgl. Raha 2019: 139f). Überlegungen rund um Reproduktionsarbeit gehen bis zu Marx und Engels zurück. Sie beziehen sich mit dem Konzept der Reproduktion vor allem auf diejenige (zumeist unentlohnte) Arbeit, die notwendig ist, damit sich die Arbeiter_innen selbst erhalten und jeden Tag aufs Neue zur Lohnarbeit gehen können. Wenn wir Transfeindlichkeit, aber auch Queerfeindlichkeit strukturell verstehen möchten, müssen wir auch die Arbeit für die eigene Selbsterhaltung in den Blick nehmen, die vom *weißen* cisheterosexuellen Arbeiter bei Marx nicht geleistet werden muss: Aufarbeitung von Traumata, Gewalt und Diskriminierung – häufig schon in der Familie, im Kindergarten sowie in der Schule und im sonstigen Alltag. Dieser Mehraufwand sorgt oft auch dafür, dass trans Menschen es nicht schaffen, die gleiche Lohnarbeit zu verrichten wie cisgeschlechtliche Personen.

Medizinische Apparate

Beziehungen verbinden, trennen und weisen Positionen zu.[14]

Um in Deutschland Zugang zu einer Hormontherapie zu erhalten, ist eine Vielzahl von Schritten notwendig, die an lange Wartezeiten gekoppelt sind. Ein psychotherapeutisches Gutachten wird dabei immer verlangt. Dieses muss die F64.0-Diagnose ‚Transsexualismus' gemäß ICD-10 sicherstellen. Raum für nicht-binäre Identitäten gibt es nicht, da innerhalb der Diagnose die Geschlechtsinkongruenz[15] mit einer Identifikation mit ‚dem anderen' Geschlecht einhergeht. In der Regel wird mindestens ein halbes Jahr Psychotherapie gefordert, bis ein solches Indikationsschreiben ausgestellt wird. Dem gehen

> **ICD-10** steht für die zehnte Revision des Internationalen Klassifikationssystems von Krankheiten der Weltgesundheitsorganisation (WHO), das verwendet wird, um Krankheiten und Gesundheitszustände zu klassifizieren. Die Diagnose F64.0 im ICD-10 bezieht sich auf ‚Transsexualismus'. Diese Diagnose ist im ICD-11 (der derzeit aktuellen Revision) in ‚Geschlechtsinkongruenz' umbenannt worden. Um innerhalb des Krankenkassensystems Zugang zu medizinischen Produkten und Leistungen wie Hormontherapien oder Operationen zu erhalten, muss eine Diagnose erfolgen, was zugleich Pathologisierung und Normierungen mit sich bringt.

14 Adamczak 2017: 253.

15 Zustand, bei dem sich Personen nicht mit dem ihnen bei der Geburt zugewiesenen Geschlecht identifizieren.

Wartezeiten und die Suche nach einem Therapieplatz voraus. Hinzu kommt noch, dass es sehr wenige queer- und transsensible Therapeut_innen gibt. Häufig geht also damit noch eine unbezahlte Aufklärungsarbeit gegenüber der therapierenden Person einher, da bei psychotherapeutischem Personal nach wie vor großes Unwissen herrscht. Bei medizinischen, geschlechtsangleichenden Operationen kommen dann noch Gutachten und herabwürdigende Besuche bei Ärzt_innen dazu, die der medizinische Apparat verlangt.

Nach Adamczak haben wir es hier mit einer institutionalisierten Form der Beziehung zu tun. Dabei handelt es sich um „verfestigte oder verdinglichte, kodifizierte, materialisierte und ritualisierte" (Adamczak 2017: 251) Beziehungen, die trans Menschen eingehen *müssen*, um an die Maßnahmen zu gelangen, die ihnen zustehen. Dadurch werden trans Personen in ein ganz bestimmtes, pathologisierendes Setting gesetzt. Psychotherapeut_innen und Ärzt_innen entscheiden über den Handlungsspielraum der transitionierenden Person, die im Rahmen ihrer Transition cisnormative Erwartungen erfüllen muss.

Doch das ist nicht alles. Geschlechtshormone sind ein Produkt kapitalistischer Produktionsverhältnisse. Im kapitalistischen System hat demnach ein klar definierter, kleiner Personenkreis – vornehmlich Unternehmer_innen – die Entscheidungsgewalt über ihre Produktion und ihren Preis. Dieses Verhältnis beeinflusst auch die Selbstbestimmung von trans Personen: Geschlechtshormone und geschlechtsangleichende Operationen umfassen Produkte und Dienstleistungen, die in ihrer Zugänglichkeit ganz klar definiert sind. Die geltenden, rechtlich verankerten Kriterien funktionieren nicht zugunsten von trans Personen, sondern sind mit viel Zeit und Therapiearbeit verknüpft. Transitionierende Personen werden in diesem Sinne in ein Abhängigkeitsverhältnis zum Staat und seinem Gesundheitssystem gesetzt, für das sie vor allem Überzeugungsarbeit leisten müssen. Diese Prozeduren werden oft einfach hingenommen, weil es kaum Alternativen gibt. Operationen selbst zu bezahlen, muss man sich erst einmal leisten können. Die Vielzahl an GoFundMe-Spendenaufrufen für OP-Kosten macht das deutlich. Am meisten und härtesten trifft das prekär lebende trans Menschen und Menschen, denen Zugänge zu medizinischen Leistungen auch unabhängig von der Transition strukturell erschwert werden. Zudem kann eine medizinisch unbegleitete Hormontherapie Gefahren bergen, wenn die transitionierende Person nicht gut aufgeklärt ist.

Genau hier wird deutlich, was Adamczak mit verdinglichten Beziehungen meint. Transitionierende Menschen werden in ein spezifisches Verhältnis zu Gutachter_innen und medizinischem Personal gesetzt, welches von rechtsstaatlichen

Normen sowie kapitalistischen Mechanismen strukturiert wird. Dieses Verhältnis fundamental infrage zu stellen, ist ohne eine Kritik an kapitalistischer Arbeitsorganisation unmöglich. Es handelt es sich hier also um eine staatlich verordnete und kapitalistisch durchdrungene Beziehungsform. Der Handlungsspielraum für trans Personen innerhalb dieser Beziehungsformen ist sehr eingeschränkt. Doch es gibt Formen der Organisation, die sich genau diesen Zwängen widersetzen und alternative Formen der Gesundheitsversorgung bereitstellen: Communities, die aufklären und Schutz bieten.

Community-Arbeit

Die Vergangenen, die Toten bleiben anwesend wie die vielschichtige Gegenwart.[16]

Trans Identität heute geht mit einem anderen Verständnis und einer anderen Vorstellung einher als zum Beispiel vor 50 Jahren. Was wir genau als trans verstehen, wandelt sich stetig. Das ist auf Emanzipationskämpfe zurückzuführen, die Generationen von insbesondere BI_PoC trans Personen über die Zeit hinweg geführt haben. Das macht trans Geschichte auch nicht-linear[17]: Vorreiter_innen aus der Vergangenheit sind heute durch ihren Einfluss immer noch präsent (vgl. Gleeson 2017). Diese Kämpfe fanden und finden nach wie vor an den Grenzen von Illegalisierungsprozessen statt, innerhalb derer trans Menschen sich Handlungsspielräume für das eigene Überleben schufen und schaffen.

Die ersten trans Netzwerke und konkreten Beziehungsweisen gegen einen queer- und transfeindlichen Status quo entstanden im letzten Jahrhundert. Ein prominentes Beispiel ist die unter anderen von Marsha P. Johnson gegründete Gruppe STAR (Street Transvestite Action Revolutionaries) die Care-Arbeit, Sexarbeit, Solidarität für Gefangene und politischen Aktivismus kombinierte, um wohnungslosen queeren und trans BI_PoC ein sicheres Umfeld zu verschaffen. Ihre Körper erhielten erst durch diese alternative Organisierung Fürsorge und Schutz, während *weiße* Bewegungen die Menschlichkeit dieser Leben nicht anerkannten oder eher Bestrebungen einer queeren Anpassung an die cisheterosexuelle Mehrheitsgesellschaft nachgingen – ein Produkt *weißer* Vorherrschaft, das sich bis in die Gegenwart zieht (vgl. Raha 2019: 132ff).

16 Adamczak 2017: 252.

17 Nicht-linear bedeutet in diesem Zusammenhang, dass trans Geschichte nicht gerade, wie auf einer Linie, verläuft, wo eines auf das andere folgt.

Einen zentralen Kern der Geschichte von trans Netzwerken bildet die Bereitstellung von Hormonen für DIY-Transitionen (vgl. Gill-Peterson 2022). Damit ist die Einnahme von Geschlechtshormonen gemeint, die teilweise oder völlig abseits vom Gesundheitssystem durchgeführt wird. Die Hormone werden entweder selbst hergestellt, von trans Personen mit Rezepten weiterverteilt oder anderweitig erworben. Hinter all diesen Wegen verbergen sich Netzwerke kollektiver Organisierung, in denen Informationen und Zugänge zu materiellen Ressourcen untereinander geteilt werden. Darunter fallen auch Materialien wie Packer, Zubehör für die Haarentfernung durch Epilation und Laser oder Binder. Das sind auch Mittel, auf die trans Personen zurückgreifen, für die geschlechtsangleichende Maßnahmen wie Hormone oder Operationen völlig unzugänglich sind. Diese Netzwerke werden vor allem von trans Personen getragen, weil staatliche Strukturen viele Maßnahmen unzugänglich machen. Eine solche Form der Organisierung stellt den Gesundheitsapparat von sich aus in Frage. Eine Transition wird nicht aus einer Laune heraus abseits vom Gesundheitssystemen durchgeführt, sondern wegen der ökonomischen, transfeindlichen oder rassistischen Unzugänglichkeit dieser Systeme. Eine Entscheidung für eine DIY-Transition geht oft mit Erfahrungen von *Gatekeeping*[18] oder Herabwürdigungen innerhalb des medizinischen Apparats einher. Doch der Drang zum Leben und somit zur Selbsterhaltung mit Mitteln, die trans Personen verwehrt werden, überwiegt.

STAR

STAR (Street Transvestite Action Revolutionaries) ist eine Aktivist_innengruppe, die Ende der 1960er Jahre von Sylvia Rivera und Marsha P. Johnson in New York gegründet wurde. Die Gruppe entstand als Reaktion auf die Unterdrückung und Diskriminierung von trans BI_PoC und organisierte Demonstrationen und Proteste, um auf Probleme von trans Personen aufmerksam zu machen und für ihre Rechte zu kämpfen. Die Gruppe setzte sich für erschwingliche Unterkünfte, angemessene Gesundheitsversorgung, Beschäftigungsmöglichkeiten und den Schutz vor Gewalt ein. Sie ist heute noch Vorbild vieler Organisationen, die sich für trans Personen einsetzen.

Diese strukturelle Ungerechtigkeit liefert die Grundlage und Notwendigkeit für die kollektive Organisierung von Schutz und Unterstützung. Unter anderem kam es auch deswegen dazu, dass Generationen von trans Personen über Jahre hinweg entstehen konnten. Communities erfordern ein hohes Maß an Arbeit für ihre Kultivierung und Aufrechterhaltung im Laufe der Zeit. Dafür ist der

18 *Gatekeeping* bedeutet, dass Personen oder Institutionen Zugänge erschweren, hemmen, verhindern oder verweigern.

Zusammenhalt innerhalb der Communities unerlässlich. Gleichzeitig wäre es irreführend, von *einer* trans Community zu sprechen, denn Differenzen hinsichtlich Klassenzugehörigkeit oder Rassismuserfahrungen, aber auch in Bezug auf die allgemeine Sichtbarkeit an verschiedenen Orten beeinflussen die Lebensrealitäten von transitionierenden Menschen unterschiedlich. Daher bilden sich immer wieder neue Communities, die sich bestehenden Unterdrückungen spezifisch widersetzen müssen.

Beziehungstheoretisch wird hier sehr deutlich, was die Aufgabe dieser kollektiven Organisierung von Wissen und Ressourcen in der Community-Arbeit ist. Es wird sich einem transfeindlichen Status quo widersetzt, unter dem trans Personen überlebensnotwendige Maßnahmen verwehrt werden und durch den sich deren Lebensumstände maßgeblich verschlechtern. Community-Arbeit überwindet dabei auch nationale Grenzen, da ein großer Teil der Beziehungsarbeit im Internet stattfindet. Über Foren wie Reddit beraten sich trans Menschen zu den unterschiedlichsten Themen: Unterstützung beim Antragstellen für Kostenübernahmen, Tipps im Umgang mit medizinischem Personal oder medizinisches Wissen für Hormontherapien.

Potential einer beziehungstheoretischen Perspektive

Aus einer beziehungstheoretischen Perspektive erscheint Kapitalismus weder als geschlossenes System noch als Antagonismus unverbundener Klassenblöcke, sondern als Gefüge von ineinandergreifenden Beziehungsweisen, lebendiger wie dinglicher.[19]

Transitionen verlangen vor allem Geduld. In einer transfeindlichen Gesellschaft, die transitionierenden Menschen mit Gewalt statt Verständnis begegnet, kommt es dadurch schnell zu Gefühlen von Müdigkeit und Überforderung. Wir brauchen Erklärungsansätze, die aufzeigen, wie diese Gefühle in kapitalistische Verhältnisse verwickelt sind. Eine linke Ignoranz von trans Realitäten, die diese Transfeindlichkeiten nicht in ihrer Struktur begreift, macht es unmöglich, Kämpfe zu verbinden.

Im Laufe meiner Auseinandersetzung wurde deutlich, welche wichtige Rolle Beziehungen in Transitionen spielen: im eigenen Umfeld, das Änderungen mitträgt, im medizinischen System, das trans Personen den Zugang strukturell verwehrt oder in Communities, die versuchen, alternative Wege der Zugänglichkeit

19 Adamczak 2017: 248.

und Unterstützung zu gewährleisten. Transitionen auf eine individuelle Leistung zu reduzieren, entspricht dem individualisierenden Verständnis von (Selbst-) Verantwortung, das uns der Kapitalismus verkaufen möchte.

Worin liegt also das Potential einer beziehungstheoretischen Perspektive? Genauso, wie Beziehungen über die Möglichkeiten von Transitionen entscheiden, genauso sind sie auch der Beginn von gesellschaftlichem Wandel. In ihnen wird erfahrbar, was Fürsorge füreinander und Widerstand gegen den Status quo bedeuten könnten. Die Transitionen, von denen ich hier in diesem Text gesprochen habe, beziehen sich auf Maßnahmen der Geschlechtsanpassung. Doch wir können diese Überlegungen auch auf andere gesellschaftliche Prozesse übertragen: Ein gerechtes Leben für alle erschließt sich nicht von selbst, sondern ist ein Ergebnis von kollektiven Prozessen. Alternative Formen des Zusammenlebens, ein Verständnis füreinander und Solidarität für andere Lebensrealitäten brauchen die Erkenntnis darüber, wie wir in Beziehung zueinander gesetzt werden und auch die Bereitschaft, an diesen Beziehungen zu arbeiten. Nur so wird es möglich, eine befreite Welt für alle zu erkämpfen.

Literatur

Adamczak, Bini (2017): *Beziehungsweise Revolution. 1917, 1968 und kommende.* Berlin: Suhrkamp.

Comrade, Josephine (Luce deLire) (2021): „Full Queerocracy Now!: Pink Totaliterianism and the Industrialization of Libidinal Agriculture." In: *eflux*, Nr. 117, April 2021. Online unter: https://www.e-flux.com/journal/117/386679/full-queerocracy-now-pink-totaliterianism-and-the-industrialization-of-libidinal-agriculture/ [letzter Zugriff am: 12.12.2023].

Gill-Peterson, Jules (2022): „Doctors Who? Radical lessons from the history of DIY transition." In: *The Baffler*, Nr. 65, Oktober 2022. Online unter: https://thebaffler.com/salvos/doctors-who-gill-peterson [letzter Zugriff am: 12.12.2023].

Gleeson, Jules Joanne (2017): „Transition and Abolition: Notes on Marxism and Trans Politics." In: *Viewpoint Magazine*, 19.7.2017. Online unter: https://viewpointmag.com/2017/07/19/transition-and-abolition-notes-on-marxism-and-trans-politics/ [letzter Zugriff am: 12.12.2023].

Marx, Karl (1983): „Grundrisse der Kritik der politischen Ökonomie." In: *Marx-Engels-Werkausgabe* (MEW), Band 42. Berlin: Dietz, S. 47–768.

Raha, Natalia (2019): *Queer capital: Marxism in queer theory and post-1950 poetics.* Dissertation, University of Sussex.

Emmillie Czizikowski, Jule Fechner und Maxi Karthaus

Aus einem Stall

Was wir warum vorhaben

Wir drei sind Freundinnen, Herzensschwestern, Familie und kleine Herde seit 15 bis 25 Jahren. Unsere gewachsenen Nahbeziehungen werden von uns immer mehr proaktiv gestaltet, definiert, hinterfragt und oft gefeiert. Der folgende Text protokolliert unseren Prozess einer kapitalismuskritischen Auseinandersetzung mit unseren teils unterschiedlichen Positionen im kapitalistischen System und deren Wirkung auf unsere Beziehungen. Wir haben uns unsere Stellung im Kapitalismus mit Hilfe von Pierre Bourdieus Idee zu den verschiedenen Kapitalsorten angeschaut. Neben der Reflexion unserer Kapitalvermögen nach Bourdieu haben wir auch noch weitere Aspekte miteinbezogen, die unserer Meinung nach bei Bourdieu fehlen, z.B. könnten ja auch sexuelle Identität oder psychische Gesundheit als Kapital definiert werden. Wir haben geredet und gelacht, diskutiert und geschrieben, gedacht und gefühlt. In liebevollem Kontakt haben wir unsere Unterschiede und Gemeinsamkeiten, unsere Vor- und Nachteile im Kapitalismus analysiert. Wir haben geguckt, wie wir damit umgehen, wo wir uns ergänzen und wo es schwer für uns ist. Gemeinsam haben wir insbesondere darüber nachgedacht und -gespürt, wie sich unsere Unterschiede und Ähnlichkeiten auf unsere Praxis der Kooperation, Gleichheit, Kollektivität und Solidarität auswirken (vgl. Adamczak/Potter 2019: o.S.).

Unsere Lebensweise bezeichnen wir als freund_innenschaftszentriert. Manchmal sind wir frustriert, wenn wir merken, dass unser Versuch, eine Alternative zu heteronormativen Beziehungsmodellen zu leben, von den Strukturen und Normen der neoliberal-kapitalistischen Gesellschaft und ihren Machtverhältnissen geprägt ist (vgl. Kruppa 2020: 90f) und dass Beziehungen innerhalb kapitalistischer Verhältnisse nie ganz frei von diesen Strukturen und Normen sein können (vgl. Fremdgenese 2011: 106). In diesem Bewusstsein suchen wir nach

Wegen, die uns helfen, mit den Herausforderungen an unsere Verbindungen umzugehen und Lösungen zu finden. Wir wollen uns vergegenwärtigen, wo wir Schlupflöcher gefunden haben, wo wir den Einflüssen etwas entgegensetzen und wo wir unsere Privilegien kapitalismuskritisch und solidarisch nutzen können. In diesem Prozess haben wir uns in Ideen von Bini Adamczak wiedergefunden. Laut Adamczak verspricht Liebe „die Risse zu kitten, die der Kapitalismus in unserem sozialen Gefüge reißt. Aber sie ist mit diesem Versprechen hoffnungslos überfordert, weil so eine kleine Beziehungsweise von [...] Menschen nie im Leben in der Lage ist, all das auszugleichen, was draußen an Kälte und Konkurrenz, an Leistungszwang und Angst produziert wird" (Adamczak/Potter 2019: o.S.). Für uns alle drei ist unsere Verbindung notwendig und existenziell, die Liebe füreinander erscheint unkaputtbar. In unserer kleinen Herde fühlen wir uns sicher und konkurrenzlos. Im Stall ist es warm, hier können wir uns mit unseren Ängsten und Überforderungen zeigen. Adamczak schlägt eine Transformation von Beziehungen vor, die im Kapitalismus überstehen können. Vielleicht, so unsere These, sind wir dieser, einer „durch Kooperation und Gleichheit, durch Kollektivität und Solidarität" (ebd.) geprägten Beziehung schon sehr nah. Kooperation und Kollektivität verstehen wir als Zusammenarbeit, als etwas Gemeinsames. Gleichheit als Kernbegriff der Emanzipation meint hier die Gleichheit der Rechte, die Gleichstellung von allen Menschen und Gleichberechtigung. Unter Solidarität versteht Adamczak ein „Beziehungsgeschehen, einen bestimmten, zärtlichen Typus von Bindung" (Adamczak et al. 2019: o.S.). Sie ist eine „tatsächlich erfahrene, praktisch gelebte, real existierende" (Adamczak 2019: o.S.) Praxis, die „Gleichheit nicht zur Voraussetzung, sondern zum Ziel" (Adamczak/Arps 2018: o.S.) hat.

Unserer These gehen wir nach, indem wir unsere aktuelle Position im Kapitalismus und dessen Einfluss auf unsere Herde angucken. Der Komplexität des Systems und seiner Wirkmacht wird eine rein ökonomische Betrachtung nicht gerecht, denn im Kapitalismus spielen diverse Faktoren eine Rolle. Mit Hilfe von Bourdieus Ideen zum Zusammenwirken von verschiedenen Kapitalsorten werden wir unterschiedliche Faktoren miteinbeziehen. Die Kapitalsorten sind die unterschiedlichen Bestandteile des (Gesamt-)Kapitals einer Person – also was die Person so mit sich bringt. Diese Kapitalsorten entscheiden über die Position in der Klassengesellschaft und über die Platzierung im sozialen Raum. Das soziale Kapital beschreibt den Grad des sozialen Zusammenhalts, der innerhalb von Gemeinschaften zu finden ist. Hier werden Netzwerke, Normen und soziales Vertrauen hervorgebracht, welche eine Zusammenarbeit erleichtern können. Das ökonomische Kapital umfasst den Besitz jeder Art von Waren, wie Geld, Unternehmen, Produktionsmitteln, Aktien, Schmuck, Kunstwerke sowie Grund und Boden. Das symbolische Kapital funktioniert über den Grad der Anerkennung, welche das Individuum erlangen kann. Beispiele sind Titel, Name oder Ehre. Das kulturelle Kapital beschreibt die Möglichkeiten, wie das Individuum Bildung erfahren kann bzw. konnte. Wie viele Bücher, Bilder und Instrumente gab es während meines Aufwachsens in meiner Herkunftsfamilie? Welche Inhalte hatten die Bücher? Habe ich gelernt, auf welche Art und Weise ich ein Kunstwerk betrachten kann? Was waren die Themen, die besprochen wurden und wie wurde gesprochen? Gab es eine Zeitung (oder Zeitungen)? Wenn ja, welche? Unsere Erfahrungen im Aufwachsen mit kulturellen Gütern und dem Austausch über diese schreiben sich auch in unseren Habitus (vgl. Bourdieu 1987) ein. Unser Habitus umfasst unsere Gewohnheiten, Vorlieben, Güter, Interessen unseren Lifestyle, die Art wie wir sprechen und uns verhalten. Wenn Kids aus einem akademischen Haushalt kommen, trauen sie sich sehr wahrscheinlich *easy*[20] zu, selbst zu studieren. Es wirkt für sie ‚normal', sie kennen die Regeln, wissen, wie mensch hier spricht und sich verhält. Sie haben den Eindruck, dass das hier ihr Raum, ihr Platz ist. Für junge Erwachsene, die aus dem Arbeiter_innenmilieu kommen, wo niemand studiert hat, gibt es größere Hürden. Es gibt viel weniger Erfahrung, auf die sie zurückgreifen können. Der Habitus ist ein anderer, vielleicht einer, der von den anderen Studierenden abweicht, der aneckt. Es gibt mehr Unsicherheiten, die alles erschweren und eine zusätzliche Herausforderung darstellen. An diesem Beispiel ist gut zu erkennen, welche sozialen Ungleichheiten sich auftun können, wenn nicht ausreichend ökonomisches Kapital vorliegt, mit dem beispielsweise Studiengebühren, Bücher, Tablets etc. bezahlt werden können. Hier wird auch deutlich, dass sich die verschiedenen Ausprägungen der Kapitalsorten teilweise ineinander umwandeln (vgl. Bourdieu 1983) lassen. D.h. Kapitalienreichtum auf einer Ebene kann zu Kapitalienreichtum auf einer anderen führen. Formale Bildung, wie z.B. ein Universitätsabschluss (kulturelles Kapital), kann z.B. zu einem Job führen, durch den mensch viel Geld verdienen kann (ökonomisches Kapital). Es gibt jedoch auch Begrenzungen in diesen Umwandlungsmöglichkeiten. Wenn ich wenig Zeit habe, weil ich viel für wenig Geld lohnarbeiten muss, kann ich mein kulturelles Kapital schwieriger in Geld umwandeln, weil ich dafür mehr Zeit brauche. Damit ich mehr Zeit habe,

20 *Easy* heißt auf Deutsch ‚leicht'.

brauche ich mehr Geld. Da ich das nicht habe und auch keine reiche Mommy, bleibt mir nix außer lohnarbeiten und dadurch weniger Geld haben.
Ausgangspunkt dieser Analyse ist unser Gefühl, aus demselben Stall zu kommen, trotz einiger Verschiedenheiten in den Ausgangsbedingungen. Zu diesen Verschiedenheiten gehören auch die unterschiedlichen Erfahrungen in formalen Bildungsinstitutionen. Keine von uns fühlt sich sicher beim Schreiben eines Essays oder hat besonders viel Erfahrung mit dieser Art von wissenschaftlicher Meinungsäußerung. Als Konsequenz daraus haben wir uns entschieden, die klassische, für uns ausschließende Form des Essays mit Gesprächsabschriften und schriftlichen Reflexionsskizzen anzureichern. Wir haben so ein Format kreiert, in dem unsere drei Meinungen unabhängig von unseren Erfahrungen mit akademischem Schreiben dargestellt werden können – ein Versuch einer antiklassistischen Intervention in den akademischen Betrieb. Kernstücke unserer Auseinandersetzung waren die individuellen Reflexionen der eigenen Positionen und der verbale Austausch in der Gruppe hierzu, zu den Auswirkungen unserer Positionen auf unsere Verbindungen und zu den folgenden Fragestellungen: Wer sind wir und was sind unsere Positionen im Kapitalismus? Wo sind wir gleich und wo ergänzen wir uns wie? Wo *strugglen*[21] und straucheln wir? Und zum Abschluss: Wo lachen wir dem System ins Gesicht?

Wer wir sind und unsere Positionen im Kapitalismus

Tofu[22]: Ich hab' jetzt bisschen Angst, dass ich ganz viel vergessen hab'.

Blitz: Ich habe eh nicht viel zu sagen.

Schinken: Hab' Schiss was Falsches zu machen oder zu sagen… dass ich dann nicht mehr geliebt werde. Muss immer alles richtig und angemessen sein… Bindungstrauma, Leute.

---

21 *Struggeln* heißt auf Deutsch so viel wie ‚gegen etwas ankämpfen' oder ‚mit etwas zu kämpfen haben'.

22 Zur Anonymisierung verwenden wir hier unsere Tischtenniskampfnamen. Warum uns eine Anonymisierung nötig scheint: Die Offenbarung eigener Traumatisierungen und psychischer Erkrankungen geht mit der Sorge vor Psychopathologisierung und einem Nachteil bei der Jobsuche einher. Im kapitalistischen System vergesellschaftet, zeigt sich hier, wie internalisiert die (Ausschluss)Mechanismen des Systems sind und wie existentiell die Aufrechterhaltung einer angenommenen Leistungsfähigkeit werden kann.

Tofu: Naja, ich würd' mal sagen: Tofu war dabei und sah gut aus, wa'?

Tofu lebt von ihrer Lohnarbeit und stockt wegen Corona auf. Sie hat selbst Erspartes und ein Elternteil, das viel Geld hat und von dem sie allein so erben wird, dass sie eine Wohnung im Stadtzentrum von Berlin haben wird. Auch wenn sie erben wird und Geld zurückgelegt hat, wird Tofus derzeitige soziale Lage der ‚Armut' zugerechnet.[23] Tofu arbeitet von uns dreien schon am längsten, hatte schon diverse Jobs und durch ihre zwei Ausbildungen hat sie viele Kompetenzen und Erfahrungswissen. Durch ihre verschiedenen Tätigkeiten kennt sie viele Menschen und könnte auf gewinnbringende Beziehungen zurückgreifen.[24]

Tofu: Ich bin Tofu, eine *weiße*, körperlich und geistig (von außen gelesen) gesunde hetero lebende cis Frau, welche sich in queer-feministischen Strukturen verorten würde, ohne diese bemühend anzustreben. Ich lebe ohne finanzielle Existenzängste, verdanke dies meiner leiblichen Mutter und den mir selbst erarbeiteten Geldressourcen, unabhängig von akademischen Titeln. Die Herde ist seit eh und je Mittelpunkt meines Lebens, welches ich führe, fühle, lebe und liebe. Es ist unglaublich bestärkend zu wissen, dass es für jeden Fall der Fälle eine ‚Frau' in unserer Herde gibt, die weiß, was zu tun ist: ob mit Geld, Verstand, Gefühl, Zuneigung, Trost oder Wissen – das Phänomen der Vielfalt der Fähigkeiten. Für mich ist es gut zu wissen, auch auf die Kapitalien der Herkunftsfamilien der anderen Zugriff zu haben sowie auf das hiermit einhergehende erlernte Potential der Herdenmitglieder ohne Glied. Scheiß auf Geld und akademischen Titel. Es geht um Vertrauen, Wohlfühlen, Sicherheit, das Gefühl von Familie und Angekommen-Sein. Willst du mich heiraten? Das würde ich beide meiner Herden-Liebesmenschen sofort fragen, die eine, um sie abzusichern, die andere, um abgesichert zu werden ;) oder um lebensnotwendige Entscheidungen mitzutragen, Kinder zusammen großziehen zu dürfen und den Staat zu bescheißen!

Blitz finanziert ihr Leben derzeit von Hartz IV, seit den Lockerungen der Coronamaßnahmen wieder von Tätigkeiten in der Gastro, und macht eine staatlich nicht anerkannte Ausbildung, die sie selbst bezahlen muss. Blitz hat kein Erspartes, wird

23 Zur Berechnung der Sozialen Lage siehe Blickle et al. (2022).

24 Lange und detailreich haben wir über unsere ökonomischen, kulturellen, sozialen und symbolischen Kapitalien gesprochen. Unsere soziale Herkunft und der derzeitige soziale Status können hier nur skizziert dargestellt werden.

nichts erben, hat im Moment (v.a. BAföG-)Schulden und bei ihren Eltern ist auch nichts zu holen. Geld verdient sie schon lange selbst, vor allem in der Gastro, wo sie nicht sozialversicherungspflichtig angestellt ist und den Mindestlohn erhält. Blitz' derzeitige soziale Lage kann, so wie Tofus, als ‚Armut' bezeichnet werden. Blitz hat zweimal ein Studium begonnen und abgebrochen. Sie ist ein wahres Dorfschwein, kennt Alle und Jede_n im Kiez und so stöbert sie problemlos immer wieder kleine Annehmlichkeiten wie Freibier oder Jobs auf.

Blitz: Für mich ist dieses Herden-Ding existenziell. Ohne meine beiden Girls bzw. Herzensschwestern, wie ich sie nenne, kann ich mir ein Leben gar nicht vorstellen. Sie sind alles für mich: Alltag, Inspirations- und Bildungsquelle, Therapeutinnen, Careworkerinnen, *partners in crime*[25], Stütze und Unterstützende. Und neben meiner Berliner Herkunftsfamilie sind sie tatsächlich die wichtigsten Menschen in meiner Biografie. Ich erwarte recht viel von den beiden bzw. von uns. Ich erwarte, dass wir uns bedingungslos zur Seite stehen, dabei aber nicht blind füreinander werden, sondern dass wir uns weiterhin respektvoll spiegeln, reflektieren, akzeptieren und lieben wie wir sind. Ich bin eine *weiß* positionierte, weiblich sozialisierte, queer-feministisch lebende linke Lesbe, aufgewachsen in einer sogenannten Arbeiter_innenfamilie mit anarchistischen ACAB-Idealen[26], die in den 80er Jahren in Kreuzberg Häuser besetzt hat und Eigentum ablehnte. Ich bin, wie so viele von uns, einem täglichen (Über-)Lebenskampf ausgesetzt (z.B. gegen kapitalistische, patriarchale, misogyne und homofeindliche Strukturen). Meine Schwestern unterstützen mich dabei und ich unterstütze sie, auch wenn unsere Ressourcen und Kapazitäten manchmal aus ganz unterschiedlichen Quellen kommen.

Schinken verdient mit ihrer sozialversicherungspflichtigen Lohnarbeit grade am meisten Geld. Sie hat Erspartes, einen Bausparvertrag und eine Gartenlaube. Sie hat zwei Elternteile, die über größere finanzielle Ressourcen verfügen, von denen sie auch aktuell immer mal wieder profitiert. Sie wird von beiden Elternteilen erben. Von einem allein, von einem gemeinsam mit einem Geschwister.

25 *Partners in crime* heißt auf Deutsch so viel wie ‚Verbündete' oder ‚Kompliz_innen'.

26 ACAB steht für *All Cops Are Bastards* (auf Deutsch: ‚alle Polizist_innen sind Bastarde') und verweist auf eine Grundsatzkritik an der Institution Polizei. Obwohl die Abkürzung eine bekannte linke Parole ist, sollte sie kritisch betrachtet werden und ist es umstritten, ob sie noch verwendet werden soll oder nicht, da der Begriff ‚Bastard' einen sexistischen und rassistischen Hintergrund hat: er wurde für Personen verwendet, die aus ‚gemischten' Ehen und Beziehungen hervorgingen.

Schinkens soziale Lage kann als ‚untere Mittelschicht' bezeichnet werden. Sie arbeitet in dem Beruf, für den sie eine Ausbildung gemacht und studiert hat. Sie hat einen Master in Aussicht und damit den höchsten formalen Bildungsabschluss der Herde. Während ihrer Ausbildung und ihres ersten Studiums finanzierten vor allem ihre Eltern ihren Lebensunterhalt. Schinken hat ein großes Netzwerk im sozialen Bereich und würde darüber problemlos einen neuen Job bekommen können. Es gibt noch ein paar lose freund_innenschaftliche und reaktivierbare familiäre Verbindungen zur Uni.

Schinken: Ich bin später zur Herde dazu gestoßen. Nun mittlerweile jedoch auch schon seit 15 Jahren dabei. Für mich war damals diese Verbindung eine Rettung. Sie ermöglichte mir den Absprung aus der co-abhängigen Beziehung zu einem meiner Elternteile. Heute ist die Herde einer der wichtigsten Pfeiler meiner psychischen Gesundheit. Ich erfahre hier Zugehörigkeit, Zuneigung und Wertschätzung und muss mich dafür nicht unterordnen, meine Bedürfnisse nicht übergehen. So, wie ich da bin, bin ich okay und werde geliebt. Ich werde gesehen und es gibt eine große *Awareness* füreinander und die Themen der Individuen. Diese Erfahrung einer sicheren, liebevollen Beziehung machen zu dürfen, ist sehr heilsam für mich. Ich definiere mich derzeit selbst als Lesbe und linke Queerfeministin. Mit meinem Kennenlernen von Blitz war ich als Lesbe endlich nicht mehr allein. Der Weg hin bis zur politischen Selbstdefinition als Lesbe war ein langer Prozess, in dem Blitz mich stets ärgerte und inspirierte. Mit Tofu teile ich eine frühe kindliche Traumatisierung, die meine Person formte, meine Wahrnehmung der Welt, meinen Zugang zu meinen Gefühlen und Bedürfnissen. Mit beiden meinen Schwestern teile ich einen ähnlichen Blick auf Herrschaftsverhältnisse aus einer *weißen* und körperlich ablesierten Perspektive. Von beiden trennt mich meine Teilsozialisation in einem bildungsbürgerlichen Haushalt und alle Privilegien, die daran hängen. Das mir mitgegebene kulturelle Kapital machte es mir möglich, mich den Strukturen der Uni anzupassen und formale Bildungsabschlüsse zu erlangen, die mir Zugang zu sicheren, sozialversicherungspflichtigen Jobs ermöglichen. Ich kenne finanzielle Existenznot nicht und ich kannte sie nie, weil meine Familie über genügend ökonomische Mittel verfügt, die ich abrufen könnte. Ich kenne die Codes der Mittelschicht und kann sie anwenden, wenn sie zu meinem Vorteil sind, ich habe sie verinnerlicht. In mir hat sich jedoch auch der Habitus der Unterschicht eingeschrieben, da ich in zwei Haushalten mit unterschiedlichen Klassenzugehörigkeiten aufgewachsen bin. Wenn die Mädels sagen ‚aus einem

Stall', dann denke ich, meinen sie den Stall des *weißen* deutschen Großstadtproletariats. Und sie haben die Stalltüre für mich einen Spalt aufgemacht, dass ich rein schlüpfen konnte in unser warmes, liebevolles Nest.

Wo wir gleich sind und wo wir uns wie ergänzen

Gleichsein verstehen wir als eine geteilte Position mit ähnlichen Möglichkeiten in unserer Gesellschaft.[27] In unseren Gesprächen wurde schnell deutlich, dass wir uns in unseren Positionen in vielem gleichen oder sehr ähnliche Bedingungen hatten oder haben. Faktoren, die uns unterscheiden, wie z.B. große soziale Netzwerke, erleben wir vor allem als Bereicherung für die jeweils anderen. Unterschiede in der sozialen Herkunft und dem aktuellen Status sehen wir nicht als trennend. Der im Kapitalismus voranschreitenden „Ökonomisierung aller Lebensbereiche und [der] Verinnerlichung der Prinzipien von Bewertung, Tausch und Konkurrenz" (Wolf 2019: 6) setzen wir unser Konzept von Ergänzung entgegen. Unser Wunsch: Unterschiede entfernen uns nicht voneinander, sondern bringen uns im Teilen unserer Privilegien näher zusammen. Wenn Unterschiede dann doch zu Herausforderungen werden, versuchen wir achtsam und verantwortungsvoll damit umzugehen.

Ökonomisches Kapital und Klassismus

Bezüglich der ökonomischen Kapitalien nach Bourdieu sind Tofu und Schinken gegenüber Blitz, sowohl was den aktuellen als auch den voraussichtlich durch Erbe erhöhten finanziellen Status angeht, privilegiert. Trotzdem schaffen wir es, einen gemeinsamen Lifestyle (mit z.B. Urlauben und Snacken im Kiez) zu pflegen, in dem wir zunehmend mehr Geld teilen und umverteilen.

Blitz: Richtig süß, wie Schinken ihr Geld mit mir teilt und Tofu leiht mir schon immer Geld, seit 20 Jahren. Tofu ist quasi meine Bank und Schinken ist die *big*[28] Spenderin. Die Penunzen[29], die die beiden mir zuschieben, gehen vor allem in meine Bildung und Arbeitsprojekte. Aber auch in meine psychische Gesundheit. Hihi, dazu gehörte auch die kleine Chihuahua Kevin, die

27 Wir können hier nicht auf alle Aspekte unserer jeweiligen Positionierung eingehen und deren Bedeutung darstellen. Eine Auswahl versuchen wir bezüglich des Themas einzuordnen und zu beschreiben.

28 *Big* heißt auf Deutsch ‚groß'. Hier ist gemeint, dass Schinken sehr spendabel und großzügig mit Geld ist.

29 Penunzen leitet sich vom polnischen ‚pieniądze' ab und bedeutet ‚Geld'.

ordentlich wat gekostet hat. Ah ja, und Jobcenterschulden werden auch mal übernommen.

Tofu: Mir ist das nicht genug. Ich sage oft ‚nein', wenn ich um einen Gefallen gebeten werde. Bei Geld ist das irgendwie anders. Es ist egal, irgendwie. Diese Freizügigkeit mit Kohle hab' ich von meiner Mutter. Ey und voll cool, Schinken *hostet*[30] ja auch viel von meiner Knete auf ihrem Konto. Schön verstecken, damit der Staat es sich nicht einverleibt.

Blitz: Schinken is' wie Liechtenstein, voll die Steueroase, oder so was.

Schinken: Jap und dann streich ich mal die Zinsen ein, wa'? Ich kenn' das Geld schenken von meinem Vater. Für mich fühlt sich das immer noch irgendwie schräg an. Ich hab' Angst, dass Blitz denkt, ich sei großkotzig oder voller Zynismus ... ‚oh wie großzügig'.

Blitz: Schinki, guck mal bei uns is' doch manchmal verabredet, dass du in der Bude die teuren Haushaltsbasics kaufst. Das is' doch top. Als ich mit Tofu zusammengewohnt hab', war das auch so. Aber Geld kann ich wirklich nur annehmen, wenn ich echt blank bin.

Die Gesprächsskizze zeigt unsere Versuche, Geld umzuverteilen. Die Arbeit an dem Essay hat die Idee hervorgebracht, dass Schinken und Tofu jeden Monat Geld zurückpacken, damit Blitz was in petto hat, wenn sie Kohle für ihre Ausbildung braucht. Interessant ist hier auch die emotionale Komponente des Gebens und Nehmens, worüber wir gut im Austausch bleiben wollen. Auch, wenn wir zunehmend versuchen, mehr zu teilen, verändert das grundsätzlich erst mal nichts an unseren individuellen Positionen und inneren *struggles* und Ambivalenzen bei den Einzelnen.

Blitz: Jaaa also den oberen Klassen spreche ich richtig 'ne Daseinsberechtigung ab! Die sollen verschwinden! Keine Sau braucht die! So wie mackrige cis Männer! Und trotzdem wollte ich schon immer reich sein und Goldkettchen tragen. Ey, es klopft schon länger an. Dieses Gefühl, dass ich aus ökonomischer

30 Das Verb *hosten* kommt vom Englischen *to host* für ‚beherbergen' oder ‚unterbingen' und meint insbesondere im Kontext von Online-Dienstleistungen das Bereitstellen von (digitalem) Raum – hier meint es den Platz auf dem Bankkonto.

Sicht betrachtet ziemlich unsicher dastehe. Ich habe keine abgeschlossene Ausbildung und kein fertiges Studium. Das ist vielleicht gar nicht so schlimm, aber als mir zum ersten Mal der Gedanke kam, dass ich nicht mal die Beerdigung meiner Familienmitglieder zahlen könnte, ging mir der Arsch dann doch ganz schön auf Grundeis. Hilfe! Ich bin ein Punker-Kind in zweiter Generation, dessen Eltern aus anarchistisch-linken Gründen Besitz, Eigentum und karriereorientierte Erziehung abgelehnt haben. Und beim Nachdenken fielen mir dann immer mehr kleine Konflikte ein, die meine Freund_innen, WG-Mitbewohnis und damalige Liebesbeziehungspersonen mit mir erlebt und ausgetragen haben. Einmal ging es z.B. um teuren Bio-Fairtrade-Kaffee, um Bio-Produkte im WG-Kühlschrank, um Land-Hof-Hausbesitz und Lebensversicherungen. Ich habe gemerkt, dass meine Stellung in der Gesellschaft eine komplett andere ist als die der meisten meiner Freund_innen und dass meine Eltern, wie liebevoll und fürsorglich sie auch waren und sind, maßgeblich dazu beigetragen haben. Und nun? Soll ich wütend sein? Soll ich neidisch auf den Besitz meiner Lieblingsmenschen sein? Oder sollte ich es einfach ignorieren? Viele Fragen und keine schnellen Antworten. Mit der Arbeit an diesem kleinen Essay-Projekt hier kam mehr Licht ins Dunkel, als ich erwartet habe. Ich bin in ein liebevolles Gespräch mit meinen Eltern gegangen, ich habe viel Zuspruch und Unterstützung von meinen Herzensschwestern bekommen. Eigentlich war das Sichtbarmachen meiner prekären Situation für mich am hilfreichsten. Und da hatte ich dann wieder das, was ich statt Geld, Erbe und Karriere am meisten zu schätzen weiß: gute Verbindungen, stabile Beziehungen, die mir in guten wie in schlechten Zeiten helfen und Menschen, die mich verstehen. Und mein geheimer Traum vom Haus mit Pool und den vielen Goldkettchen um meinen Hals ist ja noch nicht zerplatzt! Denn so ist das nämlich mit den ‚armen' Kids – sie träumen von schicken Autos und teuren Sachen. So auch ich.

Zu Blitz' Ausführungen ist hinzuzufügen, dass Blitz' anarchistische Herkunftsfamilie keine bürgerlichen Wurzeln hat. Beide Elternteile kommen aus dem Arbeiter_innenmilieu und verbleiben bis heute darin. Blitz macht hier deutlich, wie wichtig die Sichtbarkeit der eigenen Position ist. Sie zeigt, wie sie es schafft, mit ihrem sozialen Kapital – zu dem auch Schinken und Tofu gehören – ihrer Deprivilegierung zu begegnen. Mit der Reflexion und Sichtbarkeit geht auch ein politisiertes Klassenbewusstsein einher. Mit diesem Bewusstsein setzt sich Blitz gegen Klassismus und Ideen der Individualisierung ihrer Lebenssituation zur Wehr (vgl.

Kemper/Weinbach 2009: 21). Es wird nämlich viel zu viel davon ausgegangen, dass Menschen selbst dafür verantwortlich sind, welche gesellschaftliche Position sie haben. Das Konzept der Individualisierung kaschiert die strukturellen Auswirkungen des Systems auf die Einzelnen. Die Individuen werden wegen ihres ihnen unterstellten eigenen (Un-)Vermögens für ihre Lebenssituation verantwortlich gemacht. Die liebevollen Verbindungen zu anderen, das soziale Eingebundensein ermöglicht in Blitz' Fall nicht einen Anstieg ihres ökonomischen Kapitals. Trotzdem scheinen diese Verbindungen auszugleichen. Das wirft die Frage auf, wie viel mehr Wert Beziehungen im Gegensatz zu Geld haben, wenn es um ‚das gute Leben' in unserer Gesellschaft mit so viel kapitalistischem Druck geht.
Blitz hat also am wenigsten Kohle, aber das größte soziale Netz, was mit Bourdieu als soziales Kapital bezeichnet werden kann und von dem auch die anderen beiden stetig profitieren. Ihre vielen und vor allem diversen Nahbeziehungen und Familienmitglieder ermöglichen den anderen Herdenschwestern vor allem Freifutter und -getränke im Kiez, kleine Jobs, nette Abende und interessante Menschen. Tofus praktische Fähigkeiten bereichern und erleichtern unser aller Leben. Gemütlich lehnen sich die anderen zurück, wenn Tofu uns mit der Karre kutschiert, Laubendächer reinigt, Reparaturen aller Art durchführt, beim Rechnen hilft. Der Aktionismus der Einen ist die Entspannung der Anderen. Schinken verdient derzeit am meisten, was mit der Teilsozialisation in einem Mittelschichthaushalt und dem damit verbundenem Habitus zu tun hat. Zusammen mit den finanziellen Ressourcen der Familie hat dieser Habitus Ausbildung und Studium möglich gemacht. Diese formalen Bildungsabschlüsse legten den Zugang zum heutigen Job. Das in den Institutionen angehäufte Wissen (als Teil von kulturellem Kapital) über queer-feministische, antirassistische und antiableistische Diskurse, soziale Phänomene und Kommunikation wird viel diskutiert und Schinkens Wissen kann diese Gespräche häufig gewinnbringend für alle anreichern. Blitz sind die genannten Diskurse durch eigene Uni-Erfahrungen gut zugänglich. Im Kontrast dazu stehen Tofus Erlebnisse in formalen Bildungsinstitutionen und die dort gemachten Diskriminierungserfahrungen: die Gefühle und Unsicherheiten, die mit all dem einhergehen, fordern uns heraus.

Tofu: Manchmal frage ich mich, wieso ich zu dieser sprachgewandten, reflektierten, politisch korrekten und außerordentlich schlauen Herde gehöre? Was wollen die mit mir? Ist das viele Fragen, wieso weshalb warum, was heißt dieses oder jenes nicht total langweilig, nervig, empörend und anstrengend? Ich denke dann immer, welch ein Glück ich hatte und habe, diese zwei Menschen so nah an mir dran zu haben und hoffe, dass nicht nur aus Gewohnheit mit mir abgehangen wird. Aber wieso ist euch Wissen eigentlich so wichtig? Und woher nehmt ihr eigentlich die Kraft und das Interesse hierfür, z.B. für den Essay? Is' mir doch egal, wann der 1. oder 2. Weltkrieg war, was Schiller und Goethe gemeinsam haben, was Marx oder Freud gesagt und gedacht haben und wer ist eigentlich Bourdieu? Ich möchte doch nur: erstens liebgehabt werden und liebhaben; zweitens viel Lachen, denn das macht glücklich, zufrieden und gesund; und drittens Dinge tun und lernen, die ein handfestes Endprodukt oder Resultat ergeben/haben. Also wieso habt ihr euch durch das Abi oder die Uni geschlagen, was dachtet ihr dadurch für Vorteile zu haben? Wenn wir von dem Erbe und Nichterbe mal absehen, meine ich, dass ich am besten dastehe. Zwei abgeschlossene Ausbildungen, viel Berufserfahrung und 'nen kleinen, aber guten Haufen Angespartes. Was hätte mir hier schlau vor mich hin Schwadronieren gebracht? Als wir Teenies und junge Erwachsene waren, musste ich mir anhören, dass ich dumm bin. Dass ich diese Schellen überwunden habe, kann ich mir nur durch die Liebe erklären, die ihr an mich getragen habt. Ich habe oft Angst, in bestimmten Gruppen bloßgestellt zu werden, bin oft sehr angespannt und formuliere gedanklich Ausreden, von Themen ablenkende Sätze, falls es dazu kommen sollte, dass es um etwas geht, was ich nicht verstehe. Ich habe Angst vor der Empörung der Anderen oder davor, zu erfahren, dass ich dieses oder jenes nicht weiß. Aber problematisch finde ich eigentlich nicht das ‚Nichtwissen', sondern das ‚Nichtinteresse' und das Abhängen in einer Szene, wo bestimmter Sprech, Intellekt und Wissensstand an der Tagesordnung sind. Und ich will dazugehören, ich will es wissen, aber es bleibt einfach nichts hängen. Zu viele Fremdwörter. Wieso wurden mir diese nicht schon als Kind beigebracht? Gibt es verschieden große Gehirne? Wieso könnt ihr euch so viel merken und ich nicht? Und wieso muss ich auch wissen, wer was gesagt hat? Reicht es nicht, dass ich weiß, was gesagt wurde? Aber nein, die Menschen wollen als schlau dastehen und müssen immer und überall Namen hinten dranhängen. Und aber DANKE, dass ihr mir immer wieder Sachen erklärt. Ich habe zwar auch hier Scham, aber die Sicherheit, dass ich danach immer noch liebgehabt werde, weshalb ich einfach weiter dumm bleibe und frage ;) Ja, ich weiß dies und das nicht, aber ich habe auch kein Interesse, also wieso merken oder lernen? Aber ich brüste mich gerne mit eurer Schlauheit und den akademischen Titeln von euch (weil's in der Gesellschaft hoch angesehen ist?!). Seht was ich für Freundinnen habe!!! Aber jetzt mal ehrlich, Budder bei die Fische[31]: Die neuen Vielverdiener_

31 Budder bei die Fische ist ein Norddeutsches Sprichwort. Es ist eine Aufforderung, zur Sache zur kommen, Klartext zu reden.

innen sind Alleskönner_innen, Praktiker_innen, Anpacker_innen. Ich glaub, ihr habt den Zug verpasst. Kleine Hüte sind voll out![32]

Die Ambivalenzen, der Einfluss auf den eigenen Selbstwert, die Ängste und die Scham sowie der verinnerlichte Klassismus sind erschütternd. Sie halten den Spiegel vor, sie benennen die brutalen Ausschlussmechanismen, an denen die anderen beiden beteiligt sind. Sie zeigen deutlich, dass Unterschiede auch Herausforderungen für unsere Beziehungen darstellen. Tofu benennt hier eine herrschende Struktur, die in engem Zusammenhang mit Mustern des „Denkens, Fühlens, Bewertens und Handelns […] ein Produkt des kapitalistischen Gesellschaftssystems" (Schäfer 2021: 214) darstellen. Diese Muster haben Blitz und Schinken mehr internalisiert und teilen in diesem Kontext einen ähnlichen Habitus, der in unserer Gesellschaft von Vorteil ist. Um diese Wunden zu heilen, hilft nicht unsere Liebe allein, sie kann lediglich einen Rahmen setzen. Es liegt an denen, die von den klassistischen Strukturen profitieren, sich noch mehr in Bewegung zu setzen: Wir wollen intervenieren (in die eigene Innen- und die ausschließende Außenwelt). Wir wollen Wiedergutmachung leisten für vergangene Stigmatisierung. Wir wollen Verantwortung übernehmen für das eigene Verhalten, aber auch für unsere Sprache und für die aktive Entnormalisierung von bestimmtem Wissen. Es gibt in unseren Gesprächen keine Erwartungshaltung mehr daran, dass irgendeine irgendwas wissen muss. Alles wird und darf gefragt werden. Wichtiges Wissen ist, was für uns individuell wichtig ist, nicht was allgemein anerkannt wird. Durch diese Versuche können wir unserem Anspruch, Ergänzung statt Trennung, wieder näherkommen. Und wir können lernen von Tofus Erfahrung und Widerstand. Wir können begreifen, dass „Bildung selbst […] potentiell herrschaftsförmig" (Kemper/Weinbach 2009: 122) ist und dagegen intervenierend gemeinsam definieren, welches Wissen für uns einen Wert hat und dies nicht den herrschenden Klassen überlassen (vgl. ebd.: 129).

Sexismus und Patriarchat

Neben den Kapitalien von Bourdieu sind unsere Positionen von weiteren Faktoren geprägt, von denen wir viele gemeinsam haben. Wir haben alle zufällig lokale

32 In einem entfernteren Teil von Schinkens Familie tragen die akademisch gebildeten Frauen bei Familienfeierlichkeiten kleine Hüte, ein Ausdruck eines bestimmten symbolischen Kapitals und Habitus nach Bourdieu, die mit Bildung und Reichtum zusammenhängen.

Kindheitsbezüge, die zwischen Hermannplatz und Kotti[33] liegen, und sind alle im selben Jahr, im selben Krankenhaus geboren, wo drei Mal ausgerufen wurde: „Es ist ein Mädchen“. Unter diesem Label sind wir in den 90er und 00er Jahren zu den größten Teilen in Berlin Kreuzberg und Neukölln aufgewachsen und begreifen uns heute mehr oder weniger als cis Frauen.[34] Heute sind wir alle Mitte dreißig. Trotz unterschiedlicher Erfahrung mit Sexismus und Lesbenfeindlichkeit, wegen unterschiedlichem Auftreten, teilen wir diese Position im Patriarchat. Dies ist eine sehr verbindende geteilte Erfahrung, die uns zusammenschweißt und aus der heraus wir uns oft gemeinsam und solidarisch zur Wehr setzen. Dies zeigt sich z.B. in der gemeinsamen Realisierung von patriarchatskritischen Streetart- oder Filmprojekten, dem aktiven Wehren gegen sexistische Angriffe oder mackriges Verhalten sowie die Fürsorge von besonders Betroffenen. Teil dessen ist auch das stetige Rückenstärken, wenn eine mal wieder Anfeindungen ausgesetzt war.
Wir tanken miteinander auf, wir unterstützen uns, wenn wir mal wieder gefrustet sind, wenn wir queer-feministische ‚Spaßverderber_innen‘ was auf den Deckel bekommen haben (Ahmed 2017). Wir sind füreinander da in allen Lebenslagen. Dann teilen wir die Wut, die Ohnmacht und die Verzweiflung, sind dankbar für unsere *bubble*[35] und raffen uns gestärkt durch den Support der anderen wieder auf, um wieder rauszugehen, in diese feindliche Welt. Wir versuchen unsere unterschiedlichen Positionen mitzudenken. So lädt Tofu Blitz z.B. nicht einfach zu einer Party ein, auf der viele Dudes sind und hat auf dem Schirm, dass es für Schinken nicht cool ist misgendert zu werden.
Wir verorten uns alle politisch links und als feministisch, was eine gemeinsame Perspektive auf unsere Positionen und die Welt, um uns herum schafft. Wir sind *weiß* positioniert, unsere Erstsprache ist Deutsch und aktuell profitieren wir von den ableistischen Strukturen unserer Gesellschaft, was unsere körperlichen Fähigkeiten angeht. Im Moment versuchen wir vor allem kritische Allies zu sein für Menschen, die be_hindert werden und von Rassismus betroffen sind. In der Auseinandersetzung mit Diskriminierung, Machtstrukturen und der eigenen Position stupsen wir einander seit Jahren immer wieder an. Wenn eine stagniert, sich diskriminierend verhalten hat, ihre Privilegien nicht auf dem Schirm hat, knuffen wir sie. Dies geschieht mit Wohlwollen und Wertschätzung

33 Hermannplatz und Kottbusser Tor (liebevoll ‚Kotti‘ genannt) sind zwei U-Bahn-Stationen sowie belebte Orte in Berlin-Neukölln bzw. Berlin-Kreuzberg.
34 In dem langen Zeitraum, in dem der Essay geschrieben wurde, näherte sich Eine von uns dem Geschlechtsidentitätskonzept ‚nichtbinär‘ an.
35 *Bubble* heißt auf Deutsch ‚Blase ‘ und meint hier (die eigenen) sozialen Kreise.

und manchmal sehr langem Atem. Dieser Prozess wird bereichert durch unsere unterschiedlichen Zugänge und Erfahrungen. Akademische Diskurse fließen genauso ein wie Wissen aus dem Alltag, aus Filmen oder Podcasts oder der geteilten Reflexion zu einem Thema. Wir trauen uns, zu fragen, wenn wir etwas nicht wissen oder noch nicht verstehen, und wir geben uns untereinander auch Raum für Psychohygiene und Abwehrverhalten gegenüber bestimmten Themen. In unseren Auseinandersetzungen mit Privilegien tauchen immer mal wieder Widerstand und Nichtwollen auf. Diese Abwehrstrategien dürfen sein, werden jedoch auch kritisch benannt. Dies ermöglicht häufig ein Drüberhinwegkommen und eine erweiterte Reflexion mit einem Thema. Auch eigene marginalisierte Positionen versuchen wir zunehmend mehr in unsere gemeinsame Auseinandersetzung einzubeziehen. So sehen sich z.B. zwei von uns immer wieder mit ihrer Klassenzugehörigkeit konfrontiert und/oder *struggeln* mit teils schwierigen und von Sorge getragenen Familienverhältnissen. Zwei von uns definieren sich als lesbisch, eine als Hete. Die lesbische Mehrheit entnormalisiert in unserer Herde Heterosexualität. Das kann jedoch nicht gegen die auf „rigiden binären und hierarchischen Geschlechterordnungen und Begehrensmodellen" (Brunner 2005: 89) beharrenden Machtverhältnisse anstinken. Trotzdem ist es für Blitz und Schinken sehr gemütlich, dass es im Stall die Norm ist, queer zu sein und dies wirkt entlastend bezüglich des rauen Klimas außerhalb, mit all seiner Lesbenfeindlichkeit. Tofus Art ein Ally zu sein unterscheidet sich von dem, was in queer-feministischen Diskursen angesagt ist. Es gibt eine tiefe Liebe für die beiden anderen und daraus entsteht ein Mitdenken ihrer Positionen, ohne eine intensive Auseinandersetzung mit irgendwelchen aktivistischen oder akademischen Diskursen. Sie beschäftigt sich mit den Lebensrealitäten ihrer Herzensschwestern, weil sie um sie herum ist. Sie fragt sich durch, fragt, was cool ist und was nicht. Das ist für sie die (selbst-)verständlichste Art von Weiterbildung. Tofu war da, als Blitz die ersten *struggles* mit Lesbenfeindlichkeit hatte. Sie ist mit reingewachsen. Ihre lesbische Herde gibt gerne Antworten und stupst manchmal in eine bestimmte Richtung, gibt Impulse. Wir fühlen uns sicher im Austausch darüber. Wir nehmen uns da nichts krumm. Das liegt wohl daran, dass wir uns vertrauen und uns gar nicht vorstellen können, dass wir uns absichtsvoll verletzen könnten. Für Tofu ist jedoch hier auch erschwert, eine gesunde heterosexuelle Identität zu haben, da die teils harsche Kritik an cis Männern und Heteronormativität stetig von Blitz und Schinken vorgetragen wird. Hier scheint es an der Zeit etwas mehr Platz für Tofus Bedürfnisse zu machen.

Wir wohnen alle in WGs in Kreuzberg, zwei von uns zusammen. Wir übernehmen im Moment nur Verantwortung für uns selbst und unsere Herde. Das ist sicherlich ein Grund, warum wir so viele Kapazitäten und Energie für die Pflege unserer Beziehungen haben. Eine von uns hat ein ziemlich altes Auto, eine hat eine Laube, eine ein Skateboard und alle ein oder mehrere Fahrräder. Verbindend ist auch unsere Berufswahl: Es sind alles Tätigkeiten, die als ‚Frauenberufe' gelten und unsere Entscheidungen für die jeweiligen Ausbildungen waren sicherlich getränkt von den patriachalen Bildern davon, was Frauen besonders gut können. Unsere Tätigkeiten sind alle eher idealistisch und nicht auf Karriere, sondern auf Sinnstiftung ausgerichtet. Mit sinnstiftend meinen wir nicht, dass wir unsere Jobs als Mittelpunkt unseres Lebens sehen – wir arbeiten alle eher weniger als mehr –, sondern, dass wir unsere Lebenszeit, zu der wohl oder übel Lohnarbeiten dazugehört, nicht mit Nonsens verschwenden wollen. Das Wissen und die Kompetenzen, die wir durch unsere Berufe und Ausbildung erlernt haben, werden geteilt und bereichern die anderen. Die angehende Heilpraktikerin entwickelt sich so nach und nach zur Privatheilerin der beiden anderen. Die Alleskönnerin teilt ihr praktisches Wissen und bringt sich aktiv mit ihrem Können ein. Die Sozialarbeiterin gibt Impulse hinsichtlich Kommunikationsskills, Konfliktlösungsstrategien und akademischen machtkritischen Diskursen. Das ist eine krass coole Mischung aus Wissen und Fähigkeiten, die so ziemlich alles abdeckt, was uns interessiert und wir wichtig für unser Leben finden.

Wir teilen einen sehr ähnlichen Humor, der derbe, frech und laut ist. Das kennen wir alle drei zum Teil auch von zu Hause. Dieses Zuhause ist für uns alle unter anderem geprägt gewesen durch Einflüsse eines *weißen* Berliner Großstadtproletariats: laut, immer knapp an der Kante und ein bisschen drüber, derb, frech, offen, aufmüpfig, unartig, gegen das System, liebevoll. Unsere Muddis würden sagen, wir sind kackenfreche Gör'n. Der Kälte und dem ganzen Scheiß, der uns täglich ins Gesicht gekippt wird, begegnen wir gemeinsam mit dieser geteilten Strategie: geballtem Trotz und lautem Lachen, über uns, die anderen und das System, feinen Analysen und gegenseitiger liebevoller Ummantelung. Wir lassen uns nicht kaputt machen und unser Galgenhumor und Lachen sind unser Schutzschild, unser Widerstand, unsere (Über-)Lebensstrategie. Miteinander fühlen wir uns am wohlsten, weil überall immer die Lauteste und Witzigste zu sein, ist auch voll anstrengend.

Herkunftsfamilien und ihr Wirken auf die Gegenwart

Unser Stall ist aber nicht nur definiert über teilweise ähnliche Erfahrungen im Aufwachsen und dem damit einhergehenden Humor, sondern auch durch eine gegenseitige Beeinflussung über all die Jahre. Dadurch, dass wir uns schon so lange kennen, müssen wir manchmal zurücktreten, um uns neu zu entdecken, neu sichtbar zu werden in unseren Positionen. Das ist eine Aufgabe, die sich uns immer wieder stellt. Wir passen mit Adler_innenklüsen[36] auf, dass alle Schäfchen gut für sich sorgen, Verantwortung für sich und ihr Verhalten übernehmen, keinen Humbug machen. Gleichzeitig sind wir sehr nachsichtig und parteilich für und miteinander. Zusammen können wir zur Ruhe kommen, unsere verletzten Seiten zeigen. Unser gemeinsamer Humor entlastet uns, das ganze Necken und Frotzeln erzeugt Reibung und Wärme. Warm war es in allen drei Herkunftsfamilien nicht immer. Eine von diesen Familien war und ist sehr liebevoll und zugewandt und lebte schon immer mit minimalen Geldmitteln. Bei einer von uns war das Aufwachsen von der Drogensucht und der Abwesenheit des Vaters, der emotionalen Vernachlässigung der Mutter und sexualisierter Gewalt geprägt. Die Dritte ist zur Hälfte in einem Haushalt aufgewachsen, der mitunter von Alkoholismus und Gewalt geprägt war, und zur anderen Hälfte bei einem Elternteil, das davon wusste und keine Maßnahmen getroffen hat, um weitere Traumatisierung zu verhindern. Eine von uns begreift sich selbst als komplex traumatisiert und nähert sich gerade dem Konzept der psychischen Krankheit an, eine andere schwänzelt da ums Thema herum. In Blitz' Leben spielt die eigene Herkunftsfamilie auch in der Gegenwart eine wesentliche Rolle. Die anderen beiden haben am Familienleben von Blitz unterschiedlich Teil und helfen im Gegenzug, wo sie gebraucht werden. Es werden mütterliche Umzugskartons getragen, Stühle lackiert, Netzwerke und Wissen geteilt, gemeinsam zu geplanten Projekten gebrainstormt und einiges an Schabernack getrieben. Dass „die Verteilung der Verwandtschaftsverhältnisse, die erste bittere Ungleichheit, die schon mit der Geburt etabliert wird" (Fremdgenese 2011: 109) bedeutet, ist ein weiterer Aspekt, der bei der Auseinandersetzung zum vorliegenden Essay zu mehr Sichtbarkeit der Positionen von Schinken und Tofu geführt hat. Blitz verfügt über eine innere und äußere Sicherheit von ihrer Mutter im Notfall gehalten zu werden. Tofu und Schinken suchen Halt in der Herde und anderen Beziehungen und kämpfen noch mit dem (Über-)Lebensmuster alles allein mit sich auszumachen. Neben unserem Konstrukt der Herde als Familienersatz oder -ergänzung fand Tofu auch Unterschlupf in Blitz' Herkunftsfamilie.

36 Klüsen ist ein umgangssprachliches Wort für Augen.

Tofu: Wenn ich an meine Wahlfamilie denke, denke ich an meine Freundinnen, die Herde, an Blitz, als Teil davon und dann auch an Blitz' Blutsfamilie. Meine erste Erinnerung reicht nun fast 30 Jahre zurück, ich sitze an der Adalbertstraße auf dem Pony-Koppeln-Gatter (Mutterseelenallein) und lerne Blitz kennen. „Weißt du, wie ich heiße?", frage ich. „Nö.", antwortet Blitz und ich sage, „so wie das Pony". Hier fing alles an! Hier bin ich bereits das erste Mal zum Abendessen bei Blitz oben gewesen und habe in dieser heteronormativ lebenden Familie eine liebevolle Stimmung erlebt. Das kleine Mädchen fand das ganz toll! Später habe ich dann hier fürsorgliche Mutterliebe erhalten. Ob sie wirklich bei mir zuhause gefehlt hat, lässt sich schwer sagen, aber meine Therapeutin und ich sind darauf gekommen, dass ich emotional vernachlässigt wurde, verwahrlost bin. Diese Verwahrlosung wurde teils wieder gutgemacht durch Blitz' Mutti. Durch das täglich zusammen essen, der Nachfragen, wie es mir geht und ob ich denn beim letzten Sex auch verhütet hätte, bis zur für mich kaum aushaltbaren Wertschätzung meiner Selbst durch Aussagen wie „mein Tofu, du bist so hübsch heute" oder „das hast du ganz toll gemacht". Erst gerade wieder hat Blitz mir erzählt, dass ihre Mutter viel an mich denkt, mich lieb und Muttergefühle für mich hat, sich eigentlich öfters bei mir melden möchte, aber nicht weiß, ob das grenzüberschreitend ist. Mein Herz ist dahingeschmolzen, Tränen sind mir in die Augen geschossen, auf mehreren Ebenen war ich sehr berührt. Wieso macht das meine Mutter nicht? Woher kommt die Liebe von Blitz' Mutter für mich? Hält Blitz es aus, Muttis Liebe teilen zu müssen? Und dann höre ich von Blitz, dass sie sich nichts Besseres für mich vorstellen kann. Schmelz! Wie viele Weihnachtsabende hätte ich allein verbracht, wie viele Sonntagabende hätte es keine Königsberger Klopse mit Kartoffeln (ja, so was ham wa' früher noch gegessen) für mich gegeben, wie oft hätte ich meine Erfahrungen nur mit Freundinnen geteilt, getauscht und wie oft hätte ich das ganze Wochenende zuhause gesessen, während andere Familien zu ihren Wochenend-Bauwägen gedüst sind? Ja, all das wurde mit mir geteilt und ich habe es genossen, genieße es immer noch und finde es nur gerecht, wenn meine Mutter hierfür ihre Karre teilt, Blitz und mich 'ne Woche nach Malle einlädt oder 'ne Monatsrate zur Sebst-Zahl-Ausbildung von Blitz beisteuert. Geld gleicht keine Liebe aus, aber immerhin kann meine Blutsfamilie irgendwas dazu beisteuern. (Verzeih' mir Mutti, falls du das hier liest, aber so fühlt es sich für mich an.) Nach Bourdieu könnte mensch jetzt sagen, dass wir unsere verschiedensten Kapitalien sehr großzügig teilen und das macht unsere freund_innschaftszentrierte Lebensweise aus, wir sind Familie! Mit und ohne Blutsanhängsel.

Die bedingungslose Aufnahme von Tofu in Blitz' Herkunftsfamilie zeigt gelebte Solidarität. Sie verdeutlicht, wie die Effekte, die durch schwierige Erfahrungen im Aufwachsen auftreten können, aufgefangen werden können und in diesem Fall wurden. Es kann jedoch nicht alles ausgeglichen werden. Unsere Erfahrungen in den Herkunftsfamilien und die Auswirkungen auf unsere Gegenwart unterscheiden sich und sind eine weitere Herausforderung für unsere Verbindung.

Schinken: Ich denke, dass meine psychische Erkrankung in unserem Kontakt nicht als gesellschaftliche Position verhandelt wird, sondern als mein individueller *struggle*[37].

Tofu: Ja? Findest du?

Schinken: Ja schon. Mein Bezug z.B. zu Liebesbeziehungen wurde von euch doll bewertet. Ich kann für mich mittlerweile anerkennen, dass meine Bezüge und die Notwendigkeit für mich in sehr nahen Beziehungen zu sein, Teil von meiner psychischen Erkrankung und Gesundheit sind und etwas mit Stabilität zu tun haben. Ich habe schon das Gefühl, darum ringen zu müssen, dass ihr da auch hinguckt und das so seht wie ich. Die Bewertung von außen ist für mich eine Belastung. Die Stimmen und Abwertung in meinem eigenen Kopf sind schon laut genug. Ich entziehe mich dann manchmal der sozialen Kontrolle, indem ich Sachen verschweige, weil ich nicht bewertet werden will. Und ich werde bewertet!

Blitz: Hmmm ja … okay! Also du fühlst dich da nicht ausreichend gesehen, mitgedacht und verortet?

Schinken: Ne, nicht so richtig. Es wird mehr individualisiert. Ihr habt viele Emotionen dazu, anstatt euch aus eurer privilegierten Position (nicht psychisch krank zu sein) zurückzunehmen. Ich glaube, dass Menschen denken, dass sie mich und mein Verhalten, das mit meinem Trauma zusammenhängt, bewerten dürfen, weil alle Leute emotionale *struggles* kennen. Aber

37 *Struggle* heißt auf Deutsch so viel wie ‚Kampf' und kann auch im Sinne von ‚Herausforderungen' verwendet werden.

nur weil irgendwer auch z.B. mal Probleme bei der Regulation von Gefühlen hat, qualifiziert das die Person doch nicht, mein Verhalten zu bewerten, das mit psychischer Erkrankung im Zusammenhang steht. Und das tut ihr auch manchmal. Erinnert ihr euch wie viele Jahres es *trouble*[38] gab, wenn ich gesagt habe: Görlz[39], ich muss kurz gehen (emotionale Überforderung in der Gruppe) und mich für eine kleine Weile aus der Gemeinschaft zurückgezogen habe. Da gab es dann das Gefühl, ich würde die Stimmung crashen[40] und mir wurde klargemacht, ich solle doch jetzt einfach mal klarkommen. Es wurde dort voll individualisiert und sich auf die Fähigkeiten der Einzelnen bezogen, emotionale Zustände zu kontrollieren. Es wurden die eigenen Maßstäbe angelegt, was die eigene Belastbarkeit angeht und vergessen, dass wir in der Hinsicht alle unterschiedliche Voraussetzungen und Möglichkeiten haben. Ich finde es spannend, dass bei so vielen anderen Themen das Credo gilt: Jede_r definiert selbst! Hier gilt das irgendwie weniger oder ich muss mir das erst erkämpfen. Das ist für mich ja auch neu, aber es wird halt trotzdem nicht als politische Kategorie bei uns gesehen. Deswegen würde ich sagen, da seid ihr nicht so solidarisch mit mir.

Blitz: Ich nehme davon richtig was mit! Eigene Erfahrung und Bildung spielen voll die Rolle. Da müssen wir auf jeden Fall dran arbeiten. Tofu, wir müssen und bilden! Schinken fühlt sich nicht solidarisch von uns behandelt.

Deutlich wird hier, wie wichtig die Sichtbarkeit und Politisierung von Positionen ist, um eine Praxis der Solidarität zu entwickeln. Wenn eigene Erfahrungen fehlen und Menschen selbst nicht betroffen sind, müssen diese sich bewusst für eine Auseinandersetzung mit dem Thema entscheiden und zuhören, um solidarische Allies zu werden. Auch wenn die Position von Schinken noch nicht durchdringend von den anderen erfasst wurde, zeigt sich bedingungslose Solidarität bei vielen anderen Themen rund um die (psychische) Gesundheit in verschiedenen Praktiken: Als eine beschloss in die Klinik zu gehen, half eine andere den Antrag auszufüllen. Als eine dann in der Klinik war, rief eine andere regelmäßig und verlässlich an. Wenn eine Schiss vor einem Besuch bei einer Ärzt_in hat, begleitet eine andere. Wenn eine eine Panikattacke hat, ruft sie eine

38 *Struggle* heißt auf Deutsch so viel wie ‚Kampf' und kann auch im Sinne von ‚Herausforderungen' verwendet werden.
39 Görlz ist eine Eigenbezeichung für die Mitglieder unsere Gruppe. Abgeleitet von *girls*.
40 *Crashen* meint hier, dass die Stimmung kaputt gemacht wird.

andere an und wird abgeholt, nach Hause begleitet. Manchmal beruft eine einen Krisenrat ein, wenn sie wichtige Entscheidungen treffen muss und die anderen kommen. Therapiesitzungen werden häufig nachbesprochen und Ideen, eigene Erfahrungen und Skills ausgetauscht. Selbst wenn es große Scham bei Themen gibt, trauen wir uns auch diese voreinander auszusprechen. Unsere Scham wird liebevoll ummantelt und nicht kommentiert. Manchmal hören wir uns gegenseitig auch nur heilsam zu.

Zum Zuhören gehört auch Sprache und da teilen wir eine sehr eigenwillige. Eine Sprache, die, wie wir finden, ein Gemisch aus frech und derb, aber auch sehr wertschätzend und zugewandt ist. Wir wenden Sprechcodes an, die zugegebenermaßen sehr kreativ und individuell sind und bei denen wir wissen, dass sie eher selten von anderen komplett verstanden werden, manchmal sogar für Verunsicherung und dolle Abschreckung sorgen. Aber für uns drei ist es ein weiterer Beziehungsanker, der unseren Stall zusammenhält und dank dem wir uns dort so wohl fühlen. Unsere Art zu sprechen ist symbolisch aufgeladen und hat wohl etwas mit unserer Sozialisierung im Berliner Großstadtdschungel zu tun, der für uns weder Zehlendorf noch Charlottenburg war, sondern Kreuzberg und Neukölln. Und auch hier gibt es eine feine Trennlinie, die sich bemerkbar macht, wenn wir unseren lauten Stall wieder verlassen und nach draußen in die weite Welt gehen. Dort merken dann zwei von uns, dass ihre Art und Weise zu sprechen für die Karriere im Kapitalismus eher von Nachteil ist, wohingegen eine von uns noch über weitere Sprachkenntnisse verfügt (erworben durch akademische Bildung und ein teilbürgerliches Elternhaus), die ihr noch ganz andere Türen öffnen und ihr so mehr Chancen ermöglichen. Sprache ist ein Aspekt, den Bourdieu im symbolischen Kapital verortet und als Teil des Habitus beschreibt, der durch andere Kapitalien maßgeblich beeinflusst wird.

Romantische Zweierbeziehungen: wo wir *struggeln* und straucheln

Wir haben aufgezeigt, wo wir intervenieren, um aus dem Kreislauf der ewigen Reproduktion der Verhältnisse auszusteigen. Nun wollen wir ein Thema anreißen, das unsere Verbindung immer wieder besonders herausfordert. Egal wie genussvoll, lustig und widerständig wir uns vorkommen, wir leisten auch gegenseitige Reproduktionsarbeit. Wir wärmen uns mit und aneinander auf, um dann wieder raus in die Kälte zu können, in die wir nun mal müssen. Damit unterwandern wir die „heteronormativ organisierte soziale Reproduktion" (Bauhardt 2017: 108), die in Paarbeziehungen und Kleinfamilien stattfindet und staatlich gefördert wird. Wir schaffen es aber nicht, uns dem System zur Gänze zu entziehen. Dabei spielt die romantische Zweierbeziehung (RZB) eine riesige Rolle. Eine RZB ist eine exklusive Liebesbeziehung zwischen nur zwei Menschen, die wir als Rückzugsort nutzen und auf die wir Bedürfnisse nach Familiengründung und Wohnen und eine Menge Anderes projizieren. Die RZB als Killer für andere Nahbeziehungen? Die RZBs, die vor kapitalistischen und heteronormativen Einflüssen nur so triefen! Ja, das finden wir! Und trotzdem machen wir immer wieder die Erfahrung, wie es ist, wenn eine oder mehrere von uns in RZBs abhängen. Um ehrlich zu sein, nehmen wir alle drei immer die RZBs der jeweils anderen als bedrohlich wahr. Das liegt weniger an den Charaktereigenschaften der Liebesperson als vielmehr an der Furcht, die beste Freundin könnte sich verändern und somit den Herdenzusammenhalt bedrohen. So wenig eine RZB Veränderungen mag oder Angst vor ihnen hat (vgl. Fremdgenese 2011: 101), so wenig mögen auch wir sie in unserem ultimativen Dreiergespann. Die Schwierigkeiten mit den RZBs führen uns zu der Frage, wie wir eigentlich unsere Leben ausrichten wollen. Wie wollen wir uns versorgen, welche Träume haben wir und wie können wir da zusammenkommen bzw. zusammenbleiben? Die Antworten sind zum Teil geteilte Wünsche (gerne alle zusammen in einem Haus, irgendwo am Stadtrand, mal mit, mal ohne RZB), die sich allerdings je nach individueller Situation (RZB ja oder nein) verändern oder an Dringlichkeit zu- oder abnehmen. Und dann haben die Liebespersonen ja auch noch was zu sagen und schon ist der Konflikt da und das Drama komplett. Führen wir eigentlich seit Jahren eine Polybeziehung und haben es gar nicht gemerkt? Die Themen und Werte (wie Kinder großziehen, Zusammenziehen, gemeinsame Zukunft, blabla), die von der Heteronormativität als erstrebenswert angesehen werden, sind eben auch Themen, die auch uns nicht in Ruhe lassen, egal wie sehr wir uns bemühen, es wenigstens in der Theorie anders zu wollen. Es ist schon seltsam, dass wir uns früh einig waren, dass die Lover_innen kommen und gehen, aber die Friends irgendwie immer bleiben. Wir wagen es trotz mehrfach gebrochener Herzen immer wieder, eine RZB einzugehen, um dann direkt das Gefühl zu bekommen, den Friends nicht mehr gerecht werden zu können. Darauf folgt die menschliche Urangst: Was ist, wenn ich irgendwann ganz allein dastehe und nichts mehr habe? Ein Teufelskreis...ahhhh. Ähnlich wie bei den Herausforderungen, die unsere Unterschiede mit sich bringen, hat auch hier die Arbeit am Essay mehr Sichtbarkeit geschaffen. Eine ehrliche Offenbarung von Ängsten und Bedürfnissen scheint uns ein wesentlicher Schritt zu sein, um alles haben zu können. In diesem Fall heißt alles: eine Zukunft mit RZB und Herde gemeinsam *in peace and harmony*[41]. So, wie es utopisch ist, von einer RZB alle Bedürfnisse erfüllt zu bekommen, gilt dies auch für unsere Verbindung zu dritt, sodass wir wohl oder übel einen Weg für alles zusammen finden müssen.

Wo lachen wir dem System ins Gesicht?

Neulich hatten wir ein längeres Gespräch über Neid, Missgunst und Konkurrenzkampf, bis hin zu dem unangenehmen, antifeministischen Wort ‚Stutenbissigkeit' – ein deutscher Ausdruck, der abwertend intrigantes, gereiztes oder aggressives Verhalten von Frauen gegenüber anderen Frauen benennt. Nach fast vier Stunden Diskussion und Austausch in Tofus alter Karre Richtung gemeinsamem Urlaub haben wir mit Staunen festgestellt, dass es all das unter uns fast gar nicht gibt. In anderen sozialen Nahbeziehungen sowie in RZBs, die wir führen oder geführt haben, war und ist Konkurrenz dagegen anwesend. Warum also bei uns nicht? Immer wieder stellen wir drei uns dieselbe Frage: Was macht unsere Freundinnenschaft so speziell? Wir kamen tatsächlich zu dem Schluss, dass es etwas mit diesem Neid-Konkurrenzkampf-Ding zu tun haben muss. Anstatt sich aneinander zu messen und in Konkurrenz zueinander zu gehen (sei es in Jobverhältnissen, *flirt competition*[42] oder auch nur das Glück oder den Urlaub der anderen zu beneiden), ziehen wir es vor, von dem Wissen und Können der jeweils anderen zu profitieren. Und nicht nur das: Wir empfehlen uns gegenseitig als Handwerkerinnen, als Mediatorinnen, als Freundin, als Beraterin, (Konflikt-)Begleiterin, *Awareness*-Unterstützung oder als Medizinwissende weiter. Wir haben ein Unterstützer_innensystem aufgebaut, in welchem wir unsere Kompetenzen untereinander teilen und solidarisch sind. Vielleicht ist das sogar eine erweiterte Art von *powersharing*[43]: Anstatt für sich allein zu kämpfen, bilden wir untereinander Allianzen, von denen andere Menschen genauso profitieren sollen, wie wir es untereinander tun. Und das Schöne ist, es funktioniert. Konkurrenzloses und solidarisches Arbeiten verbindet, anstatt zu trennen, macht uns stark und unabhängig von den patriarchalen Strukturen, die den Kapitalismus füttern. Wir teilen also nicht nur Humor und Milieuzugehörigkeit miteinander, sondern auch unsere erworbenen Fähigkeiten und Privilegien. Unsere sozialen, kulturellen und ökonomischen Kapitalien sind keine Ressourcen, auf die nur jede für sich allein zurückgreifen kann, sondern sind vielmehr ein Pool an Möglichkeiten, von denen auch andere Menschen, die Bedarf haben, profitieren sollen.

41 *In peace and harmony* heißt auf Deutsch ‚in Frieden und Harmonie'.
42 *Flirt competition* heißt auf Deutsch so viel wie ‚Flirt-Wettbewerb'.
43 *Powersharing* bedeutet (hier: mit Privilegien einhergehende) ‚Macht teilen'.

Konkurrenz, Neid und Individualisierung sind Aspekte, die Teil der kapitalistischen Verhältnisse sind. Hier gibt es ein aktives Dagegenhalten von uns: Wir Teilen, anstatt zu konkurrieren, wir nehmen aneinander teil oder freuen uns mit, anstatt zu neiden und wir halten zusammen, anstatt allein mit allem zu sein.
Und wie wir dem kapitalistischen System noch so ins Gesicht lachen, ist leider geheim, weil es sich hier um kleinkriminelle Fertigkeiten handelt, die wir natürlich gerne teilen wollen, aber dann lieber in persönlichen (Beratungs-)Gesprächen. Aber sagen wir mal so: ‚Für alle alles umsonst' bleibt wahrscheinlich eine träumerische Utopie, aber probieren kann's mensch ja mal.

Herde

Literatur

Adamczak, Bini (2019): „Vielsamkeit eines ausschweifenden Zusammenhangs." In: *medico international*, 20.11.2019. Online unter: https://www.medico.de/vielsamkeit-eines-ausschweifenden-zusammenhangs-17578 [letzter Zugriff am: 11.10.2023].

Adamczak, Bini et al. (2019): „Die Zweiteilung der Welt überwinden." In: *MALMOE*, 07.06.2019. Online unter: https://www.malmoe.org/2019/06/07/die-zweiteilung-der-welt-ueberwinden/ [letzter Zugriff am: 11.10.2023].

Adamczak, Bini; Arps, Jan Ole (2018): „Wovon wir reden, wenn wir von Solidarität reden." In: *analyse & kritik – Zeitung für linke Debatte und Praxis*, Nr. 641, 18.09.2018. Online unter: https://archiv.akweb.de/ak_s/ak641/35.htm [letzter Zugriff am: 26.10.23].

Adamczak, Bini; Potter, Nicolas (2019): „Die Liebe ist überfordert." In: *der Freitag*, Ausgabe 49, 05.12.2019. Online unter: https://www.freitag.de/autoren/der-freitag/die-liebe-ist-ueberfordert [letzter Zugriff am: 11.10.2023]

Ahmed, Sara (2017): *Feministisch leben! Manifest für Spassverderberinnen*. Münster: Unrast.

Bauhardt, Christine (2017): „Living in a Material World. Entwurf einer queerfeministischen Ökonomie." In: *Gender*, Bd. 9, Nr. 1. Online unter: https://elibrary.utb.de/doi/epdf/10.3224/gender.v9i1.07 [letzter Zugriff am: 26.10.2023].

Blickle, Paul et al. (2022): „Wie wohlhabend sind Sie?" In: *Zeit Online*, 24.03.2022. Online unter: https://www.zeit.de/wirtschaft/2021-02/soziale-ungleichheit-armut-reichtum-schichten-rechner-studie-deutschland [letzter Zugriff am: 26.10.2023].

Bourdieu, Pierre (1983): „Ökonomisches Kapital, kulturelles Kapital, soziales Kapital." In: Reinhard Kreckel (Hg.): *Soziale Ungleichheit*. Göttingen: Schwartz, S. 183–198.

Bourdieu, Pierre (1987): *Die feinen Unterschiede. Eine Kritik der gesellschaftlichen Urteilskräfte*. Berlin: Suhrkamp.

Brunner, Georg (2005): „Sexualität und Spätkapitalismus – revisited? Queerpolitische Praktiken im Kontext neoliberaler Verhältnisse." In: *FEMINA POLITICA – Zeitschrift für feministische Politikwissenschaft*, Bd. 14, Nr. 1, S. 82–92.

Fremdgenese (2011): „Glück im Unglück. Un/Möglichkeiten der Romantischen Zweierbeziehung." In: A.G. Gender-Killer (Hg.): *Das gute Leben. Linke Perspektiven auf einen besseren Alltag.* Münster: Unrast, S. 95–114.

Kemper, Andreas; Weinbach, Heike (2009): *Klassimus. Eine Einführung.* Münster: Unrast.

Kruppa, Doreen (2020): „Freundschaftszentrierte Lebensweise. Wie Alltagspionier*innen neue Wege der Vergesellschaftung beschreiten." In: Michel Raab; Cornelia Schadler (Hg.): *Polyfantastisch? Nichtmonogamie als emanzipatorische Praxis.* Münster: Unrast, S. 85–100.

Schäfer, Philipp (2021): „Klassismus – (k)ein Thema für die Soziale Arbeit?!" In: Francis Seek; Brigitte Theißl (Hg.): *Solidarisch gegen Klassismus. Organisieren, intervenieren, umverteilen.* Münster: Unrast, S. 209–221.

Wolf, Merlin (2019): *Alternative Ökonomie: Wohnen – Arbeit – Konsum.* Münster: Unrast.

Sarah Mouwani

Lücken_los

Beinhaare rasieren, von unten nach oben streichen
immer schön
gegen den Willen
abrasiertes Kopfhaar mit vorgeschobenen Geschichten über Kindheiten
Jungen-Oder-Mädchen-Kindheiten
dichten
meine Erinnerungsfenster luftdicht ab.

Nein bitte nicht das Haar kurz schneiden bitte
Sie sollen es wieder ziehen
Sie sollen wieder Sand reinstreuen und Kletten und Schnecken
Butterbrote und Leim und Klettverschlüsse
meine Locken in ihren Händen
aber bitte lasst es
lang wachsen
denn ich will nicht, dass sie sagen ich wäre ein Junge
nur um
mit ihren *hautfarbenen* Händen dann heftiger zuzuschlagen
so hart wie die Großen bei Papa
bitte lasst es einfach wachsen.

Ja ja, kurze Haare für Mädchen das war „voll empowernd".
Ja ja, sag ich jetzt kurz.
Ja ja, schließt das Gespräch luftdicht ab.
Bitte lasst uns einfach das Thema wechseln.
Ein Kaltwachsstreifen in der Verpackung ist übriggeblieben.
Schreie ihn an, bis das Fensterwachs klebrig wird.
Habe damit alle ostdeutschen Kinder-Unisexklamotten
aus diesem Fotoalbum gewaxt.

Nichts davon ist übriggeblieben
außer einem Foto vom Kulkwitzer See
Wassereis färbte den Himmel zitronig
Klebrige Finger
Glauben an umstandsloses Blausein des Wassers
Das Kind auf dem Foto hatte ein Strategielückenlachen.

Nichts ist aus euch rauszuholen.
Nachfrage nach dem Nichts.
Nachfrage nach der Nachfrage.
Nichts ist aus euch rauszuholen:
Warum ,denen an der Universität'
denn kommunistische Feminist_innen von ,damals'
so wichtig sind? fragst du mich.

Warum sogar wichtiger als dir mein Apfelkuchenrezept? schiebst du hinterher
und hinterher erst fällt mir auf, dass das Aufnahmegerät nicht mitgelaufen ist.

Auch bei dir kommt es zu kommunikationswissenschaftlichen Störungen:
Ich habe dir damals nicht erzählt, wie oft sie mich zusammengeschlagen haben
weil dich das nur verstört hätte...
und nun stört mich, dass du in deiner Studienarbeit meine Preise bei den
Tanzwettbewerben
dagegen nicht mal erwähnst.

Ihr habt meine Jeans ungefragt in die Großwäsche geworfen.
Mein Manuskript über unsere Familiengeschichte hat sich in Fusseln und
Effektivwaschmittelgeruch aufgelöst.
Beim Abendessen habt ihr mir die Kleider abgezupft.
Wir haben *Germany's Next Top Model* geschaut.
Nichts ist übriggeblieben außer Fusseln neben Pizzakrümeln.

Hinterhofausblick in die Woche
Blumenkohlgeschmack ist von Blumen geblieben
Kinderläden sind von Kneipen geblieben
Vergleiche sind von einer ganz großen Sache geblieben.

Eine Freebox mit Klamotten steht vor einem Vintage-Geschäft
und färbt Neukölln hellblau
Nichts davon ist übriggeblieben
Alles wurde angenommen.

Jo Menhard

Zwischen Markt und Spielwiese: Technologien und Nahbeziehungen im Kapitalismus

Daten und Flirten fällt mir nicht leicht. Im Gegenteil: Was nicht explizit benannt wird, kommt bei mir nicht an – ein Date nicht als Date und ein Flirt nicht als Flirt. Mein Interesse und Begehren gegenüber anderen Menschen ist kompliziert und wie ich es ausdrücke ebenso. Onlinedating ist die einzige Form des Datens, die für mich funktioniert, aber wieso eigentlich? Müsste ich aus technologie- und technikkonzernkritischer Perspektive nicht eigentlich schreiben, dass alle mal lieber die Finger von Dating-Apps lassen sollten? Und überhaupt: Kann neben all der Oberflächlichkeit, dem Ghosting[44], dem *catfishing*[45], den *algorithmic biases*[46] und der Frustration irgendetwas Gutes an Dating-Apps sein? Und wie passt die Nutzung mit einer antikapitalistischen und technologiekritischen Haltung zusammen?

Technologiekritik im Kapitalismus

Technologien sind Teil menschlicher Erfahrung und entwickeln sich mit der Gesellschaft mit. Umgekehrt entwickeln sich Gesellschaft und zwischenmenschliche Beziehungen auch mit und durch Technologien.[47] Innerhalb einer Gesellschaft,

44 Ghosting bezeichnet einen als überraschend und grundlos erlebten Kontaktabbruch und die Einstellung jeglicher Kommunikation.

45 Unter *catfishing* wird eine bewusste Täuschung von Personen in Onlinedating-Kontexten verstanden, um an private Daten, Fotos, Geld oder Verabredungen zu gelangen.

46 *Algorithmic biases* heißt auf Deutsch so viel wie ‚algorithmische Verzerrungen'. Dieser Begriff beschreibt, wie Algorithmen Ungleichheiten und Diskriminierung reproduzieren; beispielsweise durch die Bevorzugung einer Kategorie gegenüber einer anderen auf eine Weise, die von der beabsichtigten Funktion des Algorithmus abweicht. Diese Verzerrungen können Vorurteile und Diskriminierung in Bezug auf *race*, Geschlecht, Sexualität oder ethnische Zugehörigkeit verstärken.

47 Während der Technologien-Begriff zum Teil ausschließlich auf Maschinen im industriellen Produktionsverfahren bezogen wird, möchte ich mich auf eine umfassendere Definition beziehen, die alles von Menschen Geschaffene, vom Steinwerkzeug bis zum Zahnimplantat, als Technologie begreift. Einen derart weiten Technologiebegriff zu wählen, macht für mich Sinn, da auch vormals für industrielle Fertigung oder Militär entwickelte Technik über ihr Entwicklungsziel hinaus Verwendung findet und Alltagserfahrungen mitgestaltet.

in der Technologien für die Interessen von Staat und Konzernen instrumentalisiert werden, ist eine Kritik kapitalistischer Verhältnisse wohl kaum ohne Technologiekritik möglich. Jedoch birgt antikapitalistische Technologiekritik auch Gefahren der Verkürzung, welche widerständige Perspektiven verunmöglichen.

Erstens besteht Verkürzungsgefahr darin, an Stelle der Strukturen und gesellschaftlichen Verhältnisse, innerhalb der Technologien entstehen und genutzt werden, die Technologie selbst zu kritisieren und verantwortlich für die Verhältnisse zu machen. Diese Verkürzung geht meist mit einem deterministischen Technikverständnis einher. Technikdeterminismus beschreibt die Annahme, dass Technik und technologische Entwicklungen die gesellschaftlichen Verhältnisse bestimmen.[48] Zweitens kommt es ebenso schnell zur Verkürzung der Kritik, wenn Technologien nur als Abbild gesellschaftlicher Verhältnisse betrachtet werden und ihnen keinerlei ermächtigendes oder widerständiges Potenzial zuerkannt wird. Diese verkürzte Form der Kritik nimmt an, Technologien seien immer herrschaftsstützend und blendet damit aus, dass Technologien zu unterschiedlichen Zwecken eingesetzt werden können. Drittens können bei der Kritik an Technologien diese schnell mit bereits Bekanntem gleichgesetzt und Unbeständigkeiten, Unterschiede und Brüche übersehen werden. Z.B. handelt es sich bei den Browsern Chrome und Chromium um etwas grundsätzlich Verschiedenes, auch wenn Chrome auf Chromium basiert. Während das eine ein profitgenerierendes Produkt eines Unternehmens ist, handelt es sich bei dem anderen um niemandes Eigentum und kann von Dritten eingesehen, geändert und kostenlos genutzt werden. Bei dieser Form der Verkürzung werden die sich ständig in Veränderung befindlichen Kontexte und Beziehungen, in die Technologien eingebettet sind, ausgeklammert oder kaum beachtet. Diese Verkürzungen schließen einander weder aus noch bedingen sie einander, sie sind feine Fallstricke im Denken und verhindern widerständige Betrachtungsweisen auf Technologien.

Wenn ich mich mit anderen Menschen über Dating-Apps unterhalte oder darüber lese, fällt mir eine sehr verbreitete Erzählung auf. Diese handelt davon, dass Dating-Apps das beste Beispiel dafür wären, dass Logiken des Wettbewerbs, der Konkurrenz und des Konsums gegenwärtige Beziehungsweisen und ihre Kommodifizierung beeinflussen (vgl. Burkart 2014; Hochschild

48 Auch wenn es ihm oft zugeschrieben wird, hatte Karl Marx kein deterministisches Verständnis von Technik, sondern sah die Auswirkungen von Technik abhängig von ihrer gesellschaftlichen Einbettung (vgl. Fuchs o.J.). Dennoch ist diese Annahme wirkmächtig und antikapitalistische Technologiekritik häufig mit Technikdeterminismus verbunden.

2012; Illouz 2006; Shepherd 2016). Populäre Analogien wie „the industry of love" (Bandinelli 2022) und „the dating market" (Illouz 1997) werden genutzt, um diese Kommodifizierung zu analysieren und zu beschreiben und bilden dabei Narrative, die Dating-Apps als Paradebeispiel dieser Dynamik hervorheben. In dieser Erzählung kommt häufig zu kurz, dass Dating-Apps Teil einer Gesellschaft sind, in der Wettbewerbsfähigkeit und Konsum Bedingungen für Anerkennung und Glück sind. Zudem ist die Entwicklung der meisten Dating-Apps an Marktlogiken gebunden, da ihre Entwickler_innen innerhalb dieser Logiken denken und handeln und von ihnen abhängig sind. Diese Einbettung in die ökonomischen Strukturen des freien Markts führt zu einer Reproduktion spezifischer Strukturen im Code, die Wettbewerb und Konsumdenken hervorheben. Anstelle einer Kritik an den strukturellen Verhältnissen bzw. einer Einbettung in diese wird in diesen Erzählungen die Technologie selbst ins Zentrum der Kritik gerückt. Betrachtungen von Dating-Apps sind daher meist mit einem deterministischen Technikverständnis verbunden. Strukturelle Fragen danach, wem was gehört und wer wie was mitgestaltet, werden in diesen Erzählungen meist wenig beachtet. Zudem wird übersehen, dass viele der Praktiken, die sich im Kontext von Onlinedating als Phänomene beschreiben lassen und kritisiert werden, Praktiken mit langer Geschichte sind. So sind beispielsweise das Erstellen von Kontaktanzeigen, das Unterhalten von Brieffreund_innenschaften oder das Anfertigen von Portraits zur Kontaktvermittlung allesamt Praktiken, die schon Jahrhunderte existieren. Sie sind immer in Kontexte eingebettet, die nicht losgelöst von gesellschaftlichen Strukturen und kapitalistischen Verhältnissen existieren.

Ich frage mich, wie antikapitalistische Technologiekritik aus einer queerfeministischen Perspektive aussehen könnte. Also Technologiekritik, die der Komplexität gelebter Beziehungsweisen zwischen Menschen und Technologien gerecht wird und auch widerständige bzw. ermächtigende Aspekte sichtbar macht, ohne die strukturellen Verhältnisse zu vernachlässigen. Ich möchte im Folgenden in keine Argumentationslogik verfallen, welche die Nutzer_innen auf reine Datenproduzent_innen, Konsument_innen, Waren oder sich selbst optimierende Unternehmer_innen reduziert. Noch möchte ich eine Perspektive einnehmen, von der aus Nutzer_innen und ihre Praktiken in ihrer Vielschichtigkeit und Komplexität losgelöst von ihrer strukturellen

Einbettung wiedergeben werden.[49] Für mich ist daher eine queerfeministische Linse hilfreich, welche die Struktur sowie die Situiertheit der Nutzer_innen und deren vielfältige Aneignungspraktiken einfängt. Dafür ist es aus meiner Sicht notwendig, die Erzählungen zu Dating-Apps zu queeren[50], das heißt gegen den Strich zu lesen und mich zu weigern, allzu vertraute Erzählungen zu reproduzieren. Diese Herangehensweise hat zwei Wurzeln: Zum einen entspringt sie queerfeministischen Epistemologien und zum anderen meiner eigenen Positionierung und meinen Erfahrungen mit Dating-Apps als queere, nicht-binäre, neurodivergente Person.

Erzählungen zu Dating-Apps queeren

Wir leben in einer Gesellschaft, in der Menschen in Normen und Kategorien gepresst werden und in der Geschlechtsidentitäten und Sexualitäten stark fremdbestimmt auf uns wirken. Die patriarchale kapitalistische Gesellschaft hat Interesse an der Abspaltung und Verdrängung, Ausgrenzung und Gewalt an all den Menschen, die nicht die zweigeschlechtliche cis Norm verkörpern und eine monogame heterosexuelle Beziehung suchen und leben. Wie viele andere Menschen, die in ruralen Gegenden aufgewachsen sind, fand ich meine ersten Berührungspunkte mit Menschen und Vorstellungen abseits der mich umgebenden engmaschigen Normen und Kategorien im Internet. Während ich dort ein Netzwerk aus Menschen erreichen konnte, denen ich mich verbunden fühlte, war es für mich jedoch über lange Zeit schwierig bis unmöglich, dieses Netzwerk in meinem offline-Nahfeld zu finden. Während ich also das Internet an sich schon mehr als mein halbes Leben für meine sozialen Kontakte nutze, brauchte es für deren Ankunft in meinem offline-Leben das alte Smartphone eines Geschwisters. Dieses Gerät, das so stark an meine Bewegungen und mein Sein im Raum gebunden ist, hat bei mir unerwartet zu einem rapiden Anstieg von Kontakten im offline-Nahfeld geführt und meine gelebten Beziehungen

49 Die beiden Texte *Liquid love? Dating apps, sex, relationships and the digital transformation of intimacy* (2017) von Mitchell Hobbs et al. und *The commodification of Romance? Developing Relationships Online* (2005) von Pauline Maclaran et al. geben Beispiele dafür, wie die Kommodifizierung von Intimitäten durch methodengemischte Ansätze und Tiefeninterviews mit Nutzer_innen hinterfragt werden kann. Auch Dawn Shepherd argumentiert in *Building relationships. Online dating and the new logics of internet culture*, dass es ethnographische Untersuchungen über die tatsächlichen Praktiken der Nutzer_innen geben muss, um Erkenntnisse über Matchmaking-Logiken in Frage zu stellen (vgl. Shepherd 2016: 135f).

50 Ich verwende *to queer* in einem methodologischen Sinn, der auf den Ausarbeitungen im Buch *Queer Methods and Methodologies* (Browne/Nash 2016) basiert.

nachhaltig verändert. Egal ob im Lohnarbeitskontext, Aktionsgruppen, Freund_innenschaften und anderen Nahbeziehungen – In-Beziehung-Sein ohne Smartphone ist für mich mittlerweile undenkbar.
Smartphones spielen für die Betrachtung von Beziehungsweisen und Intimitäten im Kapitalismus (auch abseits von Dating-Apps) vor allem deshalb eine besondere Rolle, weil sie sehr eng mit unserem Körper, unseren Bewegungen im Alltag und unseren Beziehungen verbunden bzw. in diese integriert sind. Smartphones zählen (im Gegensatz bspw. zum PC) zu den sogenannten Nahkörpertechnologien. Das sind Technologien, die sehr nah am menschlichen Körper dran sind und diesen gewissermaßen erweitern (zu ihnen zählen z.B. auch Uhren, Brillen oder Kleidung). Besonders eng mit unseren Bewegungen und Körpern verbunden sind alle lokativen Anwendungen, also Apps, die Standortdaten und Bewegungsmuster aufnehmen und/oder auswerten. Zu ihnen gehören auch Dating-Apps, die wiederum sehr eng an unser Begehren, unsere Sehnsüchte und Wünsche nach Kontakt und Nähe zu anderen Menschen andocken und Verbindungen zu Menschen außerhalb unserer bereits bestehenden Netzwerke schaffen.
Dating und (Paar-)Beziehungen sind immer von Konventionen begleitet, die durch soziale, räumliche, rechtliche und auch technologische Möglichkeiten bedingt sind (vgl. Weigel 2016). Diese Einschränkungen und Möglichkeiten wirken sich auf die Beziehungen von Menschen aus bzw. formen diese mit. Bereits mit dem Aufkommen und der Verbreitung der Zeitung im 17. Jahrhundert gibt es sogenannte persönliche Annoncen (*personal ads*) bzw. Kontaktanzeigen, um andere an einer Beziehung interessierte Personen zu suchen (vgl. Cocks 2009). Kommunikationstechnologien durchdringen aber wahrscheinlich schon immer zwischenmenschliche Beziehungen bzw. werden für solche genutzt und in diese integriert (vgl. Lee 2017). Wer sagt, dass Menschen doch einfach ohne Kommunikationstechnologien wie Dating-Apps die Nähe zu anderen Menschen suchen können oder sogar sollen, verkennt, dass Dating selbst etwas durch und durch von Normen und Ausschlüssen Geprägtes ist. Es gibt Körper, denen ihr Begehren abgesprochen wird, deren Suche nach Nähe herausfordernder und schwieriger ist, die mit sichtbaren und unsichtbaren Be_hinderungen leben, die im Dating-Kontext Rassismus, Bodyshaming, Lookism oder Ageism erfahren, die misgendert werden und offene Gewalt erfahren, die in ruralen Gegenden und abseits von Städten verortet sind usw. Für Dating außerhalb der heterosexuellen Matrix und die Beziehungsanbahnung zwischen Menschen, die nicht in die gesellschaftliche Norm einer heterosexuellen, romantischen, monogamen

und reproduktiven Beziehung passen, spielen Räume und Code(s) eine besondere Rolle, um einander zu finden, zu erkennen und um Begegnungen bzw. den Aufbau von Beziehungen zu ermöglichen (vgl. Cockayne/Richardson 2017).

Heterosexuelle Matrix
Judith Butler beschreibt die Verschränkungen zwischen dem Zwei-Geschlechter-System und der Heteronorm als heterosexuelle Matrix (vgl. Butler 1990). Die heterosexuelle Matrix fließt als Konzept stark in das Konzept der Heteronormativität ein. Dieses Konzept beschreibt ein System, in dem davon ausgegangen wird, dass es nur zwei Geschlechter gibt (‚Frauen' und ‚Männer'). Diese zwei Geschlechter würden einander automatisch begehren, woraus sich folglich Zwangsheterosexualität ergibt. Zu diesem Konzept haben neben Butler u.a. Gayle Rubin – mit dem Sex-Gender-System (vgl. Rubin 1975) – und Adrienne Rich – mit Arbeiten zu *compulsory heterosexuality*[1] (vgl. Rich 1980) – maßgeblich beigetragen.

1 *Compulsory heterosexuality* heißt auf Deutsch so viel wie ‚Zwangsheterosexualität'.

Ob *cruising areas*[51], Polari[52], *handkerchiefs*[53], Kontaktanzeigen oder Dating-Apps: Es geht immer um das Herstellen von Verbindungen und Kontaktmöglichkeiten. Gleichzeitig möchte ich betonen, dass technologische Möglichkeiten nie für alle Menschen gleichermaßen nutzbar sind und die Positionierungen und Ressourcen der nutzenden Person eine wesentliche Rolle spielen. Deshalb möchte ich im Folgenden die Erfahrungen und Perspektiven von Personen ins Zentrum stellen, die innerhalb der patriarchalen kapitalistischen Gesellschaft mit allen dazugehörigen Körper- und Beziehungsnormen an den Rand gedrängt werden.
Inwiefern die durch Kommunikationstechnologien mitgestalteten Beziehungsweisen an ökonomische Strukturen angebunden sind, ist im Detail zu beleuchten. Wenn wir von Dating-Markt und Kommodifizierung sprechen, müssen zuerst die Strukturen dieses Markts und der Gegenstand der Kommodifizierung genauer betrachtet werden: Welche Ware wird hier auf welchem Markt zu welchen Bedingungen gehandelt und wer schöpft woraus Kapital?

51 *Cruising areas* sind Orte im öffentlichen Raum, die klassischerweise zur Suche nach gleichgeschlechtlichen Sexualpartner_innen genutzt werden. Suchende achten dabei auf eventuelle Signale, mit denen Interesse bekundet wird, darunter Körpersprache, Blickkontakt, Gesten, Kleidungsstücke oder Farbcodes. *Cruising* ist ein Weg zur Umgehung der gesellschaftlichen Konventionen und je nach Kontext auch der strafrechtlichen Verfolgung homosexueller Menschen.

52 Polari ist ein Soziolekt (Sprachgebrauch einer bestimmten sozialen Gruppe), der bis in die 1970er Jahre von homosexuellen Männern in Großbritannien verwendet wurde.

53 *Handkerchiefs* bzw. *bandanas* sind verschiedenfarbige Stofftaschentücher, die über einen sogenannten *hanky code* Auskunft über sexuelle Vorlieben und Rollen der Träger_innen geben.

Um die Erzählungen zu Dating-Apps zu queeren, werde ich kodierten Raum[54] wie jeden anderen vom Menschen gebauten Raum analysieren. Denn tatsächlich ist der kodierte Raum gebauter Raum und unterscheidet sich nicht so sehr von einem Gebäude, das unter bestimmten Umständen erbaut worden ist. Er trägt daher die Logiken, die Überzeugungen und die Bedürfnisse seiner Erbauer_innen mit, existiert aber auch nicht völlig losgelöst von seinen Nutzer_innen und seinem Nutzungskontext. Die Art und Weise, wie ein Haus gebaut ist, hat Einfluss darauf, wie Menschen sich darin oder darum herumbewegen, verhalten, Dinge tun, sich ausdrücken oder miteinander in Beziehung treten können. Dennoch gibt es verschiedene Möglichkeiten, ein Haus zu bauen, und verschiedene Arten, es zu bewohnen. Nicht alle Häuser und Räume sind gleich zugänglich, beziehen ein oder schließen aus. Nicht alle Häuser müssen so genutzt werden, wie es von den Erbauer_innen gedacht war. In diesem Sinne müssen wir dem kodierten Raum die gleichen Fragen stellen wie jedem anderen gebauten Raum und zwischen unterschiedlichen Dating-Apps genau differenzieren: Wer hat Zugang? Wer hat welche Möglichkeiten, auf Daten zuzugreifen oder Änderungen an dem gebauten oder kodierten Raum vorzunehmen? Wer hat also die Möglichkeit, diesen Raum auf welche Weise mitzugestalten? Welches Wissen ist transparent und welches nicht? Muss für die Nutzung bezahlt werden? Unter welchen Bedingungen kann sie ‚kostenlos' genutzt werden? Usw.

Ich möchte im Folgenden die Analogie eines gebauten Hauses aufgreifen und zu einem Gedankenspiel zu Dating-Apps einladen. Dabei werde ich Erfahrungen und Erzählungen queerer Menschen über den Gebrauch von Dating-Apps einfließen lassen.[55] Ich beginne das Gedankenspiel mit der Vorstellung, dass eine bestimmte Dating-Anwendung wie ein Gebäude gebaut wird, mit seinen Formen und Farben, seinen Räumen und deren verschiedenen Zwecken. Einige Strukturen sind denen anderer Gebäude recht ähnlich, einige sind kaum anderswo wiederzufinden. Anschließend werde ich auf Nutzungspraktiken und die Aneignung von gebauten Räumen anhand von ausgewählten Beispielen eingehen.

54 Mit ‚kodiertem Raum' sind digitale Räume gemeint, die sich aus Hardware (einem Gerät wie dem Smartphone) und Software (einer App, die auf einer Code-Sprache basiert) zusammensetzen.

55 Die geschilderten Erfahrungen in diesem Essay basieren auf Interviews, die von mir zwischen 2018 und 2019 durchgeführt wurden.

Der Dating-Markt als Daten-Markt

Ich argumentiere im Folgenden, dass im Kontext von Dating-Apps nicht Menschen zur Ware werden, sondern ihre Daten und dass vor allem Konzerne durch Datenhandel und Aufmerksamkeitslenkung Kapital schöpfen. Dating-Apps gibt es mittlerweile in Hülle und Fülle und alle in einen Topf zu werfen, wäre fatal. Denn genau genommen sehen die Knackpunkte Datenhandel und Aufmerksamkeitslenkung je nach App sehr unterschiedlich aus. In Bezug auf Datenhandel möchte ich exemplarisch zwei Apps aus der *Match Group* (*OkCupid* und *Tinder*) mit zwei kleineren Start-ups (*Hiki* und *Lex*) vergleichen, die Dating-Apps entwickelt haben. Die Einbettung dieser Apps in ökonomische Strukturen beeinflusst maßgeblich, wie der gebaute Raum genutzt werden kann, wie durch ihn Kapital akkumuliert wird und wie sehr kapitalistische Logiken ihn vereinnahmen können. Es kommt nicht von ungefähr, dass die Konzerne, die hinter bekannten Dating-Apps wie *OkCupid* oder *Tinder* stecken auch ‚*Dating Brokers*' genannt werden (vgl. Moll 2018). Denn täglich verkaufen Firmen wie *USDate* oder Dating-Software-Unternehmen wie *DatingPro* Millionen von Dating-App-Profilen an Dritte weiter[56] – darunter auch Dating-App-Profile von Apps der *Match Group*, zu der auch *Tinder* und *OkCupid* gehören. Die Weitergabe und der potenzielle Verkauf von auf Dating-Apps gesammelten Daten an Unternehmen, die mit Daten handeln, ist daher nicht ungewöhnlich (vgl. ebd.). Zu unterscheiden ist hierbei, ob eine App Daten erheben und speichern darf und ob diese an Dritte weitergegeben/verkauft werden dürfen. Wer *Tinder* und *OkCupid* nutzt, stimmt sowohl der Speicherung als auch der Weitergabe von Daten an Dritte zu. Zu diesen Daten gehören personenbezogene Daten wie Alter, Geschlecht, Name, Mailadressen, Telefonnummern, sexuelle Orientierung, Geschlechtsidentität, ethnische Zugehörigkeit sowie politische und/oder religiöse Haltungen. Aber auch App-Aktivitäten gehören dazu, sodass sämtliche Interaktion mit der App in den Datenpool einfließen können, inklusive Profilbildern, Selbstbeschreibungen, Nachrichtenaustausch oder Nutzungsberichten (in die z.B. wiederum auch Standortdaten sowie Informationen über weitere installierte Apps eingespeist werden). Zudem wird bei *Tinder* und *OkCupid* neben Datenverkauf auf Werbung und Bezahlmodelle gesetzt, wodurch sich ‚kostenlos' schon etwas weniger günstig anfühlt. Im Vergleich wären die beiden Dating-Apps *Hiki* und *Lex* Alternativen, die keine Daten an Dritte weitergeben bzw.

56 *USDate* gibt es inzwischen nicht mehr. Dating-Software Unternehmen wie *DatingPro* bieten neben Nutzer_innen-Profilen eine recht breite Produktpalette: https://marketplace.datingpro.com/ [letzter Zugriff am: 12.12.2023].

im Falle von *Hiki* auch nicht speichern. Beide setzen derzeit weder auf Werbung noch Bezahlmodelle und sind momentan noch Start-ups im Fundingstadium, die von Investor_innen und Direkt-Unterstützer_innen abhängig sind.
Wie bei einem Haus gilt auch für Apps: Planung, Bau und Instandhaltung verbrauchen Ressourcen – und die wollen bezahlt werden. Während sich Start-ups vor allem mit den Geldern von Investor_innen und *funds*[57] finanzieren, werden Betriebskosten und Instandhaltung auf kurz oder lang mittels Werbung, Bezahlmodellen und/oder Datenverkauf gedeckt. Dass bei Dating-Apps vor allem aus Daten Kapital geschöpft wird, ist dabei wenig verwunderlich. Denn in kaum sonst einem Bereich sind Menschen bereit, derart umfangreich persönliche Daten zu teilen wie auf Dating-Apps. Zwar werden im digitalen Raum ständig Daten geteilt, ohne dass viel darüber nachgedacht wird (schnell akzeptierte AGBs, Standortdatenfreigabe und Cookies sind nur die Spitze des Eisbergs), aber die intimsten Wünsche und Gefühle, Vorlieben und Interessen werden dann doch nicht unbedingt überall gleich ausgepackt. Bei Dating-Apps ist das anders – schließlich möchte mensch gesehen werden und mit anderen Menschen in Kontakt kommen – und die Fülle an personenbezogenen Daten, die für Aufmerksamkeit eingetauscht wird, ist dort besonders üppig. Die non-profit Alternative zu bestehenden Dating-Apps wäre Open-Source-Software, die von einer Gemeinschaft gewartet und bearbeitet sowie finanziell getragen wird. Hier gibt es einen großen Mangel, während es in puncto Weitergabe und Speicherung von Daten tatsächlich einige Alternativen gibt – im Zweifelsfall also die Datennutzungsinformationen und -aktualisierungen durchlesen.
Während beim Großteil der Dating-Apps fast alle wesentlichen Funktionen kostenlos nutzbar sind, setzen die Bezahlmodelle vor allem bei der Aufmerksamkeit an. Wären diese Apps Häuser, lägen die kostenlosen Wohnungen in einem hohen Stockwerk ohne Lift und die meisten Menschen würden sich nur selten dorthin verirren. Allerdings verteilt sich Aufmerksamkeit sehr vielschichtig: Einerseits können Menschen bei manchen Apps auch ohne Geld mehr Aufmerksamkeit und eine etwas präsentere und zugänglichere Wohnung erhalten, je mehr Likes sie bekommen, je häufiger sie die App nutzen, je mehr sie über und von sich teilen und je weniger Menschen in ihrem Umfeld die App nutzen.

57 *Funds* heißt auf Deutsch so viel wie ‚Geldmittel' oder ‚Gelder'. Diese Geldmittel können im Grunde aus unterschiedlichen Quellen stammen: anderen oder verwandten Unternehmen, Investor_innen oder Investor_innen-Gruppen, Stiftungen; aber auch öffentliche Subventionsmittel, Projektausschreibungsgelder oder Crowdfunding können für Start-ups eine große Rolle spielen.

Andererseits spielen auch Suchkriterien und Übereinstimmung bei den z.B. für *OkCupid* typischen Fragebögen eine große Rolle dabei, wer wem angezeigt wird und Aufmerksamkeit erhält. Die Komplexität der Datenstrukturen und Algorithmen ist je nach App sehr unterschiedlich ausgeprägt. *OkCupid* gehört sicher zu den komplexeren Apps, die basierend auf sehr differenzierten Kriterien und Präferenzen, umfangreichen Fragebögen, Profileinstellungen, standortunabhängig oder standortbezogen Menschen in Kontakt bringen. Da kommen sehr diverse Daten zusammen und woraus genau sich die Aufmerksamkeit auf ein Profil generiert, ist dann nicht mehr so einfach zu sagen. Abseits von der Frage, wie generell Aufmerksamkeit generiert wird, scheint mir aber die Frage, wer wessen Aufmerksamkeit bekommt, weitaus wichtiger zu sein, da sich Aufmerksamkeit und Ressourcen innerhalb der kapitalistischen Gesellschaft nicht gleichermaßen auf alle verteilen. Dating-Kontexte sind von Ausschlüssen und Be- und Entwertungen durchzogen und daher schöpfen die Konzerne hinter Dating-Apps Kapital aus Aufmerksamkeitslenkung.

Die Extreme in Bespielen gegenübergestellt: Ein Haus, das nur mit Identitätsnachweis, ausgefülltem Fragebogen, Einreichung von Fotos à la biometrischem Passbild und einer Fülle an weiteren personenbezogenen Daten betreten werden kann. Ein Haus, in dem du nie weißt, warum was wie passiert, wem du wann und warum begegnen wirst oder in dem du niemenschem begegnest, ohne Geld oder personenbezogene Daten gegen Kontakt einzutauschen. Gegenüber: Ein Haus, in dem du anonym ein schwarzes Brett nutzen kannst, auf dem du hinterlassen kannst, was du willst und die Anzeige am schwarzen Brett jederzeit auch wieder entfernen kannst. Ein Haus, das von einer Gemeinschaft verwaltet wird, in der du dich wohl fühlst und wo du mitbestimmen kannst, was im Haus passieren darf und was nicht. Zwei Häuser, aber große Unterschiede.

Marginalisierte Perspektiven auf Dating-Apps

Egal, um welches Haus es sich nun handelt: Nutzer_innen haben Spielräume, wie sie ein Haus, also die Dating-App, nutzen und welche Daten sie tatsächlich zugänglich machen und welche nicht. Wissen um Datenschutz und Häuser, die gemeinschaftlich erarbeitet, gebaut und verwaltet werden, sind nicht unbedingt zugänglich für alle oder können niederschwellig genutzt werden. Ein Haus wie *Tinder* gibt's allerdings fast überall und ist schnell betreten. Wenn also *Tinder* ein Haus wäre, wären eine E-Mail-Adresse und Telefonnummer oder ein Meta-Konto die Schlüssel, um das Haus zu betreten. Nach dem Entriegeln der Tür werden Nutzer_innen nach Namen, Alter und Geschlechtsidentität gefragt und danach, in welche Suchkriterien sie einbezogen werden möchten. Nach Beantwortung dieser Fragen dürfen sie ihr neues, eigenes Profil wie einen leeren Raum betreten. Gleich am Eingang dieses Hauses können Nutzer_innen jedoch ihre Daten unkenntlicher machen, indem Name und Geburtsdatum abgeändert werden oder eine Fake-Mail genutzt wird. Fragen müssen nicht so beantwortet, Felder nicht so befüllt und die Strukturen einer App nicht so genutzt werden, wie die Entwickler_innen es sich gedacht haben. Stellen wir uns vor, eine Person namens Zeda (sie/x) nutzt Dating-Apps, um Menschen mit ähnlichen Interessen in ihrer/xs Stadt kennenzulernen. Für *Tinder* wählt sie/x beispielsweise Fotos aus, die Einblicke, in die eigenen Interessen und Eindrücke zum persönlichen Humor vermitteln: Bandfotos, eine Collage mit Songtexten, ein Schnappschuss vom Wohnzimmer, ein Screenshot aus dem Lieblingsfilm; persönlich und intim, ganz ohne Portraitfoto. Den Standortdatenzugriff umgeht Zeda zudem mit einer kleineren Software-Einstellung – nicht alles muss so geteilt werden, wie erwartet. Diese Nutzung von Apps abseits der Intentionen von Entwickler_innen wird auch als Off-Label-Use bezeichnet und kann auf Dating-Apps häufig beobachtet werden (vgl. Duguay 2020). Technologien und die technischen Strukturen bestimmen also nicht, wie Menschen sich mit und zu ihnen verhalten.

Die in Dating-App-Kontexten gemachten Erfahrungen und Beziehungsweisen spiegeln zudem nicht unbedingt die kapitalistisch-patriarchalen Verhältnisse wider, für welche die heteromonogame romantische Zweierbeziehung den Zement darstellt. Bei vielen Dating-Apps können die Nutzer_innen vorab offenlegen, was ihnen im Kontakt und der Kommunikation mit anderen wichtig ist. Es können Menschen getroffen werden, mit denen Erfahrungen und Kommunikationsstile geteilt werden und ein Lernraum entstehen, um sowohl andere Menschen als auch sich selbst besser kennenzulernen. Während meiner Nutzungserfahrungen und Forschung zu Dating-Apps komme ich auch mit Tony (er/sie) in Kontakt. Tony wird in den meisten Kontexten mit dem Pronomen ‚er' angesprochen, aber als Tony zum ersten Mal eine Dating-App nutzt und ein Profil erstellt, entscheidet sich Tony, ‚Frau' auszuwählen – es fühlte sich für Tony ziemlich gut an, das zu tun und das Pronomen ‚sie' zu verwenden. Da Tony Angst vor transfeindlichen Nachrichten oder Begegnungen hat, soll Tonys Profil nur für Menschen sichtbar sein, die an trans Personen interessiert sind. Da die Nutzer_innen-Gruppe in ihrer Gegend eher klein ist, benutzt Tony Dating-Apps vor allem auf und für Reisen, da sie bei der weltweiten Suche andere Standorte eingeben und so mit Menschen aus anderen Städten Kontakt aufnehmen kann. Für Tony sind Dating-Apps ein Netzwerk-Tool, auch weil sie

Raum für Interessen, Überzeugungen oder auch Hobbies bieten. Die Kontrolle über ihre Sichtbarkeit und die Aufmerksamkeit von Personen, die ähnliche Überzeugungen und Interessen teilen, helfen Tony, ihre Geschlechtsidentität in einem kontrollierbareren Rahmen zu erforschen und mit Menschen in Kontakt zu kommen. Solche Räume sind rar und Technologien wie Dating-Apps bieten daher insbesondere Möglichkeitsräume für marginalisierte Personen und Erfahrungen abseits des kapitalistisch-patriarchalen Zements.

Über Tony lerne ich Ben (they) kennen, eine Person, die in einer Stadt in Großbritannien lebt. Ben ist – wie Tony – in Italien aufgewachsen, und sie tauschen sich über ihre Erfahrungen und Kämpfe aus. Seit 15 Jahren lebt Ben in Großbritannien und ist mit zwei Partner_innen Co-Elternteil von zwei Kindern. Ben möchte derzeit vor allem Kontakt zu Menschen, um die verschiedenen Facetten der eigenen Sexualität (er)leben zu können. Dafür nutzt Ben die Dating-App *Lex*, deren Format von Zeitungsanzeigen inspiriert ist und sich an „queer, trans, gender non-conforming, two spirit & non-binary ppl" richtet.[58] Die Idee zu Lex ist aus einem Instagram-Account heraus entstanden, über den sogenannte *personal ads* (Kontaktanzeigen) geteilt wurden, wie sie in den 80er und 90er Jahren im Magazin *On Our Backs* zu finden waren. Die Menschen hinter diesem Instagram-Account veröffentlichten 2019 eine Dating-App, in der Menschen Profile mit ihrem Namen, Alter, Pronomen und Stadt/Gebiet einrichten können. Es müssen keine Fotos, Texte oder andere Informationen zur Verfügung gestellt werden. Statt zu Swipen und sich durch Profile durchzuklicken, besteht auf *Lex* die Möglichkeit, eine Anzeige zu erstellen, die aus zwei Teilen besteht: Überschrift und Text. Die Nutzer_innen müssen aber auch keine eigene Anzeige schalten, Ben kann also auch einfach auf andere Anzeigen antworten, die Ben lesen und auch für später speichern kann. Sie verschwinden auch nicht, wenn sie auf den ersten Blick nicht ins Auge springen. Wie auf einem schwarzen Brett erscheinen für 30 Tage immer die neuesten Anzeigen in dem ausgewählten Bereich. Ben muss eine Anzeige nicht per Wischen kategorisieren in Like oder Nicht-Like und kann Anzeigen auch für später speichern, um dem_der Urheber_in der Anzeige zu schreiben oder um Zugang zum Profil zu erhalten. Jede Anzeige ist innerhalb von 30 Tagen jederzeit wieder auffindbar. Anhand von *Lex* zeigt sich, dass Dating-Apps eng mit queeren Beziehungsrealitäten und der Geschichte queerer Communities verbunden sind. Praktiken und Strategien, die sich heute in Dating-Apps wiederfinden, haben vielmals auch mit queerer

58 Weitere Informationen online unter: https://thisislex.app/ [letzter Zugriff am: 12.12.2023].

Geschichte zu tun. Auch der erstmals von *Grindr* eingesetzte Flirt-Radar hat etwa viel mit Praktiken wie *Cruising* zu tun, die in Technologien und ihre Strukturen übersetzt wurden. Es ist also wichtig, die sich in Veränderung befindlichen Kontexte und Beziehungen, in die Technologien und Nutzungspraktiken eingebettet sind, zu beachten und ihre Geschichte(n) zu kennen.

Dating-Apps sind aus einer marginalisierten Perspektive Räume, die Verbindungen schaffen können – mit anderen und sich selbst. Sie ermöglichen Austausch und Kontakt mit anderen marginalisierten Personen global und lokal. Unterschiedlichste Verbindungen, Netzwerke und Allianzen können entstehen, die über Monate, Jahre oder auch nur für ein paar Tage oder Stunden bestehen. Sie schaffen Sichtbarkeit und die Verbindungen zu Orten können sich durch sie verändern, wenn die Erfahrung gemacht wird, dass mensch nicht allein ist und es andere Menschen im Umfeld gibt, die Erfahrungen und Themen teilen.

Fazit

Antikapitalistische Technologiekritik aus einer queerfeministischen Perspektive erkennt die Komplexität gelebter Beziehungsweisen zwischen Menschen und Technologien an und macht die widerständigen und ermächtigenden Aspekte sichtbar, ohne die strukturellen Verhältnisse zu vernachlässigen. Technikdeterministische Perspektiven oder Analysen, die Technologien nur als Abbild herrschaftlicher Strukturen wahrnehmen, helfen hierfür genauso wenig weiter wie Kritik an diesen Strukturen gegen eine Perspektive der ermächtigenden Aneignungspotentiale auszuspielen. Meiner anfänglichen Frage, ob trotz der vielen Kritikpunkte an Dating-Apps auch irgendetwas Gutes an ihnen zu finden ist, lässt sich entgegnen, dass Technologien selten ‚gut' oder ‚schlecht', ‚richtig' oder ‚falsch' sind. Scheinbare Widersprüche stehen nebeneinander: Kontaktabbrüche und Täuschungen in Form von Ghosting und *catfishing* sind ebenso auf Dating-Apps zu finden wie ermächtigende Maßnahmen im Umgang mit übergriffigem Kommunikationsverhalten und Spielräume zum Ausdruck der eigenen Identität. Dating-Apps können sowohl ermächtigende wie Gewalt reproduzierende Räume sein. Entscheidend ist, dass Technologien, ihre Nutzer_innen und ihre Nutzungspraktiken in Kontexte eingebettet werden, dass diese eine Geschichte haben und immer in Veränderung sind.

Nur weil ein Haus für den kapitalistischen Markt gebaut wird, sind nicht alle Häuser gleich oder die Beziehungen zwischen den Menschen, die darin leben, von den Interessen des Marktes geleitet. So wie im Kontext gebauter Häuser von autonomen Zentren, Hausbesetzung und Mieter_inneninitiativen gelernt werden kann und diese Beispiele als Widerstand gelesen werden, so muss das auch für den digitalen Raum passieren. Einerseits gibt es Dating-Apps, die zwar innerhalb kapitalistischer Märkte eingesetzt werden und auch kapitalistische Logiken widerspiegeln, deren Nutzung aber nicht kapitalistisch sein muss. Andererseits gibt es auch Dating-Apps, die nicht auf Profit ausgerichtet sind, die mit Daten und Aufmerksamkeit sorgsam umgehen, und Spielwiesen und Zufluchtsorte schaffen – insbesondere für Menschen, die innerhalb der heterosexuellen Matrix der kapitalistischen Gesellschaft marginalisiert werden.

Aufmerksamkeit und Sichtbarkeit zu erhalten, Netzwerke und Allianzen zu bilden, unter Menschen, die sonst verunsichtbart, unbeachtet oder missachtet werden, hat in meinen Augen aber in jedem Fall etwas Emanzipatorisches und Widerständiges. Ich denke, dass vom kreativen und widerständigen Umgang mit Technologien wie Dating-Apps noch viel gelernt werden könnte. Die Kritik an Dating-Apps sollte vorrangig an Datenhandel und Profitlogik proprietärer Apps ansetzen, anstatt eine bestimmte Technologie an sich zu kritisieren und diese für die Verantwortungslosigkeit ihrer Entwickler_innen und Nutzer_innen verantwortlich zu machen. Technologien schaffen Räume und manchmal schaffen diese Räume auch eine Spielwiese und ermöglichen es, Beziehungen zu sich selbst und anderen aufzubauen, die mensch sonst nicht so leicht für möglich gehalten hätte. Zusammenfassend lässt sich in Bezug auf eine queerfeministische Technologiekritik und die drei eingangs genannten Verkürzungsgefahren folgendermaßen schließen: Technologiekritik ist immer auch Gesellschaftskritik, denn Technologie ist ohne ihre Entwickler_innen und Nutzer_innen nicht zu verstehen.

Literatur

Bandinelli, Carolina (2022): „Dating apps: towards post-romantic love in digital societies." In: *International Journal of Cultural Policy*, Bd. 28, Nr. 7, S. 905–919.

Browne, Kath; Nash, Catherine J. (2016): *Queer Methods and Methodologies. Intersecting Queer Theories and Social Science Research*. Abingdon: Routledge.

Burkart, Günter (2014): „Liebe im Kapitalismus zwischen Geschlechtergleichheit und Marktorientierung." In: *Gender. Zeitschrift für Geschlecht, Kultur und Gesellschaft*, Bd. 6, Nr. 2, S. 85–101.

Butler, Judith (1990): *Gender Trouble: Feminism and the Subversion of Identity*. New York u.a.: Routledge.

Cockayne, Daniel G.; Richardson, Lizzie (2017): „Queering code/space. The co-production of socio-sexual codes and digital technologies.“ In: *Gender, Place & Culture*, Bd. 24, Nr. 11, S. 1642–1658.

Cocks, Harry (2009): *Classified. The Secret History of the Personal Column.* London: Random House Books.

Duguay, Stefanie (2020): „You can't use this app for that: Exploring off-label use through an investigation of Tinder.“ In: *The Information Society*, Bd. 36, Nr. 1, S. 30–42.

Fuchs, Christian (o.J.): „Technik als Produktionsmittel bei Marx.“ In: Christian Fuchs: *Techniksoziologie, Technikgenese, Technikfolgenabschätzung.* Online unter: http://cartoon.iguw.tuwien.ac.at/christian/technsoz/marx.html [letzter Zugriff am: 11.10.2023].

Hobbs, Mitchell; Owen, Stephen; Gerber, Livia (2017): „Liquid love? Dating apps, sex, relationships and the digital transformation of intimacy.“ In: *Journal of Sociology*, Bd. 53, Nr. 2, S. 271–284.

Hochschild, Arlie Russell (2012): *The outsourced self. Intimate life in market times.* New York: Metropolitan Books.

Illouz, Eva (1997): *Consuming the romantic utopia. Love and the cultural contradictions of capitalism.* Berkeley: University of California Press.

Illouz, Eva (2006): *Cold Intimacies. The Making of Emotional Capitalism.* Oxford: Polity Press.

Lee, Susie (2017): „The History of Online Dating From 1695 to Now.“ In: *HuffPost*, 06.12.2017. Online unter: https://www.huffpost.com/entry/timeline-online-dating-fr_b_9228040 [letzter Zugriff am: 11.10.2023].

Maclaran, Pauline; Stevens, Lorna; Skiadopoulos, Andreas; Broderick, Anne; Goulding, Christina; Saren, Mike (2005): „The Commodification of Romance? Developing Relationships Online.“ In: *Finanza, Marketing e Produzione*, Bd. 23, Nr. 3, S. 41–47.

Moll, Joana (2018): *The Dating Brokers. An autopsy of online love. In collaboration with Tactical Tech*, October 2018. Online unter: https://datadating.tacticaltech.org/viz [letzter Zugriff am: 11.10.2023].

Rich, Adrienne (1980): „Compulsory Heterosexuality and Lesbian Existence.“ In: *Signs*, Vol. 5, Nr. 4, S. 631–660.

Rubin, Gayle (1975): „The Traffic in Women: Notes on the ‚Political Economy‘ of Sex.“ In: Rayna R. Reiter (Hg.): *Toward an Anthropology of Women.* New York/London: Monthly Review Press, S. 157–210.

Shepherd, Dawn (2016): *Building relationships. Online dating and the new logics of internet culture*. Lanham/Boulder/New York: Lexington Books.
Weigel, Moira (2016): *Labor of love. The invention of dating*. New York: Farrar Straus and Giroux.

Rina Stefan

To Build A Home[59]

Von kapitalistischen Wohnräumen, L(i)ebensrealitäten und deren Divergenzen

Ich sitze am Schreibtisch in meiner Mietwohnung, als ich diesen Text schreibe. Seit einiger Zeit wohne ich allein, ich habe mich bewusst dafür entschieden, mein Zuhause mit niemandem außer meinen drei Katzen zu teilen. In den Räumen, die mich umgeben, fühle ich mich radikal sicher, hier kenne ich alle Regeln und kann restlos entspannen. Ich kann loslassen, was in der Welt vor der Tür an mir zehrt, und ich kann sammeln und sortieren, was mir Kraft gibt, wieder rauszugehen. Es ist ein Privileg, dass ich es mir leisten kann, allein zu wohnen (wenn auch nur knapp), aber für mich ist es genau das, was ich als be_hinderte Person aktuell brauche und möchte. Meine Partnerin, mit der ich seit zwei Jahren eine Beziehung führe, wohnt ebenfalls allein und wir haben beide keine Absicht, daran in naher Zukunft etwas zu ändern. Ich habe gelernt, dass romantische Beziehungen, mit wie vielen Personen auch immer, nicht zwingend auf geteilten Wohnraum hinauslaufen müssen und, dass Verantwortung füreinander zu übernehmen verschiedenste Formen annehmen kann. Doch das war nicht immer so. In diesem Text möchte ich nachzeichnen, wie es dazu kam, dass ich heute wohne, wie ich wohne und wie diese Entwicklung mit kapitalistischen Mechanismen und normierenden Wohnungspolitiken zusammenhängen.

Wohn(t)raum

In dem kleinen 300-Kopf-Kaff, in dem ich aufgewachsen bin, macht sich zunehmend Landflucht breit und die Versuche, Grundstücke oder Gewerbeflächen zu verkaufen, sind mühsam. Im Umland haben seit meiner Kindheit fast

59 *To build a home* heißt auf Deutsch ‚ein Zuhause bauen'.

sämtliche Restaurants, Cafés und privat betriebene Einkaufsmöglichkeiten geschlossen. Im Gegensatz dazu werden in städtischen Gebieten großflächig neue Siedlungen mit Kleinwohnungen gebaut – der Zuzug in den nächsten Jahren wird als stark steigend vorhergesagt. Doch erzeugt das klassische Einfamilienhaus mit Garten auf dem Land ein ganz anderes Bewohnendensubjekt, als es die Massensiedlungen in der (Groß-)Stadt tun. Die ehemals kaufstarke Kleinfamilie wird zunehmend durch vereinzelte Mietende ersetzt, welche die Hauptzielgruppe von neuem Wohnraum im urbanen Setting ausmachen.[60]

Seit den 1950er-Jahren stellten die Wohnungen der gebauten Großstadtsiedlungen im deutschsprachigen Raum ein Abbild des normierten Massensubjekts dar. Zielgruppe war die *weiße* Mittelschicht mit Mann, (Haus-)Frau und ein bis drei gemeinsamen Kindern als klassische bürgerliche Kernfamilie und damit fundamentale Einheit des Kapitalismus. „Sie ist kleinteilig und zugleich vereinheitlicht. Sie ist messbar und kalkulierbar. Sie sichert die Reproduktion von Arbeitskräften, der vergeschlechtlichten und rassifizierten Arbeitsteilung" (Kurt 2021: 205) und bildete die erste Bewohnendenschicht der Massenwohnblöcke. Dabei wurde architektonisch wenig Rücksicht auf reale Lebens- und Wohnbedürfnisse genommen, stattdessen orientierte sich die Planung vielmehr an idealisierten fordistischen Lebensweisen (vgl. Mümken 2006: 204ff). „Die neue Art der Produktion von Wohnungen und Häuser [sic!] war bestimmend. Nicht der Mensch bestimmt sein Wohnbedürfnis, sondern es wird für ihn von den ArchitektInnen [sic!] bestimmt." (ebd.: 110) Erst, wenn es ein dezidiertes Elternschlafzimmer mit designierten Schlafmöbeln gab, eine vollausgestattete Küche mit sämtlichen Gerätschaften des bequemen Kochens, ein Badezimmer mit gefliesten Waschgelegenheiten und ein Wohnzimmer zum Entspannen nach der verrichteten Lohnarbeit, konnte die vermeintlich simple Ordnung der Dinge im Privatraum auch auf den öffentlichen Raum übertragen werden. Wie auch schon bei der Herausbildung des Bürger_innentums und der damit einhergehenden idealisierten neuen Wohnform der bürgerlichen Kernfamilie im 19. Jahrhundert, wurde nun wieder ein bestimmter Wohnstandard als Richtwert entworfen, um Lebensgewohnheiten zu normieren und Lebensweisen zu organisieren. Jeder Raum wurde bewusst so konzipiert, dass in ihm, und möglichst nur in ihm, bestimmte Verhaltensweisen nahegelegt wurden (vgl. ebd.: 111). Außerdem wurden durch diese spezifische Aufteilung der Räume nicht nur moralische

60 Vgl. Bernadette Redl: „Wo sind die Vier-Zimmer-Wohnungen?" In: *Der Standard*, 21.04.2023. Online unter: https://www.derstandard.at/story/2000145731882/wo-sind-die-vier-zimmer-wohnungen [letzter Zugriff am: 20.11.2023].

Vorstellungen über das ‚normale' *was*, sondern auch über das ‚normale' *wer* und deren Abweichungen vermittelt.

L(i)ebensrealitäten

Wie wir leben und lieben ist eng verknüpft damit, wo wir leben und lieben. Die Entscheidung für ein geteiltes Zuhause mit einem oder mehreren anderen erwachsenen Menschen ist, mit Ausnahme von als so definierten Zweckgemeinschaften, immer auch eine bewusste Entscheidung dafür, Verantwortung füreinander zu übernehmen. Diese Verantwortung kann die unterschiedlichsten Ausprägungen annehmen und bildet einen Grundpfeiler der anarchistischen Denkweise, die Formen der menschlichen Gemeinschaft zentriert, in denen „Autonomie, Solidarität und gegenseitige Hilfe" zu den Hauptmerkmalen des Zusammenlebens zählen (Daring et al. 2017: 20). Solche Ansätze werden auch in queeren und/oder polyamoren Beziehungen angewandt und beinhalten das gemeinsame Aushandeln von Grenzen und die einvernehmliche Einwilligung zur Verantwortlichkeit füreinander (vgl. Mahler 2017: 23). Jedoch werden diese Formen der selbstbestimmten Mehrsamkeit gesellschaftlich und damit schließlich auch bautechnisch als Notfallsituationen oder Übergangslösungen betrachtet, aber nicht als Dauerzustände, für die passende Räumlichkeiten geschaffen werden müssen (vgl. Maak 2014: 17).

Vor einiger Zeit lebte ich polyamor. Mein Polykül bestand aus meinen zwei Partner_innen und deren jeweiliger Partnerin – meiner Metamour. In dieser Konstellation kam sehr früh – wie auch schon in meinen anderen monogamen Beziehungen zuvor – die Idee vom gemeinsamen Zuhause auf. In den ersten Monaten der intensiven Verliebtheitsphase verbrachten wir sehr viel Zeit als Familie und wir alle hatten das drängende Bedürfnis, so viel und so nah wie möglich beieinander zu sein. Damals wohnten wir zwar alle in derselben Stadt und mit ziemlich guter öffentlicher Anbindung zu unseren einzelnen Pärchenwohnungen, aber unser Alltag als polyamore Familie war durchzogen von Organisation, die reichlich von unseren kostbaren Zeitressourcen in Anspruch nahm. Wir alle hatten eine Lohnarbeit, der Großteil von uns in Vollzeitanstellung, dazu einen eigenen Haushalt, Hobbies, Freund_innen, hier sogar noch ein Studium und dort eine Weiterbildung am Wochenende obendrauf. Unsere Leben waren also auch schon vor unserem Polykül recht vollgestopft mit Verpflichtungen und recht arm an Freizeit und Erholung. Als dann die intensive interne Kommunikation über das Werwiewowas in unserer Viererkonstellation dazu kam, das Pendeln von einer Wohnung in die andere sowie die Koordination von Beziehungspflege zu jeder unserer Beziehungspersonen, war bald klar, dass aus der anfänglichen Träumerei des Zusammenwohnens inzwischen fast schon eine logistische Notwendigkeit wurde. Für uns alle war klar, dass das die Schraube in unseren Leben war, an der wir drehen konnten und wollten, um weniger Muss und wieder mehr Möchte zu bekommen. Als wir schließlich dazu übergingen, praktische Überlegungen bezüglich unserer Haushaltszusammenlegung anzustellen, stellte sich alsbald Ernüchterung ein. Nicht nur, dass wir aufgrund von fehlenden Vorbildern große Probleme damit hatten, uns passende Raumaufteilungen für unsere Lebensweise im Alltag zu entwerfen: Diese Räume dann auch noch zu finden, wurde zu einem Ding der Unmöglichkeit. Was wir wollten und was angeboten wurde, hätte nicht unterschiedlicher sein können. Also reduzierten wir unsere Wunschliste für das neue gemeinsame Heim irgendwann so weit, bis fast nichts mehr vom ursprünglichen Plan übrigblieb und wir mehr Kompromisse hätten eingehen müssen als sich Erleichterung hätte einstellen können.

Das Konzept von mehreren mündigen Individuen, die platonisch oder romantisch einen gemeinsamen Haushalt führen, ist keines, das sich im verfügbaren Wohnraum widerspiegelt. Gesellschaftlich akzeptierte Gründe für Wohngemeinschaftsformen in der deutschsprachigen *weißen* Mehrheitsgesellschaft sind die Liebesbeziehung aus zwei Liebesbeteiligten (und Kindern), die Blutsverwandtschaft und WGs. Für L(i)ebensrealitäten von Menschen, die nicht nach dem kapitalistischen Schema leben und lieben, gibt es zu wenig praktische Beispiele, an denen sich orientiert werden kann. Die patriarchale Logik suggeriert uns Alternativlosigkeit und zwar in jedem Aspekt unseres gesellschaftlichen Lebens. Und nicht nur, dass der kapitalistische Realismus uns in einem Zustand der imaginierten Alternativlosigkeit verharren lässt – er färbt Alternativen als gefährlich und versucht sie zu verhindern (vgl. Fisher 2009: 14f). Ein besonders bezeichnendes Beispiel dafür sind etwa Gesetze und Vorschriften zur Regulierung der Bewohnendenanzahl auf bestimmten Quadratmetern Mietraumfläche in einzelnen Staaten bzw. Städten in den USA. In Kalifornien gilt etwa die Formel ‚*two plus one*‘[61], die es zwei Erwachsenen und einer weiteren Person erlaubt, eine Einzimmerwohnung zu teilen. Zwei Personen bilden damit also eine Familie, denen eine menschliche Beifügung zugestanden wird, jedoch als

61 ‚*Two plus one*‘ heißt auf Deutsch ‚zwei plus eins‘

‚Sofagast', nicht als vollwertiges Familienmitglied.[62] Einer polyamoren Familie mit vier Erwachsenen, die sich ein gemeinsames Zuhause mit einem geteilten Schlafzimmer in Kalifornien wünscht, könnte demnach die Anmietung untersagt werden. Ursprünglich wurden diese Richtlinien entworfen, um Epidemien und der Verbreitung von Seuchen vorzubeugen, doch überholt, wie sie sind, dienen diese Gründe heute vorwiegend der Diskriminierung von Lebensformen, die aus der Norm fallen. Es sind inzwischen einige juristische Fälle öffentlich bekannt geworden, in denen alternativen Familienkonstellationen unter dem Vorwand von Hygienevorschriften oder Kindesschutz entweder der Mietvertrag gänzlich verwehrt oder eine Zwangsräumung aus dem gemeinsamen Zuhause angedroht wurde: so geschehen bei einer Familie aus elf befreundeten Personen in Connecticut bzw. einem *throuple*[63] in Großbritannien.[64] Selbstbestimmte Formen des Zusammenlebens werden aktiv verhindert, weil sie an der kapitalistisch-patriarchalen Ordnung rütteln, weil sie denen Angst machen, die an dieser Ordnung festhalten.

Allein allein

Verfügbarer und leistbarer Wohnraum für jene, die aus dem engen Raster des kapitalistischen Städtebauvorhabens herausfallen, ist heute rar gesät. Im großen Stil gebaut wird weiterhin für die *able-bodied*[65], liquide, *weiße* Mittelschicht. In einer großflächigen, gut gedämmten, hellen, energiesparenden Neubauwohnung zu leben, ist einer bestimmten Gruppe an Menschen vorbehalten. Doch sind es nicht mehr die Kleinfamilien, die im Zentrum neuer Mietwohnprojekte stehen. Aktuell und Prognosen zufolge geht der Wohntrend des kapitalistischen Massensubjektes stark in Richtung Einpersonenhaushalt. In einer der größten Städte Österreichs mit knapp 300.000 Einwohnenden wurden in den vergangenen

62 Vgl. Ossiana Tepfenhart: „How Many People Can Live In A House? (According to Federal Law)." In: *UpgradedHome*, 12.01.2022. Online unter: https://upgradedhome.com/how-many-people-can-live-in-a-house/ [letzer Zugriff am: 21.11.2023].

63 *Throuple* bezeichnet eine Beziehungsform zwischen drei Personen. Im Deutschen gibt es hierfür z.B. den Begriff ‚Triade'.

64 Vgl. o.A.: „Hartford's 11-person ‚family' could be forced out." In: *CBS NEWS*, 17.03.2015. Online unter: https://www.cbsnews.com/news/hartford-connecticut-11-live-in-single-family-home-could-be-forced-out/ [letzter Zugriff am: 20.11.2023]; sowie Robin Stewart: „HMO law in practice: Unmarried partners in shared accommodation." In: *Anthony Gold Blog*, 09.09.2021. Online unter: https://anthonygold.co.uk/latest/blog/hmo-law-in-practice-unmarried-partners-in-shared-accommodation/ [letzter Zugriff am: 20.11.2023].

65 *Able-bodied* ist ein Begriff, der Körper beschreibt, die nicht be_hindert werden.

Jahren einige Großsiedlungen gebaut, die ein Abbild dieser kapitalistischen Hierarchisierung von Wohn- und Lebensformen darstellen. Beispielsweise die *Green City* mit 245 neuen Mietwohnungen, aufgeteilt auf vier hochstöckige Gebäude in unterschiedlichen Größen und mit verschiedenen Preiskategorien. Der überwiegende Anteil der Räumlichkeiten sind Zweizimmerwohnungen mit einem Schlafzimmer auf rund 50 qm für maximal ein bis zwei Personen (161 also rund 65 %), von den Dreizimmerwohnungen mit zwei Schlafzimmern und einer ungefähren Größe von 67 qm wurden insgesamt 76 ergo etwa 30 % eingeplant. Und Vierzimmerwohnungen auf einer Fläche von etwa 80 qm mit drei Schlafzimmern gibt es im gesamten Komplex mit knappen 3 % der Gesamtwohnfläche gerade einmal acht Stück.[66]

Dies ist ein Beispiel unter vielen, welches das gegenwärtig gewünschte normierte Massensubjekt abbildet, für das kapitalistischer Wohnraum gebaut wird. Seit den 1980er Jahren hat sich die durchschnittliche Haushaltsgröße der westlichen Bevölkerung drastisch verändert – und damit auch die Formen des Zusammenwohnens. Die Architektur dahinter spricht eine mehr als deutliche Sprache: Die Zahl der Einpersonenhaushalte hat sich seit Mitte der 1980er Jahre nahezu verdoppelt. Jeder dritte Privathaushalt in Österreich besteht aktuell aus nur einer Person.[67] Und das, obwohl die Mietpreise pro Quadratmeter in den letzten Jahren deutlich gestiegen sind. Wer es sich heute leisten kann, allein zu wohnen, zählt damit zu einer privilegierten Bevölkerungsschicht. Dennoch wohnen auch in Großstädten wie Hamburg, in der 20 qm für 800 Euro pro Monat keine Seltenheit sind, aktuell satte 54 % aller Einwohner_innen allein.[68] Diese Entwicklung ist besonders interessant, da Prognosen voraussagen, dass die Bevölkerungszahlen bis 2040 weiter sinken, die Anzahl der Haushalte jedoch zunehmen wird.[69] Das kapitalistische Ordnungsprinzip formt eine normierte

66 Vgl. *GreenCity Living*. Online unter: https://greencityliving.at/de/wohnungen/wohnung-suchen [letzter Zugriff am: 20.11.2023].

67 Vgl. o.A.: „Immer mehr Alleinlebende: Erstmals mehr als vier Millionen Privathaushalte in Österreich." In: *Der Standard*, 18.03.2022. Online unter: https://www.derstandard.at/consent/tcf/story/2000134214610/immer-mehr-alleinlebende-anzahlderprivathaushalte-in-oesterreich-auf-rekordhoch [letzter Zugriff am: 31.10.2023].

68 Vgl. Katharina Grimm: „Mama, Papa und drei Kinder? Das hat mit Deutschlands Realität wenig zu tun." In: *stern*, 14.11.2029. Online unter: https://www.stern.de/wirtschaft/immobilien/singles-statt-familien--deutschland-wird-zum-singleland-7674306.html [letzter Zugriff am: 31.10.2023].

69 Vgl. o.A.: „Raumforscher fordern neue Wohnformen." In: *domradio.de*, 28.05.2021. Online unter: https://www.domradio.de/artikel/raumforscher-fordern-neue-wohnformenzahl-der-single-haushalte-steigt-bis-zum-jahr-2040 [letzter Zugriff am: 31.10.2023].

Bevölkerungsmasse und fördert Individualisierung und Vereinzelung, die oberflächlich auch genauso gut als banaler Solo-Wohntrend interpretiert werden kann. Dahinter liegt aber kein Trend zu vermeintlich kritischen Entscheidungen für mehr individuelle *self care* oder ein scheinbar steigendes gesellschaftliches Bedürfnis nach mehr Privatsphäre, sondern wohl vielmehr das grundsätzliche Problem, dass immer mehr Menschen mangels Alternativen in diese Wohnformen hineingedrängt werden – oder vielleicht sogar ein egoistisches Versagen an der Verantwortung füreinander (vgl. Jeppesen 2017: 186).
In Statistiken, Medien und gesellschaftlichen Narrativen wird vor allem zwischen zwei Wohnformen unterschieden: Wohnung oder Haus als Eigentum oder zur Miete. Das sind die sozial akzeptierten Wohnformen und die scheinbar einzigen Optionen, die zur Verfügung stehen. Familienformen verlaufen analog dazu – die Auswahlmöglichkeiten sind beschränkt auf die herkömmliche heteronormative Kernfamilie, bestehend aus Mutter, Vater und Kindern oder aber das individualisierte Single-Leben. Die Normierung und Romantisierung bestimmter Wohn- und L(i)ebensformen ist wirkmächtig und stark von kapitalistischen Ordnungsprinzipien beeinflusst. Diese Prinzipien erlauben Selbstbestimmung fast nur denjenigen, die in die herrschenden Normen passen. Im Kapitalismus mangelt es vor allem queeren, armen, nicht-*weißen* Personen und Menschen, die pathologisiert und/oder be_hindert werden, an Selbstbestimmung. Autonom verwalteter Wohnraum ist gerade für diese Menschen Mangelware. Es braucht daher mehr Alternativen der gemeinschaftlichen Organisation, die nicht auf Konsum basieren, sondern auf Konsens, ob das nun in Form von Kommune, Ökodorf, Container oder Van ist. Jedoch wird in der Bauwirtschaft nach wie vor aus der Perspektive einer äußerst kleinen, privilegierten Schicht geplant, umgesetzt und verändert. Dass sich Wohnungen in Neubauten alle irgendwie ähneln, ist kein Zufall, sondern das Abbild einer sozial hochgradig ungleichen Gesellschaft. Die größten Wohnungen mit den meisten Zimmern befinden sich immer ganz oben in Wohnhäusern, die schönsten Häuser mit den grünsten Gärten stehen immer zumindest am Stadtrand oder darüber hinaus.

(Anti-)kapitalistisches Wohnen?

Ob Co-Housing-Projekte, solidarische Landwirtschaften, die auf Selbstversorgung beruhen, FLINTA-Wohnprojekte mit selbstverwalteten Räumen oder Wohnbauprojekte mit Mitbestimmungsmöglichkeiten – es gibt zwar Alternativen zum kapitalistischen Wohnungsangebot, doch sind solche Alternativen oft schwer zugänglich. Sich nach Wohnformen abseits des Mainstreams umzusehen, kostet Kraft, Zeit und Ressourcen, die sich nicht alle gleichermaßen leisten können. Vor allem werden für neue Initiativen die entsprechenden finanziellen Mittel benötigt, um passenden Wohnraum überhaupt erst zu beschaffen oder erhalten zu können. Andere Arten des Zusammenlebens auszuprobieren, bedarf Privilegien und Voraussetzungen, die nicht alle gleichermaßen erfüllen können. Alternativen zum Kleinfamilien-Eigenheim und der individualisierten Singlewohnung sind zumeist Räume wie linke Hausprojekte, die jedoch auch nicht ohne Barrieren sind. Als neurodivergente Person auf dem Autismus-Spektrum sind für mich zum Beispiel Zugänge zu Wohnformen, die auf umfangreiche kollektive Entscheidungsprozesse und reizüberflutende Gruppenaktivitäten angewiesen sind, deutlich erschwert – ein langfristiges Leben ist in solchen überfordernden bzw. reizintensiven Wohnzusammenhängen eigentlich unmöglich. Ich bin am liebsten alleine, brauche übermäßig viel Zeit für mich und kann mich auch nur dann wirklich erholen – eine Voraussetzung, die geteiltes Wohnen für mich grundsätzlich in Frage stellt. Permanent physisch von Menschen umgeben zu sein ist für mich extrem erschöpfend, da reicht es auch nicht, ein eigenes Zimmer als Rückzugsort zur Verfügung zu haben. Obwohl ich eine solidarische, autonome Hausgemeinschaft im Grunde idealisiere, sind auch hier die Möglichkeiten, den eigenen Bedürfnissen entsprechend zu wohnen, beschränkt. Weil weder die im Kapitalismus normalisierten Wohnformen noch die klassischen Alternativen für mich funktionieren, finde ich mich heute also allein in einer Mietwohnung wieder. Ich setze mich selbst als Individuum als Priorität gegenüber einer Gruppe, weil ich momentan nur so wirklich gut auf meine Bedürfnisse aufpassen kann. Damit entspreche ich der kapitalistischen Vereinzelung was den Aspekt des Wohnens betrifft, jedoch zumindest bewusst. Diese Widersprüche auszuhalten, gehört auch dazu, im Kapitalismus als marginalisiertes Subjekt zwischen unterschiedlichen Anforderungen zu navigieren.

Unabhängigkeiten zu verfolgen ist ein holpriger Weg, für den wir nicht ausgerüstet aufwachsen. Es hat gedauert, bis ich meine kapitalistischen Wohnraumprägungen Stück für Stück reflektiert und dekonstruiert hatte. Es war ein Prozess des Hinterfragens und Abwägens, Ausprobierens und Informierens. Kollektiv zu leben ist zweifelsohne Weg und Ziel für eine gleichberechtigte Gesellschaft, in der Fürsorge und Sanftheit regieren. Dies kann verschiedenste Formen annehmen, nur mangelt es uns an Repräsentation von und Zugang zu diesen Alternativen. Für mich fühlt es sich bereits jetzt wie ein kleiner revolutionärer Akt an, mich bewusst gegen einen gemeinsamen Wohnraum mit meiner Partnerin zu entscheiden und trotzdem eine ‚richtige' Familie miteinander zu bilden. Und auch meine *chosen family*[70], die vor allem für queere, be_hinderte Personen ein wesentlicher Bestandteil der gemeinschaftlichen Selbstfürsorge sind, ist ein zentraler und unabdingbarer Teil meines Lebens, wenn auch nicht meines Wohnraumes (vgl. Levin et al. 2020). Ich weiß nicht, wie ich in zehn, zwanzig, dreißig Jahren wohnen und l(i)eben möchte. Mir fehlt es an Austausch über konkrete Handlungsempfehlungen, praktische Alltagsbegleitung und authentische Darstellungen aus antikapitalistischer, queerfeministischer und be_hinderter Perspektive. Ich kann mir noch kaum vorstellen, welche Varianten der selbstverwalteten Gemeinschaft für queere neurodivergente Personen es in der Zukunft geben wird, weil ich in der Gegenwart keine für mich passenden kenne. Doch genau das ist es eben, was uns im Kapitalismus suggeriert wird: dass Alternativen unmöglich sind. Dabei existieren alternative Wohn- und L(i)ebensweisen sehr wohl, wenn auch in kleiner Zahl und oft sehr versteckt. Was sie teilen, ist das Zuwiderlaufen der hochgradig romantisierten Idealisierung eines *weißen* Mutter-Vater-Kind-Narratives, dass von einem weißen Grundstückszaun umringt ist. Es ist das tatkräftige Aufbrechen von patriarchalen Rollenzuschreibungen, heteronormativen Familienkonstrukten und kapitalistischen Wohnformen, von dem wir so viel mehr brauchen.

70 *Chosen family* heißt auf Deutsch ‚gewählte Familie' und meint ‚Wahlfamilie' oder ‚Wahlverwandtschaft'.

Literatur

Daring, C. B.; Rogue, J; Volcano, Abbey; Shannon, Deric (2017): „Queerness trifft auf Anarchismus, Anarchismus trifft auf Queerness." In: Dies. (Hg.): *Anarchismus queeren. Über Macht und Begehren in queeren und herrschaftskritischen Kontexten*. Münster: Unrast, S. 15–30.

Fisher, Mark (2009): *Capitalist Realism: Is There No Alternative?*. Winchester: zero books.

Jeppesen, Sandra (2017): „Heterosexualität queeren." In: C.B. Daring; J. Rogue; Deric Shannon; Abbey Volcano (Hg.): *Anarchismus queeren. Über Macht und Begehren in queeren und herrschaftskritischen Kontexten*. Münster: Unrast, S. 173–194.

Kurt, Şeyda (2021): *Radikale Zärtlichkeit – Warum Liebe politisch ist*. Hamburg: HarperCollins.

Levin, Nina Jackson; Kattari, Shanna K.; Piellusch, Emily K.; Watson, Erica (2020): „‚We Just Take Care of Each Other': Navigating ‚Chosen Family' in the Context of Health, Illness, and the Mutual Provision of Care amongst Queer and Transgender Young Adults." In: *International Journal of Environmental Research and Public Health*, Bd. 17, Nr. 19. Online unter: https://www.mdpi.com/1660-4601/17/19/7346 [letzter Zugriff am: 21.11.2023].

Maak, Niklas (2014): *Wohnkomplex. Warum wir andere Häuser brauchen*. München: Carl Hanser.

Mahler, Jess (2017): *The Polyamorous Home*. o.O.: o.V.

Mümken, Jürgen (2006): *Kapitalismus und Wohnen. Ein Beitrag zur Geschichte der Wohnungspolitik im Spiegel kapitalistischer Entwicklungsdynamik und sozialer Kämpfe*. Lich/Hessen: Edition AV.

Tuana Aynal

LEISTUNG TRAGEN

Baba sagt: „Freunde sind nicht wichtig, solange du gut in der Schule bist."
Und ich glaube
Anne sagt: „Die Drei in Englisch, da geht noch was…"
And I believe[71]
Meine Lehrerin sagt: „Überraschend, du bist die einzige Ausländerin, die in Deutsch eine Eins hat."
Und ich glaube

K. nennt mich jetzt manchmal eine Schlampe
Oder schubst meinen Stuhl im Vorbeigehen
Wenn ich in der Pause lese
Aber Baba sagt: „Freunde sind egal, solange du gut in der Schule bist."
Und Anne sagt: „Es wäre gut, wenn die Zwei in Englisch dieses Halbjahr zur Eins wird."
Meine Lehrerin sagt: „Kinder, konzentriert euch lieber auf den Unterricht."
Und ich glaube

Zehn zwölfjährige Mädchen nennen mich Schlampe, wenn ihnen gerade danach ist
Das ist keine Geschichte von Mobbing – das ist Systematik
Zehn zwölfjährige Mädchen, denen von Tag Eins an beigebracht wird
Dass sie nur etwas wert sind
Wenn sie die Elfte hassen
Zehn zwölfjährige Mädchen und ein Gefühl von Verbundenheit
Basierend auf nichts anderem als personifizierter Exklusivität
Und Eine, die in der Schule ein bisschen zu gut ist
Damit später ihr Marktwert steigt
„Wirklich überraschend, als Ausländerin, die einzige Eins!"

---

71 *And I believe* heißt auf Deutsch ‚Und ich glaube'.

EINIGE JAHRE SPÄTER

Babaanne erzählt wie jedes Jahr, dass sie studieren wollte, aber nicht durfte
Weil die Schwiegermutter es nicht erlaubte
Damals war das alles anders
Baba war der Erste aus seiner Familie, der was studiert hat
Genauso wie Anne

Beide damals neun und zehn Jahre alt, ganz neu in Almanya
Ohne auch nur ein Wort almanca
Willkommen in Deutschland, Gastarbeiter
Immer die kalten Blicke im Nacken
Diese arbeitstüchtigen Kanacken
In Almanya musst du dir Freundlichkeit erarbeiten
„Ist ja schließlich Nichts umsonst!"
Außer die kalten Blicke
Im Nacken
Die Ansage, schneller zu arbeiten – später dann:
Eins, zwei, drei tote Kanacken
Aber um Deutschland wieder aufzubauen
Grade gut genug

Man muss nichts verstehen, wenn man als Mittel zum Zweck dient
Und mehr als am zugewiesenen Ort arbeiten, leider nicht drin ist
Weil es nicht um die Arbeiter_innen, sondern um den Profit geht
Schuften die Großeltern in der Fabrik

Und meine Mutter am Herd
Mit zwölf, die älteste Tochter der Familie
Mit achtzehn dann am Putzen
Dieses Mal für Geld, damit sie auch ohne die Familie was wird
Parallel das Abitur
Sonst bist du in Almanya als Kanacke nichts wert

„Medizin oder Jura?"
Das ist die große Frage, die Generationen tragen es weiter – wie Almans einen Adelstitel
„Medizin oder Jura", das darfst du entscheiden

Um zu beweisen
Dass, obwohl dein Gastdatum schon abgelaufen ist
Du etwas Positives zur deutschen Gesellschaft beiträgst
„Medizin oder Jura?" – Für mich?
Nein, für's Bruttosozialprodukt

HEUTE
Ich bin Akademiker_innenkind
Meine Eltern, Erstakademiker_innen
Meine Mutter, eine von zwei Türkinnen im Jurastudium
Mein Vater nach einem Semester Informatik, dann doch Medizin
„Medizin oder Jura?"
Die einzigen Träume, die damals erlaubt waren

Ob ich studiere, war gar keine Frage
Ein Privileg, das ich erst spät erkannte
Ich war schon früh gut in der Schule
Weil Freunde egal sind, wenn auf dem Zeugnis neben Englisch die Eins steht

Wenn ich bei meinem Nebenjob
In der kardiologischen Praxis mit meinem Chef rede
Und er sagt: „Es muss sich in Deutschland was ändern.
Die Wirtschaft geht den Bach runter: Das ist die Asylpolitik."
Dann meint er wenigstens nicht mich –
Denn ich bin Akademiker_innenkind
Ich bin, das sagt er sehr gerne:
„Nicht wie die Anderen."
„Nicht wie die Asylanten, die herkommen, und das Geld aus dem Land holen."

Nein, ich war schon damals gut in der Schule, bin jetzt Akademikerin.
Ich bin Bruttosozialprodukt-Enkelin.
Ich bin Leistungsträgerin.

Oriel Klatt

Die dickenfeindliche Trias

Dickenfeindliche Ideologie und ihre Verwebung in kapitalistische Verhältnisse

Als ich morgens mit der U-Bahn zur Arbeit fahre, streift mein Blick eine Meldung der B.Z. im Berliner Fenster: „Alarm! Alarm! Deutschland wird immer fetter".

> **Dickenfeindlichkeit**
> Dickenfeindlichkeit ist ein Sammelbegriff für alle Handlungen, Regeln und Strukturen, die Menschen benachteiligen, die ein höheres Gewicht haben als das, was medizinisch oder kulturell als Norm vorgegeben wird. Das heißt auch, dass von Dickenfeindlichkeit nicht betroffen ist, wer sich bloß ‚dick fühlt', kleine Fettröllchen hat oder mal dick war, sonst aber zum Großteil dünne Privilegien genießt. Betroffen sind die Menschen, deren gesellschaftliche Teilhabe aufgrund ihres Körpergewichts erschwert oder verhindert wird. Da wir alle in einer Diätkultur leben, können die meisten Menschen in ihren eigenen Erfahrungen eine Verbindung zu Dickenfeindlichkeit herstellen. Dies führt häufig zu der Verschleierung von Privilegien und macht strukturell Betroffene unsichtbar. Deswegen ist es umso wichtiger, dass Menschen, die viele dünne Privilegien haben, dicke politische Kämpfe nicht vereinnahmen, sondern ihre privilegierte Position benennen. Die Begriffe *dünn* oder *normschlank* bezeichnen diese privilegierte Position in der Gesellschaft.

Ich merke, wie sich meine Gesichtszüge verhärten, schnell wende ich meinen Blick ab und scanne die Gesichter meiner Mitfahrenden. Keine Reaktion. Ich schaue in die unbeteiligt wirkenden Gesichter und frage mich, was ihnen wohl durch den Kopf geht, wenn sie diese Schlagzeilen lesen. Und was sie wohl denken, wenn sie mich direkt danebenstehen sehen. Bin ich dieses Deutschland, welches immer fetter wird? Ich merke, wie heiße Scham in mir aufsteigt, wende mich ab und drehe mich zum Fenster um. Ich hole mein Handy raus und checke meine Mails. Die neueste Schlagzeile meines Mailprogramms: „Die WHO

warnt: Adipositas[72]-Epidemie auf dem Vormarsch". Ich merke, wie die Scham von meinem Zorn gefressen wird. Dieser nicht enden wollende Horror, was für ein Abfuck! Diese Schlagzeilen sind natürlich nichts Neues für mich, ganz im Gegenteil. Dicke Schreckszenarien begleiten mich, seitdem ich ein dickes[73] Kleinkind war. An mich gerichtet durch Ärzt_innen, Lehrer_innen, ehemalige Freund_innen, Familie und eben auch transportiert durch Zeitschriften, Plakatwände, Filme und Serien. Die Scham hat sich wie ein heißer Stempel in meine Haut gebrannt. Die Wut gegen Dickenfeindlichkeit wurde hingegen kaum an mich herangetragen und ich musste sie mir hart erarbeiten.
Nicht nur ich bin mit dickenfeindlichen Slogans aufgewachsen, sondern wir alle leben in einer dickenfeindlichen Gesellschaft, in der Abwertung, Pathologisierung und Beschuldigung von dicken Menschen Normalität ist. Dass es sich bei Dickenfeindlichkeit um ein historisch gewachsenes, strukturelles Machtverhältnis handelt, ist den meisten Menschen nicht bewusst. Ebenso wenig gibt es ein Bewusstsein dafür, dass dickenfeindliche Haltungen einen prominenten Platz in neoliberalen Logiken einnehmen. Momentan gibt es in der Gesellschaft eine diskriminierende Sichtweise auf dicke Menschen: Sie sind dumm und verhalten sich genusssüchtig, unmoralisch und undiszipliniert; verfetten durch Softdrinks, Fastfood und Bewegungsmangel; sind krank und sterben früh; belasten die Krankenkassen mit hohen Gesundheitskosten; fressen sich selbst arbeitsunfähig und beziehen dann Sozialhilfe. In diesem Essay möchte ich genau diese dickenfeindliche Ideologie im Kapitalismus mit dem Konzept der dickenfeindlichen Trias markieren, die Sicht aufs Dicksein damit verändern und anstelle dicker Körper die Strukturen, in denen dicke Körper leben müssen, problematisieren.

72 Adipositas ist der pathologisierende Begriff für hohes Gewicht. Er wird im medizinischen Bereich verwendet und soll ein Krankheitsbild beschreiben. In der dicken_fetten Community wird der Begriff abgelehnt, da er dick sein und krank sein gleichsetzt und auch generell aussagt, dass Dicksein etwas Schlechtes ist.

73 Ich benutze ‚dick' als Selbstbezeichnung in diesem Text. Es gibt verschiedene Selbstbezeichnungen von Menschen, die von Gewichtsdiskriminierung betroffen sind, z.B. fett, dick_fett, *phat*, mehrgewichtig oder hochgewichtig. Es ist in jedem Fall wichtig, Selbstbezeichnungen zu benutzen. Was als Fremdbezeichnung nicht verwendet werden soll, sind pathologisierende Begriffe (z.B. adipös, fettleibig), Begriffe, die sich an einer Norm orientieren (z.B. übergewichtig) oder Begriffe, die euphemistisch sind (z.B. vollschlank, untersetzt, stark, moppelig).

Dickenfeindlichkeit in Verwebung

Bevor ich mich der dickenfeindlichen Trias zuwende, möchte ich den derzeitigen Stand meiner Verortung in Bezug auf Dickenfeindlichkeit hier teilen, um etwas verständlicher zu machen, von wo aus dieser Essay entstanden ist. Lange war für mich der Leidensdruck, mit einem dicken Körper in der Welt zu sein, sehr persönlich und schambehaftet. Es gibt schließlich keine gesellschaftlichen Angebote oder Vorbilder, die vorzeichnen, wie dickenfeindliche Erfahrungen als solche benannt werden können. Ich dachte lange, die Lösung meines Leidens wäre entweder dünn zu werden oder mich selbstbewusst als dick und schön zu präsentieren. Schließlich, so sagte ich mir, sind wir alle nicht perfekt und jeder Topf findet sein Deckelchen. Im Endeffekt hatte mein Gewicht für mich hauptsächlich etwas damit zu tun, nicht als begehrens- und liebenswert zu gelten. Das war in meinen Augen irgendwie etwas Triviales im Vergleich zu der Gewalt, die sonst so in der Welt passierte. Im Nachhinein merke ich, wie ich meine Erfahrungen relativiert habe und wie traumatisch es war, mit der Markierung als nicht liebens- und begehrenswert aufzuwachsen. Erst durch Überschneidungen mit Sexismus war es mir möglich, strukturelle Dickenfeindlichkeit in meinen Erfahrungen als solche überhaupt zu erkennen. Unbekannte Männer, die auf der Straße auf mich zugingen, um mir Diättipps zu geben und meinen Körper kommentierten, mein erster Boyfriend, der mich vor seinen Fußballkumpels verleugnete und Mitschüler_innen, die meinen Körper verhöhnten: auf all diesen Erfahrungen stand fett ‚Patriarchat' geschrieben. Machtverhältnisse wie Klassismus und Rassismus habe ich erst später mit meinen dickenfeindlichen Erfahrungen in Verbindung gebracht, was maßgeblich mit meinen Privilegien zusammenhängt. Ich habe erlebt, wie Leute klassistische Vorstellungen auf mich projizierten und mich dann aufgrund meines bürgerlichen Habitus und meiner akademisierten Sprache respektvoller behandelten. Ich habe auch erlebt, dass ich in Uni-Vorlesungen wegen der zu engen Sitzreihen auf dem Boden sitzen musste, dass ich in der Bibliothek jedes Mal aufgefordert wurde, mich ruhiger zu verhalten oder dass mein Körper skeptisch beäugt wurde, da er nicht zur akademischen Etikette passte. Als *weiße_r* Deutsche_r habe ich keine Erfahrungen mit rassifizierter Dickenfeindlichkeit gemacht. Die Auseinandersetzung mit meinen Privilegien in Bezug auf Dickenfeindlichkeit ist diffus, prozesshaft und verbunden mit Gefühlen von Scham, Abwehr, Wut und Trauer. Eine Auseinandersetzung, die ich gerade erst beginne, ist die Verbindung von meinem Genderqueer-Sein mit meinem Dicksein.

Dickenfeindliche Ideologie – Eine Bestandsaufnahme

Dickenfeindlichkeit zieht sich in den dominant *weißen* und christlichen[74] Gesellschaften über die gesamte Lebensspanne und ist in allen Bereichen zu finden. Für die meisten Menschen ist es völlig neu, über dicke Menschen als diskriminierte Gruppe nachzudenken. Dabei sind Diskriminierungserfahrungen von dicken Menschen auf dem Arbeitsmarkt, im Gesundheitssystem, in der medialen Repräsentation und in sozialen Beziehungen durch Studien vielfach belegt (vgl. Beigang et al. 2017a; forsa 2016; Hilbert et al. 2008).

Dass dicke Menschen nicht als diskriminierte Gruppe auftauchen, liegt zum einen daran, dass Gewicht (noch) keine rechtlich anerkannte Diskriminierungskategorie ist und dicke Menschen somit auch keinen rechtlichen Diskriminierungsschutz haben. Eine Auswirkung davon ist, dass es keine Fördermittel für diskriminierungssensible Bildungsarbeit in Bezug auf Gewicht gibt. Aufgrund der fehlenden Institutionalisierung liegt die Sensibilisierungsarbeit bei Betroffenen und Aktivist_innen und es fehlt an gesellschaftlicher und ökonomischer Anerkennung für ihre Arbeit. Zum anderen ist Dickenfeindlichkeit so unsichtbar, weil sie historisch in die Art und Weise, wie wir Körper verhandeln, eingebettet und darüber naturalisiert wurde. Gestützt wird diese Naturalisierung von einer dickenfeindlichen Ideologie, die ich als dickenfeindliche Trias bezeichne. Diese besteht aus den drei Bestandteilen Abwertung, Pathologisierung und Schuld. Im nächsten Abschnitt möchte ich diese Ideologie erst einmal unkommentiert reproduzieren und sichtbar machen.

Mit Abwertung meine ich die vielen Vorurteile und negativen Bewertungen, mit denen dicke Menschen belegt werden. Das betrifft zum Beispiel ästhetische Aspekte, die mit dem gängigen *weißen*, dünnen, bürgerlichen und ableisierten Schönheitsideal in Verbindung stehen. Dicke Menschen können diesem Ideal in keinem Fall entsprechen. Ganz im Gegenteil: Dicke Menschen werden in der medialen Repräsentation als unattraktiv, ungepflegt, nicht begehrenswert und ekelhaft dargestellt. Wann habt ihr das letzte Mal einen Film gesehen, in dem eine dicke Person in einer selbstbestimmten, lustvollen und erotischen Szene zu sehen war? Und die Abwertung geht über ästhetische Aspekte hinaus. Dicke Menschen werden als faul, undiszipliniert, dumm, aufdringlich, arm, passiv, unmoralisch, laut und ungehorsam adressiert. Diese Ansammlung von negativen

74 Tatsächlich ist der christliche Einfluss in der vermeintlich säkularen deutschen Gesellschaft immer noch sehr wirkmächtig. Von moralischen Körpern, über Lust- und Genussfeindlichkeit hin zur fünften Todsünde ‚Völlerei' – das Christentum hat seine Rolle in der dickenfeindlichen Kultur.

Eigenschaften wird im englischsprachigen Kontext als *Anti-Fat-Bias* bezeichnet. Der zweite Aspekt, der dickenfeindlichen Ideologie formt, ist Pathologisierung. Mit Pathologisierung meine ich, dass dick sein mit krank sein gleichgesetzt wird. Hohes Gewicht wird sowohl als Ursache als auch als Auslöser für verschiedene Krankheiten verhandelt. Der pathologisierende Blick auf dicke Menschen erzeugt die Vorstellung, dass dicke Menschen per se nicht gesund sein können, wodurch sie generell eine frühere Sterblichkeit attestiert bekommen. Der dritte Aspekt ist die Schulderzählung. Ihr liegt die Annahme zugrunde, dass jeder Mensch im ‚Urzustand' dünn ist, bis er aktiv etwas falsch macht, also zu viel oder falsch isst und sich zu wenig bewegt. Nach dieser Erzählung ist hohes Gewicht immer Ausdruck eines Fehlverhaltens und moralischen Scheiterns, da es unmöglich Teil einer natürlichen Körpervielfalt sein kann. Diese drei Teilbereiche bilden die dickenfeindliche Trias. In den kommenden drei Abschnitten möchte ich je einen von diesen Aspekten machtkritisch kommentieren und an kapitalistische Verhältnisse rückbinden.

Gewaltige Schönheit

Als erstes möchte ich den Aspekt der Abwertung von dicken Menschen näher betrachten. Dicksein ist ein Zustand, der nicht versteckt werden kann und für oder gegen den Menschen sich nicht entscheiden können. Dicke Körper werden auf grausame Art unsichtbar gemacht, wenn es um Repräsentation und Teilhabe geht. Gleichzeitig sind dicke Menschen hypersichtbar und dürfen gesellschaftlich als ‚andere' Körper hemmungslos angestarrt, beschimpft und kommentiert werden. Legitimation dafür ist das kollektive visuelle Urteil, dass dicke Menschen komisch oder unschön aussehen. Schönheit und was als schön gilt, ist mitnichten subjektiv, obwohl die meisten Menschen das gerne glauben. Zu gerne sehen wir uns selbst als die kleinen individuellen Schneeflöckchen, die über stereotype Schönheitsdarstellungen hinwegsehen können. Wir leben aber in einer Gesellschaft, in der die Vorstellungen von Schönheit historisch gewachsen sind und untrennbar in rassistische, klassistische und patriarchale Strukturen der Gesellschaft eingewebt sind. Dünn-Sein spielt eine prominente Rolle in dieser Vorstellung von Schönheit. Dicksein ist das Andere, das A-Normale, das Negativbild, das dünnen Menschen erlaubt, sich schön, begehrenswert und überlegen zu fühlen. Alle dicken Menschen erleben es, außerhalb der Norm positioniert zu werden. Bei dicken Schwarzen Menschen und dicken Menschen of Color steht dies in einer kolonialen Kontinuität. Der Prozess des *Otherings* ist eine rassistische Praxis, die benutzt wurde und immer noch benutzt wird, um

Gewalt gegen Schwarze Menschen und Menschen of Color zu legitimieren (vgl. Nnaemeka 2005: 90). Grundlegend sind die Praktiken des Wiegens, Bewertens und Vermessens von Körpern koloniale und antisemitische Praktiken und die Herstellung eines Normkörpers ist eng verbunden mit Theorien aus der Eugenik und Rassenlehre. Sabrina Strings argumentiert in ihrem Buch *Fearing the Black Body: The Racial Origins of Fat Phobia*, dass das zeitgenössische Schlankheitsideal im Kern vergeschlechtlicht, rassifizierend und rassistisch sei. Demnach sei Dickenfeindlichkeit mitnichten ein Resultat von medizinischen Erkenntnissen über gesundheitliche Risiken, sondern baue auf der Überzeugung der Aufklärung auf, dass Dicksein ein Beweis für ‚Wildheit' und rassische Minderwertigkeit sei. Dickenfeindlichkeit habe hauptsächlich die Funktion, Schwarze Menschen, insbesondere Schwarze Frauen, abzuwerten und demgegenüber *weiße* Menschen, insbesondere *weiße* Männer, als überlegen zu markieren (vgl, Strings 2019: 42ff). Entsprechend ist es nicht überraschend, dass sich die ersten Diäten, die Mitte des 19. Jahrhunderts zum Zweck der Gewichtsreduktion entwickelt wurden, an *weiße* Männer der Mittelklasse richteten. Die sichtbare Gewichtsreduktion sollte ein Zeichen der Kontrolle über den eigenen Körper, der Selbstdisziplin und ein Beweis für einen überlegenen Intellekt sein. Diese konstruierte Überlegenheit diente als Legitimation dafür, nicht-*weiße*, nicht-männliche, be_hinderte und arme Körper zu kontrollieren, ihnen Gewalt anzutun und sie von politischem Mitspracherecht auszuschließen (vgl. Vester 2022: 83).
Durch die Verbindung von Dicksein mit negativen Bewertungen des Unkontrolliert-Seins, fehlender Selbstdisziplin und Minderwertigkeit hat sich ein Stigma auf dicke Körper gelegt, das weit über vermeintliche Oberflächlichkeiten hinausgeht. Trotzdem werden gesamtgesellschaftlich ausschließlich Schönheitsaspekte von Aktivist_innen rezipiert und in den Mainstream überführt. Die mittlerweile stark kommerzialisierte *Bodypositivity*[75]- und

75 *Bodypositivity*-Bewegung heißt auf Deutsch so viel wie ‚körperpositive Bewegung'. Sie hat ihre Ursprünge im Aktivismus von Schwarzen fetten queeren Aktivist_innen in den USA der 1960er/70er Jahre. Die Forderungen nach Respekt, Würde, Teilhabe, besserer Gesundheitsversorgung und einem gerechteren Wohlfahrtsystem wurden auf die Straße getragen. Das Ziel hieß *Fat Liberation* (das heißt auf Deutsch so viel wie ;die Befreiung von dicken_fetten Menschen'). Im Laufe der Jahre wurde die einst radikale Bewegung entpolitisiert, *whitewashed* (das heißt auf Deutsch ‚*weiß*gewaschen') und kommerzialisiert. *Weiß*gewaschen bedeutet, dass Schwarze Perspektiven an den Rand gedrängt wurden und *weiße* Stimmen mittlerweile den Diskurs um Gewichtsdiskriminierung dominieren. Zeitzeug_innendokumente, wie die Rede der Schwarzen fetten Aktivistin Johnnie Tillmon sind im *Fat Liberation Archive* zu finden. Online unter: https://fatlibarchive.org/ [letzter Zugriff am: 15.12.2023].

Diversity[76]-Bewegung möchte uns glauben machen, dass ein *curvy*[77] Model in der H&M Werbung die lang ersehnte Revolution von Schönheitsnormen mit sich bringt. *Fuck that!* Ich brauche keine Erweiterung des Schönheitsideals auf Größe 40, sondern ein geteiltes Verständnis davon, dass Schönheit ein Machtverhältnis ist, in dem es um das Aufrechterhalten von gesellschaftlichen Hierarchien geht. Ich möchte, dass dünne Menschen sich endlich mit ihren Privilegien auseinandersetzen und aus dem Schutz ihres vermeintlichen Normkörpers heraustreten. Es ist so eine widerliche Eigenart des Neoliberalismus, dass er sich jedes Fünkchen Subversion einverleibt, um es dann als zerkauten Brei wieder auszuspucken. Anstatt die Abwertung von dicken Menschen und die Privilegien von dünnen Menschen zu markieren, finden wir uns in einer ‚Alle-Körper-sind-schön'-Mentalität wieder. Und natürlich lässt sich diese Mentalität kaufen. Der Markt wird überschwemmt mit Bodypositivity-Produkten und ‚*love yourself*' wird zum neuen konsumierbaren Lifestyle. Die Maxime der Selbstliebe wird eine neue Anforderung an marginalisierte Körper. Statt strukturelle Machtverhältnisse zu bekämpfen, wird das Streben nach Schönheit wieder in die individuelle Sphäre der Eigenverantwortung verschoben. Dabei aber immer schön lächeln und positiv bleiben. Wut, Scham und Schmerz haben darin keinen Platz. Für dicke Menschen gibt es in diesem Lifestyle teilweise Möglichkeiten, in Sphären vorzudringen, zu denen sie bisher keinerlei Zugang hatten. Aber das geschieht auch nur, wenn sie sich auf die richtige Art und Weise selbst vermarkten. Sie haben sich selbstbewusst und fröhlich zu geben und dankbar zu sein für die wenigen Möglichkeiten, die ihnen gönnerhaft zugestanden werden. Diese ganzen Entwicklungen finde ich abstoßend und sie verhöhnen den Schmerz, der dicken Menschen tagtäglich zugefügt wird. Klar möchte ich auch, dass wir eines Tages an einen Punkt ankommen, an dem alle Körper als schön betrachtet werden. Aber wir können nicht dahin vorspulen, sondern auch hier müssen wir die mühsamen Schritte der gesellschaftlichen Veränderung gehen.

---

76 *Diversity* heißt auf Deutsch ‚Vielfalt'. Unter der *Diversity*-Bewegung verstehe ich, dass Unternehmen menschliche Vielfalt als Werbestrategie nutzen, um mehr Geld zu verdienen. Die Repräsentation menschlicher Vielfalt als Forderung von Aktivist_innen und Antidiskriminierungsorganisationen wird dabei scheinbar berücksichtigt, bleibt aber meist rein symbolisch. Das bedeutet, dass Unternehmen kein Interesse daran haben, die strukturelle Benachteiligung von Menschen zu bekämpfen, z.B. über Lohnanpassungen, bessere Arbeitsbedingungen oder die Unterstützung politischer Forderungen.

77 *Curvy* heißt auf Deutsch ‚kurvig'.

Eure Gesundheit quillt mir aus den Ohren

Den zweiten Aspekt, den ich kommentieren möchte, ist die Pathologisierung von dicken Menschen, also die Annahme, dass Dicksein eine Krankheit an sich ist. Hierbei geht es mir nicht darum, zu beweisen, dass es keinen Zusammenhang zwischen Gewicht und der sonstigen körperlichen Verfassung gibt. Sondern mir geht es darum, zu betrachten, in welchem Kontext diese Annahme entstanden ist und welche Effekte sie hat.

Im neoliberalen Verständnis wird der Körper als ein individuelles Projekt verstanden, das nach Belieben geformt werden kann. Der dünne und nicht-be_hinderte Körper ist dabei das zu erreichende Ideal, da dieser Körper durch seine Arbeitsfähigkeit und die niedrigen Kosten fürs Gesundheitssystem wirtschaftlich am profitabelsten ist. Um die Wirkmacht dieser Sichtweise zu verstehen, lohnt es sich, die generelle Entwicklung von Gesundheitsdiskursen genauer zu betrachten. Robert Crawford beschrieb bereits 1980 unter dem Begriff ‚*healthism*' die Entwicklung, dass sich der Blick auf Gesundheit dahingehend verschärft, dass das Streben nach Gesundheit als eine individuelle und moralische Pflicht verstanden wird. Diese Entwicklung lief parallel zum Abbau von Sozialstaat und Gesundheitsversorgung in westlichen Staaten seit 1970 (vgl. Mackert 2022: 149). Da in dominant *weißen* und christlichen Gesellschaften dünn sein mit gesund sein gleichgesetzt wird, ist der dünne Mensch ein Mensch, der seiner moralischen Pflicht nachkommt, während dicke Menschen moralisch versagen. Dieses gesellschaftliche Werturteil ist uns dicken Menschen sehr bewusst, denn wir werden kontinuierlich dazu angehalten, unsere Körper nicht als gegeben zu akzeptieren und gegen sie zu kämpfen. Und dies passiert stets mit dem Vorwand der Verbesserung unserer Gesundheit. Wie oft ich schon erlebt habe, dass Ärzt_innen mit verzerrten Gesichtern und stöhnend auf meinem Körper rumgedrückt haben, was für *dramakings*[78]! – Ich sterbe mit Mitte dreißig – (das wäre jetzt, *by the way*[79]), – ich brauche eine Ernährungsberatung – (ja klar, erklärt mir nochmal das mit dem Zucker und dem Fett, das habe ich noch nicht verstanden), – ich sollte dringend über eine Magenband-OP nachdenken – (nur Flüssignahrung und ein Leben voller Kampf gegen Mangelernährung? Nein Danke!) – das sind nur einige vermeintlich gut gemeinte Aussagen meiner Ärzt_innen. Ist euch eigentlich klar, dass genau das die Gründe sind, warum dicke

78 *Dramaking* (‚Dramakönig') ist eine (gequeerte) Abwandlung der verbreiteteren (weiblichen) Form *dramaqueen* (‚Dramakönigin') und beschreibt eine Person, die viel Aufheben um nichts macht.

79 *By the way* heißt auf Deutsch so viel wie ‚im Übrigen'.

Leute so ungern zu Ärzt_innen gehen oder gar nicht gehen? Und dadurch keine gesundheitliche Versorgung bekommen, vielleicht tatsächlich früh sterben und dann in eurer Statistik über den Zusammenhang von hohem Gewicht und früher Sterblichkeit wieder auftauchen? Dieses System macht mich krank!
Im Diskurs über Gesundheit wird stets außer Acht gelassen, was es mit der individuellen Gesundheit und der Lebensqualität von dicken Menschen macht, in einer dickenfeindlichen Gesellschaft zu leben. Der Fokus liegt darauf, Menschen so lange wie möglich am Leben und arbeitsfähig zu halten, ohne Rücksicht darauf, wie glücklich und selbstbestimmt dieses Leben ist. Die Weltgesundheitsorganisation (WHO) definiert Gesundheit als einen Zustand des umfassenden körperlichen, seelischen und sozialen Wohlbefindens.[80] Da'Shaun L. Harrison – ein_e Schwarze_r be_hinderte_r nicht-binäre_r trans fette_r Autor_in schreibt in ihrem_seinem Buch *Belly of the Beast – The Politics of Anti-Fatness as Anti-Blackness* darüber, dass Menschen mit Mehrfachdiskriminierung nach der Definition der WHO immer ungesund sein werden, da sie in einer rassistischen, patriarchalen, dickenfeindlichen und klassistischen Gesellschaft niemals sicher oder komfortabel sind (vgl. Harrison 2021: 33). Für mich ist der Gedanke völlig abwegig, dass es Menschen gesünder macht, wenn ihre Körper pathologisiert werden. Es gibt auch hier einen Haufen Studien, die belegen, dass Gewichtsstigmatisierung Ursache verschiedener psychischer und physischer Krankheiten ist. Wenn es gesellschaftlich tatsächlich wichtig wäre, dass es dicken Menschen gut geht, dann gäbe es statt A*********[81]-Präventionsprogrammen Kampagnen gegen Dickenfeindlichkeit, Sensibilisierungsworkshops zu dünnen Privilegien und Empowermenträume für dicke Menschen. *What a world this would be*[82]…
Auch in medialen Diskursen sind dickenfeindliche Aussagen stets mit Sorgen um die Gesundheit getarnt. Seit der letzten Jahrhundertwende hat sich der Ton dabei deutlich verschärft und ist von Alarmismus geprägt. Mit Alarmismus meine ich, dass Dicksein verstärkt als individueller und gesellschaftlicher Notfall adressiert wurde. 1994 berichtete das US-amerikanische Gesundheitsinstitut

80 Vgl. *World Health Organization (WHO) Definition of Health*. Online unter: https://www.publichealth.com.ng/world-health-organizationwho-definition-of-health/ [letzter Zugriff am: 08.11.2023].

81 Dicke Menschen werden ihr Leben lang mit diesem Begriff gequält. Einmal im Text ausgeschrieben ist mehr als genug.

82 *What a world this would be* heißt auf Deutsch ‚Was das für eine Welt wäre'.

von einem Anstieg des Body-Mass-Index (BMI)[83] in der US-amerikanischen Bevölkerung und läutete das rhetorische Aufrüsten gegen dicke Menschen ein. 1997 wurde damit angefangen, über hohes Gewicht als Epidemie zu sprechen, die sich ähnlich wie eine Infektionskrankheit in der Bevölkerung ausbreite (vgl. Schorb 2022a: 39). Im Jahr 2001 führte die WHO den Begriff der ‚*globesity*' ein – eine Verbindung der Wörter *global* und des pathologisierenden Begriffs *obesity*. Mit dem Begriff sollte eine Krise der öffentlichen Gesundheitssysteme markiert werden. Durch die globale Ausbreitung von hohem Gewicht und den damit prognostizierten hohen Gesundheitskosten sowie sinkender Produktivität sei die globale Gesellschaft bedroht. Mehr und mehr wurden ökonomische Gründe als Legitimation für den Kampf gegen dicke Körper angeführt (vgl. Mackert/Meier zu Biesen 2022: 133f). Im gleichen Jahr und nur ein paar Monate nach den Angriffen auf das World Trade Center und das Pentagon am 11. September 2001 rief Thommy G. Thompson, Minister für Gesundheit und Soziales, die US-amerikanische Bevölkerung dazu auf, als patriotische Geste zehn Pfund abzunehmen und bezeichnete Dicksein als den Terrorismus im Inneren (vgl. Biltekoff 2007: 29). Dicke Menschen wurden nach und nach intensiver in den Fokus gerückt und Ziele biopolitischer Kontrolle und neoliberaler Intervention. Dabei ändern sich in medialen Diskursen die Bezüge abhängig von den aktuellen Themen, die dickenfeindliche Haltung bleibt aber bestehen. In den letzten Jahren wurde dicken Menschen sogar aufgrund ihres vermeintlich übermäßigen Konsums die Klimakrise angehängt. So absurd wie es klingt, ist es auch. Der dicke Körper wird oft als der Konsumkörper schlechthin gezeichnet. Realität ist, dass die Menschen, die am meisten konsumieren, die gesellschaftlich privilegiertesten sind. Und das sind dicke Menschen nicht, im Gegenteil: viele dicke Menschen sind Teil von verschiedenen marginalisierten Gruppen. Die Verantwortung für die globale Klimakrise auf marginalisierte Gruppen zu schieben, ist nicht nur dreist, sondern sachlich falsch. Zudem werden mit der Dämonisierung von Dicksein erneut arme, be_hinderte, queere Schwarze und Körper of Color als Feindbild konstruiert und an den Rand der Gesellschaft gedrängt.

83 Der BMI ist eine Zahl, die sich aus Körperhöhe und Gewicht berechnet. Auch die Geschichte des BMI ist eine rassistische und kapitalistische. Der BMI sagt über die individuelle Gesundheit wenig aus, wird aber trotzdem im Gesundheitssystem benutzt und hat viele negative Effekte für hochgewichtige Menschen (vgl. Schorb 2022b: 133–135).

Das dünne Abziehbild auf dicken Körpern

Um die dickenfeindliche Trias zu vervollständigen, fehlt noch der dritte Bestandteil: die Beschuldigung. Dicke Menschen werden beschuldigt, dass sie an ihrem Los in einer dickenfeindlichen Gesellschaft selbst schuld sind. Es ist Teil neoliberaler Kultur, über den Körper als frei formbar und flexibel veränderbar zu sprechen. In dieser Kultur hat jeder Mensch die Verantwortung und Pflicht, am eigenen dünnen Selbst zu arbeiten. Wer dies offensichtlich nicht tut, kommt seiner gesellschaftlichen Pflicht nicht nach und darf bestraft werden. Diese Schulderzählung wird als Legitimation benutzt, um dicke Menschen auf der Straße zu beleidigen oder zu verhöhnen. Es gibt auf YouTube ernsthaft Videos mit Titeln wie *fatshaming saves lives*[84], in denen erklärt wird, dass dicke Menschen durch öffentliche Demütigungen abnehmen würden und dadurch ihr Leben gerettet würde. Oft sind diese Videos von nicht-konsensuell aufgenommenen Fotografien begleitet, die dicke Menschen im öffentlichen Raum zeigen. Ob ich mich eines Tages in einem dieser Videos wiederfinde? Dann brenne ich das Internet nieder.

Die Überzeugung, dass ein hohes Gewicht selbstverschuldet sei, steht im direkten Zusammenhang mit der Legitimation von Diskriminierung (vgl. Black et al. 2014: 525f). Als Auswirkung dieser Schulderzählung ist die soziale Akzeptanz und Zustimmung für dickenfeindliche Diskriminierung extrem hoch. Dies betrifft zum einen die zwischenmenschliche Diskriminierung wie Beleidigungen, Maßregelung und Demütigungen im öffentlichen Raum, in der Herkunftsfamilie, beim Dating und im Freund_innenkreis. Zum anderen betrifft das strukturelle Diskriminierung wie den Ausschluss von hochgewichtigen Menschen aus Räumen durch Barrieren, höhere Kosten für Kleidung und Mobilität (bekannt als Fat-Tax) und die schlechtere Bezahlung von dicken Lohnarbeiter_innen (bekannt als Weight-Pay-Gap).

Und nicht nur unter dünnen Menschen sind dickenfeindliche Haltungen weitestgehend normalisiert – auch die meisten dicken Menschen haben Dickenfeindlichkeit verinnerlicht. Der Grad der Internalisierung und Selbstbeschuldigung ist bei dieser Diskriminierungsform extrem hoch. Betroffene wehren sich kaum gegen die Gewalt, die sie erfahren, und beschämen und beschuldigen sich stattdessen selbst (vgl. Beigang et. al 2017b: 55). Ich war mittlerweile bei einigen dicken Menschen die erste Person, die mit ihnen über Dickenfeindlichkeit gesprochen hat. Es ist so berührend zu beobachten, was passiert,

84 *Fatshaming saves lives* heißt auf Deutsch ‚Beschämung von dicken Menschen rettet Leben'.

wenn einem dicken Menschen zum ersten Mal bewusst wird, dass es eine andere Sichtweise auf den eigenen Körper geben könnte als Scham und Schuld – dass es die Möglichkeit gibt, die vielen leidvollen Erfahrungen als Diskriminierung und Gewalt einzuordnen und nicht als selbstverschuldetes Schicksal. Es gibt einen riesigen Resonanzraum mit geteilten Erfahrungen zwischen dicken Menschen, wenn wir anfangen, uns einander zu öffnen und uns solidarisch zu verbinden. Deswegen brauchen wir dicke Räume, um uns als politische Subjekte zu finden, um zu trauern, gemeinsam wütend zu werden und Visionen für unsere Leben und die Community zu entwickeln.
Auch ich trage viel internalisierte Diskriminierung in mir herum und muss diese in schwerster Kleinstarbeit Stück für Stück aus meinem System schmeißen. Zum Beispiel habe ich lange daran geglaubt, dass in meiner Zukunft eine dünne Version von mir wartet. Deswegen habe ich immer wieder meine Träume in die Zukunft verschoben. Das mache ich mittlerweile nicht mehr. Ich bin dick, seit ich denken kann, und ich werde auch bei meinem letzten Gedanken dick sein. Wieso also meine Lebenszeit mit dem Warten auf ein dünnes Ich verschwenden, welches nie kommen wird? Mir hat geholfen, mich mit der Schulderzählung des Dickseins explizit auseinanderzusetzen. Gerade die Erkenntnis darüber, wie sehr diese Schulderzählung mit kapitalistischen Interessen verwebt ist, war ein *eyeopener*[85] für mich. Die Realität ist, dass Körper unterschiedlich sind (*surprise!*[86]), dass Gewicht sich bei Menschen unterschiedlich verhält und dass Menschen darauf nur bedingt Einfluss nehmen können. Davon will die Diätindustrie nichts wissen, denn diese macht extrem viel Kohle mit dem Leid von dicken Menschen. Die profitabelste Erzählung ist die, nach der dicke Menschen sich einfach ein bisschen anstrengen müssten, in ihre Gesundheit investieren, die richtigen Produkte konsumieren, die neue Yogamatte kaufen, noch ein Fitness-Channel abonnieren und die Abnehmpillen schlucken – dann könnten sie ihr dünnes Ich befreien. Und die Propaganda zieht. Denn als dicke Person in dieser Welt zu leben ist super ätzend und ich würde lügen, wenn nicht auch ich manchmal gerne ein Exit-Ticket aus meiner dicken Realität hätte.
An dem aktuellen Abnehmhype um das Diabetes-Medikament Ozempic lässt sich veranschaulichen, wie groß der Leidensdruck unter dicken Menschen ist, vor Dickenfeindlichkeit zu fliehen. Es wurde bekannt, dass Menschen, die kein Diabetes haben, Gewicht verlieren, wenn sie sich Ozempic spritzen lassen. Jedoch hält diese Wirkung nur für den Behandlungszeitraum an. Seitdem ist die Nachfrage

85 *Eye opener* heißt auf Deutsch so viel wie ‚Augenöffner'.
86 *Surprise!* heißt auf Deutsch ‚Überraschung!'.

nach Ozempic massiv gestiegen und Menschen mit Diabetes haben momentan große Probleme, an ihre Medikamente zu kommen. Gleichzeitig tauchen gefährliche Fälschungen auf dem Markt auf. Die Spritzen kosten ca. 300 Euro pro Monat. Dies ist nur ein Beispiel, wie die Diätindustrie dicke Menschen ökonomisch ausbeutet. Schon 1973 schrieb Judy Freespirit, Mitglied der aktivistischen Gruppe Fat Underground, im *Fat Liberation Manifesto* über die Diätindustrie:

> „WE single out as our special enemies the so-called ‚reducing' industries. These include diet clubs, reducing salons, fat farms, diet doctors, diet books, diet foods and food supplements, surgical procedures, appetite suppressants, drugs and gadgetry such as wraps and ‚reducing machines'. WE demand that they take responsibility for their false claims, acknowledge that their products are harmful to the public health, and publish long-term studies proving any statistical efficacy of their products. We make this demand knowing that over 99 % of all weight loss programs, when evaluated over a five-year period, fail utterly, and also knowing the extreme proven harmfulness of frequent large changes in weight."[87] (Freespirit 1979 [1973]: 18)

Jap, damit ist, denke ich, alles gesagt.

Völlig außer Kontrolle

Wir brauchen gesamtgesellschaftliche Veränderung, damit sich die Situation von dicken Menschen im Kapitalismus nachhaltig verbessert. Dies wird erst dann passieren, wenn dünne Menschen anfangen, ihre dünnen Privilegien als solche zu markieren und wenn sie einen neuen Bezug zu ihren Körpern erlernen, der nicht auf der Abwertung von dicken Menschen basiert. Sensibilisierungsarbeit darf nicht die alleinige Arbeit von Betroffenen sein. Ich erlebe mittlerweile, dass dünne Leute

87 Übers. d. Hg.: „WIR stellen als unsere besonderen Feinde die sogenannten ‚reduzierenden' Industrien heraus. Dazu gehören Diätclubs, Reduktionssalons, Fettfarmen, Diätärzt_innen, Diätbücher, Diätnahrungsmittel und Nahrungsergänzungsmittel, chirurgische Eingriffe, Appetitzügler, Medikamente und Hilfsmittel wie Wickel und ‚Reduktionsmaschinen'. WIR fordern, dass sie die Verantwortung für ihre falschen Behauptungen übernehmen, zugeben, dass ihre Produkte der öffentlichen Gesundheit schaden, und Langzeitstudien veröffentlichen, die jegliche statistische Wirksamkeit ihrer Produkte belegen. Wir stellen diese Forderung in dem Wissen, dass über 99 % aller Programme zur Gewichtsabnahme, wenn sie über einen Zeitraum von fünf Jahren ausgewertet werden, völlig scheitern, und auch in dem Wissen, dass häufige große Gewichtsveränderungen nachweislich extrem schädlich sind."

mir interessiert zuhören, doch ich sehe keine Handlungen, die mir zeigen, dass das Thema tatsächlich durchfühlt wurde und sich die Beziehung zu dicken und dünnen Körpern verändert. Was bedeutet es, aus einer dünnen Position heraus solidarisch zu handeln? Das ist die Frage, die ich euch hier nicht beantworten mag, sondern die ich allen dünnen Leser_innen als Arbeitsauftrag mit auf den Weg geben möchte.
Ich hoffe, dass wir es als dicke Leute immer mehr schaffen, uns selbst, unsere Körper und unser Fett als politisch wahrzunehmen. An euch dicke Leser_innen sende ich warme Grüße und hoffe, wir sehen uns irgendwo. Vielleicht in der U-Bahn, auf dem Weg zur Arbeit oder in der Eisdiele. Und wenn die B.Z. im Berliner Fenster wieder davor warnt, dass Deutschland immer fetter wird, hoffe ich darauf, dass unsere Augen sich treffen und wir uns solidarisch erkennen.
Ich möchte, dass wir das dünne Abziehbild, das auf unsere Körper geklebt wurde, endgültig runterreißen und unsere dicken Körper sich den Raum nehmen, den wir brauchen. Lasst uns unsere dicken Körper entfesseln und uns von der dickenfeindlichen Kontrolle befreien. Marylin Wann hat es in ihrem Buch *Fat!So? Because you don't have to apologize for your size* so formuliert:

> „If we were out of control, every time someone made some nasty comment about weight, we'd just sit on them until they apologized. If we got really good and out of control, we'd boycott the diet industry and show them who's boss. We'd run amok with chain saws, whacking out the armrests in movie theaters and commercial airliners. We'd stage sit-ins at New York fashion shows, in state legislatures, on beaches. Truly out-of-control fat people would refuse to apologize for their size. We'd act like we are all that and a bag of chips – and rightfully so. Fat people out of control? I cant' wait!“[88] (Wann 1998: 84)

Danke, Marylin! Ich kann es auch nicht erwarten.

88 Übers. d. Hg.: „Wenn wir jedes Mal außer Kontrolle wären, wenn jemand eine fiese Bemerkung über Gewicht macht, würden wir uns einfach auf sie setzen, bis sie sich entschuldigen. Wenn wir wirklich gut würden und außer Kontrolle, würden wie die Diätindustrie boykottieren und ihnen zeigen, wer Boss ist. Wir würden mit Kettensägen Amok laufen und die Armlehnen in Kinos und Flugzeugen herausschmettern. Wir würden Sitzstreiks auf New Yorker Modeschauen, in Parlamenten und an Stränden machen. Wirklich außer Kontrolle geratene dicke Menschen würden sich weigern, sich für ihre Größe zu entschuldigen. Wir würden so tun, als wären wir all das und eine Tüte Chips – und und das zu Recht. Dicke Menschen außer Kontrolle? Ich kann's kaum erwarten!“

Literatur

Beigang, Steffen; Fetz, Karolina; Kalkum, Dorina; Otto, Magdalena (2017a): *Diskriminierungserfahrungen in Deutschland: Ergebnisse einer Repräsentativ- und einer Betroffenenbefragung*. Berlin: Antidiskriminierungsstelle des Bundes. Online unter: https://www.antidiskriminierungsstelle.de/SharedDocs/downloads/DE/publikationen/Expertisen/expertise_diskriminierungserfahrungen_in_deutschland.html [letzter Zugriff am: 07.11.2023].

Beigang, Steffen; Otto, Magdalena; Fetz, Karolina; Kalkum, Dorina (2017b): *Eine Frage von Gewicht: Gründe für unterschiedliches Reaktionsverhalten bei erfahrender Diskriminierung*. Institut für Demokratie und Zivilgesellschaft. Online unter: https://www.idz-jena.de/wsddet/wsd2-6/ [letzter Zugriff am: 08.11.2023].

Biltekoff, Charlotte. (2007): „The Terror Within: Obesity in Post 9/11 U.S. Life." In: *American Studies*, Bd. 48, Nr. 3, S. 29–48.

Black, Melissa; Sokol, Nicole; Vartanian, Lenny (2014): „The effect of effort and weight controllability on perceptions of obese individuals." In: *The Journal of social psychology*, Bd. 154, Nr. 6, S. 515–526.

forsa Politik- und Sozialforschung (2016): *XXL-Report. Meinungen und Einschätzungen zu Übergewicht und Fettleibigkeit*. Online unter: https://www.dak.de/dak/download/forsa-studie-xxl-report-2116468.pdf [letzter Zugriff am: 07.11.2023].

Freespirit, Judy; Aldebaran (1979 [1973]): „Fat Liberation Manifesto." In: *Off Our Backs*, Bd. 9, Nr. 4, S. 18.

Harrison, Da'Shaun (2021): *Belly of the Beast: the Politics of Anti-Fatness as Anti-Blackness*. Berkeley: North Atlantic Books.

Hilbert, Anja; Ried, Jens; Rief, Winfried; Brähler, Elmar (2008): „Stigmatisierende Einstellungen zur Adipositas in der deutschen Bevölkerung. Ergebnisse einer repräsentativen Surveyuntersuchung." In: *Adipositas – Ursachen, Folgeerkrankungen, Therapie*, Bd. 2, Nr. 3, S. 142–147.

Mackert, Nina (2022): „Healthism." In: Anja Herrmann et. al. (Hg.): *Fat Studies. Ein Glossar*. Bielefeld: transcript, S. 149–152.

Mackert, Nina; Meier zu Biesen, Caroline (2022): „Globesity." In: Anja Herrmann et. al. (Hg.): *Fat Studies. Ein Glossar*. Bielefeld: transcript, S. 133–135.

Nnaemeka, Obioma (2005): „Bodies That Don't Matter: Black Bodies and the European Gaze." In: Grada Kilomba et. al. (Hg.): *Mythen, Masken und*

Subjekte – Kritische Weißseinsforschung in Deutschland. Münster: Unrast, S. 90–104.

Schorb, Friedrich (2022a): „Adipositas-Epidemie." In: Anja Herrmann et. al. (Hg.): *Fat Studies. Ein Glossar*. Bielefeld: transcript, S. 39–41.

Schorb, Friedrich (2022b): „Body-Mass-Index." In: Anja Herrmann et. al. (Hg.): *Fat Studies. Ein Glossar*. Bielefeld: transcript, S. 133–135.

Strings, Sabrina (2019): *Fearing the black body: the racial origins of fat phobia.* New York: New York University Press.

Tillmonn, Johnnie (1972): Welfare as a Women's Issue. Online unter: https://fatlibarchive.org/welfare-as-a-womens-issue-1972/ [letzter Zugriff am 15.12.2023].Vester, Katharina (2022): *„Diäten." In: Anja Herrmann et. al. (Hg.): Fat Studies. Ein Glossar*. Bielefeld: transcript, S. 83–85.

Wann, Marylin (1998): *Fat! So? Because you don't have to apologize for your size.* New York: Ten Speed Press.

Simin Jawabreh

Gefährliche Liebschaft: Feminismus und Neoliberalismus

Frauen lächeln uns von Tribünen aus zu und verkünden lautstark, dass auch sie es nun geschafft haben. *Law and Order*-Politikerin Kamela Harris wurde medial als Vorbild gefeiert und die Kandidatur Annalena Baerbocks bei der letzten Wahl für das Kanzler_innenamt als feministischer Erfolg inszeniert. Fast sind die Geschichten von ‚Power-Frauen', die sich den Weg nach oben gebahnt haben, schon normal geworden. Stars wie Beyoncé skandieren, dass sie Feministinnen seien und Modehäuser werben mit feministischen Slogans: *Who run the world? GIRLS!*[89] Lange Jahre Schreckenswort gewesen, welches der heterosexuelle *weiße* cis Mann mit ungewaschenen Frauen mit Kurzhaarschnitt verband, scheint der Feminismus nun als sexy Star-Accessoire die Laufstege dieser Welt zu erobern, wenngleich auch antifeministische Stimmen den drohenden Untergang des Abendlandes beschwören und dies an einem vermeintlichen „Genderwahnsinn" festmachen (Hark 2008: 111). Der ‚neue' Feminismus ist jetzt da.

Das ist doch wünschenswert – oder?

Viele Wissenschaftler_innen, darunter am prominentesten Nancy Fraser, erkennen im Rückblick, dass der Aufstieg feministischer Politiken mit einer strukturellen Wesensveränderung des Kapitalismus zusammentraf – dem Neoliberalismus. Als bloßen Zufall abzutun, dass in den letzten zehn Jahren ein neues feministisches Bekenntnis entstanden ist, während gleichzeitig eine massive neoliberale Umstrukturierung stattfand, erscheint zu einfach. Zu fragen ist also: Welche Wahlverwandtschaften sind hier auszumachen? Lieferte der Feminismus dem Neoliberalismus unwillentlich Zutaten? Welcher ideologische Zusammenschnitt ergab sich? Die physische Gewalt gegen Frauen wiederum

89 *Who run the world? GIRLS!* heißt auf Deutsch so viel wie ‚Wer hält die Welt am Laufen? MÄDELS!'.

scheint nämlich nicht abgenommen zu haben, insbesondere im Zuge der Corona-Pandemie hat häusliche Gewalt gar wieder zugenommen. Die Ankunft feministischer Parolen im Mainstream scheint also kein Zeugnis einer ‚feministischeren' Welt zu sein.

Mir geht es um eine Analyse feministischer Forderungen, die sich in eine Liebschaft mit neoliberalen Ideen begeben haben, um eine Analyse ihrer möglichen wechselseitigen Beziehung. Die Hypothese ist, dass ihr jeweiliges ‚Neues' das des jeweils anderen herrschaftsstützend bedingte. Dafür werde ich erst ein kurzes Verständnis von Feminismus und Neoliberalismus darlegen, um dann deren wechselseitige Beziehungen zu erörtern. Die uns bekannte Welt sehe ich auch als ökonomisch strukturiert. Um zu schauen, wo sich Anlaufstellen feministischer Politiken für einen neoliberalen Umbau ergaben, teile ich meine Analyse in drei Fragmente: Konsum, Arbeitsmarkt und Arbeitsplatz. Durch die Dekonstruktion dieser Affäre sollen neue Wege ausgemacht werden, wie sich eine linke, feministisch-sozialistische Politik alternativ an die globalen Veränderungen der politischen Kultur gesellschaftstheoretisch anpassen sollte. Dies geschieht im Geiste schwesterlicher Selbstkritik und Analyse, um eben jener Entwicklung entgegenzutreten.

Wovon wir sprechen

Sich als Feminist_in zu verstehen, bedeutet eine strukturelle Unterdrückung der Geschlechter durch das Patriarchat anzuerkennen und dies als Anlass zur Umgestaltung der gesellschaftlichen Ordnung hin zu einer sozial gerechten Welt zu nehmen. Geschlechtsbedingte Herrschafts- und Unterdrückungsmechanismen gilt es für die Befreiung aller Geschlechter zu überwinden. Das macht Feminismus sowohl zu einem Erkenntnisgegenstand als auch zu einer politischen Bewegung. Da es mir um den besagten ideologischen Zusammenschnitt von Feminismus und Neoliberalismus geht, werde ich vom neoliberalen Feminismus sprechen. Dieses theoretische Fundament gilt es in Teilen zu problematisieren, da es einen ‚einzig wahren Feminismus' voraussetzt, während sich Feminismen schon immer heterogen zusammengesetzt und prozesshaft auf ihr systemisches Umfeld reagiert haben. Ich gehe jedoch davon aus, dass der neoliberale Feminismus nicht als progressive Reaktion auf seine systemischen Umstände entstanden ist, sondern reaktionäres Ergebnis eines ideologischen Zusammenspiels darstellt, das ein neues systemisches Feld ergibt, dem es nun entgegenzutreten gilt.

Anzumerken ist dabei: Selbsterklärte neoliberale Feminist_innen gibt es nicht, genauso wenig wie es *die eine* Frauenbewegung als solche gibt. Es gibt Frauenprojekte, -blogs, -plena und vieles mehr, aber keine allumfassende

Organisationsstruktur mit Forderungen und Selbstverständnis (vgl. Müller 2013: 191). Daher sehen wir uns vor die Schwierigkeit gestellt, eine interpretative Analyse vorzunehmen, die sich auf die Beziehung eines ideologischen Zusammenschnittes und seiner Funktion konzentriert.

Neoliberal – was?

Neoliberalismus begreife ich dabei nicht nur mit Augenmerk auf den Markt, sondern als Politik, Ideologie und Regierungstechnik (vgl. Larner 2000) – was heißt das?

Im Zentrum neoliberaler Bedingungen steht die gesamtgesellschaftliche Ordnung, es werden Bereiche wie Markt, Staat und Familienökonomie transformiert (vgl. Sauer 2008: 37). Dieses neue Bauprinzip als Politik beinhaltet, dass unter den Schlagwörtern der Deregulierung und Privatisierung der Markt sowohl vergrößert als auch von staatlichen Eingriffen befreit wird, während zuvor (im Keynesianismus) staatliche Interventionen in den Bereich der Ökonomie noch Priorität erfuhren (vgl. Müller 2013: 142).[90] Die Freiheit des Marktes wird zum Organisationsprinzip von Staat und Gesellschaft (vgl. Demirović 2008: 25), sodass politisch *für* den Markt regiert wird, anstatt ihm anordnend (vgl. Foucault 2004: 174). Eine weitere ideologische Dimension davon ist, dass soziale Rechte nicht vom Staat eingefordert, sondern durch den_die Normalbürger_in selbstverantwortlich aufgerufen werden sollen (vgl. Penz/Sauer 2016: 110, 119). Wer öffentlich Sozialleistungen bezieht, wird als Schuldner_in inszeniert und hat Gegenleistungen zu erbringen, um die eigene moralische Schuld an der Gesellschaft zu tilgen (vgl. ebd.: 107), sodass es zu einer Individualisierung sozialer Risiken kommt (vgl. Degener/Rosenzweig 2006: 12). An die Stelle sozialstaatlicher Leistungen tritt die Förderung des Wettbewerbes und der Wettbewerbsfähigkeit, sodass Misstrauen und Verantwortungsübernahme unabwendbar zur Arbeit am Selbst führen (vgl. Penz/Sauer 2016: 133). Unter Bezug auf Michel Foucault arbeitet Ulrich Bröckling diese ideologische Selbstökonomisierung als Figur des unternehmerischen Selbst heraus (vgl. Bröckling 2007, nach: Penz/Sauer 2016: 143). Unser Leben wird zum Projekt marktförmiger Selbstoptimierung (vgl. ebd.). Wir kennen das: *powersmoothies*, um fit zu sein; Yoga am Arbeitsplatz, um

---

90 So werden heute z.B. Arbeitszeitregelungen minimiert und der Kündigungsschutz flexibilisiert (vgl. Sauer 2008: 38). Sozialstaatliche Regelungen werden zurückgenommen, sprich Renten- und Krankenversicherung o.Ä. an Private ausgelagert (vgl. ebd.). Dies ist nicht als Steuerungsverlust zu verstehen, sondern viel eher als vornehmlicher nationalstaatlicher Steuerungsverzicht.

sich besser konzentrieren zu können; Smartwatches fürs Fitnesstracking; Sprachlern-Apps; Veganismus wird zur Lifestyle-Entscheidung; heute schon gekickert im Büro? Diese propagierte ökonomische Selbstverwirklichung dient als Rechtfertigungsmuster für die eigene Arbeit am und im Kapitalismus (vgl. Boltanski/Chiapello 2003 [1999]: 43; Burkart 2015: 156).

Im Fokus neoliberaler Regierungstechnik steht durch den Aufruf zur Eigenverantwortung (‚du kannst das werden, was du willst!') auch das Selbstregieren bzw. -management (‚wenn du dich anstrengst!') und ein Regieren durch vermeintliche Freiheit (‚denn dir stehen ja alle Möglichkeiten offen!') (vgl. Sauer 2008: 43). Wir werden dazu angehalten, uns selbst zu lenken und an die Stelle eines Wohlfahrtsstaates, der Sicherheit für alle versprach, ist ein aktivierender Staat getreten, der Unsicherheit rahmt und diese Verhältnisse gewaltsam umzusetzen vermag (vgl. Wagner 2007: 15).

Eine Geschichte von Selbstermächtigung und Wahlfreiheit: Konsum und Selbstbilder

In den feministischen Kämpfen seit den 1980er Jahren ist das Selbstbestimmungsrecht der Frau, gerade in Bezug auf ihren Körper, eine der zentralsten Forderungen. Die Schlagworte der ‚Selbstermächtigung', ‚Selbstbestimmung' und ‚Wahlfreiheit' tauchen heute in entlehnter und pervertierter Form in Konsumangeboten auf. So werden wir beispielsweise durch Kosmetikprodukte dazu aufgefordert, uns selbst ernst zu nehmen – ‚weil wir es uns wert sind'. Die Zahl der Schönheitsoperationen steigt rapide, allein vom Jahr 2018 auf 2019 stieg die Anzahl an Lippenoperationen bei Frauen um 48 %.[91] Das muss nicht unbedingt mit einer immer größeren Zuspitzung unerreichbarer Schönheitsideale zu tun haben. Viel eher verändert sich, so meine These, das Verhältnis zu kosmetischen Operationen und das Konsumangebot diesbezüglich – kosmetische Eingriffe werden mittlerweile gar durch ein ‚feministisches' Framing gerechtfertigt. Das lautet in etwa so: „Mein Bauch gehört mir – wer will mich daran hindern, mir das Fett absaugen zu lassen, wenn *ich* es so will?" (Hark/Villa 2010: 12).

Dass der eigene Wille gesellschaftlich mitgeformt und nicht in einem vorsozialen Raum gegeben ist, wird nicht reflektiert, während sich am Vokabular der Selbstermächtigung der 1970er und 1980er Jahre entlang gehangelt wird (vgl. ebd.: 12). Schlüsselbegriffe vorangegangener Frauenbewegungen wie ‚Ermächtigung'

91 Vgl. o.A.: „Zahl der Schönheitsoperation ist gestiegen." In: *MTA im Dialog*, 17.05.2019. Online unter: https://www.mtdialog.de/artikel/zahl-der-schoenheitsoperationen-ist-gestiegen [letzter Zugriff am: 13.12.2023].

und ‚Wahlfreiheit' werden individualisiert, entkoppelt und dadurch an die dominante Marktlogik angeglichen. Machtstrukturen (und damit einhergehende Schönheitsideale) werden nicht gesehen und erst recht nicht angegriffen, sodass jede Entscheidung als autonom gefällt gilt und damit als feministische Praxis und nicht zu hinterfragen. Es ist ein individualisierter, marktwirtschaftlich orientierter Feminismus, der jede weibliche Konsumentscheidung als politisches Statement verkauft und die Ermächtigung der Verbraucher_innen an ihre Konsumentscheidung koppelt (vgl. Körber 2017: 11): Neoliberaler Feminismus.

> „By the time [the] satirical newspaper *The Onion* announced ‚Women Now Empowered by Everything a Woman Does' in a 2003 article, it really did seem that ‚Today's woman lives in a near-constant state of empowerment'."[92] (Zeisler 2016: 169–170, nach: Eisenstein 2017: 44)

Ein Fokus auf eine derartig individualisierte, selbstreferentielle ‚Wahlfreiheit' lässt, wie Hester Eisenstein hier deutlich macht, alles zu einer Selbstermächtigung werden. Seien es Stöckelschuhe, flache Schuhe, Beinbehaarung, Waxing, kosmetische Chirurgie, sich für Kinder entscheiden, sich gegen Kinder entscheiden (vgl. auch Zeisler 2016). Wir haben es also mit einer sehr unglücklichen Paarung zu tun – so scheinen der neoliberalen Feministin die Ungleichheiten zwischen den Geschlechtern deutlich bewusst zu sein, sie nimmt aber im gleichen Schritt die Verantwortung für ihr Wohlergehen selbst in die Hand und verhandelt damit Ungleichheiten zwischen Geschlechtern nicht als strukturelles, sondern als individuelles Problem (vgl. Körber 2017: 420). Mit diesem Selbstverständnis als ‚Produkt seiner eigenen Arbeit an sich selbst' (vgl. Boltanski/Chiapello 2003 [1999]: 208; Burkart 2015: 163) ist dieses sich selbst als feministisch verstehende Subjekt ebenso *unternehmerisch* in dem Sinne, dass es darauf ausgerichtet ist, „seine Ressourcen, persönliche Initiative und Innovation zu optimieren" (Rottenberg 2014: 421).
Um wen oder was geht es also im neoliberalen Feminismus? Einfach: um sich selbst (vgl. Hark 2008: 113). Feminismus wird hier als „Motivationstaktik und Bewerbungsschreiben leistungsbereiter Durchstarterinnen zugleich präsentiert" (ebd.). Das Übernehmen voller Verantwortung für das eigene Wohlergehen

92 Übers. d. Hg.: „Als die satirische Zeitung *The Onion* 2003 in einem Artikel ankündigte ‚Frauen [seien] jetzt von allem ermächtigt, was eine Frau tut', schien es wirklich so zu sein, dass ‚die Frau von heute in einem nahezu konstanten Zustand der Ermächtigung lebt'."

beruht dabei zunehmend darauf, eine gelungene Balance zwischen beruflicher Karriere und Familie zu finden.[93] War es Feminist_innen ursprünglich ein Anliegen, entgegen einer patriarchal organisierten Welt die Frau als Mensch mit eigenen Bedürfnissen zu zentrieren, scheint dieser Ansatz, der auf eine solidarische Gemeinschaft abzielt, nun lediglich als individuelle ‚Autonomie' verhandelt zu werden (vgl. Degener/Rosenzweig 2006: 12). Dies führt zu einer Individualisierung fortbestehender Ungleichheiten, also zur Abwälzung sozialer Ungerechtigkeit auf Individuen und ihre Entscheidungen. Politische Verantwortung wird somit privatisiert – individuelle Probleme bedürfen individueller Lösungen. ‚Gerechtigkeit' wird zum individuell geglückten Lebensentwurf und nicht zur politischen Umgestaltung von Geschlechterverhältnissen im Sinne von Arbeit an einer gerechten Gesellschaft (vgl. Hark 2008: 114, Rottenberg 2014: 422). Die ehemalige Doktrin der ‚Selbstermächtigung', ‚Selbstbestimmung' und ‚Wahlfreiheit' zerfließt so zu einer neuartigen Figur: dem unternehmerischen Selbst. Kollektive Formen des Handelns werden ausgehöhlt und in neoliberaler Manier an ein Moralregime geknüpft, welches Verantwortung mit Selbstständigkeit und Effizienz gleichsetzt und zusätzlich an die Fähigkeit Einzelner knüpft, autonome Entscheidungen zu treffen (vgl. Rottenberg 2014: 421). Gleichzeitig werden gewaltförmige Verhältnisse, in denen Frauen weltweit leben, nicht adressiert (vgl. Hark 2008: 114) und ein Klassenstandpunkt für überholt erklärt. Die Notwendigkeit eines kollektiven, politischen Handelns wird obsolet, da soziale Gerechtigkeit auf die Bedürftigkeit eines Individuums verkürzt wird (vgl. Degener/Rosenzweig 2006: 19). Emanzipation kann folglich keinen kollektiv herbeigeführten Veränderungsprozess mehr darstellen, da dieser ideologische Zusammenschnitt eine allgemeine Entsolidarisierung hervorgerufen hat (vgl. Müller 2013: 149). Ehemals feministische Forderungen der Selbstverwirklichung werden mit einer rigiden Profitlogik zu einem neoliberalen Menschenbild geformt, das der Unterstützung dieses Gesellschaftssystems dient und jene Forderungen systemkonform neu besetzt (vgl. ebd.).

93 Vgl. hierzu auch den Text *Eine Suche nach contra-kapitalistischen Praktiken im Kontext der Lebensführung* von Luzia Winterholler in diesem Band.

Anerkennung und Repräsentation: Kampf auf dem Arbeitsmarkt

Eine ähnliche Entwicklung lässt sich in Forderungen nach Anerkennung und Repräsentation auf dem Arbeitsmarkt wiederfinden. So forderten feministische Bewegungen der 1980er Jahre Gleichheit durch Teilhabe an Berufstätigkeit (vgl. Hark/Villa 2010: 9). Der Wunsch, Geschlechterrollen zu überwinden, wurde damit in Verbindung gesetzt, dass verheiratete Frauen nicht in der bezahlten Arbeitswelt tätig sein sollten und durften (vgl. Eisenstein 2005: 496). So mussten Frauen in der BRD bis 1977 die Erlaubnis ihres Ehemannes einholen, bevor sie einer Lohnarbeit nachgehen durften (vgl. Müller 2013: 193). Während dieses Gesetz zwar insbesondere Immigrant_innen nie daran gehindert hat zu arbeiten, waren sie dennoch auf diejenigen Arbeitsplätze beschränkt, die als für sie geeignet angesehen wurden (vgl. Eisenstein 2005: 496). Forderungen nach einem Recht auf Arbeit (in der Produktionssphäre) ließen ebenso Schwarze Frauen außer Acht, die schon seit Beginn des transatlantischen Sklavenhandels ohne politische Rechte der Produktionssphäre ausgesetzt waren. Die Frauenbewegung schuf so mit der Forderung nach finanzieller Unabhängigkeit, die sich durch einen bezahlten Arbeitsplatz erhofft wurde, eine bürgerliche Revolution (vgl. Eisenstein 2005: 497). Bürgerlichen Frauen wurde ein neuer Gesellschaftsvertrag vermittelt (vgl. ebd.), in welchem sie ihre Befreiung in der Vereinbarkeit von Kleinfamilie und Karriere aufgehoben wussten. Diese feministische Legende zieht aber inzwischen Frauen unterschiedlicher Spektren an: die weiblichen Kader berufstätiger Mittelschichten, die aufsteigen wollen, aber ebenso

> „[…] die weiblichen Teilzeitkräfte, Niedriglohn-Dienstleister, Hausangestellte, Sex-Arbeiterinnen, Migrantinnen, Exportproduktionszonen-Arbeiterinnen und Kleinkreditnehmerinnen, denen es ja nicht nur um Einkommen und materielle Sicherheit geht, sondern ebenso um Würde, persönliche Weiterentwicklung und die Befreiung von überkommenen Autoritätsverhältnissen.“ (Fraser 2009: 52)

Während Wurzeln der Ungleichheit nicht im Ausschluss aus der Produktionssphäre, sondern vielmehr in der materiell-ideologischen Trennung von Produktion und Reproduktion und in der Abwertung letzterer liegen, sind heute vor allem jene feministischen Stimmen sichtbar, die für mehr Anerkennung und Repräsentation innerhalb der Lohnarbeit kämpfen. Obwohl hier sicherlich nicht für die Abhängigkeit von Männern innerhalb einer heterosexuellen häuslichen

Ehe plädiert werden soll, ist anzumerken, dass die errungene ‚Unabhängigkeit' einen hohen Preis hatte (vgl. Eisenstein 2005: 501). Frauen wurden zusätzlich zur Hausarbeit in die Lohnarbeit eingespannt und unterliegen somit einer doppelten Vergesellschaftung:

> „Unabhängig davon, ob erwerbstätige Mütter viel verdienen oder wenig, ob sie einen hohen oder niedrigen Bildungsgrad haben, ob sie in Leipzig oder in Frankfurt am Main leben, die Hauptlast der Familienarbeit liegt auf ihren Schultern, und zwar auch dann, wenn sie 40 Stunden pro Woche und länger erwerbstätig sind." (Ludwig et al. 2002: 136)

Der Traum der Frauenemanzipation wurde mit der geforderten Integration in den Arbeitsmarkt an den Wagen der Kapitalakkumulation gespannt und findet unter dem Stichwort ‚*girlboss culture*' heute seinen Höhepunkt. Dem freien Markt wird zugesprochen, als institutioneller Mechanismus die Gleichstellung der Geschlechter gewährleisten zu können (vgl. Ferguson 2017: 230). Insbesondere Frauen der Mittelschicht wechselten so aus der Kategorie der Hausfrau in den konkurrenzbasierten Arbeitsmarkt. Der Dienstleistungssektor konnte so wachsen, da die Verfügbarkeit prekärer weiblicher Arbeitskraft das Angebot erhöhte und gleichzeitig der steigende Einsatz von Frauen auf dem Arbeitsmarkt eine erhöhte Nachfrage nach Ersatzdienstleistungen mit sich brachte (vgl. Eisenstein 2005: 490).
Außerdem entstanden durch die Eingliederung mehrheitlich *weiß*-mittelständischer Frauen in die Produktionssphäre neue Dienstleistungssektoren, welche die ehemals von ihnen verrichtete Haus- und Reproduktionsarbeit an andere Frauen ausgliederte, die in ärmeren Verhältnissen und/oder rassifiziert und/oder illegalisiert lebten, sodass die Neuverteilung von Sorgearbeit vor allem entlang anderer gesellschaftlicher Unterdrückungsmechanismen verlief.[94] Die Eingliederung führte des Weiteren zur Schaffung sogenannter Frauenberufe, welche zusätzlich „immer weniger auf regulären Arbeitsplätzen und immer mehr als Mini- oder Midijobs oder über Ich-AGs ausgeübt [wurden]. Diese Substitutionseffekte verringerten besonders in frauenspezifischen Berufen die Chancen auf den Erhalt eines regulären Arbeitsplatzes" (Degener/Rosenzweig

94 Viel aktuelle Forschung lässt sich dazu unter dem Stichwort ‚*global care chains*' finden. Die Fremdvergabe von Hausarbeit (vgl. Müller 2013: 196) führte dazu, dass allein heute in Deutschland „schätzungsweise über 3 Mio. Haushalte, […] zu 90 Prozent Migrantinnen […] in sozialversicherungsfreien Arbeitsverhältnissen beschäftigen" (Englert 2007: 79, nach: Müller 2013: 159).

2006: 28), während der Arbeitsmarkt zusätzlich durch Leiharbeit und Outsourcing[95] organisiert wurde. Indem also Repräsentation mit dem Arbeitsmarkt verknüpft und sozialökonomische Forderungen marginalisiert wurden, entstand ein neues systemisches Umfeld neoliberaler Strukturen, das durch Liberalisierung und Deregulierung Frauen überproportional negativ betrifft und sie in neue (transnational verknüpfte) Abhängigkeits- und Ausbeutungsverhältnisse einbettet (ebd.: 23).

Anti-Etatismus[96] und das Überkommen von Autoritäten: neue Organisationsprinzipien am Arbeitsplatz

Auch die Gestaltung von Arbeit am Arbeitsplatz ist durch feministische Kritiken transformiert und ‚feminisiert' worden. Die frühere Frauenbewegung setzte in ihrer Analyse der kapitalistischen Arbeitsteilung ihren Fokus vor allem auf die vergeschlechtlichte Trennung von Gefühl und Rationalität, produziert durch dichotome Sphären der Öffentlichkeit und Privatheit und benannte dies in den 1980er Jahren mit dem Slogan ‚Das Private ist politisch!'.

Zentrale Kritik des Feminismus der 1960er und 1980er Jahre war, dass die öffentliche Sphäre vor allem mit Attributen, die männlich assoziiert sind, organisiert wurde (rational, rigide, standardisiert) und damit den Ausschluss und die Abwertung von Frauen generiert. Die Arbeitswelt wurde als androzentrisch entlarvt, das Bürokratiewesen als männlich. Auch wurde Kritik an einem rigide kontrollierenden Staat geübt, der sich erhoffte, durch ein starkes Eingreifen soziale und ökonomische Probleme regulieren zu können. Die ehemalige Frauenbewegung vertrat daher einen Anti-Etatismus und setze sich für neuartige Gesellschaftsformationen ein, die partizipatorischer und demokratischer sind (vgl. Fraser 2009: 48) und sich gegen staatlichen Paternalismus und Vorherrschaft wenden (vgl. ebd.: 52). Heute aber werden wir mit einer Romantik von Teamwork und flexiblen Netzwerken (vgl. Haug 2009: 398) konfrontiert: autoritäre Führungskräfte werden zu Coaches und Lohnarbeiter_innen zu kreativen

95 Outsourcing beschreibt ein Vorgehen von Unternehmen oder Institutionen, Aufgaben, Dienstleistungen, Funktionen oder Aktivitäten an externe Dienstleistungsunternehmen oder Drittanbieter auszulagern. Häufig dient dies dazu, Kosten zu sparen, und geht mit schlechteren Vertrags- und Arbeitsbedingungen für die über Dritte angestellten Arbeitnehmer_innen einher.

96 Anti-Etatismus umschreibt grundsätzlich eine dem Staat gegenüber kritische oder ihn ablehnende Position. Im Wesentlichen bedeutet Anti-Etatismus eine Skepsis gegenüber der staatlichen Kontrolle, Regulierung und Einmischung in verschiedene Bereiche des öffentlichen und privaten Lebens.

Netzwerker_innen, die Bindungen eingehen (vgl. Wagner 2007: 6). War der vorneoliberale Arbeitsprozess standardisierter und entsubjektivierter Natur, sind im neoliberalen Zeitalter diese Eigenschaften hin zu Idealen der Flexibilität und Kreativität verändert worden (vgl. Penz/Sauer 2016: 135). Industrielle Arbeitsprozesse verschwinden nicht, unterliegen aber innerhalb westlicher Industrienationen einem Wandel zur Dienstleistungsgesellschaft (vgl. ebd.: 138), sodass letztere zur Norm für die Organisation der Gesellschaft zu werden scheint. Im Dienstleistungssektor gilt dabei Motivation und affektiver Einsatz als selbstverständlich, sodass sich durch den ökonomischen Strukturwandel auch die Nachfrage nach beruflichen Kompetenzen und Wissen ändert (vgl. ebd.). Neu angestrebte innovative Entwicklungen sind dabei sogenannte Soft Skills wie Teamgeist, Empathie, Kreativität und Kommunikationsfähigkeit (vgl. Burkart 2015: 165). Fähigkeiten also, die sonst als weiblich markiert wurden und im Kontrast zu Hierarchien und Autoritäten stehen.[97]

Die neue neoliberale Denkweise bedient sich einer feminisierten Kultur im Kapitalismus: Praktiken, die zuvor als weiblich und damit als ineffizient galten, werden positiv besetzt und in die Arbeitskultur integriert (vgl. ebd.: 155). Diese Feminisierung ist aber kein feministischer Erfolg, denn die Abhängigkeits- und Ausbeutungsverhältnisse bleiben die gleichen. Es ist also eher von einer Modernisierung des patriarchalen Kapitalismus zu sprechen (vgl. ebd.) – mit wesentlichen Zutaten aus der ehemaligen Frauenbewegung. Auch der Anti-Etatismus, der ursprünglich auf die Verwandlung des staatlichen Gewaltmonopols in ein Instrument der Bürger_innenermächtigung und sozialen Gerechtigkeit abzielen sollte, scheint jetzt für die Legitimierung von Marktermächtigung, Privatisierung und Beschneidung staatlicher Leistungen genutzt zu werden (vgl. Fraser 2009: 53). Feministische Forderungen wurden so als neues Rechtfertigungssystem für einen neoliberalen Umbau verwertet.

97 Während in der Forschung diskutiert wird, ob die zunehmend sichtbar affektiv gestaltete ‚Öffentlichkeit' sich feminisiere und so die Trennung von Öffentlichkeit und Privatheit, Rationalität und Emotionalität aufgehoben werde, oder dies gar zu einem de-gendering führe (vgl. Hardt 1999; Hardt/Negri 2002), gehe ich davon aus, dass diese zwar auf den ersten Blick weiblich markierten Fähigkeiten dennoch *weißen* Männern zu- und Frauen, rassifizierten Frauen, rassifizierten Männern und anderen Geschlechtern weiterhin abgesprochen wird, sodass auch ein neu strukturierter Gefühlsdiskurs weiterhin Bürger_innen zweiter Klasse produziert (vgl. Sauer 2016: 157). Auch die neuen Formen des affektiven Selbstmanagements setzen also weiterhin auf Geschlechterdifferenz und Subalternität als Formen der Subjektivierung (vgl. ebd.: 155).

Fazit: Quo vadis Feminismus?

Wie Luc Boltanski und Ève Chiapello in *Der neue Geist des Kapitalismus* (2003 [1999]) aufzeigen, bedient sich der Kapitalismus in historischen Umbruchphasen antikapitalistischer Kritik und nutzt diese zur Legitimierung der anschließend veränderten Form des Kapitalismus.[98] Wir erkennen so im Nachgang, dass die Integration des Feminismus in die Kapitalmaschinerie (z.B. durch Forderungen nach ‚Selbstermächtigung' und ‚Wahlfreiheit', personalisiert in der Figur des *unternehmerischen Selbst* und an Konsum gekoppelt), die Kooptierung[99] des Feminismus in neoliberale Wirtschaftsprojekte (z.B. durch Anerkennung und Repräsentation auf dem Arbeitsmarkt) und die Verflechtung feministischer Ideen mit Rationalitäten und Technologien neoliberaler Regierungsweisen (wie z.B. der Anti-Etatismus und das Überkommen von Autoritäten am Arbeitsplatz) jene neoliberale Transformation befeuerten und einen neuen ideologischen Zusammenschnitt ergeben (vgl. Prügl 2015: 617).

Feministische Interventionen wurden so als Zutaten für den Aufbau einer bestimmten Form der Marktgesellschaft genutzt. Bilden Frames feministischer Bewegungen eine neue Legitimationsgrundlage des Neoliberalismus, ist es auch nicht verwunderlich, dass diese mehrheitsgesellschaftlich angekommen sind und zelebriert werden, wie die einleitende Beobachtung zeigt. Wir sehen uns also als Feminist_innen mit einem Paradox konfrontiert, das Nancy Fraser wie folgt resümiert:

> „Einerseits hat die in der vorhergehenden Periode relativ kleine Gegenkultur-Bewegung sich enorm ausdehnen und ihre Ideen erfolgreich in alle Welt tragen können. Andererseits erfuhren genuin feministische Vorstellungen in dem veränderten Kontext einen subtilen Wert- und Bedeutungswandel." (Fraser 2009: 54)

Das bedeutet, dass feministische Interventionen nicht nur tragend für den Umbau der kapitalistischen Gesellschaft wurden, sondern dass sie in diesem Prozess auch umgedeutet wurden (vgl. Haug 2009: 298). Vielleicht erscheint gerade deshalb der Feminismus im Mainstream als bereits absolviertes Projekt, während

98 Die beiden Autor_innen vollziehen dieses Argument anhand der ‚künstlerischen' Kritik der 1968er Bewegung. Geschlechterblind lassen sie hier aber die Frauenbewegung außen vor.

99 Kooptierung bedeutet, dass etwas (nachträglich) aufgenommen, übernommen oder vereinnahmt wird.

geschlechtsspezifische Unterdrückungs- und Herrschaftsmechanismen nach wie vor unser Zusammenleben global strukturieren. Radikale feministische Ideen wurden so bürgerlich entwendet und wirken herrschaftsstützend. Kulminieren tut dies in der sogenannten ‚feministischen Außenpolitik' Annalena Baerbocks, mit der deutsche Interessen im Ausland legitimiert werden sollen.
Es darf jedoch aus der Darlegung dieses spezifischen ideologischen Zusammenschnittes nicht der analytische Fehlschluss gezogen werden, feministische Bewegungen seien passiv und neoliberale Entwicklungen aktiv. Damit wird kein Raum für das Handlungspotenzial jener Bewegungen und die *agency* von Feminist_innen gelassen. Eine Dichotomie zwischen einem ursprünglich reinen Feminismus und seinem neoliberalen Doppelgänger verschleiert deren komplexe Beziehungen (Ferguson 2017: 225). Eine Untersuchung, wie sie hier stattgefunden hat, darf nicht zu einer Demobilisierung führen. Sie muss in ihrer Analyse und geschichtlichen Einordnung Wege aufzeigen, wie sich einer kapitalistischen Vereinnahmung widersetzt werden kann. Sie muss also einen politischen Standpunkt aufzeigen, der sich sowohl zu dem veränderten gesellschaftlichen Umfeld verhält als auch auf die Möglichkeiten einer anderen Gesellschaft verweist.

In diesem Sinne lassen sich, auf der angeführten Analyse aufbauend, folgende Prinzipien für eine feministische Politik formulieren:

1. Wollen wir Umdeutungen entgegentreten, ist eine Reflexion des gesellschaftlichen Kontextes von Nöten. Wir brauchen ein konkretes Bewusstsein für die historische Situation und materielle Realität, um gegen Phänomene wie den beschriebenen Zusammenschnitt Widerstand zu leisten und deren Herrschaftsstützung zu untergraben. Das heißt, Feminismus als gegen-hegemoniales Projekt im Kontext aktueller Machtstrukturen stetig neu zu denken und offen zu sein für Neuausrichtungen.
2. Abhängigkeitsverhältnisse dürfen nicht personalisiert, sondern müssen in ihrem gesellschaftlichen und sozial-ökonomischen Kontext verstanden werden. Dafür ist ein eindeutiger Klassenstandpunkt notwendig, der die systemischen Rahmenbedingungen fassen kann.

3. Setzen wir einen Klassenstandpunkt der Unterdrückten voraus, heißt das, dass Feminismus niemals als Top-Down Effekt[100] denkbar ist, sondern stets eine Bewegung von unten darstellen muss. Entsprechend gilt es, kämpferische Methoden wie den Streik in den Mittelpunkt zu stellen.
4. Internationale Solidarität darf nicht nur Schlagwort sein – Verkettungen von Ausbeutungs- und Abhängigkeitsverhältnissen über Grenzen hinweg müssen stärker in den Fokus gerückt werden, da jene globalen Vernetzungen das System festigen. Ein Feminismus der Unterdrückten hat sich auf transnationale Netzwerke zu konzentrieren, um Solidarität und Allianzen zu generieren und so neuartige Abhängigkeitsketten nicht aus dem Blick zu verlieren.
5. Produktions- und Reproduktionssphäre müssen zusammen gedacht werden, um ihre Demokratisierung anzusteuern (vgl. Degener/Rosenzweig 2006: 28). Anerkennungs- und Umverteilungspolitiken müssen zusammen verlaufen und dürfen nicht getrennt werden. Denn der Zugang zu Ressourcen muss gleich verteilt sein und eine Teilhabe der spezifischen Lebensumstände entsprechend ermöglicht werden.

Literatur

Boltanski, Luc; Chiapello, Ève (2003 [1999]): *Der neue Geist des Kapitalismus.* Konstanz: UVK-Verlag.

Burkart, Günter (2015): „Boltanski/Chiapello: Ein feministischer Geist im neuen Kapitalismus?" In: Heike Kahlert; Christine Weinbach (Hg.): *Zeitgenössische Gesellschaftstheorien und Genderforschung. Gesellschaftstheorien und Gender.* Wiesbaden: Springer VS Verlag für Sozialwissenschaften, S. 153–175.

Degener, Ursula; Rosenzweig, Beate (2006): *Die Neuverhandlung sozialer Gerechtigkeit. Feministische Analysen und Perspektiven.* Wiesbaden: Springer VS Verlag für Sozialwissenschaften, S. 11–35.

Demirović, Alex (2008): „Neoliberalismus und Hegemonie." In: Christoph Butterwegge; Bettina Lösch; Ralf Ptak (Hg.): *Neoliberalismus. Analysen und Alternativen.* Wiesbaden: Springer VS Verlag für Sozialwissenschaften, S. 17–33.

100 Top-Down-Effekt beschreibt einen Ansatz oder eine Struktur, in der Entscheidungen, Richtlinien oder Maßnahmen von einer übergeordneten oder zentralen Stelle auf untergeordnete Ebenen oder Teile eines Systems übertragen werden. Im Allgemeinen bedeutet der Top-Down-Effekt, dass die Steuerung, Leitung oder Beeinflussung von oben nach unten erfolgt. In diesem Fall geht es um politische Entscheidungen hinsichtlich feministischer Anliegen, die beim Top-Down-Effekt bspw. vom Staat getroffen und von den Individuen umgesetzt werden müssten.

Eisenstein, Hester (2005): „A Dangerous Liaison? Feminism and Corporate Globalization." In: *Science & Society*, Bd. 69, Nr. 3, S. 487–518.

Eisenstein, Hester (2017): „Hegemonic feminism, neoliberalism and womenomics: ‚empowerment' instead of liberation?" In: *new formations*, Bd. 91, S. 35–49.

Ferguson, Michaele L. (2017): „Neoliberal feminism as political ideology: revitalizing the study of feminist political ideologies." In: *Journal of Political Ideologies*, Bd. 22, Nr. 3, S. 221–235.

Foucault, Michel (2004): *Geschichte der Gouvernementalität I: Sicherheit, Territorium, Bevölkerung*. Frankfurt am Main: Suhrkamp.

Fraser, Nancy (2009): „Feminismus, Kapitalismus und die List der Geschichte." In: *Blätter für deutsche und internationale Politik*, Bd. 8, S. 44–56.

Hardt, Micheal (1999): „Affective Labor." In: *boundary 2*, Vol. 26, No. 2, pp. 89–100.

Hardt, Micheal; Negri, Antonio (2000): *Empire*, Cambridge MA/London: Harvard University Press.

Hark, Sabine (2008): „Die Scham ist vorbei. Feminismus Reloaded." In: *FEMINA POLITICA*, Bd. 17, Nr. 2, S. 111–114.

Hark, Sabine; Villa, Paula-Irene (2010): „Ambivalenzen der Sichtbarkeit – Einleitung." In: Angela McRobbie: *Top Girls. Feminismus und der Aufstieg des neoliberalen Geschlechterregimes*. Wiesbaden: Springer VS Verlag für Sozialwissenschaften, S. 1–31.

Haug, Frigga (2009): „Feministische Initiative zurückgewinnen – eine Diskussion mit Nancy Fraser." In: *DAS ARGUMENT*, Bd. 281, S. 393–408.

Körber, Martha-Lotta (2017): *Ambivalenzen in der Auseinandersetzung mit Popfeminismus*. Seminararbeit, Seminar für Europäische Ethnologie / Volkskunde, Christian-Albrechts-Universität zu Kiel. Online unter: https://www.praxisundkultur.uni-kiel.de/wordpress/wp-content/uploads/2018/03/Koerber_Popfeminismus.pdf [letzter Zugriff am: 13.12.2023].

Larner, Wendy (2000): „Neo-liberalism: Policy, Ideology, Governmentality." In: *Studies in Political Economy*, Bd. 63, Nr. 1, S. 5–25.

Ludwig, Isolde; Schlevogt, Vanessa; Klammer, Ute; Gerhard, Ute (2002): *Managerinnen des Alltags. Strategien erwerbstätiger Mütter in Ost- und Westdeutschland*. Berlin: Ed. Sigma.

Müller, Ursula G. T. (2013): *Dem Feminismus eine politische Heimat – der Linken die Hälfte der Welt. Die politische Verortung des Feminismus*. Wiesbaden: Springer VS Verlag für Sozialwissenschaften.

Penz, Otto; Sauer, Birgit (2016): *Affektives Kapital. Die Ökonomisierung der Gefühle im Arbeitsleben.* Frankfurt am Main: Campus.

Prügl, Elisabeth (2015): „Neoliberalising Feminism." In: *New Political Economy*, Bd. 20, Nr. 4, S. 614–631.

Rottenberg, Catherine (2014): „The Rise of Neoliberal Feminism." In: *Cultural Studies*, Bd. 28, Nr. 3, S. 418–437.

Sauer, Birgit (2008): „Neuliberale Verhältnisse. Staatlichkeit und Geschlecht." In: Christoph Butterwegge; Bettina Lösch; Ralf Ptak (Hg.): *Neoliberalismus. Analysen und Alternativen.* Wiesbaden: Springer VS Verlag für Sozialwissenschaften, S. 34–49.

Sauer, Birgit (2016): „Affektive Gouvernementalität. Eine geschlechtertheoretische Perspektive." In: Elisabeth Mixa; Sarah Miriam Pritz; Markus Tumeltshammer; Monica Greco (Hg.): *Un-Wohl-Gefühle. Eine Kulturanalyse gegenwärtiger Befindlichkeiten.* Bielefeld: transcript, S. 147–162.

Wagner, Gabriele (2007): „Ein ‚neuer Geist des Kapitalismus'? Paradoxien der Selbstverantwortung." In: *Österreichische Zeitschrift für Soziologie*, Bd. 32, Nr. 3, S. 3–24.

Zeisler, Andi (2016): *We were feminists once: From Riot Grrrl to coverGirl®, the buying and selling of a political movement.* New York: PublicAffairs.

Jona v. Czettritz

Beziehungsweise Klimasolidarität

Der Anteil erneuerbarer Energien im Stromsektor ist zwischen 2000 und 2020 von 6,3 % auf 45,3 % gestiegen (vgl. Umweltbundesamt 2023). Die bio-vegane Ernährungsweise hat den Weg in den Mainstream gefunden und Discounter wie Lidl werben mit Bio-Produkten und pflanzlichen Alternativen zu Joghurt, Maultaschen, Käse und Co. Zwischen den Jahren 2020 und 2021 hat sich die Anzahl der Vegetarier_innen und Veganer_innen verdoppelt (vgl. BMEL 2021) und eine Studie aus dem Folgejahr zeigt, dass fast die Hälfte der in Deutschland lebenden Menschen versucht, den Fleischkonsum bewusst zu reduzieren (vgl. BMEL 2022). Nachhaltig und klimaneutral sind Buzzwörter geworden, mit denen sowohl Autos, Lebensmittel als auch Kleidung beworben werden. Trotzdem steigen Jahr für Jahr die globalen Treibhausgase. Ausnahmen waren die Finanzkrise 2009 und der Beginn der Corona-Pandemie. In beiden Fällen gab es keine anhaltende Reduktion und es folgte ein neues Hoch an Emissionen.

„Individuelle Konsumentscheidungen sind keine Lösung. Das Problem liegt im System." Statements wie diese haben wir alle schon sehr oft gehört. Sie führen entweder zu einem Augenrollen oder zur Entlastung von der Verantwortung für unsere eigenen Konsumentscheidungen und damit zu einem besseren Gewissen beim nächsten Bratwurstkauf. Viele Jahre meines Lebens bekam ich bei Klimadebatten zitterige Hände, mein Herzschlag wurde schneller und manchmal fing ich an zu schwitzen, als müsste ich gleich vor hunderten von Menschen einen Vortrag halten. Für dieses Level an Stress brauchte nicht mein klimaleugnender Großvater am Tisch zu sitzen, auch eine abendliche Unterhaltung am Küchentisch mit meinen politisch aktiven Mitbewohnis reichte aus. Entweder hatte ich das Gefühl, mir wird vorgehalten, dass ich systemischen Wandel aufhalte, weil ich versuche, ressourcenschonend zu leben. Oder aber ich hatte Angst vor dem Vorwurf, über systemischen Wandel zu sprechen, obwohl auch ich nicht ‚fehlerfrei' lebe. Jahrelang habe ich versucht, vegan, saisonal, müllfrei, flugfrei und per se minimalistisch zu leben. All das, damit mir nichts vorgehalten werden kann, wenn ich mich als Ökonom_in für ein Ende des fossilen Kapitalismus stark mache. Damit bin ich nicht allein: Viele von uns bekommen bei dem Thema, aus dem einen oder dem anderen Grund Herzrasen. Wahrscheinlich trägt auch das dazu bei, dass wir es zu selten schaffen, konstruktiv und wohlwollend zu diskutieren.

Dabei bringt es uns nicht weiter, die Debatte auf eine Entscheidung zwischen Konsum- und Systemwandel zu reduzieren. Denn die Vorstellung, dass der einzige Weg, die Auswirkungen der Klimakrise zu vermindern, das Überwinden des globalen Wirtschaftssystems ist, ist angesichts des Zeitdrucks erst einmal ernüchternd. Kuhmilch durch Hafermilch zu ersetzen, fühlt sich zunächst leichter an.

Mein Ziel ist es, eine wohlwollende Debatte zu führen, durch die Menschen nicht mit einem Gefühl der Ohnmacht überrollt oder ernüchtert zurückgelassen werden. Statt Ohnmachtsgefühlen und Resignation wünsche ich mir, dass Menschen sich gegenseitig inspirieren, um gemeinsame Visionen zu finden, und dass Freude an den zahlreichen Möglichkeiten, eine klimasolidarische Zukunft zu gestalten, entstehen kann. Um das zu erreichen, macht es Sinn, sich erst einmal anzuschauen, wie sich ein klimagerechtes System vom jetzigen unterscheiden muss. Hierfür identifiziere ich in dem folgenden Text drei Kernkonzepte des fossilen Spätkapitalismus sowie der derzeitigen Klimapolitik, welche als Bremsklötze auf dem Weg in eine klimagerechte Zukunft fungieren: das kapitalistische Wachstumsparadigma[101], das moderne Eigentumsverständnis und den neoliberalen Individualismus. Mein Ziel ist es, das Spannungsfeld zwischen strukturellen und individuellen Lösungsansätzen zumindest in Teilen aufzulösen und Handlungsspielraum zu schaffen. Hierfür werden die wechselseitigen Beziehungen zwischen den drei Konzepten – Wachstum, Eigentum und Individualismus – als Beziehungsweisen im Kapitalismus beleuchtet. Diese Betrachtung gibt lehrreiche Hinweise für einen Transformationsprozess, der nicht nur auf ein unbekanntes Ziel hinarbeitet, sondern in dem bereits solidarische Beziehungsweisen als Teil des Prozesses enthalten sind.

101 Ein Paradigma beschreibt ein Denkmuster oder eine Denkweise, welche zu einem bestimmten Zeitpunkt allgemein anerkannt sind. Durch einen Paradigmenwechsel werden vorher als allgemeingültig geltende Sichtweisen aufgebrochen und neue Handlungsspielräume und Fragestellungen ermöglicht.

Wachstum

Wachsende Pflanzen, wachsende Kinder, wachsende Zuneigung – das Bild des Wachsens ist für die meisten Menschen positiv besetzt. Der Begriff ‚Wachstum' transportiert das Gefühl, dass sich etwas oder jemand in einem Zustand befindet, der ein Gedeihen ermöglicht. Wachstum als Synonym für ein steigendes Bruttoinlandsprodukt (BIP) spielt mit genau diesem Gefühl und beschönigt den Anspruch, dass das BIP immer steigen bzw. wachsen muss. Diese Beschönigung ist in unserer Gesellschaft so allgegenwärtig, dass sie den meisten Menschen gar nicht mehr wie eine solche vorkommt. Über jede Veränderung der Wirtschaftsleistung Deutschlands wird medial berichtet und gesellschaftlich diskutiert. Sowohl linke als auch rechte Parteien nutzen das Wachstum des BIPs sowie einzelner Sektoren als Indikator für erfolgreiche Maßnahmen und als Richtlinie für staatliche Interventionen. Dabei wird Wirtschaftswachstum oft wie ein unausweichliches Naturgesetz diskutiert, obwohl die stetig steigende Produktivität im heutigen Ausmaß und der damit einhergehende steigende Ressourcenverbrauch relativ junge Phänomene sind. Historische Daten zeigen kaum Wachstum vor der Mitte des 19. Jahrhunderts und die erste rasante Beschleunigung begann erst Mitte des 20. Jahrhunderts (vgl. Steffen et al. 2015).

Auch klimapolitische Maßnahmen unterliegen derzeit der Wachstumslogik. Mit dem Versprechen einer klimaneutralen Zukunft werden sogenannte grüne Sektoren wie erneuerbare Energien und ökologische Landwirtschaft seit Jahren subventioniert und somit *grünes Wachstum* propagiert. Grundgedanke ist dabei die sogenannte ‚Entkopplung', d.h. die Trennung von Ressourcenverbrauch und Wirtschaftswachstum. Jedoch fehlt diesem Versprechen auf ein nachhaltiges Wachstum jegliche wissenschaftliche Grundlage. Bis heute gibt es keine Indizien dafür, dass eine anhaltende, absolute Entkopplung möglich ist. Wobei absolute Entkopplung einen sinkenden Ressourcenverbrauch in absoluten Zahlen, trotz wirtschaftlichen Wachstums, bezeichnet. Im Gegensatz dazu spricht man von relativer Entkopplung, wenn der Ressourcenverbrauch prozentual weniger stark ansteigt als das BIP. Seit den 1990er Jahren ist der CO2-Ausstoß global um ca. 60 % gestiegen. Ein Rückgang im Ressourcenverbrauch kann lediglich in schrumpfenden[102] Wirtschaften beobachtet werden (vgl. Jackson 2017; Kallis 2018). Grund hierfür sind sogenannte ‚Reboundeffekte', d.h. die steigende Nachfrage nach einer Ressource aufgrund eines Produktivitätszuwachses (vgl.

102 Schrumpfend bezieht sich in diesem Fall auf ein sinkendes BIP. Beispiele hierfür sind die ersten Jahre der Corona-Pandemie oder Jahre mit steigenden Preisen (Inflation), in welchen Menschen den Konsum stark einschränken.

Schmelzer/Vetter 2021). Dieses Phänomen ist beinahe so alt wie das Wirtschaftswachstum selbst. Der Ökonom William Stanley Jevons berichtet bereits über Reboundeffekte bei effizienterem Kohleeinsatz im Jahr 1865 (vgl. ebd.). Grünes Wachstum ist ein Mythos, der vor allem dadurch genährt wird, dass wohlhabende Volkswirtschaften ihre Emissionen in Länder des Globalen Südens exportieren. So basiert widersprüchlicherweise auch die westliche Klimapolitik, z.B. der Umstieg auf Elektromobilität, derzeit auf einem steigendem Ressourcenverbrauch in anderen Regionen.

Trotz dieser Eindeutigkeit wird ein Wandel unseres Wirtschaftssystems in der Klimadebatte zu selten fokussiert. Der politische Diskurs wird weitgehend auf eine innovationsorientierte, technologische Ebene reduziert, die den Entkopplungsmythos bestärkt. Aufgrund des schwer greifbaren Ausmaßes der Krise und des zeitlichen Drucks werden politische Debatten rund um das Thema Klimawandel pseudorationalisiert. Emotionale Reaktionen werden tabuisiert und betroffene Gruppen werden von den Debatten ausgeschlossen. Die Dringlichkeit führt zu einer Forderung nach ‚praktikablen' Lösungen, die eine schnelle Umsetzung versprechen, und zu einer Reproduktion vorherrschender Logiken ökonomischer Rationalität. Systemkritische Ansätze werden als ideologisch oder utopisch abgetan. Dadurch werden Lösungsvorschläge auf marktliberale Ansätze wie Emissionszertifikate, Labels und CO2-Steuern reduziert. Indem die Unvereinbarkeit von Wachstum und Nachhaltigkeit außer Acht gelassen wird, entsteht ein Diskursrahmen, der die Klimakrise strukturell verharmlost und der letztendlich in eine Sackgasse führt. In dieser Sackgasse befinden sich jedoch nicht nur Konzerne und Staaten, sondern auch unsere persönliche Entwicklung und unsere Beziehungen, die im aktuellen Spätkapitalismus von Konkurrenz und Wachstum getrieben sind.

Dass Wachstum und Nachhaltigkeit nicht vereinbar sind, ist keine neue These. Bereits seit den späten 1960er Jahren finden immer wieder Vertreter_innen der Postwachstumsbewegung Gehör in Wissenschaft

Postwachstumsbewegung
Die Postwachstumsbewegung oder auch *degrowth movement* kritisiert die Idee des wirtschaftlichen Wachstums als Treiber für menschliches Glück. Sie argumentiert, dass das gegenwärtige Wirtschaftssystem, das auf kontinuierlichem Wachstum basiert, nicht nachhaltig ist und zu negativen Auswirkungen auf die Umwelt und individuelles Wohlbefinden führt sowie soziale Ungleichheiten verstärkt. Die Postwachstumsbewegung fordert eine Transformation der Gesellschaft hin zu einer nachhaltigeren und gerechteren Wirtschaftsweise – beispielsweise durch die Förderung von suffizienten Lebensweisen, die Verringerung der Konsumgesellschaft und die Stärkung von Gemeinschaftsstrukturen und Solidarität.

und Medien. Trotzdem bleibt eine politische Wende aus. Woher kommt diese wirtschaftliche und gesellschaftliche Abhängigkeit von Wachstum, die einen Wandel verhindert?

Eigentum

Mit der Verbreitung des modernen Kapitalismus hat sich ein neues Eigentumsverständnis und eine soziale Ordnung etabliert, bei der das Privateigentum im Zentrum steht. In neoliberalen Märkten wird die langfristige Sicherung der eignen Bedürfnisse durch die Akkumulation von Kapital geschaffen. Nur wer einen stetigen Zuwachs an Ressourcen (z.B. finanziell oder materiell) hat, kann sicher sein, dass die eigenen Bedürfnisse auch in der Zukunft gedeckt werden: Eine eigene Immobilie schützt vor Mietsteigerungen sowie Verdrängung und private Rücklagen sichern finanziell ab bei Jobverlust sowie alters- und/oder krankheitsbedingter Armut. Ein lebenswertes Leben für alle ist keine gesamtgesellschaftliche Aufgabe. Uns wird schon in jungen Jahren nahegelegt, Sicherheitsbedürfnisse durch materielle und finanzielle Ressourcen zu stillen. Dabei variiert, wie viel Zugang Menschen zu diesen Ressourcen gewährt wird.

Ähnlich wie beim wirtschaftlichen Wachstum, handelt es sich auch beim modernen Eigentumsverständnis um ein relativ junges Phänomen. Bis Mitte des 19. Jahrhunderts wurden landwirtschaftliche Flächen in Mitteleuropa größtenteils gemeinschaftlich bewirtschaftet, als sogenannte Allmende. Mit der Auflösung des Allmendesystems – auch ‚große Transformation' genannt – wurden in vielen Bereichen Gewohnheitsrechte[103] von privaten Nutzungsrechten abgelöst.

Große Transformation

‚Große Transformation' ist ein Begriff, der in den Sozialwissenschaften verwendet wird, um tiefgreifende und grundlegende Veränderungen in einer Gesellschaft zu beschreiben. Er bezieht sich auf einen umfassenden Wandel in verschiedenen Bereichen wie Wirtschaft, Politik, Kultur und Umwelt. Der Begriff geht auf eine Publikation von Karl Polanyi aus dem Jahr 1944 zurück, in der er die tiefgreifenden Veränderungen durch die Industrialisierung beschreibt. Die Auflösung des Allmendesystems ist ein Aspekt der ‚Großen Transformation' im 19. Jahrhundert. Das Allmendesystem, auch bekannt als Allmende oder Gemeinschaftseigentum, bezieht sich auf Ressourcen, die von einer Gemeinschaft gemeinsam genutzt und verwaltet werden. Dies kann Land, Wasser, Wälder oder andere natürliche Ressourcen umfassen.

Viele Menschen verloren im Zuge dieser Veränderungen gewaltsam ihre soziale Sicherheit, die ihnen über Generationen zugestanden hatte. So entstand eine

103 Bei Gewohnheitsrechten handelt es sich um Rechte, die nicht schriftlich festgelegt sind, sondern durch eine Tradition und anhaltenden Gebrauch des Rechts verbindlich sind.

neue eigentumslose Arbeiter_innenklasse, auf deren unterbezahlte Arbeit die schnell wachsende bürgerliche Industrie angewiesen war (vgl. Marx/Engels 1973: 745f). Seit der Privatisierung landwirtschaftlicher Flächen wurde immer mehr auf intensivierte Landwirtschaft gesetzt. Flächen, die über Generationen hinweg regenerativ bewirtschaftet worden waren, wurden nun zunehmend dem Profit und damit der Dauernutzung unterstellt. Heute kämpfen wir mit den Folgen in Form sinkender Biodiversität und nährstoffarmer Böden (vgl. Europäisches Parlament 2021; Flessa et al. 2019). Mit der großen Transformation etablierte sich ein nie zuvor dagewesenes Verständnis von Privateigentum. Eigentumsformen wurden vermehrt verschriftlicht. Es wurde möglich, über Flächen zu verfügen, ohne sie je physisch betreten zu haben, und Menschen vor Ort von der Nutzung auszuschließen. Neu geschaffene Eigentumstitel[104] ermöglichten freie Verfügungsgewalt, unabhängig von Bedarf und tatsächlichem Gebrauch (vgl. Nuss 2019: 136). Die Bedürfnisse Dritter, Bedürftiger oder zukünftiger Generationen spielten keine Rolle mehr. Auch heute noch können Eigentümer_innen beispielsweise ein Wohnhaus verfallen lassen, unabhängig von der lokalen Wohnungsnot. Allmende werden in klassischen volkswirtschaftlichen Lehrbüchern als Beispiel dafür verwendet, wie Gemeinwirtschaft zu systematischer Übernutzung führt. Dabei zeigen Daten zur Entwicklung gesunder Ackerflächen in Deutschland eher das Gegenteil (vgl. Flessa et al. 2019). Trotzdem wird, um Ressourcen zu pflegen und zu erhalten, weiterhin Privatisierung als ein effektives Mittel reproduziert. Auch klimapolitische Ansätze folgen diesem Narrativ. Durch CO2-Steuern, Zertifikate, Labels etc. werden Emissionen und Ressourcenverbrauch mit Preisen bewertet und wer die finanziellen Mittel zur Verfügung hat, kann Umweltverschmutzung legitimieren. So werden Emissionen und andere Ressourcen in den Markt integriert, anstatt dass ökologische und soziale Problemstellungen gesamtgesellschaftlich gelöst werden. Privateigentum ist daher kein Ansatz, der eine solidarische und klimaneutrale Zukunft möglich macht, allerdings als Beziehungsform auch nicht unumgänglich. Es braucht die Kritik am (Privat-)Eigentum als Teil eines neuen Verständnisses davon, wie wir die Beziehungen zu unserer Umwelt gestalten können. Häufig ist in diesem Zusammenhang von Leihgaben die Rede, im Sinne von ‚Wir haben die Erde nur von unseren Enkelkindern geliehen!' Aber wie Eva von Redecker in ihrem Buch *Revolution für das*

104 Eigentumstitel sind rechtliche Dokumente, die den Besitz von Eigentum bestätigen. Ein Eigentumstitel kann verschiedene Formen haben: z.B. ein Grundbucheintrag oder eine Eigentumsurkunde bei einer Immobilie. Im Zuge der großen Transformation und Privatisierung von Eigentum sind auch neue Eigentumstitel entstanden.

Leben schreibt: „Die Erde ist kein Besitztum, auch keines, das wir von ‚unseren' Kindern geliehen hätten. Die Erde gewährt uns Ko-Leihmutterschaft." (Redecker 2020: 234) Es geht nicht um Verfügungsrechte über einzelne Ressourcen, sondern um gemeinschaftliche Verantwortung für unseren Planeten und füreinander. Für eine Gesellschaft, in der wir das Wohlsein der Einzelnen und unserer Umgebung als eine gemeinschaftliche Aufgabe sehen.

Individualismus

Genau diese Gedanken von Fürsorge und Solidarität sind mit dem kapitalistischen Menschenbild nur schwer vereinbar. Der globale Spätkapitalismus geht seit dem Ende der 1968er Jahre mit einer verstärkten Naturalisierung des *Homo oeconomicus* einher.

Dieses ‚rationale', individualistische und nutzenmaximierende Menschenbild ist noch immer der Ausgangspunkt für politische und volkswirtschaftliche Diskurse. Klimapolitik bleibt hiervon nicht verschont. Damit sich alle Menschen klimafreundlich verhalten, müssen nach dieser Logik nachhaltige Verhaltensweisen immer die attraktivste Alternative sein. Hierfür bedarf es ständig neuer Investitionen in nachhaltige Produkte – wie beispielsweise in die Entwicklung immer besserer elektrischer Autos – sowie individueller Investitionen und Veränderungen des (Konsum-)Verhaltens. In individualistischen Weltbildern steht der einzelne Mensch im Mittelpunkt. Oberste Priorität hat die Freiheit des_der Einzelnen. Eine Gemeinschaft kann ihren größtmöglichen Wohlstand in der Regel dann erzielen, wenn die individuellen Interessen uneingeschränkt verfolgt werden (vgl. BPB 2016b). Durch diese Weltanschauung wird dem individuellen (Konsum-)Verhalten eine zu große Wirkungskraft zugesprochen. Nachhaltigkeit wird dadurch zum Verkaufsargument und Abgrenzungsmittel: Bio-Produkte kaufen wird zum Statussymbol; Secondhand-Kleidung wird zum Lifestyle-Trend und heißt jetzt *Vintage*; wenig Wohnraum wird zu *downsizing*[105]

> ***Homo oeconomicus***
> Der *Homo oeconomicus* (lateinisch für ‚ökonomischer Mensch') ist eine Modellvorstellung aus der Wirtschaftswissenschaft. Es beschreibt den Menschen als rational handelndes Wesen, das ausschließlich nach größtmöglichem Nutzen (Nutzenmaximierung) agiert und sich bei seinen Entscheidungen von wirtschaftlichen Überlegungen leiten lässt. Dabei verfügt er über vollständige Informationen über alle Märkte und Eigenschaften sämtlicher Güter, um Kosten und Nutzen rational abzuwägen (vgl. BPB 2016a). Diese Modellvorstellung ist bis heute sehr wirkmächtig.

105 *Downsizing* heißt auf Deutsch ‚Verkleinerung'.

und in 100.000 Euro teure *tiny houses* umgesetzt; recycelte Yoga-Mode wird aus Bali eingeflogen etc. Es entsteht eine neue Zweiklassengesellschaft: eine Art Bio-Elite, die sich ein gutes Gewissen erkaufen kann, und eine einkommensschwache Klasse, welcher der Zugang zu jedem ‚Luxus' verwehrt bleibt. Nur Menschen, die sich neue Autos leisten können, dürfen in die Zentren unserer Städte; wer einen CO2-Ausgleich zahlen kann, darf noch fliegen; und wer Geld für nachhaltig, artgerecht und regional produzierte Produkte hat, kann reinen Gewissens Fleisch kaufen. Es zeichnet sich ab, dass nicht jede Form des Klimaaktivismus automatisch ein Befreiungskampf für eine klimagerechte Zukunft ist. Es braucht ein gewisses Klassenbewusstsein, um zu verhindern, dass gesellschaftliche Transformationsprozesse soziale Ungleichheiten nicht verschlimmern.
Auch die Auswirkungen, die Entscheidungen der Mehrheitsgesellschaft haben können, sind begrenzt. Wenige Unternehmen und die Reichsten der Reichen verursachen den Hauptteil der globalen Treibhausgasemissionen (vgl. Maitland et al. 2022: 11). Das Problem liegt also vor allem dort, wo das Geld liegt. Zu sagen, dass reiche Menschen das Problem sind, ist jedoch keine Argumentation, die zu einem gesamtgesellschaftlichen Transformationsprozess führt. Nicht die Menschen, die reich sind, sind das Problem, sondern die Tatsache, dass sie reich sind. Das Problem ist also wieder das Privateigentum – in anderen Worten, die Beziehung, die wir bzw. in diesem Fall Superreiche mit den Ressourcen auf diesem Planeten haben. Aber wenn das Problem im Privateigentum als Beziehungsweise liegt, reicht der Kampf gegen einzelne Personen nicht aus. Der Klimawandel ist, auch wenn die Auswirkungen Menschen sehr ungleich treffen, eine globale und eine Systemkrise. Diese Krise kann nur systemisch und kollektiv gelöst werden, indem wir neue Beziehungsweisen zu den endlichen Ressourcen der Erde entdecken. Bini Adamczak beschreibt diesen Findungsprozess als revolutionär:

> „Im Zentrum der Revolution steht weder die Totalität (des Staates) noch die Individualität (des einzelnen Menschen), weder die (kalte und passive) Gesellschaft, noch die (warme) Gemeinschaft, weder die Produktionsweise noch die Existenzweise, sondern die Beziehungsweise." (Adamczak 2017: 226)

Wir brauchen also neue Beziehungsweisen, wenn wir in einer klimagerechten Zukunft leben wollen. Sozusagen eine erneute große Transformation, auch wenn wir teilweise noch kein Bild davon haben, wie diese Beziehungsweisen außerhalb des jetzigen Systems aussehen werden.

Klimasolidarische Beziehungsweisen

Fassen wir noch einmal zusammen: Unsere derzeitige Klimapolitik versucht, den Planeten durch Maßnahmen wie E-Autos und vegane Start-ups zu retten, also durch grünes Wachstum. Allerdings sind Wachstum und Nachhaltigkeit sowohl physikalisch als auch politisch nicht vereinbar. Trotzdem sind wir in diesem Wachstumsparadigma gefangen. Das liegt daran, dass sowohl Unternehmen als auch Menschen in wettbewerbsorientierten Märkten wachsen müssen, um sich Ressourcen anzueignen und Sicherheit zu erlangen. Die Klimakrise ist daher keine zufällige Begleiterscheinung des Kapitalismus. Solange wir die Beziehung zu natürlichen Ressourcen nicht neugestalten, werden Umweltzerstörung und Ressourcenknappheit weiterhin Teil unserer Wirtschaft sein. Der einzige Weg aus der Klimakrise besteht darin, diese Beziehungsweisen zu überwinden und neue solidarische Beziehungsweisen zu entwickeln. „Die Revolution, die eine gute Zukunft realisieren will, entstammt einer schlechten Gegenwart, die sie überwinden will." (Adamczak 2017: 77) Ähnlich wie Adamczak das Dilemma von revolutionären und postrevolutionären Generationen beschreibt, muss auch, zumindest in ihren Anfängen, eine klimagerechte Zukunft von Menschen aufgebaut werden, die nur das fossile Zeitalter kennen: „Denn zunächst ist die Aufgabe der Revolution negativ bestimmt, sie hat einen unerträglichen Zustand zu beenden." (Adamczak 2017: 78) Die Frage ist, wie wir Beziehungsweisen entwickeln können, die auf Solidarität und Gemeinschaft basieren, obwohl wir selbst im Zwang des individuellen und wirtschaftlichen Wachstums gefangen sind. Der Kampf für eine klimagerechte Zukunft ist kein linearer Weg. Vielmehr stehen wir an einer Weggabelung. Wenn wir zurückblicken, wissen wir, was wir hinter uns lassen wollen. Um jedoch ein mögliches Ziel zu erreichen, müssen wir noch verschiedene Wege erkunden. Zielvorstellungen können uns zwar nicht als genaue Karte dienen, aber als ein Kompass, der uns Orientierung gibt. Eine klimaneutrale Zukunft darf soziale Ungerechtigkeiten wie Rassismus, Ableismus, Klassismus und Sexismus nicht verstärken oder aufrechterhalten. Klimaaktivismus muss ein Kampf für eine gerechte und solidarische Zukunft sein.

Orte, an denen Menschen für eine gerechte und solidarische Zukunft kämpfen und es schaffen, Ressourcen außerhalb des liberalen Eigentumsverständnisses zu teilen, können als Lernorte für einen umfassenden gesellschaftlichen Wandel dienen. Beispiele für solche Ansätze gibt es zahlreiche. Beim Besetzen von Häusern und Straßen habe ich Menschen kennengelernt, die ihr Einkommen und ihren Besitz in solidarischen Gemeinschaften teilen, damit sie sich gegenseitig absichern können. Teilweise mit Menschen, die hunderte Kilometer entfernt leben und die sie vorher kaum kannten. Umsonstläden und solidarische Fahrradwerkstätten haben mir gezeigt, dass es in allen Städten, die ich bisher bereist habe, Menschen gibt, die sich einbringen, um die Bedürfnisse anderer zu stillen, ohne eine Gegenleistung zu erwarten. In der Berliner Mieter_innenbewegung habe ich zahllose Menschen getroffen, die in selbstorganisierten Hausprojekten, besetzen Häusern und anderen solidarischen Gemeinschaften leben, sich täglich füreinander einsetzen und füreinander sorgen. Im Jahr 2021 haben in Berlin 59,1 % der Wähler_innen für die Vergesellschaftung von Wohnraum gestimmt. Eine demokratische Verwaltung von Wohnraum, ohne Profite und mit der Möglichkeit zur selbstbestimmten energetischen Renovierung ohne Verdrängung, ist eine Vision, die vor dem Volksentscheid kaum möglich schien.[106] Seit 2021 hatten nicht nur viele Bewegungen Zuwachs, die Wohnraum vergesellschaften wollen, sondern auch eine gemeinschaftliche Verwaltung des Energiesektors wird jetzt breit diskutiert. Weltweit gibt es eine Vielzahl von kollektiven Hofprojekten, die unabhängig von Märkten und Preisen, Menschen mit nachhaltigen Lebensmitteln versorgen. Die Anzahl der Höfe, die Teil des Netzwerks *Solidarische Landwirtschaft* sind, ist in den letzten Jahren trotz der Pandemie stetig gestiegen – während Ende 2019 rund 260 Solawis in Deutschland verzeichnet waren, waren es Ende 2023 bereits über 460.[107] Diese Betriebe zeigen, wie Menschen langfristig solidarisch miteinander umgehen können, ohne sich am eigenen Vorteil zu orientieren.

Auch sozialdemokratische Ansätze können ein möglicher Weg sein, führen aber langfristig nicht zu Transformationsprozessen, die tiefgreifend genug sind. Ein starker Sozialstaat, der regulierend in Märkte eingreift, ist nicht genug. Nationalstaaten wie Dänemark, die oft als nachhaltige und soziale Vorbilder gesehen werden, sind immer noch auf Wirtschaftswachstum angewiesen, um ihren Wohlstand zu erhalten. Solidarische Zukunftsvisionen müssen den Mut haben, einen Schritt weiterzugehen. Regulierungen wie CO2-Steuern, die es Unternehmen ermöglichen, Umweltschäden durch finanzielle Mittel zu kompensieren, sind keine Lösung. Vielmehr sollten alle Unternehmen das Gemeinwohl als oberstes Ziel verfolgen. Wenn eine Gemeinwohlökonomie eine Wirtschaft erfordert,

---

106 Siehe dazu z.B. die Initiative *Deutsche Wohnen & Co Enteignen*. Online unter: https://dwenteignen.de/ [letzter Zugriff am: 28.06.2023].

107 Vgl. Einträge auf der Website von *Solidarische Landwirtschaft e.V.* 2019 im Vergleich zu 2023. Online unter: https://web.archive.org/web/20191221121208/https://www.solidarische-landwirtschaft.org/solawis-finden/auflistung/solawis/ [letzter Zugriff am: 11.09.2023] und www.solidarische-landwirtschaft.org/solawis-finden/auflistung/solawis [letzter Zugriff am: 28.06.2023].

die in Gemeinschaftshand geführt wird, dann gibt es möglicherweise keinen Platz mehr für privates Eigentum. Das bedeutet jedoch nicht, dass wir zu historischen Organisationsformen wie der Allmende oder einer vollständigen Verstaatlichung der Ressourcen zurückkehren müssen, ähnlich den sowjetischen Verstaatlichungsprozessen. Die Zukunft wird neue Beziehungsweisen zwischen Menschen und den Ressourcen um uns herum mit sich bringen. Auf die Frage wie genau diese solidarischen und gemeinschaftlichen Formen von Eigentum konkret aussehen sollen, gibt es keine universelle Antwort und zu Teilen liegen sie vielleicht noch außerhalb unserer Vorstellungskraft. Trotzdem gibt es heute schon eine Vielzahl an Ideen, Konzepten und Modellen, die weltweit in unterschiedlichsten Kontexten bereits verwirklicht wurden. Sie sollten nicht zu isolierten Utopien werden, sondern das erlangte Wissen und die erworbenen Fähigkeiten der Menschen sollten für weitere Befreiungskämpfe genutzt werden. Kleine wie große Projekte können uns Anhaltspunkte geben, in welche Richtung eine klimasolidarische Gesellschaft gehen sollte. Es bedarf einer Wirtschaft, die auf Suffizienz anstatt Wachstum abzielt, Solidarität statt Individualismus fördert und gemeinschaftliche Verfügung anstelle von Privatisierung ermöglicht. Was wir benötigen, ist ein Findungsprozess, der diesen Leitlinien folgt und uns verschiedene Wege ausprobieren und hinter uns lassen lässt. Redecker beschreibt diesen Prozess als Revolution für das Leben:

> „Die Revolution für das Leben bringt viele Sehnsüchte: Solidarische Beziehungsweisen und Weltliebe. Die Sehnsucht nicht nur nach der Abwesenheit von Herrschaft, sondern nach der Anwesenheit freier Gezeiten […] Revolution für das Leben hat viele Namen: Abolition. Aktiver Streik. Vergesellschaftung. Weltwahrung. Sie sind allesamt Arbeit am Weltinnenraum." (Redecker 2020: 285f)

Schweißausbrüche konnte ich inzwischen hinter mir lassen. Heute belastet es mich nicht mehr so sehr, dass ich noch nicht auf alle Fragen die richtigen Antworten habe und mein Aktivismus nie genug sein wird. Als ich anfing, mich in anarchistischen Kreisen zu bewegen, wurde der ständige Druck durch ein Gefühl der Befreiung und eine Fülle von Visionen ersetzt. Die Beobachtung, wie Menschen in Bewegungen und Gemeinschaften, beispielsweise in besetzten Häusern, trotz begrenzter Ressourcen und äußerem Druck aufeinander achten, gibt mir Hoffnung. Es hat mich inspiriert zu sehen, wie das Erfüllen der Bedürfnisse aller, als gemeinschaftliche Aufgabe betrachtet wird – eine Vorstellung von Zukunft, die mir zuvor fremd war. Die Selbstverständlichkeit solidarischen Verhaltens, ohne Aussicht auf Gegenleistung – so einfach es auch klingen mag – hat mich tief geprägt. In kürzester Zeit haben sich meine Vorstellungen von dem, was zukünftig möglich sein kann, radikal verändert. Das Bild vom individualistischen, rationalen Menschen welches mir im Studium antrainiert wurde, konnte ich zum Glück auch hinter mir lassen. Ich kann mir inzwischen eine Gesellschaft vorstellen, in der solidarisch gelebt wird – auf eine Weise, die mit den begrenzten Ressourcen der Erde vereinbar ist – und in der Wachstum sich nicht auf Profite bezieht, sondern auf das Gedeihen der Menschen und der Umwelt, die einen umgibt. In der niemand privates Eigentum braucht, um sich sicher zu fühlen, weil das gegenseitige aufeinander Achten Teil unserer Kultur geworden ist. Und obwohl ich bereits kleine Einblicke in diese solidarischen Beziehungsweisen erhalten habe, hege ich die Hoffnung, dass noch viele Momente vor mir liegen, die mir neue Perspektiven und eine erweiterte Vorstellung von Zukunft eröffnen werden.

Lasst uns gemeinsam an diesen Momenten arbeiten und, wie Redecker es sagt, unseren Sehnsüchten folgen und am Weltinnenraum arbeiten. Einen Funken von solidarischen Beziehungsweisen gibt es auch in den dunkelsten Zeiten – lasst uns daraus ein Feuer entfachen.

Literatur

Adamczak, Bini (2017): *Beziehungsweise Revolution: 1917, 1968 und kommende*. Berlin: Suhrkamp.

Bundesministerium für Ernährung und Landwirtschaft (BMEL) (2021): *Deutschland, wie es isst. Der BMEL-Ernährungsreport 2021*, Stand Mai 2021. Online unter: www.bmel.de/DE/themen/ernaehrung/ernaehrungsreport2021.html [letzter Zugriff am: 01.09.23].

Bundesministerium für Ernährung und Landwirtschaft (BMEL) (2022): *Deutschland, wie es isst. Der BMEL-Ernährungsreport 2022*, Stand Juli 2022. Online unter: www.bmel.de/SharedDocs/Downloads/DE/Broschueren/ernaehrungsreport-2022.html [letzter Zugriff am: 01.09.23].

Bundeszentrale für politische Bildung (BPB) (2016a): „Homo oeconomicus." In: *Duden Wirtschaft von A bis Z: Grundlagenwissen für Schule und Studium, Beruf und Alltag*. Mannheim: Bibliographisches Institut. Online unter: www.bpb.de/kurz-knapp/lexika/lexikon-der-wirtschaft/19635/homo-oeconomicus/ [letzter Zugriff am: 11.09.23].

Bundeszentrale für politische Bildung (BPB) (2016b): „Individualismus." In: *Duden Wirtschaft von A bis Z: Grundlagenwissen für Schule und Studium, Beruf und Alltag*. Mannheim: Bibliographisches Institut. Online unter: www.bpb.de/kurz-knapp/lexika/lexikon-der-wirtschaft/19712/individualismus/ [letzter Zugriff am: 18.09.23].

Europäisches Parlament (2021): „Verlust der Biodiversität: Ursachen und folgenschwere Auswirkungen." In: *Aktuelles: Europäisches Parlament*, 16.01.2020. Online unter: www.europarl.europa.eu/news/de/headlines/society/20200109STO69929/verlust-der-biodiversitat-ursachen-und-folgenschwere-auswirkungen [letzter Zugriff am: 09.06.2021].

Flessa, Heinz et al. (2019): *Humus in landwirtschaftlich genutzten Böden Deutschlands. Ausgewählte Ergebnisse der Bodenzustandserhebung*. Herausgegeben vom Bundesministerium für Ernährung und Landwirtschaft (BMEL). Online unter: www.thuenen.de/media/institute/ak/Allgemein/news/Bodenzustandserhebung_Landwirtschaft_Kurzfassung.pdf [letzter Zugriff am: 12.08.2023].

Jackson, Tim (2017): *Wohlstand ohne Wachstum – das Update: Grundlagen für eine zukunftsfähige Wirtschaft*. München: oekom.

Kallis, Giorgos (2018): *Degrowth*. Newcastle upon Tyne: Agenda Publishing.

Maitland, Alex et al. (2022): *Carbon billionaires. The investment emissions of the world's richest people*. Herausgegeben von Oxfam International. Online unter:

www.oxfamilibrary.openrepository.com/bitstream/handle/10546/621446/bn-carbon-billlionaires-071122-en.pdf [letzter Zugriff am: 14.10.2023].

Marx, Karl; Engels, Friedrich (1973): „Das Kapital. Kritik der Politischen Ökonomie. Erster Band: Der Produktionsprozess des Kapitals." In: *Marx-Engels-Werke* (MEW), Band 23. Berlin: Dietz.

Nuss, Sabine (2019): *Keine Enteignung ist auch keine Lösung: Die große Wiederaneignung und das vergiftete Versprechen des Privateigentums*. Münster: Unrast.

Redecker, Eva von (2020). *Revolution für das Leben: Philosophie der neuen Protestformen*. Frankfurt/Main: S. Fischer.

Schmelzer, Matthias; Vetter, Andrea (2021): *Degrowth / Postwachstum zur Einführung*. Berlin: J. H. W. Dietz.

Steffen, Will et al. (2015): „The trajectory of the Anthropocene: The Great Acceleration." In: *The Anthropocene Review*, Bd. 2, Nr. 1, S. 1–18.

Umweltbundesamt (2023): „Indicator: Renewable Energy." In: *Umweltbundesamt*, 17.03.2023. Online unter: www.umweltbundesamt.de/en/data/environmental-indicators/indicator-renewable-energy#at-a-glance [letzter Zugriff am: 12.08.2023].

Jasmin Hagendorfer

Pornöse Möglichkeitsräume und Obszönitätsvisionen einer Zukunft

Intimität, Sinnlichkeit und Kapitalismus als persönliche Überlagerungen

Dieser Text ist kein Essay, kein akademischer Text, kein Manifest. Er ist ein Palimpsest. Ein Palimpsest – ein Begriff aus der Forschung zu alten Schriftstücken – ist ein Manuskript oder Dokument, bei dem der ursprüngliche Text gelöscht oder überlagert und durch einen neuen ersetzt wurde, hauptsächlich um teures Pergament zu sparen. Doch oft kann der zuvor überschriebene oder entfernte Text noch durchschimmern, was zu einer interessanten Vermischung von Geschichten und Bedeutungen führt. Genauso wie bei einem Palimpsest möchte ich in diesem Text die vielschichtige Natur meiner Praxis darstellen. Jede Phase, jedes Projekt und jedes Werk, das ich im Laufe meines Werdegangs geschaffen habe, ist wie eine Schicht Text in diesem metaphorischen Palimpsest. Einige meiner An- und Einsichten sowie Praktiken mögen sich mit der Zeit geändert haben, andere bleiben konstant. Doch sie alle überlagern sich und bilden gemeinsam das Gesamtbild meiner Entwicklung und Identität als Aktivistin und Künstlerin. Meine Arbeit dreht sich um Sex und Sexualitäten – konkret: Ich beschäftige mich insbesondere mit der Stigmatisierung und Normierung von Sexualität, die oft mit einer Kontrolle über den Körper und dessen Begehren einhergeht. Obwohl wir in einer übersexualisierten Gesellschaft leben, ist das Reden über Sex immer noch ein Tabu und schambehaftet. Die mit Sexualität verbundene Scham ist paradox. Wir schlagen Zeitschriften auf und sehen nackte Körper, meistens sind es Frauenkörper und jeder Film beinhaltet heutzutage eine obligatorische Sexszene. Doch beim genaueren Hinsehen entstehen Fragen und Wut. Die Mehrheit dieser Darstellungen beschränkt sich auf die Sexualisierung von feminisierten Körpern, was oft eine objektifizierende[108] Perspektive widerspiegelt. Die in Medien dargestellte Lust und Sexualität ist häufig eine verzerrte Wiedergabe der Realität. Uff – *Porno-Gestöhne-deluxe*. Wie oft finden wir uns wirklich in diesen (hetero-)normativen Sexszenen wieder? In den meisten Fällen dominieren dünne, *weiße*, binäre und heterosexuelle Darstellungen, die eine Vielzahl von Körpern, Orientierungen und Erfahrungen gleich mal komplett ausschließen. Ferner werden auch Sexpraktiken in einer normativen Weise dargestellt, wobei vielfältige sexuelle Ausdrucksformen und Bedürfnisse häufig ignoriert werden. Dies erzeugt ein Spannungsverhältnis zwischen dem, was öffentlich medial zelebriert (!), und dem, was privat empfunden und gelebt wird. Sex ist nicht gleich Sex – und die eindimensionale Darstellung von Sexualität in Medien kann ein verzerrtes Bild von Intimität, Begehren und Zugehörigkeit erzeugen. Dabei zuckt mein Mundwinkel sofort fragend nach oben. Und gleich darauf bildet sich in meiner Kehle ein aufsteigender *angry rant*[109]. Runterschlucken, Jasmin! Obwohl Intimität und Sexualität tief in uns verwurzelt sind, wird der gesellschaftliche Diskurs darüber stark eingeschränkt. Dies ist oft mit der Kontrolle und Normierung von Körpern und Sexualität durch Medizin, Wissenschaft und Wirtschaft verbunden. Gleichzeitig existieren wir alle im Patriarchat und in (neoliberalen) Nationalstaaten – und ein kompletter Ausstieg aus diesen Strukturen erscheint derzeit unmöglich. Es ist jedoch von Bedeutung zu verstehen, auf welche Art und Weise diese Strukturen Einfluss auf unsere Körper, Sexualitäten und Intimitäten nehmen. Wir müssen die strukturellen Bausteine der Welt kennen und gegen diese arbeiten – Gegenkultur erzeugen. Meine Fragen für diesen Text sind also: Wie können wir uns der Kontrolle über unsere Körper innerhalb von Nationalstaat, Patriarchat und Kapitalismus entziehen? Und wie könnten Widerstandshandlungen und eine sexuelle Befreiung jenseits dieser dominierenden Strukturen realisiert werden?

Politische Körper – *we shall overcome*[110]

Ein wesentliches Hindernis auf dem Weg zur Befreiung von den nationalen, patriarchalen und kapitalistischen Strukturen ist die Biopolitik – seufz – ein hinterhältiges Instrument, das den Staat ermächtigt, über unsere Körper und

108 ‚Objektifizieren' bedeutet, dass etwas zum ‚Objekt' also quasi zu einem Gegenstand gemacht wird und damit eine Art Entmenschlichung stattfindet.

109 *Angry rant* heißt auf Deutsch so viel wie ‚wütendes Schimpfen'.

110 *We shall overcome* heißt auf Deutsch so viel wie ‚Wir werden überwinden'. Die Formulierung verweist auf das gleichnamige Protestlied aus der US-Bürger_innenrechtsbewegung.

Sexualität zu regieren. Was hat es damit auf sich? Der Begriff ‚Biopolitik' bezieht sich auf die Art und Weise, wie staatliche und institutionelle Mächte das Leben und Wohlbefinden von Bevölkerungsgruppen regulieren und beeinflussen (vgl. Foucault 2006). Ursprünglich von Michel Foucault geprägt, beschreibt er die Mechanismen und Strategien, mit denen Regierungen die Körper und das Leben ihrer Bürger_innen kontrollieren, um soziale Ordnung und Kontrolle aufrechtzuerhalten. Biopolitik beschreibt die Art und Weise, wie staatliche Macht über das Leben (von Geburt bis Tod) und den Körper ausgeübt wird: über Gesundheit, Fortpflanzung, Bevölkerungskontrolle, Rassismus und mehr. Medizinische Apparate legen beispielsweise fest, welche Körper als ‚normal' oder ‚abnormal' gelten, wodurch Normen für Geschlecht, Sexualität und Gesundheit geschaffen werden. Rechtliche Strukturen bestimmen, wer unter welchen Umständen gebären darf, kann oder soll. Sie definieren auch, welche Formen der Sexualität als akzeptabel oder legal gelten.

Einige Körper erfahren Schutz durch diese Systeme: Zum Beispiel können bestimmte Gruppen von Menschen in bestimmten Ländern oder Regionen das Recht auf Abtreibung und gesundheitliche Versorgung in Anspruch nehmen. Andere, wie Sexarbeiter_innen, erleben oft einen Mangel an Schutz am Arbeitsplatz, was sie anfälliger für Ausbeutung und Gewalt macht. Es ist essenziell, zu erkennen, dass Biopolitik oft diskriminierend wirkt, indem sie bestimmte Körper – oft solche, die nicht den normativen Vorstellungen von Geschlecht, *race*, Sexualität oder *ability* entsprechen – marginalisiert, kontrolliert oder ausbeutet. Besonders der weibliche Körper ist die Zielscheibe dieser Hinterhältigkeiten, da er (oft) die Fähigkeit besitzt (oder zugeschrieben bekommt), Kinder zu gebären. Der Nationalstaat hat ja scheinbar nur ein einziges Ziel: Die Bevölkerung auf Kurs zu halten. Nur wohin steuert denn der SeeMANN namens Patriarchat? Die Kontrolle über unsere Körper wird im Schachspiel des Kapitalismus zum strategischen Ohnmachts-Manöver. Ich möchte letztendlich am liebsten vom Schiff ins kalte klare Wasser springen, ich möchte für mich entscheiden, wenn es um den Erhalt meiner oder unserer körperlichen und mentalen Gesundheit geht. Das führt zielgerichtet zur einzig relevanten Frage: Wie also springen? Was sind die notwendigen Werkzeuge, die wir für unsere Befreiung brauchen? Das sind die Fragen, die in mir auftauchen – der Kopf raucht!

Fragmente und Splitter – *sexual healing*[111]

Nach dieser Betrachtung von Biopolitik und ihren Auswirkungen möchte ich nun den Fokus auf meine eigenen Erfahrungen und Beobachtungen legen. In den kommenden Abschnitten werde ich meine eigenen subversiven Praktiken benennen und reflektieren. Ich werde argumentieren, dass autonome Zonen oder Räume – Orte des Austauschs und der Vernetzung – von entscheidender Bedeutung sind, um den Strukturen der Biopolitik entgegenzuwirken. Diese Räume dienen nicht nur der kreativen Zusammenarbeit und dem Austausch, sondern sind auch entscheidend in der antikapitalistischen Praxis für eine echte sexuelle Befreiung.

Es ist wichtig, dass wir den Mut aufbringen, über Sex zu sprechen und Themen wie Begierde, Lust, Körperflüssigkeiten und Kinks[112] ansprechen, um sexuelle Befreiung zu fördern. Denn für mich ist sexuelle Befreiung gleichbedeutend mit der entschlossenen Emanzipation von den Fesseln und Normen, die unsere Gesellschaft uns auferlegt. Ich möchte hier das Ruder selbst in die Hand nehmen und meine Gedanken zu subversiven Praktiken ausführen: Denn es ist höchste Zeit, dass wir die Regie übernehmen! Das Trio aus Nationalstaat, Patriarchat und Kapitalismus bildet eine vertraute Allianz. Sie geben sich gegenseitig Rückendeckung und formen unsere Körper und Sexualitäten nach ihren Vorstellungen. Und als ob das nicht genug wäre, strecken sie auch ihre gierigen Finger nach unseren intimsten Momenten aus! Meine Ansage: *DIY – the porn edition!*[113] Denn meine Werkzeuge zur sexuellen Befreiung entstammen der Auseinandersetzung mit verschiedenen Formen der Pornografie. So gestalte ich in einem der Splitterfragmente meines beruflichen Lebens das Porn Film Festival Vienna mit – ein Festival rund um alternative Pornografie, das neue queere und feministische Sichtweisen in einem Genre der Filmkunst aufzeigen möchte, das sich von miesen Arbeitsbedingungen, Fremdbestimmung und misogyner Gewalt

111 *Sexual healing* heißt auf Deutsch ‚sexuelles Heilen'.

112 *Kink* steht für eine Vielfalt an häufig von der Norm abweichender sexueller Interessen und Praktiken, wie Dominanz, Unterwerfung, Rollenspiele oder Fetischismus. Diese Formen sexuellen Ausdrucks können zur erotischen Bereicherung dienen und gelten oft als Mittel der persönlichen Freiheit und Selbstbestimmung. Sie bieten eine Möglichkeit, gesellschaftliche Normen und Rollenbilder kritisch zu hinterfragen und zu durchbrechen.

113 *DIY – the porn edition!* bedeutet auf Deutsch so viel wie ‚Mach(t) es selbst – die Porno-Ausgabe!'.

und Unterdrückung in Teilen befreit.[114] Mit einem Do-it-yourself-Ansatz in der Pornografie öffnen wir ein Füllhorn an Kreativität und Einzigartigkeit, das nicht nur lebensbejahende Botschaften rund um Sexualitäten und Körperlichkeit aussenden kann, sondern ebenso mithilft, eingefahrene Stereotype und Vorurteile in die Schranken zu weisen. Beim Selbermachen bestimmen nämlich wir das Drehbuch – die Handlungen, die Stellungen, den Sex. Qualität, Konsens und Sicherheit können so in Produktionen einfließen und diese mitprägen.
Die DIY-Bewegung ist eine kulturelle Bewegung, die das individuelle Handeln, das Lernen durch Tun und das Schaffen abseits kommerzieller Interessen betont. Ursprünglich als Antwort auf die zunehmende Konsumkultur des späten 20. Jahrhunderts entstanden, hat sie ihre Wurzeln in der Punk-Bewegung, in der Handwerkskunst und in der Selbstversorgung. In einem kapitalistischen System, das die Massenproduktion und den Konsum fördert, stellt die DIY-Bewegung eine direkte Herausforderung dar. Statt sich auf industriell hergestellte Produkte zu verlassen, ermutigt DIY die Menschen, selbst kreativ zu werden, Ressourcen neu zu nutzen und unabhängige Alternativen zu suchen. Dies hat eine deutliche politische Relevanz, da es den Konsumzirkel durchbricht und die Macht zurück in die Hände der Einzelnen legt. Handlungsanweisung: *let's get it started and smash the cis-tem!*[115]
DIY-Ansätze können besonders subversiv sein, wenn sie im Kontext der Kontrolle von Körpern und Sexualität betrachtet werden. In einer Gesellschaft, in der kommerzielle Interessen oft definieren, was als ‚normal' oder ‚wünschenswert' gilt, bieten DIY-Ansätze Alternativen. Beispielsweise kann das Selbermachen von Kleidung/Kostümen oder Kosmetik ermöglichen, Schönheitsstandards zu hinterfragen und sich diesen zu widersetzen. DIY-Sexualerziehung oder selbstorganisierte Workshops können zudem Räume schaffen, in denen traditionelle und oft repressive Vorstellungen von Geschlecht und Sexualität herausgefordert werden. Die DIY-Bewegung bietet in ihrem Kern eine Plattform des Widerstands gegen eine kapitalistische Kultur, die versucht, Individuen zu standardisieren und zu kontrollieren. Sie feiert Autonomie, Kreativität und die Macht des_der Einzelnen, sich gegen dominierende Normen und Strukturen zu behaupten. Kunst- und Filmfestivals, wie eben Pornfilmfestivals, sind zudem ein

114 Damit soll nicht gesagt werden, dass diese Bedingungen in der Porno-Industrie nicht auch herrschen: es geht um den Ansatz, diesen Bedingungen eine selbstbestimmte, feministische Arbeit entgegenzusetzen.
115 *Let's get it started and smash the cis-tem!* heißt auf Deutsch so viel wie ‚Lass(t) uns anfangen und das cis-tem zerstören!'

Ort des Austauschs und der Vernetzung, sie können im Sinne Temporärer Autonomer Zonen (TAZ) Möglichkeitsräume aufmachen und Verbündetenschaften entstehen lassen.

Subversion durch DIY-Pornografie – *fuck the pain away*[116]

Aus meiner persönlichen Perspektive als Filmemacherin ist Film das perfekte Medium für ‚positive Propaganda': die Verwendung konstruktiver Nachrichten, um kollektive Gespräche und inklusive Veränderung zu fördern und dabei den Schwerpunkt auf Informationsaustausch und Empowerment zu legen. Film ist visuelle und emotionale Berührung und Verbindung von Existenzen. ‚Positive Propaganda' im Kontext von Sexualität und Aufklärung bezieht sich auf gezielte Informationskampagnen, die darauf abzielen, ein gesundes und informiertes Verständnis von Sexualität in der Gesellschaft zu fördern. Während das Wort ‚Propaganda' oft mit Manipulation und Desinformation in Verbindung gebracht wird, kann es im positiven Sinne verwendet werden, um das Bewusstsein für Themen wie sexuelle Gesundheit, Zustimmung und sexuelle Rechte zu erhöhen. Das Ziel positiver Propaganda im Kontext der Sexualaufklärung sollte es sein, Individuen mit den Werkzeugen auszustatten, die sie benötigen, um fundierte Entscheidungen über ihren eigenen Körper und ihre Beziehungen zu treffen. Vorwärts!

Eine positive, nicht-repressive Form von Pornografie konzentriert sich auf die Erforschung und Darstellung von Sexualitäten und Körperlichkeit, die frei von Scham und Stigmatisierung ist. Sie zielt darauf ab, ein breites Spektrum von sexuellen Praktiken und Identitäten zu erkunden, anstatt sich auf eine begrenzte Sichtweise zu beschränken. Nicht-repressive Pornografie konzentriert sich auf die Zustimmung und das Wohlbefinden der Beteiligten und gewährleistet eine ethische Herangehensweise an die Produktion und Verbreitung von Materialien. Anti-kapitalistische oder auch anti-patriarchale Pornografie trägt dazu bei, die Grenzen zwischen Fantasie und Realität zu klären und das Bewusstsein für die Vielfalt der menschlichen Sexualitäten und Identitäten zu fördern. Insgesamt feiert nicht-repressive DIY-Pornografie Sexualitäten und Körperlichkeit auf eine affirmative, respektvolle und kreative Art und Weise.

FUDLIAKS! Zerfetzt die Geschlechter![117] ist aus diesen Gedankenkindern entstanden. Der Film wurde aus einer Mischung aus Verzweiflung und Zorn geboren, mitten in einer vertrackten Pandemie, als wir alle daheim festsaßen, sehnsüchtig wartend auf etwas Kontakt zu unseren Freund_innen, Liebhaber_innen,

116 *Fuck the pain away* heißt auf Deutsch ‚Fick(t) den Schmerz weg.'
117 Jasmin Hagendorfer: *FUDLIAKS! Zerfetzt die Geschlechter!* (2021). 13 Min.

unserer Familie. In einer Zeit, als ein Großteil der Diskussionen und des Austauschs ins Netz verlagert wurde. Zu dieser Zeit hatte ich meine forschende Lupe auf einen besonders vernachlässigten Aspekt gerichtet: der kläglich ungenügende Raum, welcher der queeren Community – ihrer Begierden, ihrer Körper – nicht bloß in der ach so viel beschworenen offenen Gesellschaft, sondern gerade im Pantheon von Medizin und Forschung eingeräumt wird. Mitten in der Pandemie, als es online von anti-queeren und stramm anti-feministischen Hassreden nur so wimmelte, sagte ich mir: Genug ist genug! Ich entschloss mich, einen Film zu drehen, der gegen genau diese Stimmen anbrüllt. Entstanden ist dabei eine Multitude[118] aus Sci-Fi-Creature-Flick, *campy*[119] Musikvideo, grotesker Komödie, Agitprop[120]-Streifen gegen heterozentristische Forschung und einem (soft)pornografischen subversiven Statement.

Ausschnitt aus dem Film *FUDLIAKS! Zerfetzt die Geschlechter!* von Jasmin Hagendorfer

118 Multitude bezeichnet in sozialwissenschaftlichen und philosophischen Kontexten eine Vielzahl oder eine Masse, die durch gemeinsame Interessen oder Ziele verbunden sind, aber nicht notwendigerweise eine einheitliche Gruppe bilden. Der Begriff wird oft verwendet, um die Vielfalt und Komplexität einer Sache zu betonen, bei der Unterschiedliches koexistiert und interagiert, ohne individuelle Unterschiede zu verlieren.

119 *Campy* bezeichnet einen Stil, der durch absichtliche Übertreibung und spielerische, oft ironische Kitschigkeit gekennzeichnet ist. Der Begriff entstammt der abwertenden Fremdbezeichnung ‚*camp*', die auf Deutsch mit ‚tuntig' übersetzt werden kann, sich von der queeren Community angeeignet wurde und heute als Selbstbezeichnung verwendet wird.

120 Agitprop steht kurz für ‚Agitation und Propaganda' und bezieht sich auf künstlerische und mediale Methoden, die darauf abzielen, politische Botschaften zu verbreiten und zu mobilisieren.

In einem mysteriösen Labor namens *Institut für Geschlechternormierung*, dessen Zeit und Ort bewusst unbestimmt gelassen werden, hinterfragt das Narrativ des Films konventionelle Wissenschaft von heteronormativen Körpern und binären Geschlechtern. Markante Figuren innerhalb dieser Erzählung sind Dr. Emmanuelle Ochsenknecht, Dr. Volker Mannesmann und eine Reihe an Proband_innen. Die sogenannten ‚wissenschaftlichen' Aussagen, die Charaktere wie Dr. Emmanuelle Ochsenknecht und Dr. Volker Mannesmann in meinem Film zum Besten geben, sind tatsächlich Originalzitate, frisch gepflückt aus den Tiefen des World Wide Webs und leider nicht erfunden: „Chromosomen würfeln nicht" oder „Gender ist keine wissenschaftliche Feststellung, sondern ein synthetisches Menschenbild, das zum Herzstück einer neuen globalen Zivilreligion geworden ist". Ich entschied mich, diesen ‚Expert_innen' des Cyber-Kosmos zu antworten – nicht mit kümmerlichen 280 Twitter-Zeichen oder in unendlichen Facebook-Schlammschlachten: nein, DIY-Pornografie war meine Strategie. Damit nahm ich eine Waffe in die Hand, die für mich funktioniert, um meine Botschaften und meine Propaganda an die Menschheit zu bringen: Kreativität! „Drahn ma an Füm!", wie mein geschätzter Kameramann Florian Jetski Hofer immer zu sagen pflegt, in unserem schönen Wiener Dialekt. Positive Propaganda kann besonders subversiv sein, wenn sie mit dem Geschichtenerzählen im DIY-Porno kombiniert wird. DIY-Porno, der abseits von kommerziellen Interessen und normativen Darstellungen produziert wird, bietet eine Plattform für echte, diversifizierte und oft marginalisierte Geschichten von Sexualität und Begehren.

Indem Akteur_innen ihre eigenen Geschichten erzählen und darstellen, werden dominante Erzählungen über ‚akzeptable' Körper, Geschlechter und sexuelle Praktiken herausgefordert. Das Eigenhändige, das dem DIY-Porno innewohnt, erlaubt es den Beteiligten, sich gegen übergeordnete Strukturen aufzulehnen, die versuchen, Körper und Sexualität zu kontrollieren und zu normieren. Durch das Erzählen ihrer eigenen Geschichten innerhalb dieses Rahmens können Individuen sowohl positive Propaganda nutzen, um informiert und ermächtigt zu werden, als auch das traditionelle Porno-Narrativ untergraben. Das Ergebnis ist eine kraftvolle Gegenbewegung, die den herrschenden Vorstellungen von Sexualität entgegenwirkt und gleichzeitig Raum für authentische und vielfältige Ausdrucksformen schafft.

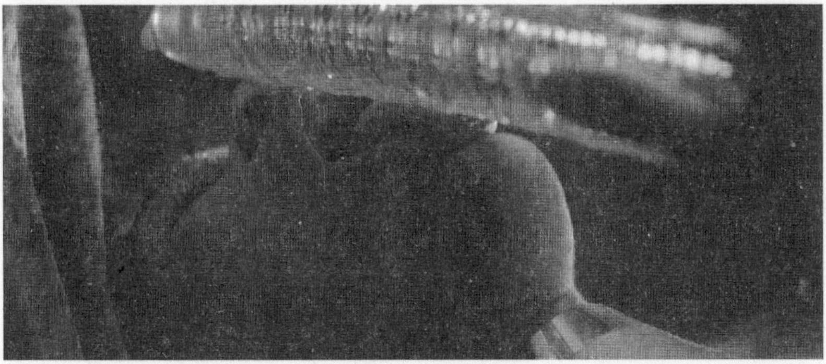

Ausschnitt aus dem Film *FUDLIAKS! Zerfetzt die Geschechter!* von Jasmin Hagendorfer.

Queere Körper – *Baby, I was born this way!*[121]

Queere Narrative und das queeren von Geschichten, Räumen und Identitäten sind in ihrem Wesen tief subversiv. Sie fordern die traditionellen und oft engstirnigen Vorstellungen von Geschlecht, Sexualität und Begehren heraus. In einer Gesellschaft, die von binären Geschlechterrollen und heteronormativen Erwartungen geprägt ist, bieten queere Narrative einen dringend benötigten Raum zur Reflexion, Erkundung und Akzeptanz vielfältiger Identitäten. Paul B. Preciado, ein bedeutender Theoretiker in diesem Bereich, argumentiert, dass die Entgrenzung und Neudefinition von Geschlecht und Sexualität eine revolutionäre Handlung ist, die das Potenzial hat, fest verankerte soziale und politische Strukturen zu destabilisieren (vgl. Preciado 2016 [2008]). Durch das queeren wird die Kontrolle über den Körper und die Sexualität zurückerobert, indem dominante Diskurse und Machtverhältnisse in Frage gestellt werden. In der Arbeit an *FUDLIAKS! Zerfetzt die Geschlechter!* versuchte ich eine subversive Praxis in Aktion. Durch das Einbringen alternativer und queerer Perspektiven stellt mein Film etablierte Normen in Frage und bietet gleichzeitig einen inklusiven und befreienden Raum für alle, die sich in den traditionellen Narrativen nicht wiederfinden. Preciados Begriff des ‚pharmakopornografischen Zeitalters' war dabei von besonderer Relevanz. Er zeigt auf, dass wir alle in einer Ära leben, die von der Verknüpfung von Technologie, Sexualität und Macht bestimmt ist. Für Preciado sind Technologien aber nicht nur Mittel der Kontrolle und Disziplinierung der Sexualität, sondern auch Ventile für Lust und Identitätssuche. Hier bricht er mit Foucault, der in seiner Theorie zu Macht und Sexualität

121 *Baby, I was born this way!* heißt auf Deutsch ‚Baby, ich wurde so geboren!' und ist ein Verweis auf den Popsong von Lady Gaga.

überwiegend die Zähmung und Regulierung der Sexualität durch gesellschaftliche Normen und Institutionen in den Vordergrund stellte. Preciado zeigt uns, dass es noch weit mehr zwischen Himmel und zerwühlten Bettlaken gibt, als uns die veralteten Machtstrukturen weismachen wollen. Er argumentiert, dass heutige pharmakologische Technologien wie Hormone und andere Arzneimittel, welche die Sexualität beeinflussen, eine neue Form der Macht darstellen. Sie ist zwar eng mit der Technologie und dem Kapitalismus verbunden, kann aber auch widerständig sein. Für ihn ist Pornografie nicht nur eine Form der Unterhaltung, sondern auch ein Mittel zur Schaffung von Identität und Körperbildern. Die Bilder und Szenen, die in meinem Film dargestellt werden, sind eine Herausforderung von und Kritik an heteronormativen Männlich-Weiblich-Dichotomien. Sie regen zur Reflexion und Infragestellung von Identität, Körper und Sexualität im Kapitalismus an und sind ein Werkzeug zur Schaffung neuer, widerständiger Identitäten, Körper und Sexualitäten.

Untersuchungsgegenstand des *Instituts für Geschlechternormierung* sind die grünlichen, fast gesteinsähnlich aussehenden ‚Fudliaks' – eine eigenartige Spezies, welche die beispiellose Fähigkeit besitzt, Individuen zu ‚verqueeren'. Was vorerst aber noch niemand weiß. Plötzlich beginnen die grünen alien-esken Fudliaks zu sprechen: über Paul B. Preciado, Judith Butler und Donna J. Haraway. Panik bricht im Labor aus und eine_r nach dem_r anderen werden queer, und dann auch noch ziemlich *horny*[122]. Eine Orgie der Regenbögen beginnt in diesem Labor: nackte Leiber zeigen ich, entblößte queere Sexszenen, bunt aneinandergereiht. Eine Revolution der Identitäten beginnt sich zu formieren, die natürlich aus dem Labor in die Welt hinaustritt und somit die neue queere Zukunft erschafft. Ende Gelände! Oder um ein Zitat über die LGBTQ-Aktivistin Marsha P. Johnson aus meinem Film einzuwerfen:

> „History isn't something you look back at and say it was inevitable, it happens because people make decisions that are sometimes very impulsive and of the moment, but those moments are cumulative realities."[123]

Word![124] Die Sichtbarkeit von Queerness ist nicht bloß im Sinne der Repräsentation queerer Körper und Sexualitäten wichtig. Ich sehe Queerness als

122 *Horny* heißt auf Deutsch so viel wie ‚scharf', ‚geil' oder ‚erregt'.

123 *FUDLIAKS! Zerfetzt die Geschlechter!*, 00:11:30. Übers. d. Hg.: „Geschichte ist nicht etwas, auf das man zurückblickt und sagt, sie sei unvermeidlich gewesen. Sie geschieht, weil Menschen Entscheidungen treffen, die manchmal sehr impulsiv und aus dem Moment getroffen sind, aber diese Momente sind kumulative Realitäten."

124 *Word!* heißt auf Deutsch so viel wie ‚Genau!' und ist ein Ausdruck der Bekräftigung.

Komponente widerständigen Aufruhrs, als Rüstzeug zur Revolution und als unverzichtbares Instrument für Veränderung. Das bewusste Einbeziehen des Körpers und das Ausnutzen der persönlichen Möglichkeiten, um schließlich Bilder in die Dunkelheit des Kinosaals zu werfen, die nach einem queeren Aufstand schreien, und zwar nicht nur in der Kink-Community, sondern in uns allen. Eine visuelle Revolte, die so lebhaft ist, dass sie die Leinwand zum Beben bringt! Orgasmisch und zielgerichtet. Im Licht von Preciados Theorien wird der Film somit zu einer Darstellung der Macht der Pornografie, nicht nur als Mittel zur Kontrolle, sondern auch als Werkzeug der Ermächtigung und des Widerstands. Die Vielfalt der sexuellen Ausdrucksformen und Identitäten, die der Film präsentiert, spiegeln das widerständige Potenzial der DIY-Pornografie in der pharmakopornographischen Ära. In der wilden Wut des Wissens und dem fiebrigen Feuer des Feminismus entzündete das Lesen in mir eine unaufhaltsame Revolution. Danke an Preciado! *Let's do it!*[125] Ich arbeite derzeit an weiteren Produktionen zum Themenkreis, etwa an einem Film über die ethische Debatte um Sex-Roboter (*Musings of a Mechatronic Mistress*) und an einem Portrait des griechischen Queer-Aktivisten Menelas Siafakas (*Existential Detective*).

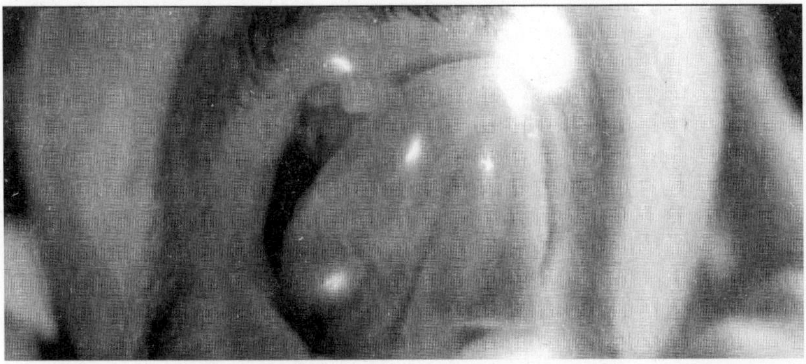

Ausschnitt aus Film *FUDLIAKS! Zerfetzt die Geschlechter!* von Jasmin Hagendorfer

125 *Let's do it!* heißt auf Deutsch ‚Lass(t) es uns machen!'.

Temporäre Autonome Zonen – *standing in the way of control*[126]

Einen weiteren widerständigen Raum schaffen die Orte, in denen Filme wie *FUDLIAKS!* gezeigt und diskutiert werden können: Sex- und porn-positive Festivals – eine andere Art von DIY-Großproduktion! Als Direktorin des Porn Film Festivals in Wien betrachte ich Festivals wie dieses als eine Art *temporary autonomous zone* (Deutsch: Temporäre Autonome Zone, kurz: TAZ). TAZ umschreibt einen temporären Raum der Freiheit, der sich der normierenden Struktur und Kontrolle des Staates entzieht. Sie kann in verschiedenen Formen auftreten, beispielsweise als unangemeldete Versammlung, illegaler Rave, temporäres Kollektiv oder sogar als Online-Forum. Der Schlüsselaspekt einer TAZ ist ihre vorübergehende Natur: Sie existiert so lange wie sie sich der Erkennung und Auflösung durch die Autoritäten entziehen kann. Die Idee dahinter ist, dass solche temporären Räume des Widerstands und der Freiheit effektiver sein können als der Aufbau beständiger Strukturen, da sie schwieriger zu unterdrücken sind und sich ständig verändern und neuformieren können. Sie bieten einen Ausweg aus den bestehenden Machtstrukturen und schaffen Möglichkeiten für spontane, unmittelbare und direkte Aktionen und Erfahrungen. In der modernen Gesellschaft, in der ständige Überwachung und Kontrolle oft als gegeben hingenommen werden, stellt das Konzept der TAZ eine Herausforderung des Status quo dar.

Wie andere TAZ wurde unser Festival mit einem gemeinsamen Ziel oder Zweck geschaffen. Unser Anliegen ist, einen Raum zu schaffen, in dem Körper, Sex und Sexualität von den unterdrückenden Normen und Werten der dominanten Kultur befreit werden können. Sex-positive Festivals als TAZ können viele verschiedene Formen annehmen und Elemente von Kunst, Performance und kultureller Ausdrucksweise integrieren – Filme, Workshops, Vorträge, Diskussionsrunden und andere Veranstaltungen, die verschiedene Aspekte von Sexualität, Körper und Verlangen erforschen. In diesem Sinne geht es nicht nur um Pornografie, sondern um die Schaffung eines Raumes, in dem Individuen ihre Sexualitäten und Körper auf neue und kreative Art und Weise sowie jenseits des Mainstreams erforschen und ausdrücken können. Während ihrer vorübergehenden Existenz fordern TAZ die restriktiven Einstellungen der dominanten Kultur heraus und können als Form von direkter Aktion und Experimentierung gesehen werden, die die Grenzen dessen erweitern, was akzeptabel oder tabu ist.

---

126 *Standing in the way of control* heißt auf Deutsch ‚Der Kontrolle im Weg stehen'.

Porno dient auf den Festivals als Katalysator, um versteckte oder marginalisierte Begierden und Identitäten sichtbar zu machen und Solidarität und Gemeinschaft unter denjenigen zu stärken, die diese Erfahrungen teilen. Auf solchen Festivals, die sich auf spezielle Genres oder Gemeinschaften wie Porno oder *sex-positivity*[127] konzentrieren, entsteht ein pulsierender Mikrokosmos des kreativen Austauschs. Diese Veranstaltungen sind nicht nur Schaufenster für bestehende Arbeiten, sondern auch Brutstätten für neue Ideen und Kollaborationen. Wenn Produzent_innen, Darsteller_innen und andere Akteur_innen sich treffen und Netzwerke bilden, werden oft die Grundlagen für zukünftige Projekte und Innovationen gelegt. *Start the revolution!*[128] In solch einer Umgebung wird Porno zu einer dynamischen Kunstform, die weit über das hinausgeht, was auf der Leinwand zu sehen ist. Es handelt sich um eine Gemeinschaft, die Wissen, Fähigkeiten und Ressourcen teilt. Es geht nicht nur darum, sexuelle Akte darzustellen, sondern auch darum, Geschichten zu erzählen, Tabus zu brechen und eine Plattform für Diskussionen über Sexualität, Konsens und Körperbild zu bieten. Die Festivalatmosphäre fördert oft einen offeneren und inklusiveren Dialog über diese Themen, da sie in einem Raum stattfindet, der für solche Diskussionen geschaffen wurde. Porno ist also mehr als ein Sprachrohr. Es ist ein kreativer und sozialer Raum, in dem neue Ideen entstehen, Tabus herausgefordert werden und Menschen in einer Art und Weise zusammenkommen, die im Kontext traditioneller Medien oft fehlt. Damit fungiert Porno nicht nur als kurzweiliges Unterhaltungsmedium zum Abwichsen, sondern auch als kraftvolles Werkzeug zum Community-Building. So wird ein sichererer Raum geschaffen, in dem offene Diskussionen, Akzeptanz und Anerkennung stattfinden können. Das Patriarchat und den Rest weg-ejakulieren. Fluide und kraftvoll!

Zukunft zwischen Widerstand und Vereinnahmung – *Who run the world?*[129]

Es bleibt die drängende Frage, ob unsere subversiven Handlungen und unsere revolutionären Versuche innerhalb von Patriarchat und Kapitalismus überhaupt einen Unterschied machen. Das Problem, dass sich queere Praktiken nur zu leicht aneignen lassen, hat eine entscheidende Bedeutung für unseren Diskurs. Wie können wir widerständig bleiben? Vor allem, wenn wir in Betracht ziehen, dass gerade das Obszöne sich als Widerstand gegen eine Vereinnahmung durch

127 *Standing in the way of control* heißt auf Deutsch ‚Der Kontrolle im Weg stehen'.
128 *Start the revolution!* heißt auf Deutsch ‚Starte(t) die Revolution!'
129 *Who run the world?* heißt auf Deutsch so viel wie ‚Wer hält die Welt am Laufen?'.

den Kapitalismus eignet, da es aufgrund seiner Ungefälligkeit und Unbequemlichkeit stets Reibungsfunken erzeugt. *Anti Angst Anderem!*

Selbst für mich als Künstlerin, die sich durch das Medium des Films ausdrückt, bleibt die Antwort vage und unbestimmt, da ich unvermeidlich von diesen Systemen abhängig bin. Ich strebe nach fairer Bezahlung für meine Arbeit und handle entsprechend. Ich möchte Fördermittel für meine Filme erhalten, ich möchte überleben können. So gesehen bin ich, wie wir alle, ein Zahnrad im Getriebe des Kapitalismus. Der Spätkapitalismus besitzt ein bemerkenswertes Talent dafür, Widerstände in Trends zu verwandeln und diese an alle zu verkaufen – an neue Konsument_innen bis hin zu progressiven Trendsetzer_innen und Nachahmer_innen. Bleibt also nur der fade Geschmack und das kurzweilige Vergnügen, etwas Gegenkulturelles entworfen zu haben? Dies unterstreicht die Notwendigkeit, nicht nur widerständige Räume zu schaffen, sondern auch Strategien zu entwickeln, die eine Aneignung und Kommodifizierung unserer Widerstandspraktiken verhindern. Nur so können wir hoffen, dass unsere Obszönitätsvisionen nicht nur kurzlebige Funken sind, sondern dauerhaft glühende Flammen des Widerstands. Ich glaube, diese Funken des Widerstandes sind es, was wirklich zählt. Sie geben mir die Kraft, weiterzumachen.

Ich habe in diesem Text, den ich eingangs als Palimpsest bezeichnet habe, versucht, auf die verschiedenen Schichten meiner politischen und künstlerischen Arbeit einzugehen. Ein Palimpsest mag Spuren vergangener Texte tragen, aber es ist auch ein Symbol der Hoffnung – die Möglichkeit, die Geschichte neu zu schreiben, ohne die Vergangenheit und ihre Warnungen zu ignorieren.

Und so sage ich: *Stay strong and resistant!*[130] Denn ich bin, obwohl das wie ein schlechter Spruch aus einer Parfumwerbung klingt, bereit für *Revolution!*

Literatur

Foucault, Michel (2006): *Die Geburt der Biopolitik. Geschichte der Gouvernementalität II. Vorlesungen am Collège de France 1978/1979.* Frankfurt am Main: Suhrkamp.

Preciado, Paul B. (2016 [2008]): *Testo junkie. Sex, Drogen und Biopolitik in der Ära der Pharmapornographie.* Berlin: b_books.

130 *Stay strong and resistant!* heißt auf Deutsch ‚Bleib(t) stark und widerständig!'

Elio Nora Hillermann

Beziehungsweise Nonbinary

Ich scrolle durch meinen Instagram-Feed und halte kurz inne, als ich einen Post einer entfernt befreundeten Person sehe: eine abstrakte schwarz-lila-weiß-gelbe Grafik und die halb enthusiastische, halb schüchterne Ankündigung, dass die Person nichtbinär ist und es ab jetzt vorzieht, ohne Pronomen angesprochen zu werden. Ich lächle, *another one*, lasse ein Like da und hangle mich weiter durch vorbeischnellende Quadrate. In vielen Kreisen ist es normal geworden, dass Menschen ihr Nonbinary[131]-Coming-out haben und Celebrities wie Janelle Monáe oder Sam Smith benutzen ‚they/them' als Pronomen. *Dass* es uns gibt, ist keine Frage – und vor allem keine, die ich hier diskutieren möchte. Was mich interessiert, ist der Zusammenhang von geschlechtlicher Nichtbinarität und kapitalistischen Strukturen. Was bedeutet es, im Kapitalismus *nonbinary* zu sein? Welche Schwierigkeiten und welche Umgangsweisen lassen sich ausmachen und wie lassen sie sich sinnvoll verstehen? Um mich möglichen Antworten auf diese Fragen anzunähern, werde ich die Beziehungsweisen nichtbinärer Identitäten und ihre Verstrickung in ökonomische Strukturen untersuchen – und damit versuchen, ein Bild der *Beziehungsweise Nonbinary* im Kapitalismus zu zeichnen. Grundsätzlich betreffen die Dinge, über die ich hier sprechen werde, nicht nur nichtbinäre Personen, sondern zum Beispiel auch Menschen, die sich als agender, transgender, genderqueer, genderfluid o.Ä. verstehen. Diese Bezeichnungen sind ständig im Wandel und werden von jeder Person selbst und immer wieder anders definiert. Es geht mir also nicht um einen bestimmten Begriff, sondern um die Lebensrealität all derjenigen Menschen, die sich weder als ‚Frau' noch als ‚Mann' fühlen, sich also außerhalb dieser beiden Kategorien und damit außerhalb der geschlechtlichen Norm verorten. Um sie alle – um uns – soll es in diesem Text gehen.

131 Ich verwende das englische ‚*nonbinary*' und das deutsche ‚nichtbinär' abwechselnd und synonym.

Geschlecht im Kapitalismus

Der Kapitalismus, in dem wir zu (über)leben gezwungen sind, beruht auf der Ausbeutung von Arbeitskraft zum Profit der kapitalistischen Klasse (vgl. Marx/Engels 1962 [1890]: 232). Feminist_innen haben schon früh darauf hingewiesen, dass diese Ausbeutung nicht nur am Arbeitsplatz stattfindet, sondern auch dort, wo Arbeitskraft erneuert wird – klassischerweise zuhause (vgl. Dalla Costa/James 2018 [1973]: 80f). Aufgaben wie Kochen, Putzen oder Kinder aufziehen sorgen dafür, dass Menschen überhaupt zur Arbeit gehen können. Diese Tätigkeiten werden auch als Reproduktionsarbeit bezeichnet, weil sie Körper ‚wiederherstellen' und arbeitsfähig machen. Diese Art von Arbeit wird bis heute überproportional von Frauen übernommen und in den meisten Fällen nicht entlohnt. Diese sogenannte vergeschlechtlichte Arbeitsteilung ist kein an sich kapitalistisches Phänomen (vgl. Rubin 1975: 163). Dennoch ist klar, dass sie dem Kapitalismus nützt und von ihm aufrechterhalten wird, weil sie unbezahlte Arbeit für kapitalistische Profite bedeutet. Das ökonomische System profitiert also davon, dass es geschlechtliche (sowie auch rassifizierte) Kategorien gibt, die Menschen bestimmte Eigenschaften zuschreiben und sie damit innerhalb der ökonomischen Ordnung an ihrem Platz halten (vgl. Sarbo 2022: 44).

Bis heute herrscht die Annahme vor, die Einteilung von Menschen in ‚Frauen' und ‚Männer' sei ‚natürlich' gegeben. Jedoch hat die feministische Theoriebildung schon lange klar gemacht, dass Geschlecht ein Konstrukt ist (vgl. Meißner 2008: 2) sowie, dass nicht nur das soziale Geschlecht (*gender*), sondern auch das biologische Geschlecht (*sex*) als Ergebnis gesellschaftlicher Normen und Diskurse zu verstehen ist (vgl. Butler 2007 [1990]: 10). Medizinische und biologische Einteilungen sind nämlich nicht unabhängig von gesellschaftlich vorherrschenden Normen. Während es also inzwischen wissenschaftlich erwiesen ist, dass rein biologisch keine eindeutige Trennlinie zwischen ‚männlich' und ‚weiblich' gezogen werden kann (vgl. Dembroff 2018: 4), ist die gesellschaftliche Erzählung von eben dieser Binarität hartnäckig. Dies lässt sich kaum ohne die dominante Auffassung von Sexualität verstehen, die an biologische Reproduktion geknüpft ist (vgl. Butler 2007 [1990]: 150). Heterosexualität, gemeinsam mit der binären Aufteilung in zwei Geschlechter, kommt als einfache und natürliche Lösung daher, um soziale Reproduktion zu gewährleisten. Einem System, das auf Profite aus ist, nutzt es ungemein, wenn gesellschaftliche Normen eine vermeintlich einfache Reproduktion von Arbeitskraft sicherstellen. Es sind genau diese Normen, die das Bild von zwei und nur zwei Geschlechtern zementieren. Wir leben also in einer binären Geschlechterordnung, die den Kapitalismus nährt, während kapitalistische Logiken der Effizienz genau diese geschlechtliche Binarität füttern – eine Hand wäscht die andere.

Nonbinary's not new[132]

In der geschlechtlichen Ordnung, die das kapitalistische System stützt, ist Nichtbinarität nicht vorgesehen. Dieser Umstand verunsichtbart, dass es geschlechtliche Nichtbinarität schon immer in unterschiedlichen Formen gegeben hat. Es gibt eine ganze Reihe an Beispielen von Identitäten und Lebensweisen aus unterschiedlichen Kulturen, in denen es etwa mehr als zwei Geschlechter gibt oder Geschlecht sich anders gestaltet, als es im binären Rahmen möglich ist. So gibt es bis heute die *hijra* auf dem indischen Subkontinent, die im Hinduismus als weder Frauen noch Männer anerkannt werden; die *kathoey* in Thailand; die *waria* in Indonesien; verschiedene manchmal unter der Bezeichnung ‚*two-spirit*' zusammengefasste nicht-binäre Geschlechter der verschiedenen indigenen Gemeinschaften Nordamerikas – wie z.B die *nádleeh*[133] der *Navajo*; oder die *machi* in Chile und Argentinien, denen ähnlich Schamanen heilende Kräfte zugesprochen werden (vgl. Vincent/Manzano 2017: 19ff). All diesen Gruppen ist gemein, dass sie auf die eine oder andere Art und Weise aus der Zuordnung ‚Mann' und ‚Frau' herausfallen und dies in vielen Fällen durchaus nicht als negativ bewertete ‚Normabweichung' verstanden wird, sondern im Gegenteil manchmal sogar als besondere Qualität. Diese Gruppen, ihre Traditionen und Lebensweisen bestehen seit Jahrhunderten und wurden teilweise vom Kolonialismus stark bedroht und unterdrückt. Dass Nichtbinarität im Globalen Norden als ‚neues' Phänomen der queeren Bewegung seit den 1980er bzw. 1990er Jahren anmutet, zeugt von deren grundsätzlichem Eurozentrismus.

Gleichzeitig gab und gibt es auch in Europa durchaus Gruppen an Menschen, die aus der Einteilung in zwei Geschlechter herausfallen. Im England des 18. Jahrhunderts nannten sich effeminierte Männer *mollies* und nahmen zuweilen weibliche Namen an; in Albanien lebten (und leben bis heute) sogenannte *burrnesha* oder ‚eingeschworene Jungfrauen' als Männer und werden als solche angesehen; Eunuchen, die sich teilweise selbst für eine Kastration entschieden und zumeist nicht als Männer angesehen wurden, gab es über die Jahrhunderte hinweg überall in Europa usw. (vgl. Vincent/Manzano 2017: 13ff). In meinen

132 *Nonbinary's not new* heißt auf Deutsch ‚Nichtbinär ist nicht neu'.

133 Vgl. hierzu Charlie A. Scott (Diné): „An Ever Changing One: ‚Two Spirit' Limitations." In: *Diné Aesthetic(s)*, 24.01.2018. Online unter: https://dineaesthetics.com/an-ever-changing-one/ [letzter Zugriff am: 05.11.2023].

Augen ist es kein Zufall, dass diese geschlechtliche Vielfalt mit der zeitlichen und geografischen Etablierung der kapitalistischen Ökonomie verstummt: Der Kapitalismus verfestigt die binäre Geschlechterordnung.

Beyond the binary[134]

Was bedeutet es also, sich vor dem Hintergrund der binären, vom Kapitalismus getragenen Geschlechterordnung außerhalb der beiden herkömmlichen Geschlechterkategorien zu verorten? Wie stellen nichtbinäre Menschen Bezüge her – zu sich selbst, zu ihren Körpern, zu anderen Menschen, zum gesellschaftlichen Ganzen? Zunächst einmal bedeutet die (bewusste oder unbewusste) Selbstverortung jenseits der beiden binären Geschlechterkategorien eine gute Portion Orientierungslosigkeit. Als menschliche und daher soziale Wesen kommen wir nicht darum herum, uns in der von allen anderen sowie von uns selbst geschaffenen Welt zu verorten, uns also zu den Strukturen zu verhalten, welche die Gesellschaft vorzeichnet. Wir haben gesehen, dass die gegenwärtige Gesellschaft des Globalen Nordens grundsätzlich auf einer geschlechtlichen Binarität beruht. Sie gibt den Rahmen an, innerhalb dessen Geschlecht überhaupt verständlich ist (vgl. Butler 2007 [1990]: 22). Wenn wir also versuchen, aus diesem Rahmen herauszutreten, sind wir erst einmal vor eine Leere gestellt.

Vergeschlechtlichte Praktiken und *doing gender*

Vergeschlechtlichte Praktiken sind soziale Handlungen, die zur gesellschaftlichen Konstruktion und Aufrechterhaltung von Geschlecht beitragen. Theoretischer Hintergrund hiervon ist die auf Judith Butler zurückgehende Auffassung, dass Geschlecht nichts ist, was einfach so *ist*, sondern etwas, was wir *tun* (vgl. Butler 2007 [1990]: 34). Diese Perspektive auf Geschlecht wird inzwischen als *doing gender* gefasst und umschreibt die Performativität von Geschlecht (vgl. ebd.). Damit ist unter anderem gemeint, dass Geschlecht durch unsere Handlungen ‚aufgeführt' wird, und zwar als ständige Wiederholung: Butler beschreibt dies auch als Ritualisierung (vgl. Butler 2011 [1993]: 60). Interessant an dieser Auffassung ist, dass sie Geschlecht nicht als etwas Gegebenes und Feststehendes betrachtet, sondern als etwas immer wieder neu Herzustellendes. Entsprechend erlaubt diese Perspektive, dass Geschlecht auch *anders* performt werden kann, als es gesellschaftliche Normen vorschreiben. Dieses ‚anders machen' wird im weitesten Sinne als Subversion von Geschlecht verstanden (vgl. Butler 2007 [1990]: 175ff).

Denn für das, was wir uns geschlechtlich zuschreiben, gibt es keine bedeutungstragende Kategorie, mit der wir uns selbst und unseren Mitmenschen deutlich

134 *Beyond the binary* heißt auf Deutsch ‚Jenseits der Binarität'.

machen könnten, wer wir geschlechtlich sind. Dass wir das überhaupt tun müssen, hängt damit zusammen, dass wir gelernt haben, menschliche Handlungsweisen als vergeschlechtlichte Praktiken zu lesen und zu verstehen. Damit stellen wir – durchaus unbewusst – an uns selbst und an unsere Mitmenschen immer die implizite Erwartung, dass unser gesellschaftliches Handeln, Sein und Leben auch hinsichtlich Geschlecht verständlich sein muss.

Als nichtbinäre Personen, die aus diesem beengenden Rahmen der geschlechtlichen Binarität austreten möchten oder müssen, stehen wir vor der beunruhigenden Tatsache, dass uns eine ganze Menge Bezugspunkte fehlen. Denn wenn unsere Praktiken gesellschaftlich nur als vergeschlechtlichte gänzlich verständlich sind, dann wird jede Handlungsweise, die geschlechtlich nicht eingeordnet werden kann, zu einer potenziell unverständlichen, verwirrenden – oder missverstandenen. Verwirrung zu stiften kann dabei einen kleinen Erfolg queerer Subversion bedeuten, missverstanden zu werden ist leider die Realität queerer Alltagserfahrung. Ganz viel von dem, was wir als nichbinäre Personen tun oder wer wir sind, ist gesellschaftlich unverständlich oder gar inexistent. Denn unsere Handlungen und Identitäten können nicht auf ersichtliche Art und Weise mit unserem Geschlecht zusammengebracht werden. Der Bezug zwischen uns und unserem Geschlecht scheitert immer und immer wieder. Damit kann die ‚Beziehungsweise Nonbinary', die all diese regelmäßig scheiternden Bezüge zu einem Netz der Bedeutungslücken vereint, als ‚*Beziehungsweise der Bezugslosigkeit*' gefasst werden. Die folgenden Ausführungen sollen verdeutlichen, was damit gemeint ist, indem sie auf verschiedene Dimensionen dieser Bezugslosigkeit eingehen.

Die Beziehung zum eigenen Geschlecht

Ein zentraler Aspekt der Beziehungsweise Nonbinary ist die Beziehung zum eigenen Geschlecht, also das geschlechtliche Selbstverständnis. Denn zunächst einmal geht es ja darum, dass eine Person sich selbst nicht als Frau oder Mann versteht. Jedoch ist dieses Selbstverständnis nicht denkbar ohne das Verhältnis zur gesellschaftlichen Geschlechterordnung, denn unser Verständnis von Geschlecht ist sozial, kulturell und politisch vorgeprägt. Wie ich mich geschlechtlich fühle und bezeichne, hängt mit den Begriffen und ihrem jeweiligen Bedeutungsraum[135] zusammen, die gesellschaftlich für Geschlecht zur Verfügung stehen. Dass für diese Selbstbezeichnung im Grunde nur zwei Kategorien zur Auswahl stehen, bedeutet eine geschlechtliche Bezugslosigkeit für all diejenigen Menschen, die sich mit den beiden Begriffen ‚Frau' und ‚Mann' und dem, was damit in Zusammenhang gebracht wird, nicht identifizieren können.

Selbstbezeichnungen wie ‚*nonbinary*' schaffen hier etwas Abhilfe, da sie den Menschen in dieser Situation zumindest eine Bezeichnung an die Hand geben, um ihr eigenes Geschlecht zu benennen. Für viele nichtbinäre Menschen ist der erste Kontakt mit dem Konzept ‚*nonbinary*' oder das erste Treffen auf andere nichtbinäre Personen Augen öffnend oder erleichternd, weil das vage Gefühl, weder ‚das eine' noch ‚das andere' zu sein, aufgefangen wird. Jedoch geht es auch nicht allen so. Nichtbinarität bedeutet für viele schlicht weder ‚Mann' noch ‚Frau' zu sein, ohne dass dies eine neue ‚dritte Option' definieren würde, die klar umrissen wäre. Zudem sind diese Begriffe weitaus nicht allen Menschen zugänglich. Häufig benötigt es einen Zugang zu queerer Theorie oder zu queeren Netzwerken, in denen diese Bezeichnungen verwendet werden. Mit dem Gefühl des ‚Nicht-Reinpassens' alleine zu sein, ist ein großes Problem für viele nichtbinäre Menschen und nicht wenige kämpfen mit Selbstzweifeln und Depressionen (vgl. Rajunov/Duane 2019). Dabei ist es keinesfalls so, als ginge es hier um eine winzige Randgruppe der Gesellschaft. Studien haben ergeben, dass über ein Drittel der allgemeinen Bevölkerung angibt, sich einem ‚anderen' Geschlecht, beiden Geschlechtern, und/oder keinem Geschlecht zugehörig zu fühlen.[136] Wir sind also viele. Die Bezugslosigkeit, die wir empfinden, wird jedoch nicht durch die Existenz einer bloßen Bezeichnung aufgehoben. Denn bedeutungs- und damit identitätsstiftend ist ein Geschlechtsbegriff erst dann, wenn ihm ein Bedeutungsraum zukommt, der sozial verständlich ist. Und dies ist das eigentliche Problem

135 Mit Bedeutungsraum ist hier die Gesamtheit aller Vorstellungen, Praktiken, Assoziationen, Adjektive, Bilder usw. gemeint, die einem Begriff Bedeutung geben. Im Fall eines Begriffs wie ‚Stuhl' wären das all die Dinge, an die wir denken, wenn wir ‚Stuhl' hören, also so etwas wie ‚sitzen, mehrere Beine, Lehne, Gegenstand, Holz, Metall, Plastik …' Im Fall von einem geschlechtsbezogenen Begriff wie ‚Frau' wären das all diejenigen Dinge, an die wir automatisch denken, wenn wir ‚Frau' hören und die machen, dass wir eine Person als ‚Frau' erkennen.

136 „[O]ver a third of people in the general population felt to some extent that they were the ‚other' gender, both genders, and/or neither gender." (Richards et al. 2017: 6) Übers. d. Hg.: „Über ein Drittel der allgemeinen Bevölkerung fühlte sich zu einem bestimmten Ausmaß dem ‚anderen' Geschlecht, beiden Geschlechtern und/oder keinem Geschlecht zugehörig."

der Beziehungsweise Nonbinary. Aufgrund der vorherrschenden Geschlechterbinarität ergibt sich nämlich bei der konkreten Vorstellung davon, wie ein nichtbinäres Geschlecht aussieht, auftritt, sich anfühlt, wirkt und einfach ist, eine klaffende Lücke. Dies zeigt sich schon in der Tatsache, dass der Begriff ‚*nonbinary*' an sich nur in Abgrenzung von der Binarität, der er entfliehen will, Bedeutung annimmt. Ein sozialer, kultureller und politischer Bedeutungsraum bezüglich Geschlecht existiert außerhalb der beiden etablierten Geschlechter so gut wie nicht. In Deutschland gibt es zwar inzwischen einen dritten Geschlechtseintrag, jedoch ist dieser weder rechtlich für nichtbinäre Personen zu erlangen, noch existieren grundsätzlich kulturelle Bezüge, die ein ‚drittes Geschlecht' im Alltag erkennbar machen würden. In den meisten Fällen sind nichtbinäre Personen also darauf zurückgeworfen, ihre Geschlechtsidentität über ein *queering* der bereits existierenden Kategorien auszudrücken. Wir müssen also mit den bestehenden Elementen, die Geschlecht verständlich machen, experimentieren.

‚Dritte Option'

Seit Ende 2018 gibt es in Deutschland im Personenstandsregister die Option ‚divers'. Dieser Eintrag ist grundsätzlich für inter* Personen vorgesehen. Entsprechend ist die Voraussetzung zur Erlangung des Eintrags ein medizinisches Attest, das eine sogenannte ‚Variante der Geschlechtsentwicklung' nachweist.[1] Die ‚Dritte Option' ist also grundsätzlich an körperliche Geschlechtsmerkmale gebunden, was die Tatsache ignoriert, dass Geschlecht nicht von Körpermerkmalen abhängt – also diskriminierend gegenüber vielen nichtbinären und trans Personen ist.

Es gibt inter* Personen, die nichtbinär sind, und für die diese Option wichtig und richtig ist. (Gleichzeitig gibt es auch inter* Personen, die sich als Frau oder Mann identifizieren, und für die der Eintrag nicht relevant ist.) Seit die rechtliche Möglichkeit besteht, einen Eintrag ‚divers' zu erlangen, gibt es auch nichtbinäre Personen, die nicht inter* sind, welche die Grauzone der Auslegung ‚Variante der Geschlechtsentwicklung' genutzt haben, um den Eintrag ‚divers' zu erhalten. Hier ergibt sich jedoch das (im Kontext von Nichtbinarität und trans Themen häufig auftretende) politische Problem, dass die Existenz von inter* Personen benutzt wird, um Geschlechtlichkeit jenseits von ‚Frau' und ‚Mann' zu legitimieren – und in diesem Fall rechtlich zu beanspruchen. Dass nichtbinäre Personen, die nicht inter* sind, diese Option nutzen, sollte dennoch nicht verurteilt werden, da rechtlich (zum jetzigen Zeitpunkt, in Deutschland) keine anderen Möglichkeiten bestehen, juristische Anerkennung für das eigene Geschlecht zu erlangen.

1 Vgl. „Frau – Mann – Divers: Die ‚Dritte Option' und das Allgemeine Gleichbehandlungsgesetz (AGG)." In: *Antidiskriminierungsstelle des Bundes*. Online unter: www.antidiskriminierungsstelle.de/DE/ueber-diskriminierung/diskriminierungsmerkmale/geschlecht-und-geschlechtsidentitaet/dritte-option/dritte-option-node.html [letzter Zugriff am: 24.10.2023].

Wir schöpfen aus dem Pool an vergeschlechtlichten Praktiken und eignen uns diejenigen an, die sich für uns in ihrer Kombination richtig oder zumindest erträglich anfühlen. Dieses Auswählen, Mischen und Kombinieren kann durchaus zu einem Gefühl von Freiheit und Unabhängigkeit führen, ist jedoch fast immer beschränkt auf die Elemente, die für die Kategorien ‚männlich' und ‚weiblich' bestehen. Es kann also auch passieren, dass eine nichtbinäre Person, die sich an dem Pool bedient, trotzdem von anderen Menschen in eine der beiden herkömmlichen Kategorien gesteckt wird, und so in die Binarität zurückgeworfen wird, der die Person sich nicht zuordnet. Die Bezugslosigkeit, die unsere Beziehungsweise ausmacht, ist also ambivalent: manchmal können wir sie umarmen und genießen, können sie dafür feiern, dass sie sich den dominanten Kategorien und ihren Erwartungen entzieht; manchmal können wir das Scheitern an den dominanten Normen als Erfolg unserer *queerness* sehen (vgl. Halberstam 2011). Manchmal ist die Bezugslosigkeit aber auch ein Schlag ins Gesicht, ein Nicht-erkannt-Werden, ein Gefühl der Verlorenheit, das uns den Boden unter den Füßen wegzieht.

Die Beziehung zu anderen Menschen

Beziehungen zu Vertrauenspersonen, zur eigenen Community oder zu anderweitig achtsamen Menschen können eine riesige Erleichterung bei den Unsicherheiten und Instabilitäten bedeuten, die sich für nichtbinäre Personen ergeben. Wenn wir von unserem Umfeld nicht als Mann oder Frau gesehen werden, und die Verhaltens- und Ausdrucksweisen der Menschen sich dieser Anerkennung anpassen, wird das eigene Selbstgefühl um einiges verbessert. Dies betrifft zum Beispiel sprachliche Aspekte. Es hilft, dass es Formen gibt, wie Menschen weder als männlich noch als weiblich angesprochen werden können: zum Beispiel im Englischen mit dem singulären Pronomen ‚they/them' oder im Deutschen durch ein konsequentes Auslassen von Pronomen oder die Eindeutschung ‚dey'. Wenn es Menschen im eigenen Umfeld schaffen, die gewünschten Pronomen und Namen richtig zu verwenden, bedeutet das eine große Erleichterung dabei, sich in der eigenen Identität anerkannt zu fühlen. Jedoch hat der Wohlfühlaspekt des Gesehenwerdens in der eigenen *bubble*[137] häufig ein um so belastenderes Erleben derjenigen Momente zur Folge, in denen Menschen uns falsch gendern. Zumeist tun sie das natürlich nicht aus böser Absicht, sondern aus Nichtwissen. Aber jeder dieser Augenblicke bedeutet eine kleine,

137 *Bubble* heißt auf Deutsch ‚Blase' und meint hier die eigenen sozialen Kreise.

oft schmerzhafte Erinnerung daran, dass die Identität, die wir leben und uns zuschreiben, nicht selbstverständlich existiert, sondern eingefordert werden muss. Dieses wiederholte Scheitern der richtigen Geschlechtszuschreibungen zeigt auf, dass es kein gesamtgesellschaftlich verankertes Bild nichtbinärer Geschlechtsidentität gibt – Bezuglosigkeit, die schmerzt.

Gleichzeitig gibt es in queeren Kreisen durchaus Bilder nichtbinärer Geschlechtsidentität – ein Bedeutungsraum wurde in Teilen gebaut. Je nachdem, auf welcher Veranstaltung oder bei welcher Party ich bin, sprechen Menschen über mich automatisch ohne oder mit neutralen Pronomen oder ich werde aktiv nach meiner gewünschten Anrede gefragt. Jedoch ist das Bild von Nichtbinarität, das es in einer bestimmten Szene gibt, von Ausschlüssen durchzogen: Als *nonbinary* gelesen werden zumeist androgyn auftretende, *weiße*, schlanke Personen. Innerhalb der queeren Community gibt es also Normen, die regulieren, wer in der eigenen Geschlechtsidentität (automatisch) anerkannt wird, und wer nicht. Und diese Normen überschneiden sich mit gesellschaftlichen Herrschaftsformen wie Rassismus, Misogynie und Dickenfeindlichkeit und reproduzieren damit Systeme der Unterdrückung, die es für mehrfachdiskriminierte Personen besonders schwierig machen, in der eigenen Nichtbinarität gesehen zu werden. Für all diese Menschen wirkt also eine doppelte Bezugslosigkeit, weil sie ihnen gegenüber nicht nur im gesellschaftlichen Mainstream, sondern auch in den eigenen Kreisen reproduziert wird. Zudem übergehen diese in queeren Kreisen verbreiteten Bilder von Nichtbinarität, dass viele *enbies*[138] in unterschiedlichen Aspekten des Auftretens – zum Beispiel in Bezug auf Kleidung und Frisuren – Überschneidungen mit männlichen oder weiblichen Codes haben und haben möchten, was nichts an ihrer nichtbinären Geschlechtsidentität ändert. Beispielsweise gibt es nichtbinäre *femmes*[139], die mit einer bestimmten Form von Weiblichkeit auftreten, ohne dass dies sie zu Frauen macht. Ein fehlendes Bewusstsein auch innerhalb der Community führt hier oft dazu, dass Menschen misgendert werden, weil sie aus den Normen für Nichtbinarität herausfallen.

138 *Enbies* ist eine umgangssprachliche Bezeichnung für nichtbinäre Personen, die der Abkürzung ‚nb' für *nonbinary* entspringt.

139 Ich meine mit geschlechtlichen Codes unterschiedliche Elemente (also Praktiken, Bilder, Adjektive etc.), die gemeinsam den Bedeutungsraum für (ein) Geschlecht bilden. Zum Beispiel sind breitbeinig sitzen, kurze Haare, tiefe Stimme, Bart oder dominantes Redeverhalten verschiedene Codes, die im Bedeutungsraum für den Begriff ‚Mann' zu finden sind.

Die Beziehung (zu) Sexualität

Die Frage nach der Bezugslosigkeit in den Beziehungen zu anderen Menschen lässt sich um die romantischen, sexuellen bzw. intimen Aspekte dieser Beziehungen vertiefen. Auch hier ist es so, dass jede nichtbinäre Person ihre eigene Sexualität bzw. ihre eigenen Nahbeziehungen selbst definiert und sich die Selbstverständnisse in dieser Hinsicht massiv unterscheiden. Je nach persönlicher Geschichte verstehen nichtbinäre Personen sich wahlweise als lesbisch, schwul, gay, pansexuell, bisexuell, a_sexuell/ace, queer oder manchmal auch als hetero. Zudem muss sich das sexuelle und das romantische Selbstverständnis nicht decken und kann sich auch von Beziehung zu Beziehung oder im Laufe einer Beziehung verändern. Zum Teil ändert sich dieses Selbstverständnis mit einem Coming-out und/oder einer Transition, manchmal nicht. All diese Bezeichnungen sind politisch auf ihre Art, viele davon sind auch innerhalb der queeren Community umkämpft und von Widersprüchen begleitet. Das vielleicht einzige, was für die Nahbeziehungen nichtbinärer Menschen eindeutig zutrifft, ist, dass nichts daran klar oder einfach ist. *It's messy*[140].

Allein der Aspekt der Sexualität an sich ist voll von Unsicherheiten und Verletzlichkeit, und dies verstärkt sich umso mehr, wenn das eigene Geschlecht, das eng mit dem Körper und dem eigenen Begehren verknüpft ist, uneindeutig und außerhalb gegebener Normen ist. Das Potential für Missverständnisse und Unbeholfenheiten ist groß. Sexuelle Skripte sind extrem stark von geschlechtlichen Codes durchzogen und dies kann schnell dazu führen, dass uns als nichtbinären Personen beim Sex Rollen oder Bilder zugeschrieben werden (oder es sich so anfühlt), mit denen wir uns nicht identifizieren. Aus eigener Erfahrung bedeutet das häufig, sich zu erklären, wobei das häufig gar nicht so leicht ist. Ich erinnere mich an viele Situationen, in denen ich versucht habe, Partner_innen klarzumachen, wie sie sich verhalten können, um mir nicht das Gefühl zu geben, mich als Frau oder Mann zu sehen – aber mir die Worte dafür gefehlt haben. Manchmal funktioniert das intuitiv, manchmal nicht. Häufig hilft es, wenn die Partner_innen selbst nichtbinär, trans, genderqueer o.Ä. sind. Manchmal macht es das noch schlimmer, weil die eigenen Wünsche oder Vorstellungen auf das Gegenüber projiziert werden, Nichtbinarität aber von jedem Menschen anders ge- und erlebt wird. Sexualität von und mit nichtbinären Menschen kann aber auch kreativ und ermächtigend sein, weil sie erlaubt, aus festgefahrenen Rollen auszutreten und mit anderen Praktiken und Bildern zu experimentieren. Dies kann Menschen

140 *Messy* heißt auf Deutsch ‚chaotisch' oder ‚unordentlich'.

den Raum eröffnen, unabhängig von herkömmlichen Vorstellungen von Hetero- und Homosexualität eigene, neue Formen der Sexualität zu leben, die von den gesellschaftlichen Normen abweichen. Es gibt keine Skripte[141] dafür, wie nichtbinäre Sexualität funktioniert, und das kann Fluch und Segen sein. Die Sexualität nichtbinärer Personen schreibt sich also in die Beziehungsweise der Bezuglosigkeit ein, die befreiend sein kann, weil sie sich von fixen Zuschreibungen losmacht, oder eben destabilisierend, weil sie eine_n ohne Bezugs- und Identifikationspunkte zurücklässt.

Die Beziehung zum eigenen Körper

Unter der Sexualität lässt sich eine weitere Schicht der Beziehungsweise Nonbinary ausgraben: die Beziehung zum eigenen Körper. Wie so viele andere queere Identitäten ist auch jene von nichtbinären Personen von einem oft komplizierten, ambivalenten oder schlicht negativen Verhältnis zum eigenen Körper gekennzeichnet. Da Geschlecht immer verkörpert ist, bedeutet die eigene Nicht-Identifikation mit den beiden dominanten Geschlechterkategorien häufig ein Gefühl der Entfremdung gegenüber dem eigenen Körper. Medizinisch wird dieses Unbehagen gängigerweise mit dem Begriff der Dysphorie bezeichnet, die sich auf den ganzen Körper oder auf einzelne Körperteile beziehen kann. Häufig hängt diese Dysphorie damit zusammen, dass bestimmte Körperteile gesellschaftlich sexualisiert und stark nach den binären Kategorien gegendert werden. Entsprechend können nichtbinäre Personen ein negatives Gefühl gegenüber den Körperteilen empfinden, die mit einem Geschlecht in Verbindung gebracht werden, das nicht dem eigenen Selbstverständnis entspricht. Nicht wenige nichtbinäre Personen nehmen hiergegen verschiedene Formen medizinischer Versorgung in Anspruch, die in den Kontext von trans Gesundheit fallen und zumeist auch als Transitionen behandelt werden.[142]

---

141 Unter sexuellen Skripten versteht man kulturelle und soziale Narrative, Normen und Erwartungen, die das Verhalten und die Wahrnehmungen von Individuen in Bezug auf sexuelle Aktivitäten und Beziehungen leiten. Sie sind quasi die ungeschriebenen Drehbücher für sexuelle Begegnungen. Diese Skripte legen fest, was als typisch, ‚normal' oder akzeptabel angesehen wird und was für Erwartungen es gesellschaftlich für Dinge wie Dating, Flirten, Konsens und Sexualpraktiken gibt. Sexuelle Skripte beeinflussen unsere Vorstellungen von Geschlechterrollen, sexueller Orientierung und Begehren. Diese Skripte können in verschiedenen Kontexten und Gemeinschaften unterschiedlich sein und sich im Laufe der Zeit verändern. Sie können sowohl bewusst und explizit als auch unbewusst und implizit auf unsere Beziehungen wirken.

142 Diese Transitionen werden häufig mit den Kürzeln MTX (male-to-x) oder FTX (female-to-x) gefasst.

Nicht alle nichtbinären Menschen machen eine medizinische Transition durch, und nicht jede Transition sieht gleich aus. Aber für diejenigen, die der Dysphorie mit medizinischen Mitteln entgegenwirken, sind dabei Hürden in den Weg gestellt. Als nichtbinäre trans Person[143] ist der Zugang zu medizinischen Maßnahmen wie Hormontherapien oder Operationen erschwert, weil die geltende Rechtslage Ärzt_innen verpflichtet, sicherzustellen, dass Personen ‚auch wirklich trans' sind, und Nichtbinarität in ihrer gesellschaftlichen Uneindeutigkeit nicht selten als ‚Unsicherheit' gegenüber dem eigenen Geschlecht missverstanden wird. So werden in Deutschland beispielsweise Mastektomien[144] im Fall von nichtbinären Personen grundsätzlich nicht von der Krankenkasse bezahlt – und Klagen hiergegen wurden vom Bundessozialgericht zum Nachteil der nichtbinären Kläger_innen entschieden.[145] Und auch hier spielen weitere Unterdrückungsformen wie Rassismus, Klassismus, Dickenfeindlichkeit oder Ableismus eine zentrale Rolle: Beispielsweise ist der Zugang zu geschlechtsangleichender Gesundheitsversorgung für nicht-*weiße*, prekäre, minderjährige, dicke und be_hinderte oder neurodivergente Personen massiv erschwert. Absurderweise kommt dazu, dass die Hormone, die medizinische Transitionen ermöglichen, im Kapitalismus für cisgeschlechtliche Menschen entwickelt werden, und alle trans Personen also auf Produkte angewiesen sind, die überhaupt nicht für ihre Körper vorgesehen sind. Das *cis-tem* lässt grüßen.

Gleichzeitig gibt es auch viele nichtbinäre Personen, die ein relativ konfliktfreies Verhältnis zu ihrem Körper haben, und deren Nichbinarität sich für sie selbst hauptsächlich auf der sozialen Ebene abspielt. Auch hier schillern die Ambivalenzen der Bezugslosigkeit. Nichtbinarität kann schwierige und schmerzhafte Beziehungen zum eigenen Körper hervorrufen oder aufdecken. Sie kann aber auch dazu führen, dass Geschlecht sich von seiner Verbindung zur Körperlichkeit ablöst und Menschen sich freier darin fühlen, dass ihr Körper und ihre Beziehung zu ihm für sie nicht mehr durch eine normierte Geschlechtskategorie

---

143 Grundsätzlich sind alle nichtbinären Personen insofern trans, als sie sich nicht mit dem ihnen bei Geburt zugewiesenen Geschlecht identifizieren (also nicht cis sind). Gleichzeitig ist verschiedenen nichtbinären Personen das Label ‚trans' unterschiedlich wichtig, manche benutzen es gar nicht für sich. Häufig verwenden nichtbinäre Personen ‚trans' als Selbstbezeichnung, wenn sie eine geschlechtliche Transition machen – dem muss aber auch nicht so sein.

144 Brustentfernung mittels einer Operation.

145 Vgl. „Urteil des Bundessozialgerichts zu Mastektomien." In: *tin RECHTSHILFE*, 20.10.2023. Online unter: www.tinrechtshilfe.de/2023/10/20/urteil-des-bundessozialgerichts-zu-mastektomien/ [letzter Zugriff am: 23.10.2023].

bestimmt werden. Außerdem kann der Körper *eingesetzt* werden, um Nichtbinarität herzustellen. Wir können mit Gang und Gestik, mit Mimik und Intonationen beeinflussen, wie unser Körper gelesen wird. Wir können die Normen durchkreuzen, die uns gesellschaftlich vorschreiben wollen, wie wir unsere Körper zu bewegen und zu präsentieren haben.

Die Beziehungsweise Nonbinary als Beziehungsweise im Kapitalismus

All diese spezifischen Beziehungen, welche die Beziehungsweise Nonbinary ausmachen, zeigen deutlich, dass Geschlecht immer über die Beziehung zum gesellschaftlichen Ganzen vermittelt ist, in dessen Kontext und Bedeutungsrahmen Geschlecht erst verständlich wird. Die Beziehungsweise Nonbinary ist also eine gesellschaftliche. Da unsere Gesellschaft grundsätzlich von kapitalistischen Logiken durchzogen ist, wirken diese auch auf die Beziehungsweise Nonbinary ein. Neben den angesprochenen sprachlichen und körperlichen Praktiken werden unsere geschlechtlichen Identitäten im Kapitalismus maßgeblich über Waren hergestellt. Wir sind gezwungen, unser Geschlecht mittels Konsumprodukten zum Ausdruck zu bringen, die immer auch den Stempel der binären Geschlechterordnung tragen, auf welcher der Kapitalismus beruht. Ob dies nun gegenderte Kleidung der stereotypengeladenen Modeindustrie, Hormone der kapitalistischen Pharmaindustrie oder den nach Damen- und Herrenschnitten separierten Friseur_innensalon betrifft: das Nonbinary-Ich ist konstant vor eine Wahl gestellt, in der die Option, die uns entspricht, meistens fehlt. Entsprechend wird es uns erschwert, ein geschlechtliches Auftreten zu entwickeln, das mit unserem Selbstempfinden übereinstimmt. Was wir dennoch tun können, ist spielerisch mit dem Material zu arbeiten, das uns zur Verfügung steht. Also diejenigen Produkte, die ‚männlich' oder ‚weiblich' codiert sind, ‚falsch' einsetzen und damit die Bedeutungsräume destabilisieren, die den beiden normierten Kategorien zukommen. Diese Perspektive schließt an die positive Seite der Ambivalenz an, die der Bezugslosigkeit anhaftet: Instabilität und Unbestimmtheit kann aufregend und inspirierend sein. Manchmal ist es genau richtig, dass unsere nichtbinären Lebensrealitäten *messy* und unverständlich sind. Denn die Bezugslosigkeit eröffnet Raum für Neues und Unerwartetes.

Ein großes Problem vieler Praktiken, die auf diese Art und Weise die herkömmlichen Geschlechterkategorien untergraben, ist jedoch, dass sie den Spielraum für Veränderung auf die Handlungen und den Warenkonsum von Einzelpersonen reduzieren. Und damit wird das Problem nicht an der Wurzel gepackt. Wenn nämlich die Bezugslosigkeit der Beziehungsweise Nonbinary in die ökonomische Struktur der Gesellschaft eingeschrieben ist, dann kann der Ausweg nicht darin bestehen, dass Waren konsumiert werden und die ökonomische Ordnung unangetastet bleibt. Dass neue Industriezweige für queere Produkte aus dem Boden sprießen, mag punktuell helfen. Jedoch lässt sich diese Entwicklung auch als einfache Konsequenz aus der Profitlogik des Kapitalismus verstehen, da die zunehmende Sichtbarkeit von nichtbinären Personen aus Perspektive des Kapitals als Auftreten einer neuen Zielgruppe für spezifische Produkte und damit weiterer Profite betrachtet werden kann. Im Voranschreiten des *rainbow capitalism*[146] wird Befreiung durch Repräsentations- und Konsumangebote versprochen. Diese Perspektive ist jedoch ein Irrweg. Ein Beispiel: Modefirmen promoten inzwischen stolz ‚unisex'-Linien und schaffen damit vermeintlich ein Angebot für nichtbinäre Menschen, um die Lücke im geschlechtlichen Ausdruck über Kleidung zu füllen. Ein Blick auf eine x-beliebige Serie ‚unisex' Klamotten zeigt aber, dass wir hier von ‚Geschlechtsneutralität' Lichtjahre entfernt sind. ‚Unisex' bedeutet hier meistens schlicht und ergreifend, dass die Kleidung, die zuvor nur für Männer angeboten wurde, jetzt auch in kleineren Größen erhältlich ist. Die patriarchale Norm, nach der Männlichkeit als geschlechtlich neutral verstanden wird, kommt hier deutlich zum Vorschein. Was sollen transfeminine *enbies* oder *femmes* mit einem solchen Angebot anfangen?

Die Beziehungsweise Nonbinary als Beziehungsweise der Bezugslosigkeit ist also verheddert in kapitalistische Strukturen, und der Versuch, dem Schmerz der Bezugslosigkeit mit dem liberalen Märchen von der Befreiung durch Konsum zu begegnen, führt in eine Sackgasse. Es gilt nicht nur, den Schmerz der Bezugslosigkeit anzuerkennen, sondern auch seine Ursachen klar zu benennen. Sie müssen Gegenstand der Kritik sowie Zielscheibe politischer Veränderung werden. Neben handfesten und leicht auf den Punkt zu bringenden Missständen wie fehlender Gesundheitsversorgung und rechtlicher Diskriminierung besteht die tieferliegende Ursache des Schmerzes der Bezugslosigkeit in der binären Geschlechterordnung, in der für uns kein Platz ist. Die vorangehenden Ausführungen haben gezeigt, dass Geschlecht zwar konstruiert, aber immer darauf angewiesen ist, von anderen Menschen er- und anerkannt zu werden. Primär sind also gesellschaftliche Bedingungen konstruiert – und zwar nicht durch individuelles, sondern

146 Unter *rainbow capitalism*, manchmal auch als *pinkwashing* bezeichnet, werden insbesondere Unternehmensstrategien gefasst, welche die Sichtbarkeit und Repräsentation von queeren Inhalten, Personen und Codes verwenden, um das eigene Image zu polieren oder Verkaufszahlen zu erhöhen.

kollektives Handeln und Herstellen von Bedeutung (vgl. Beier et al. 2018: 11). Entsprechend kann die Auflösung der binären Geschlechterordnung nicht über die individuelle De- und Rekonstruktion von Geschlecht allein funktionieren, sondern erfordert eine kollektive Adressierung der gesamtgesellschaftlichen – in diesem Fall rigide zweigeschlechtlichen – Strukturen, in denen Individuen in einem eingeschränkten Handlungsspielraum agieren.

Erstens bedeutet dies, dass es kollektive Ansätze braucht, um mit der Bezugslosigkeit sinnvoll umzugehen: allein geht es nicht. Veränderung kann geschehen, wenn Gruppen an Menschen daran arbeiten, sich gemeinsam den gegebenen geschlechtlichen Normen zu widersetzen, Abweichungen anzuerkennen und zu schätzen, Menschen primär als Menschen zu sehen und die Bedürfnisse von Einzelpersonen hinsichtlich Geschlecht zu achten und kollektiv zu realisieren. So werden im Hier und Jetzt Beziehungsweisen geschaffen, die über den Rahmen der binären Geschlechterordnung hinausweisen und damit aufzeigen, wie es auch sein könnte. Werden diese Beziehungsweisen massenhaft verbreitet, könnte tatsächlich etwas an der strukturellen Geschlechterbinarität verändert werden. Dies erscheint jedoch nur aussichtsreich, wenn diese kollektiven Beziehungsweisen nicht nur einen Raum alternativer Geschlechtsidentitäten schaffen, sondern Geschlecht politisieren und die eigenen geschlechtsbezogenen Handlungsweisen in politische Kampffelder verwandeln. Das bedeutet auch, andere Formen der Unterdrückung mitzudenken, um zu verhindern, dass neue Ausschlüsse geschehen sowie Solidaritäten mit anderen antikapitalistischen Kämpfen einzugehen.

Zweitens bedeutet die Adressierung der strukturellen Geschlechterbinarität, dass die dominante geschlechtliche Arbeitsteilung, nach der bestimmte Körper bestimmte Aufgaben zu erfüllen haben, von Grund auf verändert werden muss. Das beinhaltet insbesondere, Reproduktionsarbeit queer zu denken und zu leben – auch und vielleicht gerade in unseren eigenen Communities. Dazu gehört beispielsweise, dass wir anfangen, anders über Kidsbegleitung nachzudenken, Zugänge für queere Eltern zu schaffen und das beharrliche Narrativ, nach dem Queers keine Kinder haben, abzubauen; zu hinterfragen, wer warum wie viel Beziehungsarbeit- und Pflege in unseren Netzwerken betreibt und wie emotionale Arbeit verteilt ist – und hier Ungleichheiten mit Umverteilung zu begegnen; mitzudenken, wer weshalb Verantwortung für ältere Menschen trägt und wie diese Verteilungen mit bestimmten Positionierungen zusammenhängen usw. Viele queere Menschen – allen Alters – erleben aufgrund ihrer Queerness

Brüche in ihren biologischen Familien: Aufgabe queerer Communities kann hier sein, Sorgearbeit füreinander zu leisten und mit Ausgleichsansätzen zu arbeiten.[147] Gleichzeitig ist die Beziehungsweise der Bezugslosigkeit nicht ausschließlich schmerzhaft. Wir haben gesehen, dass es sich hier um eine durchaus ambivalente Beziehungsweise handelt, in der sich Schmerz mit Freude vermischt. Obwohl sie eng mit kapitalistischen Strukturen verknüpft ist, verweist die Bezugslosigkeit in ihrem Scheitern an den herrschenden Normen ebenso auf die Möglichkeiten, die jenseits kapitalistischer Geschlechterbinarität liegen. In vielerlei Hinsicht ist Bezugslosigkeit genau das, was wir wollen: Wir möchten uns lösen von starren Geschlechterbildern, von patriarchalen Vorschriften, von kapitalistischen Zwängen. Die Bezugslosigkeit kann Räume für neue Praktiken eröffnen und kreatives Potential freilegen, uns selbst und unsere Beziehungen neu zusammen zu bauen. Wenn die Beziehungsweise Nonbinary eine Beziehungsweise der Bezugslosigkeit ist, eine Beziehungsweise des Scheiterns an den herrschenden Normen, dann ist vielleicht das gemeinsame, wiederholte Scheitern genau das, was wir tun müssen, um die herrschende Ordnung zu Fall zu bringen.

Literatur

Beier, Frederike; Yashodhara Haller, Lisa; Haneberg, Lea (2018): *materializing feminism – Positionierungen zu Ökonomie, Staat und Identität*. Münster: Unrast.

Butler, Judith (2007 [1990]): *Gender Trouble: Feminism and the Subversion of Identity*. New York: Routledge.

Butler, Judith (2011 [1993]): *Bodies That Matter: On the Discursive Limits of ‚Sex'*. New York: Routledge.

Dalla Costa, Mariarosa; James, Selma (2018 [1973]): „The Power of Women and the Subversion of the Community." In: Stanley Aronowitz; Michael J. Roberts (Hg.): *Class: The Anthology*. Oxford: John Wiley & Sons Ltd, S. 79–86.

Dembroff, Robin (2018): „Why Be Nonbinary?" In: *Aeon*. Online unter: www.philpapers.org/archive/DEMWBN.pdf [letzter Zugriff am: 15.10.2023].

Halberstam, Jack (2011): *The queer art of failure*. Durham/London: Duke University Press.

Marx, Karl; Engels, Friedrich (1962 [1890]): „Das Kapital. Kritik der Politischen Ökonomie. Erster Band, Dritter Abschnitt." In: *Marx-Engels-Werke* (MEW), Band 23. Berlin: Dietz.

147 Vgl. hierzu auch den Text *Ausgelutscht und Ausgezuzelt: Im Gespräch und Nachspüren über sorgende und sorgebedürftige Körper im Kapitalismus* von Prince S. Ass und Jonas N. Baer in diesem Band.

Meißner, Hanna (2008): „Die soziale Konstruktion von Geschlecht – Erkenntnisperspektiven und gesellschaftstheoretische Fragen." In: *gender…politik…online*. Internet-Portal des Fachbereichs Politik- und Sozialwissenschaften der Freien Universität Berlin. Online unter: www.fu-berlin.de/sites/gpo/soz_eth/Geschlecht_als_Kategorie/Die_soziale_Konstruktion_von_Geschlecht_____Erkenntnisperspektiven_und_gesellschaftstheoretische_Fragen/hanna_meissner.pdf [letzter Zugriff am: 16.10.2023].

Rajunov, Micah; Duane, Scott (2019): *Memoirs of Gender and Identity*. Columbia: Columbia University Press.

Richards, Christina; Bouman Walter Pierre; Barker, Meg-John (2017): „Introduction." In: Dies. (Hg.): *Genderqueer and Non-Binary Genders*. London: Palgrave Macmillan, S. 1–8.

Rubin, Gayle (1975): „The Traffic in Women: Notes on the ‚Political Economy' of Sex." In: Rayna R. Reiter (Hg.): *Toward an Anthropology of Women*. New York/London: Monthly Review Press, S. 157–210.

Sarbo, Bafta (2022): „Rassismus und gesellschaftliche Produktionsverhältnisse." In: Eleonora Roldán Mendívi; Bafta Sarbo (Hg.): *Die Diversität der Ausbeutung. Zur Kritik des herrschenden Antirassismus*. Berlin: Dietz, S. 37–63.

Vincent, Ben; Manzano, Ana (2017): „History and Cultural Diversity." In: Christina Richards; Walter Pierre Bouman; Meg-John Barker (Hg.): *Genderqueer and Non-Binary Genders*. London: Palgrave Macmillan, S. 11–30.

Joana Georgi

Film als politische Praxis

Aktuelle linke Politiken sind geprägt von unzähligen zersplitterten Strömungen, einer schwierigen Geschichte mit tiefen Abgründen und dem Anspruch an internationale Solidarität, die im kapitalistischen System immer wieder gefährdet oder zerstört wird. Auch für linke Filmemacher_innen ist es unumgänglich, sich dieser Geschichte – der eigenen politischen Tradition – irgendwann zu stellen. Schon früh beschäftigten auch mich in meiner Arbeit als Regisseurin ebendiese Fragen: Wie positioniert man sich im Film zu genau dieser Historie? Wie kann ein Publikum von linken Inhalten überzeugt werden, wenn so viel Misstrauen gegenüber Begriffen wie Revolution, Sozialismus oder gar Aktivismus, Enteignung und Umverteilung existiert? Wie kann eine neue Zukunft im Film imaginiert werden, wenn die Vergangenheit so schwer lastet? Und materiell: Wie verhalten wir uns auf einem kapitalistischen Filmmarkt?

In Diskussionen und im politischen Alltag wird der real versuchte Sozialismus des letzten Jahrhunderts vielen Linken immer wieder als Referenz vorgehalten. Diese Referenz bedeutet auf der einen Seite eine konstante Auseinandersetzung mit den Verbrechen, die von Ländern und Regimen, die sich als sozialistisch sahen, verübt wurden. Auf der anderen Seite beinhaltet diese Bezugnahme die Konfrontation mit dem letztendlichen Scheitern eines sozialistischen Versuchs, der, als Folge des Zusammenbruchs des Ostblocks, ein Wegbrechen von Ressourcen und Unterstützung für linke Kämpfe weltweit bedeutete. Desillusionierung aufgrund der Gräueltaten und Menschenrechtsverletzungen sowie die Erkenntnis, dass so viele Menschen ihr Leben in einem Kampf ließen, der letzten Endes in vielerlei Hinsicht nicht das erreichen konnte, was ersehnt wurde, zehren noch heute an der Hoffnung auf eine bessere Welt und berühren unweigerlich die politische Praxis verschiedenster linker Strömungen.

Gerade Filme bieten dahingehend die Möglichkeit, linken Reflexionen zu genau diesen Themen Platz einzuräumen – wobei vor allem der Trauer, Enttäuschung und Ernüchterung Aufmerksamkeit gegeben werden kann. Das Medium bewirkt bereits in seiner Produktion, dass eine Vielzahl an Personen miteinander in Kontakt treten, sprechen, reisen, essen und arbeiten muss. Der Austausch von Wissen und Emotionen findet nicht nur über Buchstaben, sondern durch Gespräche, Berührungen und private Räume hinweg statt.

Film eignet sich dabei in meinen Augen für einen linken Erinnerungs- und Aufarbeitungsprozess. Sich in der filmischen Praxis der Trauer zu stellen, dass so viele frühere Revolutionen und Träume gescheitert sind und dadurch versuchen, den Traum auf eine gerechte Welt greifbarer zu machen (vgl. Adamczak 2011: 121) und dies dem Publikum näher zu bringen, scheint mir ein produktiver Weg zu sein.

Und tatsächlich, es gibt sie: die linken Filme, die sich kritisch mit den Verbrechen auseinandersetzen, die im Namen des Sozialismus begangen wurden. Es gibt Filme, die internationale Solidarität vorleben und Versuche starten, Brücken zwischen Kontinenten und Generationen (wieder)herzustellen, es gibt die Filme, die in der Peripherie des kapitalistischen Filmmarkts andere Realitäten und Gesellschaftsformen zentrieren. Eine Vielzahl linker Filmemacher_innen musste sich in der Vergangenheit bereits ähnlichen Fragen stellen, wie wir es heute tun. Ihre Filme sind in der Mehrzahl nicht nur in ihrer Aussage genuin politisch, sondern verkörpern in ihrer Herstellung bereits eine politische Praxis, die heilsame Beziehungsverflechtungen möglich macht, die im kapitalistischen System so häufig fehlen.

Da diesen Filmen oft keine Aufmerksamkeit geschenkt wird, ist dies ein Beitrag, der den Diskurs um linke Filme wieder in den Blick nehmen möchte. Im Mittelpunkt des Textes stehen dabei Stimmen, die aus marxistischer Perspektive innerhalb sozialistischer Staaten in ihren Filmen die eigene Regierung kritisierten und dabei Anknüpfungspunkte für aktuelle Erinnerungs- und Aufarbeitungsarbeit bieten.

Um lokal zu bleiben, habe ich in meinem direkten Umfeld und damit in der Berliner Filmgeschichte gesucht und bin fündig geworden. Auch wenn es weltweit viele linke Filmemacher_innen gab und gibt, zentriert dieser Beitrag ein Dokumentarfilm-Team aus der DDR, da ihre politischen Filme genau in der Stadt entstanden, in der auch heute noch eine Vielzahl linker deutschsprachiger Filme produziert wird. Damit möchte dieser Beitrag zu einem Diskurs über regionale linke Filmgeschichte anregen, denn wir können in der aktuellen kapitalistischen BRD viel von der linken kritischen und oppositionellen Geschichte in der DDR lernen.

Film als politische Praxis in der DDR

Die Regisseure Walter Heynowski und Gerhard Scheumann, waren von den 1960ern bis 1990 als Dokumentarfilmer tätig (vgl. Steinmetz/Prase 2002: 97). Ihre Arbeit stand in klassischer Tradition des Dokumentarfilms der DDR: Sie sollten aktiv teilhaben an Auseinandersetzungen um soziale Gerechtigkeit sowie „zur Vermittlung und Verbesserung des Sozialismus im eigenen Land" und zur Bekämpfung rechter und kapitalistischer Politiken weltweit beitragen (vgl. ebd.: 9). Dabei hatten sie eine Sonderstellung im Filmbetrieb des Landes inne: Ihr Studio H&S durfte lange Jahre unabhängig der DEFA[148] arbeiten (vgl. ebd.: 98) und genoss dadurch gewisse Freiheiten. So reisten die beiden Filmemacher und ihr Team häufig in andere (meist sozialistische Länder) und drehten dort journalistisch-dokumentarische Filme (vgl. ebd.: 16). Aus marxistischer Perspektive klärten sie über global-politisch brisante Themen auf und erfuhren so auch international Aufmerksamkeit.[149] Sie produzierten Filme unter anderem über den Putsch gegen Salvador Allende und die darauf folgende Diktatur unter Augusto Pinochet in Chile (z.B. *Der Krieg der Mumien*, 1974), über die Kontinuitäten zwischen Wehrmacht und NATO (z.B. *Der lachende Mann*, 1966), über den Krieg in Vietnam (z.B. *Piloten im Pyjama*, 1968) und über die Diktatur der Roten Khmer in Kambodscha (z.B. *Kampuchea: Sterben und auferstehen*, 1980) (vgl. ebd.: 50). Ihre Filme gaben den Widerstandskämpfer_innen eine Plattform, unterstützten sie in ihrer Anklage kapitalistischer und faschistischer Verbrechen und dokumentierten solidarisch die Hoffnung auf eine Welt frei von Kolonialherrschaft, imperialistischen Politiken und kapitalistischer Ausbeutung. Doch ab Anfang der 1980er Jahre nahm ihr Renommee DDR-intern ab (vgl. Raszelenberg 1995: 97). Im Jahr 1982 hielt Scheumann auf dem vierten Kongress des Verbandes der Film- und Fernsehschaffenden eine Rede, in der er den Punkt stark machte, dass das Publikum in der DDR dazu in der Lage sei, einen „öffentlichen Diskurs über Probleme des sozialistischen Staates" zu führen (vgl. Steinmetz/Prase 2002: 108). Damit spielte er darauf an, dass die Zeitungen und Medien in der DDR gewisse Themen und Fragen strategisch verschweigen, wenn es um die Probleme und Verbrechen in sozialistischen Ländern ging (vgl.

148 Deutsche Film AG: Staatliches Filmunternehmen der DDR mit Sitz in Babelsberg, Potsdam.

149 Einer ihrer bekanntesten Filme ist *Der lachende Mann* (1966), der die Kontinuitäten zwischen Nazionalsozialistischer Wehrmacht und NATO-Einheiten dokumentiert und die Verbrechen der NATO mit Hilfe von Ex-Wehrmachtssöldnern in der Niederschlagung Anti-kolonialer Bewegungen auf dem afrikanischen Kontinent (vor allem im Kongo) aufdeckt. Er ist online unter https://youtu.be/CGAUW-1ZF2xI [letzter Zugriff am: 14.12.2023] zu finden.

ebd.: 107ff). Die Jahre vor dieser Rede hatten sich Scheumann und Heynowski intensiv mit dem unterdrückerischen Regime der Roten Khmer in Kambodscha beschäftigt. Ihre Reflexionsreihe widmete sich den Auseinandersetzungen mit dem Völkermord unter diesem – sich selbst als kommunistisch bezeichnenden – Regime (vgl. ebd.: 50). Dabei wurde ihr Film *Die Angkar*[150] von 1981 zum „Schicksalsfilm" (ebd.), da er sich in einer Art und Weise mit Kambodscha auseinandersetzte, die nicht in die außenpolitische Linie der DDR passte (vgl. ebd.). Die DDR-Regierung hatte in den Jahren, in denen die Roten Khmer in Kambodscha mordeten, medial über diese Tatsachen geschwiegen (vgl. ebd.: 109). Der Film *Die Angkar* lief daher größtenteils nur im Kino und nicht, wie man es vorher von Filmen des Studio H&S gewöhnt war, auch im Fernsehen, wo er einer größeren Allgemeinheit zur Verfügung gestanden hätte (vgl. ebd.: 50). Zudem ging der Film kritisch auf die Rolle der Volksrepublik China als Unterstützerin der Roten Khmer ein – und das in einer Zeit, in der gerade eine „vorsichtige Annäherung zwischen den Staaten des Warschauer Vertrags und der VR China" (ebd.: 109) stattfand. Negative Aussagen über China, wie sie im Film *Die Angkar* getroffen wurden, passten dementsprechend nicht in die politische Linie der DDR (vgl. ebd.). Die Rede Scheumanns, die genau diese politische Instrumentalisierung von Berichterstattung durch die Regierenden der DDR kritisierte, hatte schließlich die Auflösung des Studio H&S von 1982 bis 1986 zur Folge (vgl. ebd.: 98) und zeigt, wie wenig zu Zeiten des real versuchten Sozialismus in Deutschland öffentlich über Probleme, Verbrechen und Menschenrechtsverletzungen reflektiert werden konnte. Mit der Rede Scheumanns war „der vorerst letzte Versuch gescheitert auf […] hoher Ebene über Medienprobleme der DDR zu reflektieren." (ebd.: 112) Der Film *Die Angkar* ist daher auch heute noch eine Erinnerung daran, dass es auch Personen in der DDR gab, die nicht mit der Politik des Verschweigens und Verdrängens ihrer Regierung übereinstimmten und sich aus linker Perspektive kritisch demgegenüber äußerten – ohne dabei direkt Kommunismus oder Sozialismus an sich zu diffamieren. Umso wichtiger ist es heute darüber zu sprechen und die Stimmen der damaligen Zeit nicht verstummen zu lassen.

150 *Angkar* bedeutet so viel wie ‚Organisation'. Es war der Name, den sich die Kommunistische Partei Kampucheas informell gab (vgl. Raszelenberg 1995: 30).

Film als Erinnerungs- und Aufarbeitungsprozess: Der Dokumentarfilm *Die Angkar* (1981)

Wie kaum ein anderes politisches System stehen die *Khmer Rouges* (vgl. Raszelenberg 1995: 30) für Grauen und Tod. Pol Pot, Ieng Sary und ihre Gruppe, die sich in den 1960ern an die Spitze der Kommunistischen Partei Kambodschas manövriert hatten (vgl. ebd.: 30f), ermordeten in den 1970ern in wenigen Jahren um die 1,7 Millionen Menschen (vgl. BPB 2015). Das Team des Studio H&S war dabei unter den ersten Filmemacher_innen, die ein Jahr nach dem Sturz des Pol-Pot-Regimes 1979 mit vietnamesischen Freund_innen in Kambodscha einreisen konnten.[151] Ihr Film *Die Angkar* stellte sich der großen Verantwortung, zu reflektieren, wie eine Regierung, die sich als kommunistisch bezeichnete und eigentlich die „Abschaffung aller Herrschaft" (Adamzcak 2011: 80) versprochen hatte, genau das Gegenteil davon tat und einen Völkermord an der eigenen Bevölkerung beging. Bereits zu Anfang des Films fragen die Filmschaffenden daher: „Warum nennt er [Pol Pot] sich Revolutionär? Warum Sekretär einer kommunistischen Partei Kampucheas? Warum schmückt er sich mit Hammer und Sichel?"[152] Damit stellen sie sich einem Schmerz, den sie selbst im Film immer wieder andeuten: Am liebsten würden sie ignorieren, dass die Roten Khmer von sich behaupteten, Kommunist_innen zu sein[153], aber ihre Gesichter unter dem Symbol von Hammer und Sichel zu sehen hätte ihnen kaum eine andere Wahl gelassen.[154]

Damit nehmen sie eine schwierige Aufgabe innerhalb der kommunistischen Linken auf sich: Ein Erbe, „das vor allem aus Schuld und Schulden besteht" (Adamczak 2011: 119), wie Bini Adamczak es in ihrer Reflexion über linke Erinnerungsarbeit ausdrückt. Heynowski und Scheumann fragen nach dem Wie und Warum der Konterrevolution, die wie so häufig nicht allein von Außen, sondern von Innen kam. Besonders betonen sie dabei den destruktiven Charakter des fanatischen Nationalismus der Roten Khmer, der sich gegen einstige Verbündete wie die vietnamesische Revolution wandte:[155] „Der Diktator über das sogenannte demokratische Kampuchea hat die Tradition der Kampfgemeinschaft der Völker Indochinas nicht nur gebrochen, sondern in ihr Gegenteil – in Feindschaft

151 Die Reise und ihre ersten Eindrücke verarbeiten die Filmemacher in ihrem Film *Kampuchea: Sterben und auferstehen* von 1980.

152 Walter Heynowski und Gerhard Scheumann: *Die Angkar* (1981). 93min., hier: 00:04:30–00:04:40.

153 Ebd.: 00:05:05–00:05:22.

154 Ebd.: 00:05:05–00:05:22.

155 Ebd.: 01:08:03–01:08:09.

– gekehrt."[156] So liest die Erzählstimme im Film ein Banner der Roten Khmer vor, auf dem geschrieben steht: „Wir säubern das Land von Agenten, die sich als Hunde und Diener der vietnamesischen Feinde verstecken."[157] „Feinde" ohne deren Hilfe sie 1971 fast an den Rand der Vernichtung getrieben worden wären. Statt dies als Zeichen internationaler Solidarität zu begreifen, nahm Pol Pot die vietnamesische Hilfe im revolutionären Kampf jedoch als Erniedrigung wahr (vgl. Raszelenberg 1995: 37). Und so betonen auch andere wissenschaftliche Texte über die Roten Khmer, dass diese von der für den kommunistischen Kampf inhärent wichtigen Komponente des Internationalismus nichts wissen wollten und stattdessen versuchten sich national-autarkistisch auszurichten (vgl. ebd.: 84).
Heynowski und Scheumann widersetzten sich also der Linie des Verschweigens der DDR-Regierung und begannen eine „schmerzliche Arbeit über die und an der Geschichte" (Adamczak 2011: 26) – auch um diejenigen Kommunist_innen zu würdigen, die in Kambodscha von ihrer Führung verraten wurden. Diesem Ziel folgend endet der Film mit einer Bildfolge in der vietnamesische und kambodschanische lebende Kommunist_innen abwechselnd mit Bildern von, durch Roten Khmer ermordeten, Kommunist_innen gezeigt werden.[158] Begleitet werden die Sequenzen mit den Sätzen der Erzählstimme: „Jeder von ihnen verpflichtet auch den Märtyrern der Revolution, den Opfern der Angkar. Glück auf dem Weg Genossen!"[159] So brechen sie aus der Logik des kalten Krieges aus, dass jegliche Kritik an versucht-sozialistischen Ländern anti-kommunistische Propaganda sei, sondern erinnern sich der Opfer und damit auch ihrer Genoss_innen. Die Macher_innen zeigen, dass es die Aufarbeitung und Auseinandersetzung mit Verbrechen, die im Namen des Kommunismus begangen wurden, nicht nur von rechter Seite gab und gibt, sondern immer auch schon von linker – und setzen damit einen Bezugspunkt auch für aktuelle linke Filmemacher_innen und Kommunist_innen. Sie betonen die Tragik, die noch heute auf linken Kämpfen lastet, dass die sozialistische Revolution häufig auch von innen heraus zerstört wurde und weisen darin auf eine Ambivalenz hin, die auch Adamczak betont: „Nein, das war nicht der Kommunismus. Aber es war gleichzeitig auch nicht nicht der Kommunismus." (Adamczak 2011: 56) Heynowski reflektiert dazu in einem Zeitzeugen-Interview noch im Jahr 2003, dass er mit der Reflexion dieses

156 Ebd.: 00:10:00–00:10:11.
157 Ebd.: 01:08:03–01:08:09.
158 Ebd.: 01:26:11–01:27:01.
159 Ebd.: 01:26:20–01:27:01.

Themas bis heute nicht abgeschlossen hat[160] und zeigt so, dass die Trauer über diese Umstände vielleicht nur bearbeitet aber nicht abgeschlossen werden kann. Daraus zu lernen, bleibt eine kontinuierliche Aufgabe.

Widerständiger Film heute

Obwohl wir uns heute mit einem komplett anderen Filmmarkt konfrontiert sehen, als Heynowski und Scheumann ihn in der DDR vorfanden, gab es für mich in der Auseinandersetzung mit dem Studio H&S doch auch einige Parallelen, aus denen wir weiter lernen können.

Wie jeder Film waren auch die Filme von Heynowski und Scheumann nicht das alleinige Werk der Regisseur_innen. Integraler Bestandteil des Studios waren unter anderem auch Traute Wischnewski (vor allem Montage), Peter Hellmich (Kamera) und Horst Donth (Kamera und Trick-Kamera). Das Team stand in ständiger politischer Auseinandersetzung und Diskussion miteinander und Heynowski betont immer wieder, dass es ein Unding ist, dass manche Aufnahmeleitungen oder Regisseur_innen „in ihrer Hochnäsigkeit"[161] nicht mit den anderen Personen des Teams redeten, obwohl doch jeder Film eigentlich „auf deren Schultern sitzt".[162] Auch wird klar, dass alle Reisen und Themen, die das Studio H&S bearbeitete nicht hätten verwirklicht werden können ohne die Kontakte und den Austausch mit Genoss_innen und Freund_innen vor Ort – ohne den gelebten Internationalismus also. So sagt Heynowski, dass es die Filme über Kambodscha und die Roten Khmer nie gegeben hätte, wenn sie nicht mit den vietnamesischen Gleichgesinnten in Kontakt geblieben wären.[163] Um hier noch einmal einen Fokus auf den Austausch zu lenken: Die Filmreisen des Teams waren nie nur ‚neutrale' Beobachtung, sondern immer auch politische Arbeit. Scheumann und Heynowski nutzten dabei häufig ihre *weiße*, deutsche gesellschaftliche Stellung, um Zugang zu Orten zu bekommen, in die ihre Freund_innen teils keine Einblicke hatten, um sich danach über die dort gesammelten Informationen auszutauschen. So warnten sie auf ihrer Chile-Reise 1973 immer wieder die Genoss_innen der Unidad Popular[164] vor den gefährlichen Putsch-Bestrebungen in Kreisen deutscher konservativer Kolonialist_innen gegen den gewählten sozialistischen Präsidenten Salvador Allende, die sich tragischer Weise noch im

160 Ralf Schenk: *Ausschnitte aus Zeitzeugengespräch mit Walter Heynowski* (2003). 62min, hier: 00:47:05–00:47:30.

161 Ebd.: 00:04:22–00:04:30.

162 Ebd.

163 Ebd.: 00:44:34–00:46:30.

164 Wahlbündnis linker chilenischer Parteien und Gruppen, zu dem auch Salvador Allende gehörte.

selben Jahr bewahrheiten sollten.[165] Diese kleinen Beispiele zeigen bereits, dass das Schaffen des Studio H&S in vielerlei Hinsicht nicht den Standards des heutigen auf Effizienz und Konkurrenz getrimmten Filmmarkts entsprach, sondern auch in der Herstellung bereits politische Praxis war, die ernst genommen wurde und darauf abzielte, sowohl erniedrigende Hierarchien innerhalb des Filmteams aufzubrechen, als auch solidarisch-unterstützend und nicht Skandal-heischend und invasiv an politische Themen heranzugehen.

Ein großer Unterschied zu den Produktionsbedingungen der Studio H&S Filme ist heute allerdings die Stellung linken Films im gesamtgesellschaftlichen Gefüge. Statt staatlicher Unterstützung wird linker Film der Blacklist-Tradition Hollywoods[166] folgend – zwar nicht so explizit, aber dennoch subtil – weiter in Nischen abgedrängt: „[…] Left-wing cinematic activism is more in the periphery of cinema than ever before."[167] (Mazierska/Kristensen 2018: 10) Ab und zu schafft es ein gesellschaftskritischer Film in diesen Jahren noch in die Kinos – manchmal sogar bis zu den Oscars, wenn man sich z.B. *Parasite* (Bong Joon-Ho, 2019) anschaut. Was all diese Filme eint, ist allerdings, dass ein explizit linkes marxistisches Vokabular oder beispielsweise eine offensichtlich marxistische Gesellschaftsanalyse mit dem Ziel einer systemischen Veränderung dezidiert fehlt. Ein Regisseur[168], dessen aktivistischer Film es in die Kinos schaffte, erzählte mir vor Kurzem in einem Interview, dass er bei der gesamten Produktion und bei der Vermarktung des Films darauf achtete, nie auch nur das Wort ‚links' als Selbst- oder Filmbeschreibung in den Mund zu nehmen. Im Film wurden die linken Kämpfer_innen durchgehend als ‚Aktivist_innen' bezeichnet. Sie stellten sich gegen eine nicht direkt greifbare gesamtgesellschaftliche Ungerechtigkeit oder individualisiert gegen einzelne Unterdrückungsmechanismen (wie die Gewalt der Polizei in einzelnen Situationen, fehlende Repräsentation marginalisierter Subjekte in einem bestimmten medialen Diskurs oder die Verschmutzung der Natur an Ort X). Auch wenn die Anprangerung all dieser Probleme gerechtfertigt ist, fehlt hier etwas.

165 Schenk 2003: 00:40:50–00:41:24.

166 Die *hollywood blacklist* war eine Liste, die bis in die 1950er Jahre hinein Namen von Filmschaffenden führte, die mit der kommunistischen Partei der USA oder generell explizit kommunistischer Gesinnung in Verbindung gebracht wurden. Sie diente dazu, diese Personen vom Filmmarkt auszuschließen.

167 Übers. d. Hg.: „[...] linker filmischer Aktivismus befindet sich mehr denn je in der Peripherie des Kinos."

168 Möchte nicht namentlich genannt werden.

Durch kapitalistische, anti-emanzipatorische Propaganda, durch unsere fehlende Auseinandersetzung mit der eigenen blutigen Geschichte, durch einen kapitalistischen Filmmarkt, der beispielsweise marxistisches Vokabular sanktioniert, wurde uns die Möglichkeit genommen, Filme zu machen, wie sie noch vor 40 Jahren – nicht nur in real versuchten sozialistischen Staaten – vor einem größeren Publikum möglich waren. Kapitalismuskritik im Film findet heute nur noch versteckt statt oder wie Andrew Niccol sich zu seinem kapitalismuskritischen Film *In Time* (2011) äußerte:

> „You're not going to tell them that are you? [...] If you go in with a pitch and you say no character's over twenty-five years of age and there is a ticking clock in every scene, they just go ‚where do I sign'? They don't read the script. Fortunately."[169] (Andrew Niccol, nach: Wayne 2020: 62)

Müssen wir unsere linken Perspektiven also verstecken? Dürfen wir uns nicht zu viel mit der Tradition linker, oder wie in diesem Fall marxistischer bzw. kommunistischer Filmemacher_innen auseinandersetzen – gerade wenn sie auch noch im ehemaligen Ostblock aktiv waren? Sollten wir unsere Ansichten verschweigen, um nicht die Position der eigenen Filme auf dem Filmmarkt zu gefährden? Nein. Eine gewisse Balance zwischen offener Radikalität und gemäßigter Sprache ist vermutlich nicht zu vermeiden. Dafür allerdings eine gesellschaftskritische Analyse ganz in den Hintergrund oder aus dem Film fallen zu lassen, würde anderen Filmemacher_innen nicht gerecht werden, die schon immer versucht haben das Medium politisch zu nutzen. Zu ihnen zählen (hier beispielhaft aufgeführt) das Studio H&S, Sembène, Peck, Reichert, Carri, Vertov, Hirszman, Getino und Solanas, Mayolo und Ospina, Sander und so viele weitere, die linken Film als politische Praxis begreifen. Für sie alle ist und war Film ein Kampf, um aus der Peripherie des kapitalistischen Filmmarktes weiter ins Zentrum zu rücken und seine Gesellschaftskritik und Beziehungsweisen mit sich dorthin zu nehmen, um ein breites Publikum zu erreichen. Auch wenn die Zeichen derzeit schlecht stehen damit erfolgreich zu sein, sollten wir es zumindest versuchen.
Schlussendlich ist noch zu betonen: Bei all dem Diskurs und bei allem, was wir inhaltlich setzen wollen, ist es zudem notwendig, sich in den eigenen Filmen,

169 Übers. d. Hg.: „Das wirst du ihnen doch nicht sagen, oder? [...] Wenn du mit einem Pitch reingehst und sagst, dass keine Figur über fünfundzwanzig Jahre alt ist und dass in jeder Szene eine Uhr tickt, dann sagen sie nur ‚wo soll ich unterschreiben'? Sie lesen das Drehbuch nicht. Zum Glück."

am eigenen Arbeitsplatz für gerechte Bezahlung[170] und menschenwürdige Behandlung aller Arbeiter_innen einzusetzen und unsere Politiken auch in unserer Arbeitsweise widerzuspiegeln. Statt der kapitalistischen Produktionsweisen, die auf Ausbeutung beruhen, sollten wir uns immer erinnern: „The fundamental power within the (film-)industry […] rests with those who work in the industry and without whom it could not exist."[171] (ACTT, nach: Wayne 2020: 108)

Literatur

Adamczak, Bini (2011): *Gestern Morgen: Über die Einsamkeit kommunistischer Gespenster und die Rekonstruktion der Zukunft*. Münster: edition assemblage.

Bundeszentrale für politische Bildung (BPB) (2015): „Vor 40 Jahren: Der Beginn der Terrorherrschaft der Roten Khmer." In: *bpb: kurz&knapp*, 16.04.2015. Online unter: https://www.bpb.de/politik/hintergrund-aktuell/204989/terror-der-roten-khmer [letzter Zugriff am: 28.07.2021].

Mazierska, Ewa; Kristensen, Lars (2018): *Marxism and Film Activism: Screening alternative Worlds*. New York: Berghahn.

Raszelenberg, Patrick (1995): *Die Roten Khmer und der Dritte Indochina-Krieg*. Hamburg: Institut für Asienkunde.

Steinmetz, Rüdiger; Prase, Tilo (2002): *Dokumentarfilm zwischen Beweis und Pamphlet*. Leipzig: Heynowski & Scheumann und Gruppe Katins.

Wayne, Mike (2020): *Marxism goes to the movies*. London/New York: Routledge.

170 Selbst in einer der aktuell teuersten Produktionen, der Serie *Babylon Berlin*, wird von eklatanten Missständen berichtet. Begründung für Lohndumping und Bezahlung unter Tarifniveau war, dass alles andere zu teuer sei. Bei einem Budget von ca. 40 Millionen pro Staffel, ist dies kaum zu glauben. Mehr dazu unter: ver.di Filmunion: *Setbesuch bei Babylon Berlin*, 01.09.2021, unter: https://filmunion.verdi.de/und-action/nachrichten/++co++af42eef2-0b29-11ec-b694-001a4a160116 [letzter Zugriff am: 25.01.2023].

171 Übers. d. Hg.: „Die grundlegende Macht innerhalb der (Film-)Industrie […] liegt bei denjenigen, die in der Industrie arbeiten und ohne die sie nicht existieren könnte."

Deniz Akyol

Im osmanischen Stil

Im Park einer Stadt, namens Istanbul
Soll ein Einkaufszentrum gebaut werden
Ein Symbol von Gentrifizierung und Profit
Machtdemonstration unter dem Deckmantel
Eines Einkaufszentrums
Im osmanischen Stil

Es gibt Proteste und Menschen, die sich friedlich aufstellen
Wie Bäume verteilt über einen großen Platz neben dem Park
Gegen das Regime
Wie Nâzım Hikmet einst sagte:
Ben bir ceviz ağacıyım
Gülhane Parkı'nda
Ne sen bunun farkındasın
Ne polis farkında[172]

Doch die Polizei bemerkt es und sie gießt die Bäume mit Wasserwerfern
Gießt, bis sie keine Luft bekommen
Gießt, bis sie fast ertrinken
Gießt mit Pfeffer- und Tränengas
Bäume weinen, Bäume rennen
Und doch werden sie trotz allem mehr
Bald der Park voller Bäume und Menschen
Und Sie rufen:
„Gebt uns noch ein bisschen Pfeffergas, dann können wir unser Essen besser würzen."

172 Ich bin ein Walnussbaum / im Gülhane-Park / Weder du, noch die Polizei bemerken es.

Und sie bilden Menschenketten, um eine Melone zu transportieren
Und sie bilden Menschenketten, um der Polizei den Weg zu blockieren
Alte, junge, queere, arme, reiche Menschen essen – gut gewürztes Essen
Alte, Junge, Queere, Arme, Reiche und auch Kinder sterben
Mütter weinen, Mütter rennen
Wenn die Wasserwerfer kommen
Und das alles nur
Wegen eines Einkaufszentrums
Im osmanischen Stil
Ein Symbol von Gentrifizierung und Profit
Vermischt mit einer Prise Pfeffer
Und Ideologie

Nâzım Hikmet

Nâzım Hikmet ist ein türkischer Dichter und Schriftsteller, der 1902 im heutigen Thessaloniki geboren wurde.[1] Er gilt als einer der bedeutendsten Dichter und Vorreiter für einen neuen, freieren Stil türkischer Poesie. Schon früh Mitglied der Kommunistischen Partei der Türkei, veröffentlicht Hikmet eine Vielzahl an revolutionären Werken.[2] Das verhängte Publikationsverbot und mehrere Inhaftierungen halten ihn nicht vom Schreiben ab.[3] Nach seinem letzten vieljährigen Gefängnisaufenthalt flieht der Dichter abermals nach Moskau und stirbt dort 1963 im Exil.[4]

1 „Yaşam Öyküsü" In: *Nâzım Hikmet Kültür ve Sanat vakfı*. Online unter: https://www.nazimhikmet.org.tr/nazim-hikmet/yasam-oykusu/ [letzter Zugriff am: 11.12.2023].

2 Melisa Karakuş (2016): „Verurteilt, Verstoßen, Verehrt – Nâzım Hikmet." In: *renk*. Das Gesellschafts- und Kultur-Magazin, 11.06.2016. Online unter: https://renk-magazin.de/nazim-hikmet/ [letzter Zugriff am: 11.12.2023].

3 Franz Hasel (2023): „‚Leben einzeln und frei': Todestag des Dichters Nazim Hikmet." In: *WDR ZeitZeichen*, 03.06.2023. Online unter: https://www1.wdr.de/radio/wdr5/sendungen/zeitzeichen/zeitzeichen-nazim-hikmet-100.html [letzter Zugriff am: 11.12.2023].

4 „Yaşam Öyküsü" In: *Nâzım Hikmet Kültür ve Sanat vakfı*. Online unter: https://www.nazimhikmet.org.tr/nazim-hikmet/yasam-oykusu/ [letzter Zugriff am: 11.12.2023].

Luzia Winterholler

Eine Suche nach contra-kapitalistischen Praktiken im Kontext der Lebensführung

Angesichts gestiegener Anforderungen in der Sphäre der Erwerbsarbeit kommt es zur zunehmenden Überlastung der Arbeitnehmer_innenschaft. Als Reaktion darauf sind wir in unserem alltäglichen Leben vermutlich alle schon unzählige Male dem Begriff ‚Work-Life-Balance' (im Folgenden nur noch ‚WLB' genannt) begegnet. Er scheint sich auf den ersten Blick als Lösung für dieses Problem geradezu par excellence anzubieten oder gar aufzudrängen. Schließlich ist darunter ein „ausgewogenes Verhältnis zwischen beruflichen Anforderungen und privaten Bedürfnissen einer Person"[173] zu verstehen, was doch der Überlastung hervorragend entgegenwirken könnte, oder? Doch während dieses Ziel der Erhaltung von Lebensqualität im Sinne einer sogenannten ‚Balance' zunächst recht griffig und angesichts der Erschöpfung im Kapitalismus nahezu ‚heilbringend' daherkommt, bleibt offen, wie genau diese vermeintliche ‚Balance' denn eigentlich hergestellt werden soll. Ebenso ist unklar, unter welchen Umständen ein Verhältnis zwischen privater und beruflicher Sphäre als ‚(un)ausgeglichen' definiert wird. Denn die ‚Balance' als Ziel und was als erhaltens- oder herstellenswerte Lebensqualität gilt, ist von Normen geprägt und gar nicht so eindeutig. Doch am problematischsten erscheint die Illusion von *Selbstbestimmung* jenseits der kapitalistischen Handlungsmaxime. So impliziert der Begriff ‚WLB' gewissermaßen, dass ein ‚gutes' und ‚selbstbestimmtes' Leben schlichtweg darin bestehe, dass die ‚privaten Bedürfnisse' – im Sinne einer ‚Balance' von Berufs- und Privatleben – hinreichend berücksichtigt werden. Dies ist allerdings keineswegs per se der Fall. Um das zu verstehen, muss man sich zunächst vor Augen halten, dass stets *Schnittpunkte* zwischen *Selbst- und Fremdführung* bestehen. Diese Schnittpunkte sind uns häufig nicht bewusst. Im

173 Hierbei handelt es sich um eine Begriffsdefinition des Dudens. Online unter: https://www.duden.de/rechtschreibung/Work_Life_Balance [letzter Zugriff am: 13.11.2023].

Sinne *gouvernementaler Regierung* sorgen Normen und Leitbilder nämlich dafür, dass wir uns – häufig unbewusst – konform gegenüber der kapitalistischen Leitmaxime verhalten.

Gouvernementalität
Der von Foucault geprägte Begriff der ‚Gouvernementalität' bezeichnet eine Form der Regierung, die bei der Steuerung der Einzelpersonen ansetzt. Indem neoliberale Imperative internalisiert und zu vermeintlich eigenen Handlungszielen werden, wird die Produktivität der Einzelnen in Richtung kapitalistischer Leitmaxime gelenkt (vgl. Foucault 2005 [1981]). Regiert wird dann nicht mehr durch äußere Instanzen der Überwachung. Stattdessen setzt die Überwachung im Inneren jede_r Einzelnen an, indem Normen und Leitbilder so sehr verinnerlicht werden, dass sie das Denken und Handeln wesentlich bestimmen.

Neoliberale Leitbilder und Handlungsideale wirken *im Verborgenen*, indem sie unser Denken und unser Handeln durch die Hintertür beeinflussen. Grundlegend ist dabei der *allumfassende Imperativ* zu permanenter ‚Selbstverbesserung', die nicht nur die ‚Karriere', sondern die ganze Person sowie alle Elemente der Freizeit- und Lebensgestaltung miteinschließt (vgl. Bröckling 2007). So durchdringt das neoliberale Ideal der sogenannten ‚Selbstverwirklichung' und die Anforderung zu ständiger ‚Selbstverbesserung' letztlich sowohl die private als auch die berufliche Sphäre (vgl. ebd.). Das Verfolgen vermeintlich ausschließlich ‚privater Bedürfnisse' kann daher nicht als Maßstab für tatsächliche Selbstbestimmung im Kapitalismus gelten. Folglich müssen wir uns von der naiven Idee verabschieden, dass die private Sphäre der Erholung von der beruflichen Sphäre dient. Vielmehr bergen beide Bereiche aufgrund der Anforderung stetiger ‚Selbstoptimierung' und der erhöhten ‚Selbstverwirklichungsansprüche' in jeglicher Hinsicht erhöhtes Belastungs- und Überlastungspotential. Im Folgenden frage ich mich, inwiefern ‚WLB' als Konzept der Lebensführung dennoch selbstermächtigendes Potential birgt und welche contra-kapitalistischen Praktiken im Kontext der Lebensführung sich dem entgegensetzen lassen.

‚Work-Life-Balance' als neoliberales Konzept

Bei der ‚WLB' handelt es sich also um ein Leitbild, welches unser Handeln in Richtung stetiger ‚Selbstoptimierung' lenkt. So suggeriert es uns, dass wir aktiv etwas tun müssen, um nicht in ‚Dysbalance' zu verfallen. Somit schwingt die dezente Drohung des ‚Scheiterns' jederzeit mit. Zudem würde dieses Scheitern uns dann auch persönlich angelastet werden. Immerhin sind wir es, die dafür verantwortlich sind, wenn wir nicht in ‚Balance' sind – werden wir doch ohnehin bereits so stark von den freundlichen Personaler_innen sowie den hilfreichen ‚WLB'-Strategien unserer Unternehmen unterstützt und bekommen sogar Zuschüsse von unseren Krankenkassen für Entspannungskurse. In diesem Sinne benennt ‚WLB' ein Problem, das im Zuge der Erosion tradierter Grenzen – allen voran die berühmt-berüchtigte ‚Subjektivierung' und ‚Entgrenzung' von Erwerbsarbeit (vgl. Gottschall/Voß 2005; Voß/Pongratz 1998) – strukturell entstanden ist. Allerdings wird die Verantwortung zur Lösung des Problems – teilweise über die Vermittlungsebene der Unternehmen – auf die Einzelperson abgewälzt. Dabei wird verschleiert, dass es sich bei der zunehmenden Überlastung der Arbeiter_innen um ein systematisch erzeugtes Phänomen im Zuge gestiegener kapitalistischer Anforderungen handelt.

‚Subjektivierung' von Erwerbsarbeit

Die ‚Subjektivierung' von Erwerbsarbeit bezeichnet „ein sich historisch intensivierendes Wechselverhältnis zwischen dem einzelnen Subjekt und der Arbeit" (Moldaschl/Voß 2003: 19), indem etwa Betriebsziele verinnerlicht werden und deshalb als eigene Handlungsziele erscheinen oder vermehrt Softskills und personenbezogene Fähigkeiten gefordert werden. Zudem nehmen die Erfordernisse zu einer effizienten Selbstorganisation enorm zu, indem Strukturen vermehrt selbst geschaffen werden müssen. Des Weiteren werden Misserfolge, die aus den ‚entgrenzten' und sich am kapitalistischen Markt orientierten Betriebszielen resultieren, häufig als individuelles Versagen wahrgenommen. Die ‚Subjektivierung' von Erwerbsarbeit benennt damit die tiefgreifenden Auswirkungen der ‚Entgrenzung' von Erwerbsarbeit für die Einzelnen, die auch als Arbeitnehmer_innen zunehmend ähnliche Eigenschaften aufweisen (müssen) wie der Typus des_der Unternehmer_in (vgl. Voß/Pongratz 1998) und damit von einer umfassenden ‚Selbstoptimierung' geprägt sind (vgl. auch Bröckling 2007).

‚Entgrenzung' von Erwerbsarbeit

‚Entgrenzung' bedeutet, dass sich Grenzen verschieben, verschwimmen oder uneindeutig sind. Hinsichtlich der ‚Entgrenzung' von Erwerbsarbeit lassen sich verschiedene Dimensionen unterscheiden (vgl. Voß/Pongratz 1998): die zeitliche Dimension (z.B. durch flexible Arbeitszeiteinteilung aber auch ständige Verfügbarkeit), die räumliche Dimension (in Form zunehmender Mobilitätsanforderungen und Teleheimarbeit), die Dimension der Organisationsebene (in Form einer verstärkten Verlagerung betrieblicher Entscheidungsprozesse auf die Einzelnen), die Sinn- und Motivationsdimension (in Gestalt der zunehmenden Internalisierung betrieblicher Ziele und somit der Vermischung von betrieblichen und individuellen Interessen) sowie die Dimension der Arbeitsinhalte (so werden etwa auch in Bereichen, in denen dies zuvor kaum der Fall war, vermehrt soziale und mentale Fähigkeiten gefordert). Als weitere Dimension ließe sich auch die ‚Entgrenzung' von Erwerbsarbeit und Privatleben anführen (vgl. Gottschall/Voß 2005). Aufgrund der typischen Fokussierung auf Erwerbsarbeit blieb diese Dimension im arbeitssoziologischen Diskurs lange Zeit unberücksichtigt.

Die erhöhten Anforderungen schlagen sich auch in einem diskursiven Wandel von der ‚Vereinbarkeit' zur ‚WLB' nieder: So beinhaltet ‚WLB' im Gegensatz zu seinem Vorgänger-Begriff nicht nur organisatorische Aspekte wie Zeitmanagement oder die Aufteilung von Sorge- und Hausarbeit, sondern „auch Körper und Gesundheit, Freizeit, Hobbys und soziale Beziehungen" (Oechsle 2010: 235) und damit auch explizit Formen der ‚Selbstsorge' (vgl. Paulus 2012: 224, 419).[174] Praktiken der ‚Selbstsorge' ermöglichen es dem_der Einzelnen „mit eigenen Mitteln bestimmte Operationen mit ihren Körpern, mit ihren eigenen Seelen, mit ihrer eigenen Lebensführung zu vollziehen, und zwar so, da[ss] sie sich selber transformieren [...] und einen bestimmten Zustand von Vollkommenheit, Glück, Reinheit, übernatürlicher Kraft erlangen." (Foucault 1984: 35f) Insofern ist der Begriff ebenso deutungsoffen wie der ‚Balance'-Begriff.

Im Aspekt der ‚Selbstsorge' liegt der Knackpunkt, der erklärt, warum das Konzept ‚WLB' gegenwärtig derart anschlussfähig erscheint. Denn ‚Selbstsorge' wird zur Systemerhaltung des Kapitalismus angesichts der zunehmenden Verbreitung von Erschöpfungszuständen (vgl. Ehrenberg 2004) immer wichtiger. So nahmen etwa die Fehltage aufgrund psychischer Erkrankungen von 1997 bis 2019 um 239 Prozent zu.[175] Um die Leistungsfähigkeit der Arbeiternehmer_innenschaft langfristig zu erhalten, haben sich Unternehmen und sogar die Bundesregierung dem verheißungsvollen Ansatz von ‚WLB' verschrieben.[176] Zwar scheint ‚Selbstsorge' als eine „Praxis der Selbstermächtigung" (Alkemeyer 2009: 50) ein zentraler Bestandteil dieser nahezu geheimnisvollen ‚Balanceakte' zu sein. Allerdings handelt es sich bei ‚WLB' um ein neoliberales Leitbild, das auf der Handlungsebene der Einzelperson Anwendung findet, und damit ein gouvernementales Konzept darstellt. Insofern scheint es naheliegend, dass dieses nicht dem höchsten persönlichen Wohl des_der Einzelnen, sondern vielmehr der ‚Selbstoptimierung' zum Zwecke der Aufrechterhaltung des kapitalistischen Systems dient. Da der Kapitalismus die Fähigkeit besitzt, widerständige Logiken und Werte zum Zwecke des eigenen Fortbestandes in sich zu integrieren (vgl. Boltanski/Chiapello

174 Als zentrale ‚Ausbalancierstrategien' können auf Handlungsebene nicht nur ‚Selbstsorge' und -organisation, sondern auch bewusste Grenzziehungen zwischen privater und beruflicher Sphäre angesehen werden (vgl. Winterholler 2018).

175 Es handelt sich dabei um die Daten der DAK Gesundheit. Online unter: https://www.dak.de/dak/download/folien-2335938.pdf [letzter Zugriff am: 13.11.2023].

176 So trägt etwa eine in diesem Zuge entstandene Initiative der Bundesregierung den Titel *Work-Life-Balance als Motor für wirtschaftliches Wachstum und gesellschaftliche Stabilität*, bei der „familienfreundliche Maßnahmen [...] letztlich auch als Maßnahme zur Profitmaximierung" (Paulus 2012: 219) fungieren.

2001; Dörre 2009: 41), wird die Zunahme an Erschöpfungszuständen seine Funktionsweise nicht nachhaltig gefährden. Vielmehr ist anzunehmen, dass die *Integration von ‚Selbstsorge'*, in die auf ‚Selbstverbesserung' ausgelegte Lebensführung des_der Einzelnen, den nachhaltigen Erhalt von Arbeitskraft und damit seinen Fortbestand garantieren wird. Dies funktioniert durch Ideale wie das Konzept der ‚WLB', das als zentrales Moment der Lebensführung das Erlangen eines mentalen ‚Gleichgewichts' propagiert und dabei die diesbezügliche Relevanz von ‚Selbstsorge' betont (vgl. Paulus 2012). Insofern fungiert ‚WLB' aktuell gleichermaßen als Problem- wie auch als Lösungsbegriff des Kapitalismus, indem es die strukturell entstandene Überlastung als ein vermeintlich individuell zu lösendes Problem benennt und hierbei die Bedeutung von ‚Selbstsorge' betont. Gleichzeitig – und darin liegt der Clou – ist es aufgrund des stetigen Zwanges zur ‚Selbstoptimierung' Teil des benannten Problems und trägt zum Fortbestehen des Systems bei. Insofern wird durch ‚WLB' als einen kapitalistisch geprägten Lebensentwurf verschleiert, dass strukturell entstandene Probleme und gestiegene Anforderungen auf die Einzelpersonen abgewälzt werden. Die propagierte ‚Balance' als vermeintliches ‚Allheilmittel' im Kapitalismus soll deshalb im Folgenden hinsichtlich der Möglichkeiten zur Selbstbestimmung kritisch beleuchtet werden.

Selbstbestimmung trotz ‚Ausbalancierungs'-Imperativ?

Obwohl angesichts der Schnittstellen zwischen Selbst- und Fremdführung die Allgegenwärtigkeit von Macht (vgl. Foucault 2005 [1981]) geradezu entmutigend wirkt, gibt es auch innerhalb der Anforderungen zu ständiger ‚Selbstverbesserung' und Nutzenmaximierung und innerhalb des neoliberalen Konzepts der ‚WLB' Praktiken, die selbstbestimmtes und widerständiges Handeln ermöglichen. Die folgenden Praktiken sollen nicht als Lösungsansätze und Konzepte an sich diskutiert werden, aber es lässt sich anerkennen, dass auch diese Potential für mehr Selbstbestimmung und Handlungsmacht bergen *können*, indem sie zur Entstehung von Bewusstsein beitragen.

Meines Erachtens besteht ‚wahre' Selbstbestimmung dabei jedoch nur dann, wenn auch ein *erweitertes* Bewusstsein im Sinne eines *„Sich-bewusst-verhalten-können-zu"* (Holzkamp 1997: 394) Macht- und Herrschaftsverhältnissen entsteht. Dabei geht jegliches Bewusstsein üblicherweise nicht – wie man vielleicht annehmen würde – den Handlungen voraus, sondern entsteht nur dann, wenn eine sogenannte ‚Handlungshemmung' auftritt (vgl. Mead 1988: 56). Dies lässt sich so verstehen, dass wir im Alltag auf ‚Autopilot' geschaltet sind und unser

Handeln auf Routinen und Automatismen beruht (vgl. Strübing 2005: 123). Dies ändert sich erst, wenn eine Irritation auftritt, die unser Handeln hemmt: wenn wir also beispielsweise auf dem Weg zur Arbeit plötzlich mit einer Baustelle konfrontiert sind und uns einen neuen Weg überlegen müssen, wenn wir krank sind und nicht mehr wie gewohnt unserem normalen Alltag nachkommen können oder wenn sich in der Arbeit ein langbewährter Prozess aufgrund neuer Bedingungen plötzlich als Sackgasse entpuppt und neue Lösungen gefunden werden müssen. Entsprechend bedeutet das, dass Irritationen unser Handeln ins Stocken geraten lassen und dadurch Bewusstsein entsteht, indem *neue Möglichkeiten jenseits der eingetretenen Pfade* reflektiert und abgewogen werden müssen. Folgt man dieser Theorie, können auch Formen der ‚Selbstsorge' wie Meditation oder Achtsamkeit Bewusstsein schaffen. ‚Handlungshemmungen' können nicht nur durch externe Geschehnisse und äußere Irritationen, sondern auch durch *innere Prozesse* gezielt herbeigeführt werden. Etwa durch regelmäßige Meditationen als Form regelmäßiger Auszeit von den verinnerlichten Anforderungen der ‚Selbstverwirklichung', welche ständige ‚Selbstverbesserung' erfordert. Oder durch das Praktizieren von Achtsamkeit als bewusstes Wahrnehmen der Sinneseindrücke und dem Beobachten der eigenen Gedanken, wie es in der Meditation bisweilen eingeübt wird: Durch das Schaffen von Distanz zu den eigenen Gedanken können diese und damit auch neoliberale Anforderungen kritisch hinterfragt werden. Bewusstsein durch Reflexion kann also nicht nur durch äußere Irritationen gewohnter Handlungsabläufe, sondern auch durch selbst initiierte ‚Handlungshemmungen' entstehen. Infolge des entstandenen Bewusstseins kann das eigene, neoliberal geprägte Denken und Handeln kritisch hinterfragt und neue Handlungsoptionen jenseits der Nutzenmaximierung sichtbar werden. Doch obwohl Praktiken wie Meditation Potential für selbstbestimmtes Handeln aufweisen, sind diese Formen der ‚Selbstsorge' als Teil von ‚WLB' mittlerweile eben auch weitgehend kapitalistisch vereinnahmt worden. Angesichts dieser sich gegenwärtig vollziehenden Internalisierung der ehemals contra-kapitalistischen Logik der ‚Selbstsorge' in das kapitalistische System, lässt sich danach fragen, inwiefern sich derartige Praktiken überhaupt noch dem System entziehen können. Zumal – wie anhand von ‚WLB' als gouvernementalem Konzept verdeutlicht wurde – der Zweck ihrer Anwendung mittlerweile vermehrt von dem Ideal der ‚Selbstoptimierung' geprägt ist und sich damit die Schnittstellen zwischen Selbst- und Fremdführung bezüglich der ‚ausbalancierten' Lebensführung des_der Einzelnen immer mehr verdichten.

Dies wird besonders am Beispiel von ‚Selbstoptimierung' durch Meditation deutlich, welche zur Stressbewältigung, zur Steigerung der individuellen Belastbarkeit und damit zum nachhaltigen Erhalt von Arbeitskraft als sehr wirkungsvoll gilt und dabei zeitlich auch noch wenig aufwendig erscheint. So kann bei der Nutzung von Meditationsapps häufig sogar die genaue Minutenanzahl sowie das Ziel der Sitzung eingegeben werden – etwa schnelleres Einschlafen, mehr Gelassenheit, bessere Konzentration oder Verringerung von Ängsten. Da Meditation sehr gezielt zur ‚Selbstverbesserung' im Sinne einer Anpassung an das neoliberale Leitbild einer gelungenen ‚Balance' der Lebensbereiche eingesetzt werden kann, erfreut sie sich auch großem Ansehen in der ‚selbstoptimierten' Gesellschaft, was sich in den zahlreichen Nutzer_innen von Präventionskursen, Internetplattformen oder derartigen Apps niederschlägt. Meditieren wird gleichgesetzt mit der Arbeit daran gleichgesetzt, die eigene ‚Balance' bestmöglich im Griff zu haben und die Ressource ‚Arbeitskraft' immer wieder herzustellen und zu erhalten. Da bei den Anwender_innen von Praktiken der ‚Selbstsorge' wie der Meditation häufig die Rede davon ist „sein volles Potential auszuschöpfen", könnte man auch etwas überspitzt (aber im Grunde genau zutreffend) behaupten, es ginge häufig auch darum, das eigene vermeintlich ‚beste Selbst' zu sein und sich selbst zu verändern, um konzentrierter, gelassener, kreativer, selbstbewusster und reflektierter und damit auch nachhaltig ‚produktiv' und ‚effizient' zu sein. Die Veränderung des Selbst kann dabei eine berauschende Erfahrung sein, welche zugleich im Einklang mit kapitalistischen Normen stehen *kann*, aber eben nicht *muss*.

Wird eine Selbsttechnik wie Meditation zum *Zweck der Anpassung* und damit zur ‚Selbstoptimierung' angewendet, verfügt der_ie Einzelne über einen geringeren Handlungsspielraum. Werden dagegen mögliche Handlungsoptionen jenseits der einseitigen Anpassung an kapitalistische Normen (vgl. auch Paulus 2012: 416ff) im Sinne eines erweiterten Bewusstseins als das „*Sich-bewusst-verhalten-können-zu*" (Holzkamp 1997: 394) Macht- und Herrschaftsverhältnissen reflektiert, besteht durchaus Potential zur Selbstermächtigung. Es ließe sich also schlussfolgern, dass eben nur durch dieses erweiterte Bewusstsein über contrakapitalistische Handlungsmöglichkeiten *tatsächlich* aus dem sich ewig drehenden ‚WLB'-‚Hamsterrad' – zumindest partiell – ausgebrochen werden kann. Dennoch bleibt das Konzept ‚WLB' aufgrund der umfassenden kapitalistischen Vereinnahmung weit hinter der propagierten ‚Heilserwartung' zurück und kann daher kritisch betrachtet werden.

Wenn diese Formen der ‚Selbstsorge' hier an ihre Grenzen stoßen, bestehen dann überhaupt noch selbstermächtigende Praktiken, welche sich dem nachhaltig produktivitätssteigernden Imperativ zumindest nahezu widersetzen könnten? Und wenn ja: Müssten diese angesichts neoliberaler Leitbilder dann nicht entsprechend negativ besetzt oder gar verpönt sein, weil sie sich nicht so leicht kapitalistisch vereinnahmen lassen? Ja und ja.

Contra-kapitalistische Alternativen

Beginnen wir also mit der Suche nach selbstermächtigenden Praktiken der Lebensführung, die weniger durch neoliberale Logiken vereinnahmt sind. Betrachten wir dazu doch einmal die vermeintlich contra-kapitalistische Praktik des Prokrastinierens. Diese widerständige Praktik erfüllt das bereits im Vorfeld vermutete negative Stigmata: Prokrastinieren ist ‚Nicht-Produktivität' par excellence. Es entzieht sich der Anforderung zur Nutzenmaximierung, indem das eigentliche Ziel nicht angegangen, sondern aufgeschoben wird. Der sicherlich auch dem ‚Selbstoptimierungsimperativ' zuträgliche Leitsatz „Was du heute kannst besorgen, das verschiebe nicht auf morgen" wird damit in seiner Leitbildfunktion gegängelt. Allerdings lässt sich dagegenhalten, dass dies per Definition eher unabsichtlich geschieht, da das eigene Prokrastinieren meist als problematisch[177] und damit eindeutig negativ gedeutet sowie auf einen Mangel an Selbstdisziplin geschoben wird. Insofern bleibt die schöpferische und selbstermächtigende Kraft fragwürdig und es handelt sich daher vermutlich nicht um eine selbstermächtigende Praktik – zumindest sofern die Prokrastination als negativ gedeutet und nicht bewusst betrieben wird.[178] Ganz anders sieht es aus, wenn das temporäre Nicht-Nachgehen von privaten oder beruflichen Zielen bewusst betrieben wird, was uns zum Kern dieser Überlegungen führt.

Doch welche ‚contra-produktive' Tätigkeit beinhaltet durchaus contra-kapitalistisches Potential und ist gesellschaftlich so wenig anerkannt, dass diese kaum im öffentlichen Diskurs als selbstermächtigende und positiv besetzte Praxis genannt wird, sondern entsprechend neoliberaler Handlungsmaxime als irrelevant oder sogar ‚schädlich' gilt? Ganz einfach: Das ‚Gammeln'. Ähnlich wie beim

---

177 Prokrastinieren bringt tatsächlich einige negative Folgen für Gesundheit, Finanzen und das soziale Leben mit sich (vgl. Diller 2017).

178 Insofern wird hier lediglich das Konzept von ‚passiver Prokrastination' betrachtet, das m. E. mit dem landläufigen Begriffsverständnis weitgehend übereinstimmt. Anders verhält es sich bei ‚aktiver Prokrastination', die als Form des strategischen Aufschiebens durchaus auch nachhaltig produktivitätssteigerndes Potential beinhaltet (vgl. ebd.: 300f).

‚Faul-Sein' liegt dem Begriff sowohl die Bedeutung des allmählichen Verderbens (von Lebensmitteln) bei längerem Herumliegen als auch des Verbringens von Zeit mit ‚Nichtstun' zugrunde.[179] Dadurch wird gewissermaßen auch impliziert, dass alle, die ohne festes Ziel in den Tag hineinleben und die eigene Zeit untätig verbringen, vermeintlich Gefahr laufen zu ‚verderben'. Entsprechend negativ wird allein schon der Begriff des ‚Gammelns' wahrgenommen, ohne dass dieser näher beleuchtet werden muss. Dieser Abschreckungsmechanismus erfüllt genau den Zweck, den er angesichts eines impliziten Zwangs zur stetigen ‚Selbstverbesserung' erfüllen soll: Alles, was nicht dem ‚Ausschöpfen des vollen Potentials' zur beruflichen und privaten ‚Selbstverwirklichung' dient, wird damit schlichtweg abgewertet und als nahezu verabscheuungswürdig, eben ‚gammlig', erklärt. Während Freizeittätigkeiten wie Bewegung im Freien, soziale Treffen ebenso wie herkömmliche Formen der ‚Selbstsorge' oder das gezielte Ausüben diverser ‚selbstverwirklichender' Hobbys diesem Ideal des ‚Ausschöpfens', anders gesagt der Nutzenmaximierung, zugeordnet werden, wird das scheinbar sinnlose ‚Nichts-Tun' unter dem Label des ‚Gammelns' unhinterfragt abgewertet.

‚Gammeln' kann als eine bewusst zugelassene ‚Passivität' im Sinne eines vermeintlichen ‚Nichts-Tuns' angesehen werden, wobei das ‚Nichts-Tun' nicht auch tatsächlich einem ‚Gar-Nichts-Tun' gleichen muss, sondern dabei vielmehr vermeintlich minderbedeutsame oder gar gänzlich als ‚unwichtig' geltende Tätigkeiten der Freizeitgestaltung gemeint sind – eben vermeintlich ‚unproduktive' Beschäftigungen, die laut allgemeinem Verständnis eben gar nicht ‚der Rede wert' sind. Das besondere contra-kapitalistische Potential für den_die Einzelnen besteht darin, dass das ‚Gammeln' es ermöglicht, sich zumindest temporär dem ‚Selbstverwirklichungs'- und ‚Optimierungszwang' zu entziehen: mittels bewusstem ‚Nichts-Tun' oder scheinbar sinnlosem ‚Sich-Treiben-Lassen' – etwa in Gedanken, Medien oder anderen vermeintlich minderbedeutsamen ‚unproduktiven' Tätigkeiten.

---

179 Der Duden bietet für den Begriff ‚gammeln' neben dem allmählichen Verderben (von Nahrungsmitteln) bei längerem Herumliegen noch zwei weitere Bedeutungen an: „ohne geregelte Arbeit seine Zeit verbringen; ziellos, ohne Betätigungsdrang und ohne äußere Ansprüche in den Tag hinein leben" sowie „[bei der Arbeit] trödeln; Zeit mit Nichtstun verbringen" (Definition nach Duden. Online unter: https://www.duden.de/rechtschreibung/gammeln [letzter Zugriff am: 13.11.2023]). Das hier verfolgte Begriffsverständnis folgt einer Mischung dieser beiden Deutungen, setzt allerdings eher situativ an und geht daher nicht davon aus, dass das ‚Gammeln' langfristig dem Nachgehen einer geregelten beruflichen Tätigkeit oder dem Verfolgen von Zukunftsplänen entgegensteht, sondern ein Wegfall fester Handlungsziele eher kurzfristig erfolgt.

Doch was steckt eigentlich dahinter – hinter dem, wofür wir häufig ein schlechtes Gewissen haben, wenn wir ‚es' zulassen oder gar aktiv tun, weil wir der Meinung sind, unsere Zeit auch ‚besser' hätten nutzen können? Es steckt vor allem eines dahinter: *ein Gegengewicht zur Ziel- und Nutzenfokussierung*, die sich sonst so häufig durch unser Leben zieht. Da diese Ziel- und Zwecklosigkeit ansonsten eher rar gesät ist, kann ihr ein sehr erholsamer Effekt zukommen. Es kann auch von einer inneren ‚Handlungshemmung' bzw. einer bewussten Irritation des automatisierten Handlungsablaufes gesprochen werden, welche Bewusstsein für Handlungsalternativen zur Erfüllung der eigenen (Erholungs-) Bedürfnisse[180] schafft und es insofern ermöglicht, das ‚Hamsterrad' auch einmal anzuhalten und einen Raum ungeahnter und nahezu bereits totgeglaubter Ruhe zu öffnen. Es lässt sich auch danach fragen, welche nachhaltige Wirkung regelmäßiges ‚Gammeln' für die Lebensführung haben könnte. Eine Vermutung wäre, dass – ähnlich wie bei der Meditation eine Haltung der Achtsamkeit eingeübt wird, welche auch das ‚restliche' Leben prägen soll – beim ‚Gammeln' eine Haltung der ‚Lässigkeit' im Sinne einer gesteigerten Distanz zu Normen und Idealen erlernt wird.[181] Dies kann allein durch die Praxis geschehen, ‚produktive' Handlungsweisen situativ auszuklammern und – passend zu der Metapher des ‚Liegenbleibens' – auf später zu verschieben. Ganz nach dem Motto: „Was du heute kannst besorgen, das verschiebe ganz getrost auf morgen."
Dass sich angesichts der sich immer weiter fortschreitenden und verstärkenden Erschöpfung der Ressource ‚Arbeits- und Lebenskraft' auch diese Form der ‚Selbstsorge', welche eine sehr selten gewordene Form der *antikapitalistischen Sorglosigkeit* ermöglicht, dem gouvernementalen Zugriff nicht entziehen kann, ist naheliegend. So gibt es mittlerweile auch schon einige Studien, in denen das enorme kreative Potential des ‚Nichts-Tuns' sowie dessen nachhaltig regenerative Wirkung betont wird, wobei dabei andere positiv umgedeutete Begriffe an die Stelle des ‚Gammelns' treten. Wenn auch nur vereinzelnd, so sind

180 Ehrenberg (2004) diagnostiziert eine Verbreitung von ‚Erschöpfungszuständen' als Folge der beständigen Unruhe, die dem „Typus des smarten Selbstoptimierers" (Bröckling 2007: 289) beiwohnt und welche durch einen Mangel an ‚Handlungshemmungen' und damit an Bewusstsein über Handlungsalternativen entsteht, da „[e]rst die ‚Handlungshemmung' […] das Verlassen eines instinktgesteuerten, reflexartig verlaufenden Verhaltensprozesses" (Strübing 2005: 123) ermöglicht.

181 Da „*psychologischer Abstand zur Arbeit die Beziehung zwischen Arbeitsbelastung und persönlicher Erschöpfung vollständig vermittelt*" (Diller 2017: 304), könnte eine derartige Haltung der ‚Lässigkeit' als eine Form der inneren Distanzierung Erschöpfungstendenzen effektiv entgegenwirken.

derartige Vereinnahmungsprozesse bereits in Gang gesetzt, wie sich etwa an der bisher noch wenig verbreiteten, bisweilen bereits aber durchaus als ‚Trend' betitelten Praxis des ‚Niksens' zeigt.[182] Diese aus dem Niederländischen stammende und dem Konzept des ‚Gammelns' inhaltlich gleichende, jedoch positiv umgewendete, nostalgische Kunst des ‚Nichts-Tuns' ist gewissermaßen das Nachfolgemodell des typisch dänischen ‚Hygge'-Konzepts.[183] Dieses Konzept, welches auch Entspanntheit propagiert, betont eine gemütliche Raumatmosphäre durch schöne Einrichtungsgegenstände und Kerzenschein sowie das Beisein von Familie oder Freund_innen. Während das Konzept von ‚Hygge' damit Gefahr läuft, konsumorientierte Leitbilder zu reproduzieren, verfügt das weniger anstrengend anmutende Konzept des ‚Niksens' als positiv umgewendete Version des ‚Gammelns' durchaus über Potential zur antikapitalistischen Selbstbestimmung. Anstatt den nächsten ‚Karriere'-Schritt zu planen, sich ein perfektes Outfit für die nächste Insta-Story-reife Aktivität zusammenzustellen oder ein Foodblog-würdig schön angerichtetes Gericht zuzubereiten, erlaubt es uns – ebenso wie sein ‚hässlicher' daherkommendes Pendant des ‚Gammelns'[184] – sich zurückzulehnen und die Gedanken an To-Do-Listen einfach mal sein zu lassen. Daher brauchen wir nicht unbedingt auf dem Meditationskissen zu sitzen und zu meditieren, um unsere Gedanken ‚wie vorbeifliegende Wolken am Horizont' ziehen zu lassen. Wir müssen dazu nur die von uns eingeübte Selbstkontrolle und -ökonomisierung bisweilen loslassen und erkennen, dass die stetige ‚Selbstverbesserung' uns nicht unbedingt ‚besser' macht als die Hingabe an die ‚süße Muße' des vermeintlichen ‚Nichts-Tuns', worin genau es auch immer bestehen mag. Anders als bei den Meditationsapps entscheiden wir uns dabei nicht für eine vorgegebene Minutenanzahl unserer Zeit, um diese einem produktivitätssteigernden Ziel zu widmen. Das Ziel des vermeintlichen ‚Nichts-Tuns' beim ‚Gammeln' oder dem ‚Niksen' ist komplett offen und damit dennoch definiert:

182 So wird das Niksen beispielsweise auch als „Wellnesstrend" (Ihring 2019) beschrieben.
183 Das Konzept selbst wird mittlerweile sogar dazu verwendet, den Tourismus anzukurbeln: „Hygge ist ein Kernbestandteil der dänischen Tradition und Lebensweise. Im Wesentlichen bedeutet es eine gemütliche, herzliche Atmosphäre, in der man das Gute des Lebens zusammen mit lieben Leuten genießt. Das warme Licht der Kerzen ist Hygge. Freunde und Familie gehören auch zur Hygge" (*Die Kunst der dänischen Hygge*. Online unter: https://www.visitdenmark.de/daenemark/erlebnisse/hygge/die-kunst-der-daenischen-hygge [letzter Zugriff am: 13.11.2023]).
184 Der Begriff des ‚Gammelns' ist konkret weder primär Selbst- noch Fremdbeschreibung, da er verschiedene Konnotationen beinhaltet und damit nicht allen gleichermaßen zugänglich und verfügbar ist. Im Vordergrund steht stattdessen schlichtweg die benannte Form des Untätig-Seins ohne ein konkretes Ziel zu verfolgen.

Es lautet – angesichts potenzieller kapitalistischer Übernahme zumindest gegenwärtig noch und daher bewusst drastisch formuliert – ‚Freiheit'.

‚Freiheit' für alle?

Praktiken wie das ‚Gammeln' können also zwar kapitalistisch vereinnahmt werden, aber auch contra-kapitalistische Alternativen darstellen, da sie über das Potential verfügen, eine Haltung der ‚Lässigkeit' und der Distanz zu kapitalistischen Idealen einzuüben. Dabei fungiert das ‚Nichts-Tun' als eine ‚Handlungshemmung', die Distanz zu den kapitalistischen Anforderungen der stetigen ‚Selbstoptimierung' und ‚Selbstverwirklichung' herstellt. Durch ‚Handlungshemmungen' kann auch ein erweitertes Bewusstsein über alternative Handlungswege und damit eben auch Potential zur Selbstermächtigung entstehen. Ebenso schärft es die Aufmerksamkeit für die Qualitäten einer entschleunigten Lebensführung und damit für die kleinen, aber wohltuenden Momente voller antikapitalistischer Sorglosigkeit. ‚Wohlstand' wird insofern nicht mehr nur als etwas Finanzielles, sondern auch als Form der Lebensqualität gesehen. Derartige Diskurse sind nicht an sich neu, wie sich beispielsweise anhand des Konzepts des ‚Zeitwohlstands' (vgl. Rosa et al. 2014) zeigt. Diesbezüglich soll allerdings hervorgehoben werden, dass diese antikapitalistische Sorglosigkeit ein Privileg darstellt und nicht für alle gleichermaßen zugänglich ist. Auch hier wird deutlich, dass strukturelle Ungleichheiten nicht auf individueller Ebene gelöst werden können, ihre Auswirkung aber genau dort spürbar werden. Ähnlich wie bei der ‚WLB'-Strategie der Selbstfürsorge wird auch zum ‚Gammeln' ein gewisses Maß an verfügbarer Zeit benötigt. Das Privileg *tatsächlich verfügbarer Zeit* ist allerdings in Bezug auf verschiedene Ungleichheitsdimensionen wie Klasse, *race* oder Geschlecht sehr unterschiedlich verteilt. Zwar kann das Konzept des ‚Gammelns' als Lösungsstrategie dem Zwang zur ‚Selbstverwirklichung' entgegengehalten werden. Allerdings bleiben soziale Ungleichheiten und strukturelle Probleme, die das kapitalistische System verursacht, weiterhin bestehen und dürfen durch Handlungskonzepte, welche an der individuellen Ebene ansetzen, nicht verschleiert werden. Folglich gilt es zu betonen, dass strukturelle Probleme und Ungleichheiten nicht auf den_die Einzelne_n abgewälzt werden dürfen. Was es vielmehr braucht, ist ein umfassender Wandel von Strukturen ebenso wie von Diskursen. Solange der allgemeine Glaube vorherrscht, dass jede_r seines_ihres eigenen Glückes Schmied_in sei und das eigene Leben im Sinne einer gelungenen ‚WLB' gänzlich selbst in der Hand habe, bleiben neoliberale Leitbilder weiter vorherrschend. Verantwortung im Kapitalismus und

contra-kapitalistische Praktiken sind eine kollektive und politische Angelegenheit. Grundsätzlich gilt es, die Idee eines ‚guten Lebens' (für alle) nicht mehr als eine Frage der individuellen ‚Balance' zu sehen, sondern genauer hinzuschauen. Denn bei näherer Betrachtung erweist sich das Konzept der ‚WLB' im Grunde auch als ein antisolidarisches Konzept. Wenn jede_r sich in erster Linie für sich selbst verantwortlich fühlt, durch den neoliberalen Zwang zur ‚Selbstverwirklichung' und ‚Selbstverbesserung' in dieser Ansicht bestärkt wird und sich die eigene Wahrnehmung für soziale Ungleichheiten und Probleme vernebelt, geraten größere Zusammenhänge aus dem Blick.
Was die Auseinandersetzung mit dem Konzept des ‚Gammelns' also keinesfalls will und soll: Soziale Ungleichheiten verschleiern und damit die Frage des ‚guten Lebens' als individuelles Erfolgsprojekt erklären. Allgemein gilt es stattdessen, Sichtbarkeit für verschiedene Positionen und Ungleichheiten zu schaffen sowie gängige neoliberale Leitbilder zu hinterfragen – insbesondere in der Verschränkung mit diversen Ungleichheitsdimensionen. Dadurch kann aufgezeigt werden, inwiefern neoliberales Denken durch die allumfassende Vereinnahmung und die Verschleierung sozialer Problematiken schädlich und irreführend sein kann.
Solange das diskursive Leitbild eines ‚guten Lebens' im Sinne einer selbstgesteuerten ‚Balance' als Individuum vorherrschend ist, richtet sich das Augenmerk weiterhin auf die individuelle neoliberale ‚Selbstverwirklichung' in beruflicher wie privater Hinsicht. Dadurch bleiben alternative Möglichkeiten in Form von antikapitalistischen Handlungspraktiken und Lebensführungskonzepten häufig unberücksichtigt. Dieser Essay soll einen Beitrag leisten, um diese hartnäckigen Leitbilder zum Bröckeln zu bringen, indem Ungleichheiten und alternative Positionen sichtbar gemacht werden. Derartige antikapitalistische Gegendiskurse können langfristig den Weg für gesellschaftlichen Wandel in Richtung antikapitalistischer Ideen wie ‚Entschleunigung' oder ‚Solidarität' bereiten, indem der ungebrochenen Forderung nach ‚Produktivitätssteigerung' und ‚Selbstoptimierung' an zentraler Stelle andere ethische Ideale entgegengesetzt werden.

Literatur

Alkemeyer, Thomas (2009): „Aufrecht und biegsam. Eine politische Geschichte des Körperkults." In: Matthias Marschik; Rudolf Müllner; Otto Penz; Georg Spitaler (Hg.): *Sport Studies. Eine sozial- und kulturwissenschaftliche Einführung*. Wien: facultas.wuv, S. 47–59.

Boltanski, Luc; Chiapello, Eve (2001): „Die Rolle der Kritik in der Dynamik des Kapitalismus und der normative Wandel." In: *Berliner Journal für Soziologie*, Bd. 11, Nr. 4, S. 459–477.

Bröckling, Ulrich (2007): *Das unternehmerische Selbst. Soziologie einer Subjektivierungsform*. Frankfurt a. M.: Suhrkamp.

Diller, Thomas Andreas (2017): „Was du heute kannst besorgen, das verschiebe nicht auf morgen." In: Dieter Frey (Hg.): *Psychologie der Sprichwörter*. Berlin/Heidelberg: Springer, S. 117–124.

Dörre, Klaus (2009): „Die neue Landnahme. Dynamiken und Grenzen des Finanzmarktkapitalismus." In: Klaus Dörre; Stephan Lessenich; Hartmut Rosa (Hg.): *Soziologie – Kapitalismus – Kritik. Eine Debatte*. Frankfurt a. M.: Suhrkamp, S. 21–87.

Ehrenberg, Alain (2004): *Das erschöpfte Selbst. Depression und Gesellschaft in der Gegenwart*. Frankfurt a. M.: Campus.

Foucault, Michel (1984): *Von der Freundschaft. Michel Foucault im Gespräch*. Berlin: Merve.

Foucault, Michel (2005 [1981]): „Die Maschen der Macht." In: Daniel Defert; François Lagrange (Hg.): *Analytik der Macht*. Frankfurt a. M.: Suhrkamp, S. 220–239.

Gottschall, Karin; Voß, Günter G. (Hg.) (2005): *Entgrenzung von Arbeit und Leben. Zum Wandel der Beziehung von Erwerbstätigkeit und Privatsphäre im Alltag*. München/Mering: Rainer Hampp.

Holzkamp, Klaus (1997): *Schriften 1. Normierung, Ausgrenzung, Widerstand*. Hamburg: Taschenbuch Verlag.

Ihring, Silvia (2019): „‚Niksen' – bei diesem Wellnesstrend dürfen Sie einfach nur rumhängen." In: *welt*, 30.07.2019. Online unter: https://www.welt.de/iconist/partnerschaft/article197522347/Niksen-Dieser-neue-Trend-feiert-das-Nichtstun.html [letzter Zugriff am: 13.11.2023].

Mead, George H. (1988): *Geist, Identität und Gesellschaft. Aus der Sicht des Sozialbehaviorismus*. Frankfurt a. M.: Suhrkamp.

Moldaschl, Manfred; Voß, G. Günther (2003): *Subjektivierung von Arbeit. Arbeit, Innovation und Nachhaltigkeit*, Band 2. München/Mering: Rainer Hampp.

Oechsle, Mechthild (2010): „Work-Life-Balance: Diskurse, Problemlagen, Forschungsperspektiven." In: Ruth Becker; Beate Kortendiek (Hg.): *Handbuch Frauen- und Geschlechterforschung. Theorie, Methoden, Empirie.* Wiesbaden: Springer VS Verlag für Sozialwissenschaften, S. 234–243.

Paulus, Stefan (2012): *Das Geschlechterregime: eine intersektionale Dispositivanalyse von Work-Life-Balance-Maßnahmen.* Bielefeld: transcript.

Rosa, Hartmut; Peach, Niko; Habermann, Friederrike; Haug, Frigga; Wittmann, Felix; Kirschenmann, Lena (Hg.) (2014): *Zeitwohlstand.* München: oekom.

Strübing, Jörg (2005): *Pragmatistische Wissenschafts- und Technikforschung. Theorie und Methode.* Frankfurt a. M.: Campus.

Voß, G. Günter; Pongratz, Hans J (1998): „Der Arbeitskraftunternehmer. Eine neue Grundform der Ware Arbeitskraft." In: *Kölner Zeitschrift für Soziologie und Sozialpsychologie*, Bd. 50, Nr. 1, S. 131–158.

Winterholler, Luzia (2018): *„Work-(Life-)Relationship-Balance": Das „Ausbalancieren" von Privatleben und Erwerbsarbeit von Personen in spätmodernen Zweierbeziehungen.* München: GRIN.

Ruby Rebelde

Prostitutionstheater

Sexarbeit im Kapitalismus – eine Debatte auf Abwegen

Die Debatte über Sexarbeit und Sexarbeiter_innen führt seit geraumer Zeit ein für Sexarbeitende schädliches Eigenleben. Diese Debatte ist weit davon entfernt, konstruktive Lösungsansätze für schlechte Lebens- und Arbeitsbedingungen von Sexarbeiter_innen in Deutschland zu diskutieren. Stattdessen weist sie eine Dynamik auf, die ich in Anlehnung an die Begriffe *Gedächtnistheater* (Bodemann 1996) und *Integrationstheater* (Czollek 2018: 63) als *Prostitutionstheater* bezeichne. Der Begriff *Prostitutionstheater* soll verdeutlichen, dass sich die mediale Debatte weit von den Realitäten von Sexarbeit und Sexarbeitenden entfernt hat. Entlang der rein rhetorischen Frage, ob Sexarbeit verboten werden müsse, verschafft das *Prostitutionstheater* nämlich vor allem jenen Perspektiven mediale Sichtbarkeit, die nicht repräsentativ für die Personengruppe sexarbeitender Menschen in Deutschland sind und auch nicht deren vielschichtige und unterschiedliche Lebensrealitäten abbilden. Aufschlussreich ist, welche Perspektiven dagegen sehr viel Aufmerksamkeit erhalten. Das wird im Folgenden erörtert. Denn diese Perspektiven prägen und verfestigen ein bestimmtes Bild von Sexarbeit im neoliberalen Kapitalismus. Das *Prostitutionstheater* zitiert sich selbst und verfestigt so dieses Bild fortlaufend. Ausbeutung und Abhängigkeiten setzt es nichts entgegen, da es Beziehungsweisen aufrechterhält, die auf Diskriminierung und Sexarbeitsfeindlichkeit beruhen.

Bevor es aber um diese Debatte auf Abwegen gehen kann, ist zunächst zu erläutern, was Sexarbeitsfeindlichkeit – also die Diskriminierung, der Sexarbeitende ausgesetzt sind – eigentlich heute bedeutet. Nach diesem kurzen Blick auf die Situation von Sexarbeitenden im neoliberalen Kapitalismus und ihre Ausgrenzung anhand von Moralvorstellungen und

Zuschreibungen gehe ich dann auf Merkmale, Wirkweise und Akteur_innen des *Prostitutionstheaters* ein.

„Aber woher weißt DU das denn?"

Sexarbeitende sind permanent Versuchen der Delegitimierung[185] ausgesetzt. Deshalb kurz zu meiner Expertise: Ich blicke selbst auf mehr als elf Jahre Sexarbeit in unterschiedlichen Bereichen zurück und stehe im langjährigen Austausch mit Sozialarbeiter_innen, Forschenden und Sexarbeitenden. In dieser Zeit bin ich vielen Medienschaffenden und Politiker_innen begegnet. Das waren Momente voller Pathologisierung, Abwertung und Bevormundung. Aus solchen Begegnungen entstand der Begriff *Prostitutionstheater*. Danke für nichts.

Bestandsaufnahme: Sexarbeitsfeindlichkeit

Diskriminiert zu werden ist für Sexarbeitende Alltag. Wir sind daher kreativ darin, Repression und Stigma ein Schnippchen zu schlagen. Das möchte ich betonen, gerade bevor ich einen tristen Ist-Zustand beschreibe. Auch noch schärfere Repressionen werden uns nicht ‚abschaffen'. Wir existieren.
Sexarbeitende sind nicht ‚nur' von Hurenstigma[186] oder Sexarbeitsfeindlichkeit getroffen.[187] Im Sinne intersektionaler Verschränkung sind sie auch Klassismus, Rassismus und Ableismus ausgesetzt, und weiteren Diskriminierungen. Diese Diskriminierungserfahrungen färben auf die Beziehungsweisen von Sexarbeiter_innen ab. Das lässt sich als mehrdimensionales Konstrukt denken, in der institutionelle, kulturelle, materielle und individuelle Diskriminierung ineinander verwoben sind.

Sexarbeit im Kapitalismus

Sexarbeitende haben Kund_innen. Sie selbst sind keine Ware, sondern bieten eine Dienstleistung gegen Entgelt an. Sexarbeitende sind wiederum selbst

185 Damit ist gemeint, dass Sexarbeiter_innen per se durch die Frage „Woher weißt Du das?" oder „Bist Du Dir sicher?" das Recht abgesprochen wird, kenntnisreich über sich und ihre Arbeit zu sprechen und somit Einfluss auf die Gestaltung ihrer Lohnarbeit zu nehmen.

186 Damit ist gemeint, dass Sexarbeiter_innen per se durch die Frage „Woher weißt Du das?" oder „Bist Du Dir sicher?" das Recht abgesprochen wird, kenntnisreich über sich und ihre Arbeit zu sprechen und somit Einfluss auf die Gestaltung ihrer Lohnarbeit zu nehmen.

187 Sexarbeitsfeindlichkeit bezeichnet die Diskriminierung von Sexarbeiter_innen. Sexarbeitende sind Sexarbeitsfeindlichkeit in Folge ihrer Stigmatisierung ausgesetzt.

Kund_innen von Bordellbetreibenden oder Portalen. Teile der Branche unterliegen staatlicher Regulierung und Verwaltungsakte sowie polizeirechtliche Maßnahmen wirken sich auf Menschen in romantischen, freundschaftlichen und familiären Beziehungen mit Sexarbeitenden aus.

Politik und Behörden spielen im Leben von Sexarbeitenden regelmäßig eine (zu) große und (zu) bedrohliche Rolle. Dies gilt für die Vergangenheit und heute. Dort, wo neue, schärfere Gesetze drohen, besteht die Gefahr, dass auch unsere Zukunft von Diskriminierung überschattet sein wird. Wie Sexarbeiter_innen und Betreiber_innen heute leben und arbeiten ist geprägt durch mehr als 170 Jahre Sondergesetze für Sexarbeitende. Diese Sondergesetze verleihen der Zuschreibung an Sexarbeiter_innen als ‚Andere' oder ‚Randständige' und als Bedrohung der Allgemeinheit Ausdruck.

Die Andersmachung ist im deutschen und deutschsprachigen Kontext stark geprägt durch eine konservative christliche Sexualethik, der zufolge Sexualität auf die heteronormative Ehe beschränkt sein und dem Zweck der Reproduktion zu dienen hat. Erstarkende evangelikale Einflüsse erheben Forderungen nach einer Verschärfung der Prostitutionsgesetze in Deutschland in Form einer End-of-Demand-Politik nach schwedischem Vorbild.

End-of-demand-Politik

Die Kriminalisierung der Nachfrage nach sexuellen Dienstleistungen wird als End-of-demand-Politik bezeichnet. Ich bevorzuge diesen Begriff oder den der Kund_innenkriminalisierung gegenüber dem des sogenannten ‚nordischen Modells', weil es präzise beschreibt, was mit welchen Mitteln erzielt werden soll, statt es zu verschleiern.

Antifeministische[188] Angriffe und strukturelle Gewalt gegen Sexarbeitende zielen beispielsweise auf *race*, sexuelle Selbstbestimmung, Reproduktionspolitiken, und Schutz der Allgemeinheit. Sexarbeitende wurden im Nationalsozialismus als ‚Asoziale' verfolgt, ermordet und zwangssterilisiert. Der sogenannte ‚Schutz der Allgemeinheit' in heutigen Gesetzestexten zu Prostitution gründet auf der Annahme, die Gesellschaft werde von Sexarbeitenden oder durch Sexarbeit bedroht. Die Verfolgung von Sexarbeitenden begründete der NS mit dem Erhalt oder der Herstellung einer ‚Volksgesundheit'. Dieser Begriff ist zwar aus den Gesetzen verschwunden, das Bedrohungsszenario ist aber erhalten geblieben.

In der jüngeren Geschichte werden Sondergesetze zu Sexarbeit für die Kontrolle und Begrenzung von Migration eingesetzt. Rassifizierte oder migrantisierte Sexarbeitende werden abgeschoben.

188 Ich verstehe Antifeminismus als rechte Brückenideologie, die sich gegen Vielfalt und die Emanzipation marginalisierter Gruppen richtet.

Sexarbeitende haben – ob sie wollen oder nicht – eine Beziehung zu Medien und ihren Vertreter_innen. Unsere Geschichten und Körper müssen als Leichen im *Tatort* zur Unterhaltung der Mehrheitsgesellschaft oder für sensationslüsterne Berichterstattung über ‚Rotlichtmorde' herhalten, natürlich ohne Verweis auf den Akt des Femizids. Gleichzeitig geistern die immer gleichen und immer falschen Zahlen[189] durch die Berichterstattung. Eines tun Medienschaffende selten: mit Sexarbeiter_innen sprechen.[190]

Während sich aus dieser Bestandsaufnahme bereits dringende Handlungsimpulse ableiten, ist die Debatte, die das Thema Sexarbeit verhandelt, in Fragestellung, Form und Inhalt nur als kaputt beschreibbar. Oder als *Prostitutionstheater*.

„Gehört das verboten?" All-time-favorite im *Prostitutionstheater*

Im *Prostitutionstheater* ist grundlegend, wer, was, wie und zu wem sagt. Ebenso relevant ist, wer nicht sprechen darf oder wem nicht zugehört wird.

Wichtigstes Merkmal des *Prostitutionstheaters*: die Verkürzung.

Im *Prostitutionstheater* sind die Rollen schon verteilt und der Plot geschrieben. Sexarbeitende sind nur Statist_innen. Große Auftritte mit entsprechendem Redeanteil entfallen stattdessen auf Politiker_innen und selbsternannte Retter_innen der ‚armen Frauen'. Das *Prostitutionstheater* fragt: „Gehört Prostitution verboten?".[191] Spoileralarm: Diese (rhetorische) Frage beantwortet das *Prostitutionstheater* mit einem inbrünstigem „Ja!".

Die Gattungen oder Genres des *Prostitutionstheaters*: Medien berichten in Reportagen oder Interviews über zutiefst deprimierende Schicksale von Prostituierten. Auch das derzeit populäre *True Crime*-Format hat längst sogenannte

189 Diese Zahlen werden teilweise mit Absicht von der Anti-Sexarbeits-Bewegung in Umlauf gebracht und dort gehalten.

190 In einem Presse-Archiv habe ich 2021 über 600 Beiträge aus Print und Radio über Prostitution erfasst und ausgewertet. Nur in 12,5 % dieser Beiträge kommt ein_e Sexarbeiter_in zu Wort. Siehe dazu: Kampagne Hydra-Berlin: Presse und Medien. Online unter: https://kampagne.hydra-berlin.de/presse-und-medien [letzter Zugriff am: 03.09.2023].

191 Siehe dazu unter anderem: Der SWR Bürgertalk mit Florian Weber: *„mal ehrlich... Sex gegen Geld: gehört das verboten?"*. SWR am 05.05.21. Online unter: https://programm.ard.de/TV/Untertitel/Nach-Uhrzeit/Alle-Sender/?sendung=282314231638651 [letzter Zugriff am: 05.09.2023]; ZDFheute Nachrichten: *Sex gegen Geld: Sollten wir Prostitution verbieten? I 13 Fragen*. 21.01.2021. Online unter: https://www.youtube.com/watch?v=nE_TcVwofg0 [letzter Zugriff am: 05.09.2023]; stern TV talk: *Sollte Prostitution verboten werden?*. 24.10.2022. Online unter: https://www.youtube.com/watch?v=KaB6vdYiHJ8 [letzter Zugriff am: 05.09.2023].

'Milieumorde' oder 'Geschichten aus dem Rotlicht' für sich entdeckt. So befriedigt ein spätkapitalistischer Medienbetrieb die Marktanforderungen in Form von Aufmerksamkeitsökonomie und Nachrichtenwert.

Auch das Genre der Talkshow oder Diskussionsrunde[192] versammelt Gäst_innen unter der Fragestellung: „Gehört das verboten?". Die dort vertretenen, entgegengesetzten Positionen versprechen eine aggressiv geführte Debatte. Expertise oder Faktenchecks spielen dagegen kaum eine Rolle. *Clickbaiting*[193] kommt hier als rechtschaffene moralische Besorgtheit daher.

Verfechter_innen der End-of-demand-Politik[194] sind für solche Formate die Idealbesetzung. Sie liefern verlässlich, wonach das Genre verlangt: Blut, Tod und Held_innenreisen – und zu einfache Antworten auf komplexe Fragen.[195]

Was wären Talkshows ohne Streit? In Ausnahmefällen ist die Rolle der Gegenspielerin im *Prostitutionstheater* mit einer Sexarbeiterin besetzt, die folgenden Kriterien entspricht: gut situiert, *weiß*, herkunftsdeutsch, cis weiblich. Sie proklamiert ihre Arbeit als eine Form der Selbstverwirklichung. Häufiger spielen Politiker_innen im *Prostitutionstheater* die Hauptrolle. Sie beziehen ihr 'Wissen' über Sexarbeit aus anekdotischer Evidenz.[196] Diese Politiker_innen sind nicht selten stark von Anti-Sexarbeits-Gruppen[197] beeinflusst oder gleich selbst (Vorstands-)Mitglied in einer solchen Organisation. Der Auftritt in Formaten über Sexarbeit bietet ihnen eine willkommene Gelegenheit, sich als leidenschaftliche Kämpfer_innen für (vermeintliche) Frauenrechte zu inszenieren.

---

192 Exemplarisch habe ich mir das mal im SWR angesehen. Siehe dazu: Ruby Rebelde: *Desinformation über Sexarbeit im SWR*. Online unter: https://rubyrebelde.com/2023/05/14/desinformation-am-beispiel-einer-talkshow/ [letzter Zugriff am: 03.09.2023].

193 Der Begriff *clickbaiting* beschreibt die Verwendung von reißerischen Überschriften, die dazu bewegen sollen, einen Artikel anzuklicken.

194 Das sogenannte 'Nordische Modell' ist eine euphemistische Bezeichnung für Kund_innenkriminalisierung oder Prohibition.

195 Held_innenreisen sind eine Erzählform, die stets sehr ähnlich aufgebaut ist. Ein_e Held_in durchläuft bestimmte Situationsabfolgen und begegnet bestimmten Figuren. In diesem Kontext reproduzieren diese Narrative sowohl die Individualisierung struktureller Probleme sowie Stereotype und Vorurteile über Sexarbeitende.

196 In einem Gespräch mit Karl Lauterbach im Jahr 2020 äußerte er mir gegenüber, dass Fenster seines Büros in Köln auf ein solches 'Etablissement' blickten und er so mithin wisse, was da so vor sich ginge. Was er dachte zu wissen, hat Lauterbach leider nicht weiter erläutert.

197 So bekleidet die SPD-Bundestagsabgeordnete Leni Breymaier das Amt einer Vorständin der SISTERS e.V.; *SISTERS – für den Ausstieg aus der Prostitution* hat gemeinsam mit dem Landesfrauenrat Baden-Württemberg die Kampagne #RotlichtAus ins Leben gerufen.

Das Publikum des *Prostitutionstheaters* berauscht sich an Aufmerksamkeit heischenden Erzählformen und einer verkürzten Zurichtung von Gut und Böse. Es ist Täter_in und Opfer zugleich. In seiner Resonanzkammer wird historisches Sexarbeitsstigma zu moderner Sexarbeitsfeindlichkeit. Solche Formate und ihr Konsum erzeugen eine fortschreitende Entsolidarisierung der Zivilgesellschaft mit den Kämpfen von Sexarbeiter_innen um Emanzipation und Rechte. Im *Prostitutionstheater* überdauern sexistische, klassistische und rassistische Stereotype, die weitaus mehr Menschen treffen als ‚bloß' Sexarbeitende. *Lose-Lose.*[198]
Das *Prostitutionstheater* wird nicht nur medial aufgeführt, sondern findet auch in politischen Debatten statt. Dort ist die Gefahr von mehr Repressionen durch Gesetzesänderungen besonders greifbar.
Erstes Beispiel: 16 Bundestagsabgeordnete verfassten im Mai 2020 einen Brief an die Ministerpräsident_innen der Bundesländer. Darin finden sich Sätze, wie „Es dürfte auf der Hand liegen, dass Prostitution [in der COVID-19-Pandemie, *Anm. d. Autor_in*] die Wirkung eines epidemiologischen Super-Spreaders hätte"[199] oder „Wir halten die Zustände in der Prostitution für die dort Tätigen in der großen Mehrzahl der Fälle für menschenunwürdig, zerstörerisch und frauenfeindlich."[200] Während der Pandemie steuerten die Bundesländer die COVID-19-Maßnahmen. Für Sexarbeitende führte der Föderalismus zu einem Flickenteppich aus Verordnungen. Während die einen Bundesländer die Maßnahmen lockerten und so Prostitutionsstätten wieder öffnen konnten, blieben sie in anderen Bundesländern langfristig geschlossen. Der Brief der 16 Bundestagsabgeordneten stellt einen frühzeitigen Versuch dar, strategisch bundesweit Einfluss auf die Debatte über Sexarbeit zu gewinnen.
Zweites Beispiel: 2022 wurde ich als Sachverständige in den Bayerischen Landtag zur Anhörung des Sozialausschusses mit dem Titel *Zur Lage der Prostituierten in Bayern* eingeladen. Von insgesamt zwölf Sachverständigen gehörten acht Anti-Sexarbeits-Organisationen an. Die anderen vier Personen kamen aus Sexarbeit, Forschung und Beratung. Neben mir waren noch eine aktive Sexarbeiter_in und eine Person mit Sexarbeitserfahrung anwesend sowie Viktoria K., eine

---

198 *Lose-Lose* heißt auf Deutsch so viel wie ‚verlieren-verlieren' und meint hier, dass beide Seiten durch die Umstände Nachteile erfahren.

199 Siehe dazu: Deutsche Welle (DW): *Neue Initiative für Sexkaufverbot*, 19.05.2020. Online unter: https://www.dw.com/de/neue-initiative-f%C3%BCr-sexkaufverbot/a-53490692 [letzter Zugriff am: 15.10.2023].

200 Daniela Kuge: *Bundestagsabgeordnete fordern Prostitutionsverbot*, 26.05.2020. Online unter: https://www.daniela-kuge.de/aktuelles/2020/prostitutionsverbot-nach-nordischem-modell [letzter Zugriff am: 03.09.2023].

Aussteigerin, die sich bei Anti-Sexarbeits-Organisationen engagiert. Überhaupt sind Sexarbeiter_innen, die sich nicht als ‚Überlebende der Prostitution' bezeichnen und somit ins *Prostitutionstheater* passen bei solchen Terminen selten anwesend. Denn im *Prostitutionstheater* haben Sexarbeitenden fest umrissene Funktionen zu erfüllen: Sind wir anwesend, kann später gesagt werden, dass mit *allen* gesprochen wurde. Unsere Beteiligung eröffnet auch die Möglichkeit, Sexarbeitende als (irrelevante) Ausnahme zu markieren. In expliziter Form, wie „Sie sind eine Ausnahme" oder mittels Verunglimpfung – mir rief zum Beispiel in der Sitzung des Sozialausschusses eine Gegnerin zu: „Da [sie zeigt auf mich] sitzt die Prostitutionslobby." Das Ziel ist klar: Die Debatte wird so effektiv von konstruktiven Ansätzen freigehalten.

Akzeptierende Beratungsstellen, Betroffene und Wissenschaftler_innen sind sich weitestgehend einig, *was* die Lebens- und Arbeitsbedingungen von Personen in der Sexarbeit verbessern würde: Sexarbeitende brauchen Rechte statt Sondergesetze. Doch die Einhelligkeit unterschiedlicher Expert_innen zählt so lange nichts, wie das *Prostitutionstheater* die Debatte dominiert. Auf besagter Sitzung des Sozialausschuss bestritten acht Personen aus dem Umfeld des *Bündnis Nordisches Modell* mindestens 80 % des Redeanteils. Statt um praxisorientierte Lösungsansätze ging es um Morde, Dissoziation und Leid, einzig und allein vorgetragen, um eine End-of-Demand-Politik in Deutschland zu fordern. Werden so absichtsvoll Ressentiments gegen Sexarbeitende geschürt, statt ihre Situation zu verbessern versucht?

Das *Prostitutionstheater* verhindert also effektiv, dass über Diskriminierung, Migrationsrechte, Polizeigewalt, ausbeuterische Arbeitsbedingungen oder Armut als Faktoren für schlechte Lebens- und Arbeitsbedingungen von Sexarbeitenden gesprochen wird. Stattdessen suggeriert es, dass ein Mehr an gesellschaftlicher Ächtung und Verboten im Bereich Sexarbeit dazu führen würde, strukturelle Probleme wie Femizide, Ausbeutung und sexualisierte Gewalt zu bekämpfen. Merkt ihr selbst, oder?

Das *Prostitutionstheater* verhindert Beteiligung von Sexarbeiter_innen und wirkt sich auf die Rezeption von wissenschaftlicher Forschung zum Thema aus. Dieser Name fällt besonders häufig, wenn es um ‚Studien' zum Thema Prostitution geht:

Melissa Farley

Die 1942 geborene und in den USA tätige klinische Psychologin Melissa Farley publizierte bis heute fast 50 Arbeiten zum Thema Pornografie, Prostitution und Menschenhandel. Farley ist Aktivistin gegen Pornografie und Prostitution und mit zahlreichen NGOs, wie z.B. dem *Bündnis Nordisches Modell*, verbunden. Das *Prostitutionstheater* bewirkt, dass Farleys politische Agenda bei der Rezeption weder erwähnt noch eingeordnet wird.

Während Sexarbeiter_innen Eigennutz und Voreingenommenheit vorgeworfen wird, sofern sie überhaupt einbezogen werden, gilt Farley vielen Vertreter_innen aus Journalismus und Politik als ‚Goldstandard'. Und dies, obwohl verschiedentlich grundlegende Kritik an Design, wissenschaftlichem Standard und Durchführung ihrer Forschungsarbeiten geübt wurde (vgl. Weitzer 2005). Farley wird unkritisch als Stimme der Wissenschaft zitiert und bis in ministeriale Publikationen hinein als Quellen angegeben.[201] Letztlich wird ihr sogar Einfluss auf die Ausgestaltung des deutschen Prostituiertenschutzgesetzes (ProstSchG)[202] von 2017 zugeschrieben.

Prostituiertenschutzgesetz (ProstSchG)
Dieses aktuell gültige Gesetz zur Regelung der Prostitution in Deutschland wurde 2017 eingeführt. Es beinhaltet Kondompflicht, Pflicht zur behördlichen Registrierung sowie eine jährliche, verpflichtende Gesundheitsberatung für Sexarbeiter_innen. Das ProstSchG ist ebenso wie die Sperrbezirksverordnung ein Sondergesetz, das nur für Sexarbeiter_innen gilt. Das ProstSchG hat eine große Zahl von Sexarbeiter_innen illegalisiert. Denn nach ProstSchG anmelden kann sich nur, wer über Meldeadresse und Arbeitserlaubnis verfügt. Da Sexarbeit in vielen Fällen informell ausgeübt wird, war absolut absehbar, dass das Gesetz viele Personen in die Illegalität drängen wird.

Hier kann der sogenannte ‚Bestätigungsfehler'[203] live und in Farbe beobachtet werden: Es ist kein Versagen Einzelner, wenn Journalist_innen und Politiker_innen Farleys Positionierung als Aktivistin gegen Sexarbeit und Pornografie weder erkennen noch erwähnen. Es ist ein strukturelles *othering* von Sexarbeitenden. Ihnen werden negative Zuschreibungen angeheftet und Sexarbeit wird als schlecht und schädlich für die Mehrheitsgesellschaft dargestellt. Farleys

201 Siehe z.B. diese Studie des Bundesministeriums für Familie, Senioren, Frauen und Jugend: *Lebenssituation, Sicherheit und Gesundheit von Frauen in Deutschland*. Online unter: https://www.bmfsfj.de/bmfsfj/studie-lebenssituation-sicherheit-und-gesundheit-von-frauen-in-deutschland-80694 [letzter Zugriff am: 03.09.2023].

202 Siehe dazu die aktuellen Gesetzestexte im Internet. Online unter: https://www.gesetze-im-internet.de/prostschg/ [letzter Zugriff am: 03.09.2023].

203 Als Bestätigungsfehler (*confirmation bias*) wird in der Kognitionspsychologie die Neigung benannt, Informationen so auszuwählen oder zu interpretieren, dass sie mit den eigenen Erwartungen übereinstimmen. Aussagen von Sexarbeitsgegner_innen oder defizitorientierte mediale Berichterstattung bestätigen stereotype sexarbeitsfeindliche Sichtweisen und werden daher von Rezipient_innen als passende, weil bestätigende Information wahrgenommen.

Forschungsarbeiten bestätigen diese gefühlte Wahrheit. Politiker_innen und Journalist_innen übernehmen deshalb trotz abweichender Forschungslage oft Farleys Schlussfolgerungen ohne Einordnung oder Differenzierung. Das ist bei Weitem kein Einzelfall. Das *Prostitutionstheater* erleichtert die Verbreitung von Desinformation und Fehlinformationen über Sexarbeit und Sexarbeitende. Es ermutigt zur Vermischung von persönlicher Meinung und journalistischer Berichterstattung und/oder politischem Handeln. Die Qualität des Diskurses über Sexarbeit ist leider vergleichbar mit denen über Klimapolitik oder COVID-19.[204] Doch während sich bei Klima oder Pandemie mittlerweile ein Bewusstsein über Verschwörungserzählungen sowie Des- und Fehlinformationen bildet, fehlt dies beim Thema Sexarbeit noch völlig.

„Den ‚armen Frauen' endlich helfen" – oder sie abschieben

Die Situation von Sexarbeiter_innen ist seit Jahrhunderten durch Repression und Unterdrückung geprägt. Sondergesetze schreiben ihren Ausschluss bis heute fort. Nach zaghaften Versuchen des Abbaus von Diskriminierung[205] markiert das Prostituiertenschutzgesetz von 2017 eine radikale Verschlechterung für Sexarbeiter_innen in Deutschland. Strukturelle Sexarbeitsfeindlichkeit, konkret Sondergesetze fürs ‚Milieu', erzeugen den Eindruck pauschaler krimineller Energie und Sperrbezirke verdrängen Sexarbeitende in die Peripherie der Städte.

Sperrbezirke

Sperrbezirke sind gesetzlich definierte Bereiche, in denen ein gänzliches oder für bestimmte Tageszeiten verhängtes Verbot von Sexarbeit gilt. In Deutschland gibt es seit 1975 eine Sperrbezirksverordnung, in der geregelt ist, in welchen Gebieten Sexarbeit verboten ist. In Süddeutschland sind weite Teile der Bundesländer als Sperrbezirke ausgewiesen, beispielsweise darf in Gemeinden unter 35000 Einwohner_innen keine Prostitution stattfinden. Berlin und Rostock sind die einzigen Städte in Deutschland ohne Sperrbezirke. Was als Sperrbezirk gilt und was nicht, wird von jeder Stadt oder Kommune selbst entschieden. Dies führt zu einem Dickicht aus widersprüchlichen Regelungen, die schwer zu durchschauen sind.

---

204 Ich empfehle das Anaylsetool P_L_U_R_V zur Auswertung der o.g. Diskurse: https://www.klimafakten.de/meldung/p-l-u-r-v-das-sind-die-haeufigsten-methoden-der-desinformation-neue-infografik-im [letzter Zugriff am: 03.09.2023].

205 Beispielsweise durch das ProstG von 2001, das 2002 in Kraft getreten ist. Es sollte die Lebens- und Arbeitsbedingungen von Sexarbeiter_innen verbessern. Dazu wurde die Sittenwidrigkeit abgeschafft und das Honorar einer Sexarbeiter_in wurde einklagbar. Siehe dazu die Gesetzestexte im Internet. Online unter: https://www.gesetze-im-internet.de/prostg/BJNR398310001.html [letzter Zugriff am: 03.09.2023].

Sexarbeitsfeindlichkeit trägt auch rassistische Züge. Das Statistische Bundesamt DESTATIS erhebt die Migrationsbiografie von Sexarbeiter_innen.[206] Politik und Journalismus instrumentalisieren diese Zahlen leider, um über Armutsprostitution und Herkunft zu spekulieren. Aber die Gründe für Armut und Migration oder gar die deutsche koloniale Verantwortung dafür interessieren Medienvertreter_innen in ihren Berichten über Sexarbeit nicht.

Das *Prostitutionstheater* befehligt einen eigenen Kanon von Begriffen: den der Menschenwürde zum Beispiel. Das Konzept der Menschenwürde wird vor allem als Waffe gegen Sexarbeit eingesetzt und dort ignoriert, wo Illegalisierung und Kriminalisierung von Geflüchteten stattfindet. ‚Bordell Europa' ist ein weiterer Begriff des *Prostitutionstheaters*, während Formulierungen wie ‚Festung Europa', ‚legale Migrationswege' oder ‚Kriminalisierung der Prostitution in den Herkunftsländern' fehlen.

Prostitutionstheater abschaffen – und dann?

Nach dieser tristen Diskursanalyse bleibt die wichtigste Frage offen: Wie können die Arbeitsbedingungen für Sexarbeiter_innen verbessert werden?

Das Prostituiertenschutzgesetz von 2017 verpflichtet Sexarbeitende zu einer behördlichen Anmeldung und damit zu einem Behördengang. Sexarbeiter_innen, die mit Stigma und Sexarbeitsfeindlichkeit leben, sind nicht erpicht auf einen solchen Termin. Vor 2017 gaben viele Kolleg_innen ungeschützte Berufsbezeichnungen wie Coach, Model oder Beratung bei ihrer steuerlichen Anmeldung an. Seit 2017 erfolgt mit der behördlichen Registrierung eine automatische Meldung der Person als Prostituierte an das örtliche Finanzamt. Denken die Behörden Sexarbeiter_innen würden ohne diese Quermeldung ihre Einkünfte nicht versteuern?

Die Pointe: Steuern treibt der Staat von Sexarbeiter_innen nur zu gern ein, während er aber Sexarbeit nicht als Arbeit wie jede andere anerkennt. Ein Teil der Sexarbeitenden kann oder will sich nicht behördlich registrieren. Mal fehlt dazu die Meldeadresse, mal die Arbeitserlaubnis, mal beides. Der Gang zur Behörde schreckt zudem viele ab, die nicht dauerhaft anschaffen – wer weiß schon, wo die Daten landen? Manche verweigern sich der diskriminierenden Registrierung aus Prinzip. Ausweichen kann der Registrierung aber nur, wer straßenbasiert

206 Der nach ProstSchG registrierten Sexarbeitenden wohlgemerkt. Siehe dazu: Statistisches Bundesamt: *Prostituiertenschutz*. Online unter: https://www.destatis.de/DE/Themen/Gesellschaft-Umwelt/Soziales/Prostituiertenschutz/_inhalt.html [letzter Zugriff am: 03.09.2023].

oder aufsuchend der Sexarbeit nachgeht. Denn ohne Hurenpass kann in den als ‚sicherer' geltenden Prostitutionsstätten nicht gearbeitet werden.[207]

Straßenbasierte Sexarbeit
Sexarbeitende, die außerhalb von Prostitutionsstätten tätig sind und in der Regel im öffentlichen Raum anbahnen (also Kund_innen anwerben) arbeiten straßenbasiert. Es gibt ausgewiesene Straßenstriche oder informelle Standorte. Die sexuelle Dienstleistung findet entweder im öffentlichen Raum statt oder beispielsweise in Fahrzeugen oder Stundenhotels. Straßenbasierte Sexarbeiter_innen sind aufgrund ihrer Sichtbarkeit vermehrt Anfeindungen durch Polizei oder Anwohner_innen ausgesetzt.

Aufsuchende Sexarbeit
Für die Erbringung der sexuellen Dienstleistung wird die Kundschaft aufgesucht, z.B. im Hotel, zuhause oder in der Einrichtung (wie bei älteren oder be_hinderten Kund_innen). Das Gegenteil von Aufsuchen ist der Besuch in der Prostitutionsstätte. Die Sexarbeiter_in ist also in einem Bordell oder an einer Adresse ‚besuchbar'.

Das Prostituiertenschutzgesetz von 2017 zog eine komplett neue Infrastruktur für Registrierung und Gesundheits-‚Beratung' nach sich und zwar in jedem Bundesland. Ich wüsste gern, wie viel Geld dies einmalig und regelmäßig verschlingt. Die Arbeit der Fachberatungsstellen im Feld Sexarbeit ist chronisch unterfinanziert und um jede Stelle muss bitterlich gekämpft werden. Der Schutz im Namen des Prostituiertenschutzgesetz bedeutet also: Kontrolle, Weitergabe von Daten und Auflagen für Sexarbeiter_innen bei gleichzeitigen Einsparungen in den Anlaufstellen.

Wir sind die Guten?

Keine Pointe: Bordellbetreibende kontrollieren die Hurenausweise der Sexarbeitenden (amtsdeutsch: Anmeldebescheinigungen nach ProstSchG). Der Personenkreis der Bordellbetreibenden muss zwar seit 2017 verpflichtend eine Betriebserlaubnis[208] vorweisen. Je nach Bundesland und zuständiger Stelle gelten für die behördliche Genehmigung andere Kriterien und die Gebühren[209] variie-

207 Falls doch, werden massive Geldbußen fällig bis hin zur Androhung der Schließung des Betriebs und dem Entzug der Registrierung, was einer Illegalisierung der Tätigkeit gleichkommt.

208 Prostitutionsstätten unterliegen seit 2017 einer Erlaubnispflicht. Den Bordellen wird seitdem eine Konzession erteilt und es wird kontrolliert, ob ein Alarmsystem in jedem Arbeitsraum vorhanden ist. Darüber hinaus müssen je nach Bundesland unterschiedliche Kriterien erfüllt sein. Die Betreiber_innen müssen darüber hinaus ein Führungszeugnis vorweisen. Die Arbeitsbedingungen in den Betrieben werden nicht kontrolliert.

209 Bis zu 700 Euro pro Raum.

ren stark. Über die Sinnhaftigkeit mancher Punkte (z.B. Deckenhöhe) lässt sich streiten, doch das größte Problem für Sexarbeitende ist, dass das Gesetz keinen Raum für die kollegiale Zusammenarbeit ohne Betreiber_in lässt.

Durchaus üblich waren vor Inkrafttreten des Prostituiertenschutzgesetzes WG-ähnliche Zusammenschlüsse von Sexarbeitenden, sogenannte ‚Wohnungsbordelle', in denen Kosten und Risiken geteilt waren und Hierarchien abgeflacht wurden. Seit Einführung des Prostituiertenschutzgesetzes 2017 dürfen Sexarbeitende legal nur allein arbeiten, jede_r weitere Kolleg_in würde die Anmeldung einer Prostitutionsstätte und die entsprechenden Kosten nach sich ziehen. Seitdem ging die Anzahl der Wohnungsbordelle um mindestens ein Drittel zurück. Das bedeutet mehr Vereinzelung. Sexarbeiter_innen können in der Regel nicht offen über ihre Arbeit sprechen. Kollegiale Netzwerke und Kooperativen sind deswegen wichtig. Dem wurde so gesetzlich ein Riegel vorgeschoben.

Der Staat interessiert sich leider nicht für die effektiven Arbeitsbedingungen, wie die Höhe der Miete oder den Umgang mit den Mietenden in den Prostitutionsstätten. Statt Machtstrukturen abzuflachen, verlieh das Prostituiertenschutzgesetz den Betreibenden mehr Kontrolle über die Sexarbeiter_innen. Durch die Kontrolle der Hurenpässe setzen sie ein diskriminierendes Gesetz um. Die Betriebserlaubnis suggeriert lediglich, dass es sich um ‚gute' Betriebe handelt. Die Mieten, die selbständige Sexarbeitende an Betreibende bezahlen, sind weiterhin zu hoch. Das liegt zwar nicht allein am Profitstreben der Betreibenden, sondern auch am Sexarbeitsstigma. Prostitutionsstätten zahlen im Vergleich zu anderen Gewerben viel höhere Mieten. Neue Prostitutionsstätten finden kaum Mietraum und sind neben hohen Mieten mit weiteren Auflagen konfrontiert. Abstandsgebote zu Schulen und Kindergärten sowie vorhandene Sperrbezirke legen ein beredtes Zeugnis davon ab, dass das Gesetz Bordelle nicht als ‚normale' Betriebe ansieht.

Sexarbeiter_innen können also nicht aus einer Vielfalt reell guter Betriebe den für sie besten Arbeitsort auswählen. Das Gesetz zwingt sie aber entweder in die Isolation oder in die Prostitutionstätten. Ich hörte Betreibende mit richtig schlechten Arbeitsbedingungen sich brüsten: „Bei mir geht es ja noch fair zu, anderswo ist es viel schlechter." *Really*?! Das ist der Maßstab?

Problematische Praktiken sind zum Beispiel Tagesmieten[210] und hohe Mieten.[211] Sie wälzen das unternehmerische Risiko von Prostitutionsstätten auf die Sexarbeitenden ab. Kein Wunder also, dass viele Sexarbeitende nach Ende der COVID-19-bedingten Tätigkeitsverbote nicht in die Prostitutionsstätten ‚zurückkehrten'. Sie arbeiten lieber anderswo, wo sie ihre Bedingungen selbst steuern und keine hohen Mieten zahlen. Das kommt bei manchen Betreibenden nicht gut an. Bereits während der Lockdowns denunzierten Betreibende Sexarbeitende, die in Hotels oder Ferienwohnungen arbeiteten, an Ordnungsbehörden und Polizei. Das veranschaulicht eine Begleiterscheinung der Betriebserlaubnispflicht: Betreibende begreifen sich als Vorhut des Gesetzes und wenden sich gegen Sexarbeiter_innen.

Manche Betreibende betonen zwar die gemeinsamen Interessen von Betreibenden und Sexarbeitenden und einen ‚gemeinsamen Kampf'. Das ist weltfremd – wo haben Unternehmende und Arbeiter_innen je dieselben Interessen verfolgt?

Betreibende versuchen zwar sich als staatsnah und rechtschaffen zu inszenieren.[212] Aber der existierenden organisierten Kriminalität und rechten Strukturen in Teilen der Betreiberszene wird nicht wirklich etwas entgegengesetzt. Dazu fehlt es an Analyse, Recherche und Monitoring sowie an Rechtsextremismus- und Gewaltprävention. So gibt es keine Besuche von mobilen Beratungsteams gegen Rechts in Bordellen oder anderen Orten, an denen Sexarbeit ausgeübt wird. Journalistisch und politisch werden Sexarbeitende zwar als überwiegend migrantisiert gelesen, doch die rassistische Gewalt gegen sie wird nicht aktiv bekämpft. Das wäre aber ein ‚Schutz', der Sexarbeiter_innen unterstützen würde, in Form von Gegenstrategien und Schutzkonzepten zur Bekämpfung von Rassismus, Mikroagressionen und Bevormundungen bei der Ausübung ihrer Arbeit.

---

210 Statt Prozenten oder nach Zeit gestaffelten Mietsätzen wird in einigen Prostitutionsstätten auch das Modell der Tagesmiete angeboten. Dieser Betrag zwischen 120 und 260 Euro wird unabhängig vom Umsatz der Sexarbeiter_in fällig, in der Regel auch bei Krankheit oder Tagen ohne Umsatz. In manchen Bordellen ist es zudem üblich, dass die gestaffelten Mieten oder Prozente nur bis zu einem Maximalbetrag berechnet werden, z.B. 250 Euro. In diesem Fall ist der Begriff des ‚Deckels', ‚Caps' oder der ‚gedeckelten Tagesmiete' gebräuchlich.

211 Ab 60 Euro pro Stunde.

212 Bordellbetreiber John Heer trat 2020 zur Wahl des Oberbürgermeisters von Stuttgart an. Siehe online: https://www.johnheer-stuttgart.de [letzter Zugriff am: 04.09.2023].

Es gibt sie, die Leuchttürme besserer Arbeitsbedingungen. Leider noch viel zu selten. An die Stelle der überholten Prozente[213] sind dort feste Stundenmieten, Deckelung der Tagesmiete[214] und entgegenkommende Stornierungsmöglichkeiten getreten. Klingt selbstverständlich? Erkrankte oder verhinderte Sexarbeiter_innen, die einen gebuchten Raum nicht in Anspruch nehmen, zahlen heute in der Regel trotzdem die hohe Tagesmiete an die Betreibenden. Betreibende reichen also ihre unternehmerischen Risiken durch überhöhte Mietforderungen und restriktive Stornierungsbedingungen an Sexarbeiter_innen weiter. Ich höre auch immer wieder Berichte über versuchte Einflussnahme auf Sexarbeiter_innen, wenn sie Kund_innen ablehnen; versteckte Extrakosten für Toys oder Putzmittel oder abfällige, rassistische, ableistische, klassistische Äußerungen. Doch mal ehrlich: Was wäre ein Puff ohne Huren? Nur eine meist hässlich möblierte Immobilie. Arbeitsschutz in der Sexarbeit muss heißen: Respekt und Augenhöhe. Denn genau genommen sind Sexarbeitende die Kund_innen der Bordellbetreibenden.

Prozente
Prozentuale Umsatzbeteiligung für die Vermittlungsdienstleistung einer Agentur oder die Vermietung eines Arbeitsorts in einer Prostitutionsstätte. In Deutschland sind bis zu 50 % dieser Umsatzbeteiligung legal, ab 51 % liegt der Tatbestand Zuhälterei vor. Bei einer 60/40-Regelung bedeutet dies: Belaufen sich die Einnahmen einer Sexarbeiter_in auf 300 Euro, dann erhält die Agentur oder das Bordell davon 120 Euro und die Sexarbeiter_in 180 Euro, also 60 %. Die in der Regel soloselbständige Sexarbeiter_in zahlt davon Krankenversicherung, Steuern und Sozialversicherung.

Um sexuelle Dienstleistungen zu bewerben, gibt es zudem Portale. Die ‚Werbung' bezahlt in der Regel der_die Sexarbeiter_in, um dann auf Webseiten gelistet zu werden. Gendersensible Sprache ist kaum vorhanden und ein gut gerankter Platz teuer. Abgesehen vom Jugendschutz gibt es auch hier keine gesetzlichen Vorgaben zu Wucher oder Diskriminierung. Solche Mängel werden in keiner medialen oder politischen Debatte erwähnt. Eine konstruktive Betrachtung müsste nach Lösungsansätzen für die genannten Probleme fragen. Das *Prostitutionstheater* verhindert das.

---

213 In Bordellen ist es traditionell üblich, einen bestimmten Prozentsatz der Einnahmen an die Vermieter_innen abzuführen. Alles von 30–49 % habe ich selbst schon erlebt. Ab 50 % gilt nach § 181a Abs. 1 Nr. 1 StGB, dass es sich um Zuhälterei handelt. Siehe dazu: Buse – Herz – Grunst: Rechtsanwälte: *Was ist strafbare Zuhälterei? Wie hoch ist die Strafe für Zuhälterei; Ehegattenzuhälterei?*. Online unter: https://www.kanzlei.law/strafrecht/strafverteidigung/anwalt-sexualstrafrecht-berlin/vorladung-oder-anklage-wegen-zuhaelterei-anwalt-strafrecht/ [letzter Zugriff am: 15.10.2023].

214 Das bedeutet, dass nach Erreichen eines zu definierenden Betrages keine weiteren Mietzinsen erhoben werden.

Fazit

Sexarbeiter_innen sind im neoliberalen Kapitalismus zahlreichen Abhängigkeiten ausgesetzt. Die Einführung einer Betriebserlaubnis hat zu keiner Verbesserung der Arbeitsbedingungen in den Betrieben geführt. Stattdessen wurden traditionelle Hierarchien weiter verfestigt. Diskriminierende Sondergesetze erzeugen in ihrer historischen Kontinuität ein Milieu, das Sexarbeitenden schadet und ihren Ausschluss fortschreibt. Der sogenannte Schutz des Prostituiertenschutzgesetzes besteht in Kontrolle und Gängelung durch Bordellbetreibende, Polizei und Verwaltungsmitarbeitende. Wichtiger Arbeitsschutz in Form erschwinglicher Mieten und gewerkschaftlicher Organisation fehlt noch immer flächendeckend. Arbeitsschutz in den Betriebsstätten muss verbindlich und einklagbar werden. So kann Ausbeutung konsequent begegnet werden. Das Stigma, das Sexarbeitende erleben, ist nicht als Diskriminierung anerkannt und wird unwidersprochen in Medien, Politik und Mehrheitsgesellschaft reproduziert. Auch die Wissenschaft ist davon nicht frei.

All diese Defizite verstärkt das *Prostitutionstheater*: Das gebetsmühlenartige Stellen der rein rhetorischen Frage, ob es Sexarbeit geben dürfe, verlagert wichtige Aufmerksamkeit weg von Sexarbeitenden und der Verbesserung ihrer Lebens- und Arbeitsbedingungen. Stattdessen sind Akteur_innen medial und politisch präsent, die eine restriktive Sexualethik vertreten und Sexarbeiter_innen verdrängen wollen. Statt endlich die Situation von Sexarbeitenden zu verbessern, droht so eine Verschlechterung der Lebens- und Arbeitsbedingungen. Denn: Sexarbeiter_innen und Sexarbeitsfeindlichkeit existieren.

Für eine längst überfällige konstruktive und lösungsorientierte Debatte statt *Prostitutionstheater*!

Literatur

Bodemann, Michal (1996): *Gedächtnistheater: Die jüdische Gemeinschaft und ihre deutsche Erfindung*. Hamburg: Rotboch.

Czollek, Max (2018): *Desintegriert Euch!*. München: Carl Hanser.

Weitzer, Ronald (2005): „Flawed Theory and Method in Studies of Prostitution." In: *Violence Against Women*, Bd. 11, Nr. 7, S. 934–949.

Prince S. Ass und Jonas N. Baer

Ausgelutscht und Ausgezuzelt: Im Gespräch und Nachspüren über sorgende und sorgebedürftige Körper im Kapitalismus

PA: Ich erinnere mich noch wie gestern an das Gefühl, als wir uns zufällig beim Hurenkongress in Berlin wiedertrafen. Es hat sich angefühlt, als ob du ein Steckspiel zusammensteckst und dieses angenehme Plopp-Geräusch entsteht, wenn etwas zusammenpasst. An dem Nachmittag ploppte es die ganze Zeit in mir. Vor allem, weil wir gegenseitig nachvollziehen können, wie es sich anfühlt, mit Mitte 20 als queere Person Kids im Grundschulalter zu begleiten und nicht gesehen und anerkannt zu werden: Wie es ist, für die queere Peergroup nicht queer genug zu sein, weil du ein Kind aus einer hetero gelesenen Beziehung begleitest; für die linke Peergroup unsichtbar zu sein, weil du nicht teilhaben kannst an linken studentischen Gruppen, die Sorgearbeit mit Anfang 20 nicht im Entferntesten mitdenken; und für die Eltern-Peergroup nicht ernstzunehmen, vielleicht sogar bedrohlich zu sein, weil deine simple Existenz sämtliche Normen und Erwartungen in Bezug auf Elternschaft und Sorgeverantwortlichkeiten in Frage stellt. Magst du teilen, wie sich das für dich anfühlt?

JB: Schön, wie du das beschreibst! Mir ging es damals ähnlich und auch heute noch bist du eine der wenigen Personen, mit denen ich mit einer wohltuenden Leichtigkeit Themen teile, die sich mit vielen anderen Menschen sehr schwer anfühlen oder leicht missverstanden werden. Wenn ich an die unzähligen Male denke, an denen ich nach meinem Alter gefragt werde oder mein Begehren oder Beziehungskonstellationen in Frage gestellt werden, dann spüre ich sofort Anspannung in mir. Jedes Mal, wenn ich ungefragt nach den genauen Umständen befragt werde, wie es dazu kam, dass ein Kind in meinem Leben ist, erzähle ich mit vorgetäuschter Lässigkeit eine Geschichte, in der ich mal dieses oder jenes auslasse oder dieses oder jenes hervorhebe – je nachdem, wie sehr ich mich vorwage. Ich merke, wie jedes Wort mehr Abstand zwischen mir und meinem Gegenüber schafft, wie ich mich komisch und falsch fühle, egal, wie ich die Geschichte diesmal erzählt habe und was ich ausgelassen oder hervorgehoben habe. Tief in mir drinnen: Erschöpfung. Dass so viel von dem, was mich ausmacht, in Frage gestellt oder unverstanden bleibt, schmerzt. Dass du diese Erfahrungen teilst, dass sich mein ständig angespannter Körper mit dir entspannen darf und du durch deine Arbeit und dein persönliches Interesse den Körper in den Mittelpunkt stellst und mich dadurch immer wieder zum Spüren einlädst, ist für mich ein großes Geschenk.

Der folgende Beitrag gibt Einblicke in einen Verarbeitungs-, Resonanz- und Nahraum von zwei Menschen, die einander 2019 beim *Wer lebt mit wem*-Camp in Waltershausen kennenlernten und sich am *Hurenkongress* in Berlin wieder begegneten. Trotz räumlicher Entfernung und knapper (Zeit-)Ressourcen suchen wir Formen, über unsere Erfahrungen als queere kidsbegleitende Sorgearbeits-Erschöpfte ins Gespräch und ins Spüren zu kommen. Dabei begleiten uns folgende Fragen: Welche Rolle spielen Körper in neoliberal-kapitalistischen Verhältnissen und wie schreiben sich diese Verhältnisse in unsere Körper ein? Wie spüren sich solidarische Beziehungsweisen und *Allyship* für uns an und wie können sich unsere Körper solidarisch zeigen?
Körper zum Thema zu machen ist gar nicht so einfach und für das, was zwar meistens einfach da ist, aber selten verbalisiert wird, müssen erst Worte und Möglichkeiten des Beschreibens gefunden werden. Wie spüren wir Haut, Fleisch, Knochen, Muskeln, Körperflüssigkeiten und was spüren wir durch sie? Wo und wodurch spüren wir Ausbeutungsverhältnisse und solidarische Beziehungsweisen? Das Verbalisierte und die Grenzen des Verbalisierbaren wiederum für diesen Essay aufzubereiten ist eine mindestens ebenso große Herausforderung. Denn Körper und ‚Befindlichkeiten' und damit verbundenes Spüren, Fühlen und Wahrnehmen werden gerne ausgeblendet oder abgewertet, wenn es um Wissensproduktion geht – im besten Fall belächelt und im schlimmsten Fall diskreditiert, entwertet und als zu subjektiv, als unwissenschaftlich oder als nicht aussagekräftiges Gedöns abgetan. Zur Beantwortung unserer Fragen haben wir daher unterschiedliche Formate gefunden, die in diesen Beitrag eingeflossen sind – neben unserer verbalen Bezugnahme auf unser körperliches Erleben im Gespräch sind Zeichnungen und *embodied writings* in unserem Essay zu finden. Denn genauso wie sich über etwas nachdenken und darüber reden lässt, so lässt sich auch darüber nachspüren.

embodied writing
Rosemarie Anderson schlägt vor, dass die Erforschung somatischer[1] Erfahrungen auch somatischer Methoden bedarf. Diese stehen im Gegensatz zu den im euro-patriarchalen Wissensregime als akademisch oder wissenschaftlich anerkannten Methoden, die meistens körperbezogene Erfahrungen ausklammern (vgl. Anderson 2002: 40). Sie entwickelte deshalb die Methode des *embodied writings*. Diese Methode arbeitet von innen nach außen und lädt dazu ein, körperliche Empfindungen wahrzunehmen und davon ausgehend ins Schreiben zu kommen (vgl. ebd.). Die lebendigen Schilderungen der schreibenden Person erzeugen eine somatische Antwort im Nervensystem der lesenden Person. Voraussetzung dafür ist, dass sich die schreibende Person im Moment des Schreibens mit ihren Körperempfindungen verbunden fühlt (vgl. Johnson 2018).

1 Somatisch leitet sich vom griechischen Wort *soma* für ‚Leib' bzw. ‚Körper' ab und bedeutet, dass sich etwas auf den Körper bezieht.

Der sich aus diesen unterschiedlichen Formaten zusammensetzende Beitrag ist von unserem eigenen Erleben durchzogen und knüpft an Erfahrungen mit transgenerationalen Traumata, Sorgetragen und Ge-*othered*-Werden an. Es ist für uns ein verletzlicher und erkämpfter Raum, in dem wir euro-patriarchale Wissensproduktion in Frage und somatisches Erleben von kapitalistischen Strukturen in den Mittelpunkt stellen möchten. Dieser Raum beinhaltet Ambivalenzen, ein Neben- und Miteinander verinnerlichter kapitalistischer Strukturen und gleichzeitiger Ermächtigung und Widerstand. Dieser Beitrag ist für uns ein liebevoller Akt des Sich-einander-Zeigens und -Begegnens. Er soll dich einladen, mitzufühlen, dich gesehen und anerkannt zu fühlen, aber auch dazu ermutigen, dich an Stellen zu reiben und die eigene Beziehung zu sorgenden, sorgebedürftigen und erschöpften Körpern im Kapitalismus zu befragen.

Euro-patriarchales Wissen
Wie Wissen hergestellt und was als Wissen anerkannt wird, ist abhängig von Macht- und Herrschaftsverhältnissen. Im Zuge von Kolonialisierung, Christianisierung und Verbreitung von Denken, das die europäische *weiße* und männliche Perspektive in ihr Zentrum stellt, wurde euro-patriarchales Wissen als einzig legitimes Wissen anerkennt. Wissen, dass nicht der europäischen *weißen* und männlichen Perspektive entsprach, sich nach anderen Maßstäben definierte, mit anderen Methoden hergestellt, bewahrt und vermittelt wurde, wurde nicht als Wissen anerkannt und aktiv zerstört (vgl. Tiné 2019). Dies kann als euro-patriarchales Wissensregime bezeichnet werden.

Bin vorzüglich ausgelutscht, ausgesaugt, gemolken.
Eingesunken nach außen.
Meine Busen wie eine nach außen gestülpte Hosentasche,
wie ein eingeschrumpelter alter Luftballon. Wunderschön.
Das vernarbte Gewebe möchte aufbegehren, sich rächen.
Penetriert von all den Normen.

Körper als Ausbeutungsgrundlage im Kapitalismus

Dass Körper in der akademischen euro-patriarchalen Wissensproduktion oft keine Beachtung finden, ist kein Zufall. Körperliches Verortet-Sein, Spüren und Fühlen wird im Namen von Objektivität abgewertet (vgl. Salami 2021) und an einen als unterlegen verstandenen Ort verborgenen Wissens (vgl. Roig 2021: 108) verbannt. Doch vermeintliche Objektivität schützt Machtverhältnisse und verschleiert die Beziehungsweisen, auf denen Wissensproduktion aufbaut. Diese gilt es sichtbar zu machen und die Situiertheit von Wissen anzuerkennen, um Machtverhältnisse zu beleuchten und kritisieren zu können (vgl. Haraway 1988). Darüber hinaus sind Körper die Grundlage für Arbeitskraft, Ausbeutung und Kapital und durch ihre Verdrängung werden Ausbeutungsverhältnisse verunsichtbart bzw. legitimiert (vgl. Govrin 2022).

JB: Kapitalismus ist für mich nicht nur das strukturelle Gewebe, das uns umgibt, sondern etwas, das sich durch unsere Körper zieht und von dem wir durchdrungen sind. Kapitalismus steckt in unserem Denken, Handeln, Fühlen und Spüren, in der Beziehung zu unseren eigenen Körpern und den Körpern anderer Menschen, anderer Spezies, anderer Lebewesen und zu Dingen. Kapitalismus lässt sich dabei als Ideologie beschreiben, die sich über die Jahrhunderte durch Formen des Beziehens in uns eingeschrieben hat. Um Gesellschaft zu verändern und Kapitalismus zu überwinden, muss dieser einerseits theoretisch beschrieben, kritisiert und dekonstruiert werden und andererseits verlernt und die kapitalistischen Verkörperungen ersetzt werden. Klingt einfacher, als es ist, denn Kapitalismus schreibt sich unterschiedlich in Körper ein.

Ein Beispiel: Ich komme aus einer bäuerlichen Familie, noch im vorherigen Jahrhundert waren die Körper, aus denen ich wenige Generationen später hervorgehen sollte, Knechte und Mägde und damit Eigentum eines Anderen. Die Abhängigkeitsverhältnisse des Feudalismus wurden mit dem Kapitalismus schlicht abgelöst durch Besitzlosigkeit. Über ihre Körper konnten sie nicht frei entscheiden – eine Ehe oder die Aufnahme unehelicher Kinder musste beispielsweise vom Hofherrn erlaubt werden. Ihre Leben waren von ständiger Arbeit geprägt und Arbeit wurde als Sinn und Zweck ihres Daseins interpretiert. Nicht arbeiten zu können wurde als Strafe verstanden. Das schreibt sich über Generationen so weit in den Körper ein, dass Nicht-Arbeit als schmerzvoll und unerträglich empfunden wird. Andere Teile meiner Herkunftsfamilie sind Arbeiter_innen aus einem städtischen Gebiet. Während im ländlich-bäuerlichen Kontext weniger zwischen Produktions- und Reproduktionssphäre unterschieden wurde, war die Abwertung der Reproduktionssphäre in den anderen Teilen besonders spürbar. Zudem haben sich Kriege, die Grenzziehungen nach dem Ersten Weltkrieg, das darauffolgende Leben an der Landesgrenze, Fluchterfahrungen in den 1950ern sowie ein nie aufgearbeitetes faschistisch geprägtes Menschenbild in die Körper meiner Vorfahr_innen eingeschrieben. Die Generation meiner Eltern und ich befinden uns wiederum inmitten einer neoliberalen Ausprägung des Kapitalismus, in der sich Sozialdarwinismus, Selbstführung und die Optimierung aller Lebensbereiche in die Körper eingebrannt haben. Darüber hinaus habe ich einen *weißen* Körper, der nie migrieren musste, monolingual aufgewachsen ist und im Allgemeinen gesellschaftlich privilegiert wird. Ich habe keine sichtbaren Be_hinderungen, meine Neurobiologie und Reizverarbeitung kann als neurodivergent und für die Leistungsnorm und das kapitalistische System als gelinde gesagt hinderlich beschrieben werden. Es gibt Aspekte wie diese, die körperlich bleiben und unveränderlich sind, andere verändern sich im Laufe meines Lebens: Alter, Praktiken, Geschlechtsidentität und -performance, Gewalterfahrungen, Krankheiten, Belastbarkeit, Schwangerschaften und Geburten ... Nichts davon löst einander ab oder schließt einander unbedingt aus, vielmehr wirken die unterschiedlichen Erfahrungen und Auswirkungen von Kapitalismus gleichzeitig nach und beeinflussen sich gegenseitig. Es gibt also viel zu verlernen. Wie ist das bei dir?

PA: Mein Verlernen begann mit einem Moment der Ohnmacht vor fünf Jahren in einem bayerischen Dorf, als ich zum ersten Mal in dem Geburtshaus meines verstorbenen Vaters war. Ich hatte gerade mal die ersten zwei Zimmer betreten, da wurde mir schon schwindelig. Obwohl alles neu renoviert war und da Menschen wohnten, die gar keinen Bezug zu der Herkunftsfamilie meines Vaters hatten, fühlte ich so viel alten Schmerz zwischen den Wänden gespeichert: Faschismus, protestantische Moralpredigten und Bestrafungen, *regretting motherhood*[215], Suizidversuche, häusliche Gewalt, bayerisches Schulsystem, Trauma über Trauma. Meine Eltern sind beide unmittelbare Nachkriegskinder, zum Teil mit Fluchterfahrung, sie hatten das Privileg, studieren zu können, einen deutschen Pass zu besitzen. Es galt, sich von der Kriegsgeneration abzugrenzen, ökonomisches, kulturelles und soziales Kapital

215 *Regretting motherhood* war ursprünglich der Titel einer im Jahr 2015 veröffentlichten Studie der Soziologin Orna Donath und hat sich seitdem als Begriff etabliert, um das Phänomen zu beschreiben, dass Mütter es bereuen, Mutter geworden zu sein und/oder die Rolle als Mutter negativ erleben.

anzureichern. Kapitalismus als Coping-Mechanismus, um nicht über die transgenerationale Gewalt zu sprechen?

Wie sehr mich diese Gewalterfahrungen jedoch formen, wird mir vor allem immer wieder schmerzlich bewusst, wenn mein_e Auto-Pilot_in in Stresssituationen angeht: Warum schreie ich mein Kind an und zerre seinen mir unterlegenen Körper vor die Haustür, damit wir ja nicht zu spät kommen? Weil ich es kann? Weil ich mich sonst ständig unterwerfe in Kontexten, in denen ich in der Hierarchie unten bin? Ich habe gelernt, Perfektionismus zu verkörpern, alles richtig zu machen, aus Angst vor willkürlichen Bestrafungen, und Bewertungen. Immer schön Nicken und Lächeln. Als weiblich sozialisiertes Kind von Eltern, die im Bereich institutionalisierter Erziehungs- also Disziplinierungs- und Normierungsanstalten arbeiteten, war ich auffällig unauffällig. Dass ich ADHS habe, fand ich erst sehr spät heraus. Neurodiversität ist nicht vorgesehen, ein Systemfehler. Für mich aber auch eine innere Rebellion der Lebendigkeit: mein Körper ist nicht unendlich ausbeutbar.

Der sorgende Körper

Im Kapitalismus basiert die Übernahme von Sorgearbeit immer auf Ausbeutung, sie ist nur aus einer privilegierten Position heraus eine Wahl und kaum verhandelbar. In den meisten Fällen gibt es keine Entlohnung, keine Wertschätzung, keine Anerkennung. Gleichzeitig sind es notwendige Arbeiten, ohne die Gesellschaft nicht funktioniert. Nicht alle Körper werden gleichermaßen für die Übernahme dieser Arbeit verantwortlich gehalten bzw. verantwortlich gemacht. Die Verantwortung wird subtil und ohne Einverständnis durch sogenannte Vermutterung und *weaponized incompetence*[216] an frauisierte Personen übertragen. Obwohl alle Menschen unabhängig von Geschlecht, Beziehungskonstellationen und Gebärfähigkeit Sorge für Kids tragen können, werden frauisierte Körper immer als sorgende Körper wahrgenommen. Diese aufgedrängte Übernahme von Sorgeverantwortung beinhaltet jedoch nicht nur die Sorgeverantwortung für Kids, sondern auch die Bedürfniserfüllung in sämtlichen anderen Lebensbereichen und Beziehungen und bleibt in diesen als Sorgeverantwortung meist unsichtbar: im Beruf, in romantischen und sexuellen Beziehungen, in Freund_innenschaften, Politgruppen usw. Die Übernahme von Sorgeverantwortung beinhaltet unterschiedlichste Praktiken wie Zuhören, Bedürfnisse wahrnehmen und koordinieren, Konflikte lösen und begleiten, Beziehungspflege, Planung und Organisation, an

216 *Weaponized incompetence* heißt auf Deutsch so viel wie ‚strategische Inkompetenz'.

wichtige Termine oder To-Do's erinnern, Ordnung halten, Aufräumen etc. Das sind alles Sorgearbeiten, die oft unbeachtet, selbstverständlich und unentlohnt passieren. Wer wann wie viel Sorgeverantwortung übernimmt, basiert selten auf Zufall oder den zur Verfügung stehenden Ressourcen und Kapazitäten. Viele haben gelernt, Sorgeverantwortung geschickt an frauisierte Personen zu übertragen und sich nicht verantwortlich zu fühlen. Durch dieses auch als *weaponized incompetence* beschriebene vermeintliche Unwissen werden Verantwortung und bestimmte Tätigkeiten vermieden und mit Sätzen wie „Ich kann das nicht, du kannst das besser" oder „Ich wusste nicht, dass das zu tun war" subtil abgewehrt.

frauisiert und vermuttert

Im Folgenden ist von frausierten Personen mit Sorgeverantwortung und nicht von ‚Müttern'[1] zu lesen. Nicht alle Menschen, die geboren haben, sind ‚Mütter' (so wie nicht alle Mütter geboren haben), denn die Beziehungsweisen, die im Wort Mutter festgeschrieben werden, sind alles andere als klar abgesteckt (vgl. Tretau 2018). Wir haben geboren, sind aber deshalb weder zwangsläufig ‚Frau' noch ‚Mutter'. Dass andere uns jedoch als ‚Frau' oder ‚Mutter' wahrnehmen und als solche ansprechen, ist ein Geschehen, das wir nicht verhindern können. Deshalb schreiben wir vom Frausiert- und Vermuttert-Werden. Diese sprachliche Beschreibung haben wir uns bei Zesyr_a aka Ravna Marin Siever abgeguckt. Ravna Marin Siever schreibt auf siers Blog über das ständig Frauisiert- und Vermuttert-Werden, weil sier drei Kinder geboren hat. Beim Sorgetragen für Kids werden Menschen leider ständig Muttermythen und essentialisierende Weiblichkeitsvorstellungen übergestülpt und dabei binäre Geschlechternormen reproduziert (vgl. Siever 2020).Vermutterung zeigt sich am Arbeitsplatz und im Arbeitsrecht ebenso wie in anderen zwischenmenschlichen Beziehungen. Und es gibt sie auch ganz ohne tatsächliche Sorgeverantwortung für Kids oder etwa pflegebedürftige Angehörige. Das lässt sich an der sogenannten *motherhood penalty* – d.h. der Benachteiligung frauisierter Personen bei Bewerbungen, Projekt- oder Stipendienvergaben, Residencies, Beförderungen usw. aufgrund (möglicher) Mutterschaft – ganz gut beschreiben. Anhand dieser Benachteiligung zeigt sich, dass frauisierte Personen ungeachtet der Übernahme tatsächlicher Sorgeverantwortung vermuttert und auf die Übernahme von Sorgeverantwortung reduziert werden.

1 Ursprünglich wollten wir gerne den Begriff ‚M*' bzw. ‚M-Wort' verwenden, um die vielfältigen und -schichtigen Erfahrungen und Positionierungen in Bezug auf Elternschaft und Kidsbegleitung mitzudenken und den Begriff ‚Mutter' dadurch zu dekonstruieren. Wir empfinden eine starke Ambivalenz beim Ausschreiben dieses Begriffs, da durch ihn einerseits gewaltvolle Stereotype reproduziert werden und andererseits der Resonanzkörper zu dem Begriff manchmal erst durch das Aussprechen entsteht. Da das M-Wort jedoch im Antirassismus-Kontext bereits Verwendung findet und wir weder für Verwirrung, noch Aneignung, noch Hierarchisierung zwischen den verschiedenen -ismen sorgen wollen, haben wir uns gegen diese Verwendung entschieden.

Und obwohl nur versorgte Körper, deren Bedürfnisse gedeckt werden, produktiv sein, Projekte organisieren, das Schulsystem ertragen oder gegen Lohn arbeiten können, werden der Akt des Versorgens und der versorgende Körper verunsichtbart und verdrängt. Darin, dass diese Arbeit von frauisierten Personen erwartet und überwiegend übernommen wird, spiegelt sich, wie die kapitalistische Gesellschaft strukturiert ist und dass diese auf Geschlechterbinarität und der Ausbeutung von Sorgearbeit aufbaut.

Sorge zwischen Essentialisierung, Entwertung und Paternalismus

PA: Was verbindest du damit, vermuttert zu werden?

JB: Den Begriff ‚Mutter' lehne ich inzwischen als Selbstbezeichnung für mich ab. Das war aber nicht immer so. Als ich in die Lage kam, ein Kind als Bezugsperson zu begleiten, habe ich mich zunächst durchaus am Bild der ‚guten Mutter' orientiert, aber irgendwann habe ich nicht mehr ignorieren können, dass dieses Bild mit Selbstausbeutung und Selbstverleugnung einhergeht … Jedes bisschen Wut, Ungeduld, Wunsch nach Abstand und Erfüllung meiner Bedürfnisse, Hilflosigkeit und Ohnmacht, Queerness und Transsein waren ein Gefühl des Scheiterns und gefühlten Betrugs an der Rolle der ‚guten Mutter'. In dieser Rolle war kein Platz für ein eigenes Leben, aber auch kein Platz für geteilte Verantwortung und für so vieles andere, was Teil meiner Lebensrealität ist und sein sollte. Dass ich den Begriff und die Zuschreibungen, die damit einhergehen, ablehne, macht Platz für andere Beziehungsweisen und geteilte Verantwortung, also Formen der Sorgearbeit abseits von ‚Vater, Mutter, Kind'. Die Mutterrolle ist zudem stark an Vorstellungen von ‚Erziehen' und Paternalismus geknüpft, die ich nicht reproduzieren möchte. Wenn wir von Sorge sprechen, dann umfasst der Begriff ja viel mehr als die Sorge für Kids – auch alte, kranke, be_hinderte oder rassifizierte Körper sind von paternalistischer und erzieherischer ‚Sorge' betroffen. Egal ob minderjährig oder nicht, die Selbstbestimmungsfähigkeit über den Körper wird den vermeintlich sorgebedürftigen Körpern abgesprochen. Du setzt dich ja auch mit Adultismus auseinander – die Diskriminierung von Menschen aufgrund ihres Alters ist ja eine Form von Paternalismus. Wie, denkst du, hängen Vermutterung und Adultismus zusammen?

PA: Meine These wäre, dass als ‚Teen-Mom' eingelesene Menschen einerseits von Adultismus betroffen sind, da sie selbst noch als Teens/Kids *gelabeled* werden, die *be*muttert werden müssen, andererseits werden sie *ver*muttert und unter besondere Beobachtung gestellt, ob sie die Rolle der ‚Erziehenden' auch ‚gut' ausfüllen. Dadurch entsteht meiner Meinung nach ein größeres Risiko für adultistisches Verhalten, wenn ‚Teen Moms' sozusagen ‚beweisen' müssen, dass sie ‚besonders streng sein' oder ‚gut erziehen' können. Was denkst du?

JB: Ich denke, dass es bei beidem um Kontrolle und Macht über Körper geht. Adultismus grenzt minderjährige Menschen aus der Gesellschaft aus und ist eine Form von Paternalismus. Paternalismus beschreibt die Kontrolle über Körper und Deutungsmacht über die Bedürfnisse dieses Körpers zum vermeintlichen Wohl des kontrollierten Körpers. Also hat die Person, die für einen anderen Menschen sorgt, Macht darüber, welche Bedürfnisse ‚wichtiger', ‚ernster', ‚richtiger' sind sowie die Macht, Bedürfnisse unerfüllt zu lassen bzw. diese zu ignorieren, abzusprechen oder abzuwerten. Teens, die eine Schwangerschaft erleben oder Kids begleiten sind auf jeden Fall von Paternalismus betroffen. Zugleich wird durch Vermutterung die Verantwortungsübernahme für die Bedürfniserfüllung und Kidsbegleitung und damit einhergehend auch Kontrolle über die Bedürfnisse eines jungen Menschen erwartet. Fehler können wir uns da eigentlich kaum leisten, ohne Angst, dass uns die Fähigkeit, für uns selbst und einen Menschen adäquat zu sorgen, abgesprochen wird und andere Menschen sich uns gegenüber paternalistisch und übergriffig verhalten. Reality-TV à la *Teenager werden Mütter* sind auch nicht gerade hilfreich. Sorge und Paternalismus hängen oft sehr nahe zusammen und insbesondere marginalisierten Körpern wird ohnehin Entscheidungsfähigkeit über den eigenen Körper abgesprochen.

PA: Ohja, das ist das fiese an Adultismus. Er ist wahrscheinlich die einzige Form der Diskriminierung, die fast jede_r Erwachsene in Form von Geringschätzung, Entwürdigung, Benachteiligung, Bevormundung oder Bestrafung als Kind selbst erfahren hat. Kids lernen früh, dass die Herabsetzung und Unterdrückung anderer akzeptabel ist. Dadurch besteht eine höhere Wahrscheinlichkeit, später selbst auch zu Diskriminierenden zu werden. Adultismus ist so weit verbreitet und so sehr in unsere Körper eingeschrieben, dass wir selten die Art und Weise, wie wir Kids behandeln oder wie wir selbst als Kids behandelt wurden, hinterfragen. Dies liegt an unserer Sicht auf Kindheit und die Annahme, dass die bestehende Hierarchie zwischen Erwachsenen und Kids oder Teens irgendwie ‚natürlich' ist. Tanu Biswas spricht in diesem Kontext von einer Überhitzung des Systems durch den grenzenlosen Wachstums- und Entwicklungsglauben von Kapitalismus und Co. und macht einen Zusammenhang zwischen adultistischen und euro-patriarchalen Strukturen auf (vgl. Biswas 2020). Kindliche Körper müssen sich noch entwickeln, während erwachsenen Körpern eine Vollständigkeit zugeschrieben wird, aufgrund derer sie die Macht und das Recht erhalten, die Körper von Kindern zu kontrollieren. Dieser Developmentalism der eurozentrischen Psychologie und Pädagogik kann laut Biswas parallel zu postkolonialen Kontexten verstanden werden, in denen aus einer *weißen* euro-patriarchalen Perspektive Gesellschaften und bestimmte Körper als weniger ‚entwickelt' bezeichnet werden (vgl. ebd.: 25; Abebe/Biswas 2021: 121). Ich habe Biswas letztens in einem Online-Vortrag gehört und ihren Appell für eine Kinder-zentrierte Perspektive (einen sogenannten *childism*, analog zu *feminism*) in Forschung und Gesellschaftsteilhabe hat mich sehr berührt (vgl. Biswas 2023). Und Apropos Reality TV: *I know*[217], sehr fragwürdiges Format, aber ich schaue gerade *Princess Charming*, um mich abzulenken, wenn mein Kopf mal wieder ADHS-Bingo spielt. Eine der Kandidat_innen hatte sich getraut, anzusprechen, dass die Person ein Kind begleitet und Angst hatte, wie das wohl aufgenommen wird – *isn't that sad*[218]? Ich spüre zwar Freude, dass queere, nicht-*weiße* kidsbegleitende, frauisierte Personen überhaupt sichtbar sind, aber vor allem Ärger, dass das Thema dann nicht empowernd aufgegriffen wird. Stattdessen verstärkt es die Angst, auf dem ‚Fleischmarkt' nicht bestehen zu können (was eigentlich vor allem auf dem *weißen*, *able-bodied*[219], cis hetero Datingmarkt der Fall ist; gerade für ein queeres Format hätte ich mir da mehr Achtsamkeit gewünscht, maunzzz). Und ich ärger mich, dass cis Dudes auf der ‚*fuckability*-Skala' durch Kidsbegleitung aufsteigen… grrrr… Katja Grach beschreibt in ihrem Buch *MILF-Mädchenrechnung* ziemlich treffend noch weitere Ungleichheitsmechanismen, die auf dem Fleisch- und Care-Markt greifen: Menschen, die vermuttert werden, werden als unbegehrenswert abgewertet. Nur die *weiße* MILF[220], die reich

217 *I know* heißt auf Deutsch ‚ich weiß'.

218 *Isn't that sad* heißt auf Deutsch ‚ist das nicht traurig'.

219 *Able-bodied* ist ein Begriff, der Körper beschreibt, die nicht be_hindert werden.

220 MILF steht für ‚*Mother I'd Like to Fuck*' und steht im Kontrast zu vermutterten Personen, denen Sexualität und Begehren abgesprochen wird.

und schön ist, wird begehrt. Aber das geht nur, weil sie sämtliche Care-Arbeit an frauisierte BI_PoC delegiert (vgl. Grach 2018: 15).

Sorgearbeit wird in Ausbeutungsverhältnissen verlagert, stigmatisiert, tabuisiert und kontrolliert: Während beispielsweise Eizellgeber_innen, Leiheltern, Sexarbeiter_innen, Pflege- oder Reinigungskräfte für ihre Sorgearbeiten stigmatisiert werden, wird all die Sorgearbeit und die Ausbeutung des eigenen Körpers bei vermutterten Personen grundsätzlich als ‚natürlich' angenommen und unbezahlte Sorgearbeit erwartet. Wer dieser Erwartungshaltung nicht nachkommen möchte und privilegiert genug ist, lagert sie aus. Insbesondere werden Sorgearbeiten in globalen *care chains* auf marginalisierte Körper übertragen: an frauisierte, arme, migrantisierte, prekär lebende Menschen.
Zwischen Essentialisierung, Entwertungen und Paternalismus bewegen sich sorgende Körper und werden ausgeschöpft, solange sie die Sorgearbeit nicht delegieren können.

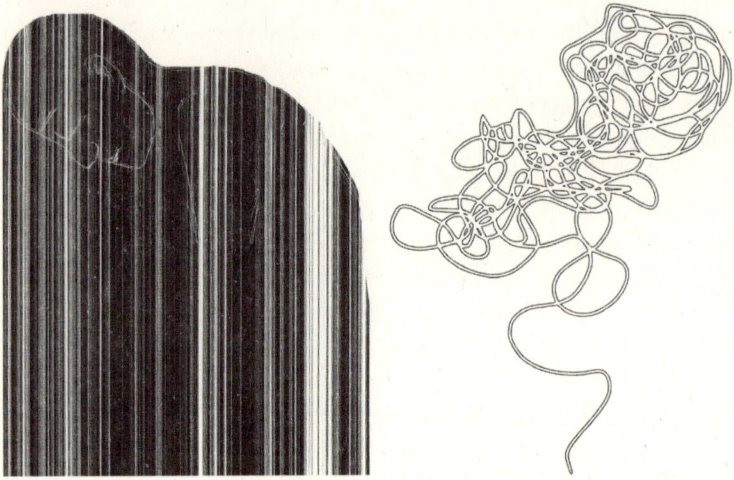

Nach außen richte ich mich auf, bin stark,
während mein Inneres immer weiter nach unten sackt.
Ein surrendes, hohes Klingen in Ohren und Kopf
begleitet den Druck zwischen den Augen.
Gewöhnt an Dauerschmerzen.
Alles fühlt sich schwer an.

Einfach im Bett bleiben, einfach schlafen.
einen bedürftigen Menschen aus dem Zimmer scheuchen,
enttäuschen, weil ich nicht ansprechbar bin, mich nicht um ihn,
nicht um Alternativen, nicht um Unterstützung kümmern kann.

Sorge zwischen Erschöpfung und Umverteilung

Sorgearbeit erschöpft und diese an andere Körper zu delegieren, verlagert das Problem nur. Sorgearbeit muss geteilt werden, aber wenn das Teilen von Sorgearbeit bedeutet, dass diese an marginalisierte Personen unter schlechten Arbeitsbedingungen verteilt wird, bleiben Ausbeutungsverältnisse bestehen. Zumal marginalisierte Menschen gar nicht die Möglichkeit haben, sich zu entscheiden, ob sie diese Arbeit überhaupt übernehmen möchten oder nicht. Dazu kommt, dass nicht alle Körper gleichermaßen ihrer Erschöpfung Raum geben und die sozialen, zeitlichen und finanziellen Mittel haben, um Unterstützung einfordern zu können. Den Ausführungen Teresa Bückers über ungleichheitsfördernde Zeitpolitiken folgend, lässt sich sagen: Zeit für Engagement, Selbstfürsorge, Unbekümmert- oder Nicht-Erreichbar-Sein muss mensch sich leisten können (vgl. Bücker 2022). Das gleiche gilt für das Delegieren von Sorgearbeit oder das Ausdrücken von Überforderung, ohne ein „Wieso hast du dich denn so entschieden?" oder paternalistisches Eingreifen zu provozieren. Sorgearbeit umverteilen, heißt deshalb auch Zeit, Ressourcen und Verantwortung umzuverteilen.

PA: Ich packe meinen Mental-Load-Koffer und nehme mit: Die Teller abräumen in der einen Hand, auf dem Rücken eines der Kinder balancierend – hüüüü, ich bin ein Einhorn – in der anderen Hand die schmutzige Tischdecke (Spaghetti mit Ketchup – Konflikte und Zeit sparend) auf dem Weg in die Küche diese in die Waschmaschine werfen. Dabei im Augenwinkel den Läusekamm auf der Waschmaschine bemerken – schnell abwaschen – die leere Medikamentenpackung auf der Kommode wahrnehmen. Erinnerung, dass noch ein Gutachten bei der Psychiaterin eingeholt werden muss – ah und bei der Selbsthilfegruppe nachfragen, ob noch ein Platz frei ist! Neben dem 40 Stunden-Job, dem Vollzeitstudium, dem Escort-Nebenjob, dem unbezahlten Praktikum, der Pflege der demenzkranken Mutter, dem Einbürgerungsverfahren, der Selbstständigkeit, dem Sprachkurs ohne Kinderbetreuung, der Paartherapie, dem Wechselmodell, dem Jobcoaching, den 5–10 Elternbriefen und 1–2 Amtsbriefen wöchentlich, dem schlechten Gewissen, weil nur 0,5 statt 3,5 Polittreffen und minus zwei statt drei Dates mit mir selbst die Woche getaktet werden müssen – und natürlich auch eingehalten! – „Hüh, ich will dich schminken. Was willst du sein?" Bemerken, dass morgen das zweite Asylanerkennungs-Interview von Familienmitgliedern im Herkunftsfamilien-Flucht-Territorium ansteht, das dritte Handy suchen – ah Mist, da läuft ja gerade das Hörbuch der Großen, ist eh schon so spät, also morgen bei der

Anwält_in anrufen. Das Flipchart für den Steuerungskreis im Lohnjob noch vorbereiten müssen – hoffentlich schlafen heute alle alleine ein – ich muss noch so viel schlafen, äh schaffen. Einen *Doodle* zur Terminfindung mit der Lerngruppe für die Uni-Klausur erstellen – „ohja mein Schatz, ich muss auch manchmal nachts aufs Klo, alles gut, schlaf schön weiter" – mit den anderen Bezugspersonen die Angst vor Albträumen besprechen wollen, um die Uhrzeit ist natürlich keiner mehr wach. Auf der Liste für die nächste Konferenz in der Familien-Cloud notieren. Ah stimmt, Reminder, dass ich noch einen Reminder für morgen setzen muss, der x-ten befreundeten Person nachträglich zum Geburtstag zu gratulieren. Copy & Paste, aber mit liebevoll und individuell zugeschnitten wirkenden Smileys. „Du hast Durst, mein Mausebär, na klar, ich reich dir das Wasser", die dritte Wäsche am Tag um 1 Uhr nachts aufhängen. Wann war nochmal der Termin von diesem feministischen Altersvorsorge-Beratungsdings? Auf der Escort-App einchecken, da sind um die Uhrzeit noch einige wach. Nächste verfügbare Zeiten eintragen. In sieben Wochen erst wieder, bis dahin muss ich noch durchhalten, dann werde ich endlich bezahlt für all das hier. Alles gleichzeitig, alles kopieren, inhalieren.

Der sorgebedürftige Körper

Mit Übernahme von Sorgeverantwortung wird sichtbar, dass Menschen Bedürfnisse haben – innerhalb wie außerhalb der Produktionssphäre. Menschen brauchen Essen und Schlaf, müssen versorgt werden, brauchen Zeit füreinander und Ruhe – in der Summe bedeutet das, dass Menschen ihre Bedürfnisse nicht nur nach kapitalistischen Imperativen ausrichten und nicht immer mehr geben können und wollen. Die Anerkennung der Allgegenwärtigkeit von Sorgearbeit und der Sorgebedürftigkeit aller Menschen sind eine Bedrohung für das kapitalistische System und die Vorstellung der grenzen- und bedürfnislos zur Verfügung stehenden Arbeitskraft. Sorgearbeit wird deshalb nur in wenigen Bereichen überhaupt sichtbar gemacht, z.B. für minderjährige Kids oder pflegebedürftige Körper innerhalb von Vater-Mutter-Kind-Konstellationen oder sogenannten ‚Pflegeinstitutionen'. Körper können in diesen Strukturen nie zugleich sorgende und sorgebedürftige Körper sein, die Gleichzeitigkeit von Sorgegeben und Sorgebrauchen wird ignoriert und die Körper als unabhängig voneinander imaginiert. Wenn Körper schon sorgebedürftig sein müssen, dann zumindest nur innerhalb dieser institutionalisierten Konstellationen oder in Formen, welche die gesellschaftliche Vereinzelung und die kapitalistisch-neoliberalen Ansprüche von ständiger Selbstoptimierung, Konkurrenz, Ver- und Bewertung widerspiegeln – Work-Life-Balance, *health industries*[221], self care und Co. lassen schön grüßen.

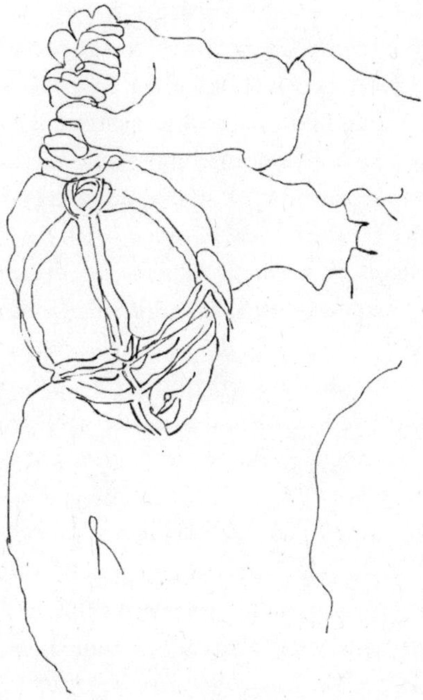

Mein Körper fühlt sich an, als hätte er Jahre nicht geschlafen.
In ständiger Alarmbereitschaft.
Und trotzdem zu erschöpft, um auf die Alarmanlage zu reagieren.
Manchmal wünsche ich mir einen von Außen herbeigeführten Kollaps,
ein Eingeliefert-Werden.
Weil das innere Zugeben, dass nichts mehr geht, nicht geht.
Ich möchte gehalten werden.

221 *Health industries* heißt auf Deutsch ‚Gesundheits-Industrien'. Gemeint sind hier gewinnorientierte Unternehmen im Gesundheitssektor.

Radikale Selbstfürsorge oder doch radikales Umsorgt-Werden?

JB: Wie sieht selbstbestimmtes Sorgetragen für den sorgebedürftigen Körper eigentlich aus? Als Mensch, der auch auf Instagram unterwegs ist, entkomme ich mit dem ganzen *self care*-Bla dort nicht. Ein Teil davon ist auf jeden Fall irgendwie ermächtigend, aber es ist offensichtlich, dass der Großteil davon kapitalistisch vereinnahmt ist und sich Selbstoptimierung, Individualisierung und das Sich-Entziehen aus der Sorgeverantwortung für sorgebedürftige Körper allzu leicht mit *self care*-Gedanken vereinbaren lassen. Es ist auf jeden Fall wichtig, die eigenen Bedürfnisse zu kennen und artikulieren zu können, aber es ist absolut nicht antikapitalistisch, wenn das darin resultiert, dass sich jede_r um sich selbst kümmert und Sorgearbeit nicht geteilt bzw. umverteilt wird. Zudem ist es mindestens genauso wichtig, die Bedürfnisse anderer zu erfragen und sie anzuerkennen sowie im Rahmen der Möglichkeiten Sorgearbeit zu übernehmen. Letztlich geht es darum, die Bedürfnisse nach einem Schlafplatz, Raum zum Leben, Essen und Trinken, Erholung, Schutz vor Gewalt und die Selbstbestimmung aller Menschen und anderer Spezies anzuerkennen, zu decken und zu verteidigen. Sorgearbeit beinhaltet eben auch strukturell zu ‚versorgen'. Radikale Selbstsorge klingt im ersten Moment ermächtigend, ist aber in meiner Wahrnehmung alles andere als antikapitalistisch – wie siehst du das?

PA: Absolut. Ich spüre den Unterschied auch ganz deutlich in meinem Körper. Erst wenn ich kollektive Fürsorge und Verantwortungsübernahme spüre, ermöglicht das ein inneres Loslassen von dem permanenten Alles-Halten-Müssen. Erst wenn ich weiß, dass nicht nur ich mich verantwortlich fühle, wenn das Kind ruft; erst wenn eine andere Person zugesichert hat, dass sie die Begleitung für den Zeitraum X übernimmt, kann ich die Entspannung auf allen Zellebenen zulassen. Und das Kuriose ist, dass ich mich gerade dann aber nicht zurückziehen und alleine sein will, sondern mein Körper Verbindung und Gemeinschaft spüren möchte, will das Surren der Stimmen und des Gewusels um mich herum wahrnehmen, in der Gewissheit, dass ich in eben diesem Gewusel gerade sein darf mit meiner Erschöpfung, meiner Müdigkeit, meiner Sorgebedürftigkeit. *In the very moment of care work*[222] entsteht genau dann ein Möglichkeitsraum einer Gleichzeitigkeit von Sorge-Geben

222 *In the very moment of care work* heißt auf Deutsch so viel wie ‚im Moment der Sorgearbeit selbst'.

und -Nehmen, wenn ich zum Beispiel das Kind in den Schlaf lese und dabei seine Schläfe streichle und genau dann nicht alleine bin, sondern dass da eine Person ist, die auch mich in den Schlaf streichelt. Das fühlt sich dann nach per Co-Co-Co-Regulation erzeugter, solidarischer und mitfühlender Körperwärme oder nach radikalem Umsorgt-Werden an.

Sorgetragen als antikapitalistische Praxis

JB: Kapitalistisch-neoliberale Strukturen wären wohl kaum so wirkmächtig, wenn die traumatisierten, erschöpften und sorgebedürftigen Körper mehr Präsenz hätten und die Körper, die krank gemacht oder be_hindert werden, nicht verdrängt und *politics of care*[223] in den Fokus gerückt würden (vgl. Hedva 2020). Wieso wir radikal anders über Kids und Aktivismus, Sorgetragen und Gemeinschaft nachdenken müssen, wird etwa deutlich, wenn (die Entscheidung zur) Elternschaft vielmals als (zer-)störend für die queere Community oder die antikapitalistische Praxis wahrgenommen wird (vgl. Thom 2019). Sorgearbeit wird als Bedrohung gesehen und nicht als Teil der politischen Praxis, weil diese immer noch in (Wahl-)Verwandtschaftsverhältnissen oder Institutionen (Kindergärten, Schulen, Pflegeeinrichtungen, Be_hindertenwerkstätten etc.) organisiert ist. Das Dilemma dahinter ist, dass Sorgetragen alle Beziehungen betrifft und Teil der politischen Praxis sein muss. Eine Gesellschaft ohne sorgebedürftige Körper gibt es nicht, eine ‚Entscheidung' dagegen ist absurd. Sorgearbeit nicht zu übernehmen oder grundsätzlich nicht mitzudenken, bedeutet immer, dass andere sie übernehmen müssen oder dass sie unsichtbar bleibt. Sorge radikal anders zu denken, bedeutet eben auch, „sich von der Idee eines abgeschlossenen, von anderen getrennten Individuums zu lösen und sich auf die Praxis der Verbundenheit mit anderen zu beziehen." (Lorey 2017: 116) Die Anerkennung sorgebedürftiger Körper bietet grundlegendes Potenzial für die antikapitalistische Praxis. Da hat vor allem der Be_hinderten-Aktivismus schon viel vorgelegt. Ein praktisches Beispiel wären etwa Sorge-Kollektive in Form von Messenger-, Social-Media-oder Arbeitsgruppen. Darin tauschen sich Menschen aus, die Sorgearbeit übernehmen möchten und/oder die

223 *Politics of care* heißt auf Deutsch ‚Politiken der Sorge'. Hinter dem Begriff steckt der Ansatz, Sorge zu politisieren und neue Politiken der Sorge zu entwickeln. Parallel zu diesem Begriff kann auch von ‚Sorgepolitiken' gesprochen werden, wenn es darum geht, bestehende Politiken, die auf Sorge wirken und diese strukturieren, zu beschreiben und zu kritisieren. Zum Teil werden diese Begriffe auch synonym verwendet.

Unterstützung benötigen. Die Anfragen/Angebote können sich auf bestimmte Sorgetätigkeiten beschränken oder offen für Bedürfnisse aller Art sein – zum Teil abseits von Tauschlogik und zum Teil gegen monetäre Entlohnung, aber jenseits von Verwandtschaftsverhältnissen, Paternalismus und Institutionalisierung. Wie sehen solidarische Sorge-Beziehungen für dich aus? Wie erfährst du durch andere Sorge bzw. wie möchtest du gerne Sorge abseits von Vereinzelung und Optimierung erfahren?

PA: Ich glaube, ich würde mich mit *Solidarity-*/Ausgleichs-Acts anerkannter und umsorgter fühlen.

JB: Was genau sind denn *Solidarity-*/Ausgleichs-Acts? Magst du das vielleicht kurz erklären?

PA: Ein bekanntes Beispiel ist glaube ich der Verzicht auf Drogen wie Alkohol, Nikotin oder Koffein von mit-schwangeren Personen, die anerkennen, dass die Person, die ihre Gebährhöhle zur Verfügung stellt, gerade verzichten *muss*, während die mit-schwangeren Personen sich entscheiden können. Ich fände es *empowernd* zu merken, wenn zum Beispiel auch Freund_innen, die zwar vielleicht keine Begleitrolle für das werdende Kind einnehmen wollen, dafür aber eine Begleitrolle für die (werdende) Eltern-Person einnehmen, sich an der Stelle auch solidarisch zeigen. Da Menschen aber natürlich ganz unterschiedliche von Ungleichheitsdimensionen gezuzelte Körper und Bedürfnisse haben und es ja auch nicht um Verzicht, sondern vielmehr um eine Ausdehnung von *pleasure*[224] und Mitgefühl gehen soll, könnte sich diese Solidarität auch in kleinen Ausgleichs-Acts zeigen. Gerade in der linken Szene, in der ein hohes Maß und ein hoher Anspruch an Diskriminierungsreflexion besteht, erlebe ich in Bezug auf Adultismus und Sorgearbeits-(Un-)Sichtbarmachung oftmals noch große Leerstellen. Was braucht es und wer setzt sich dafür ein, dass Kids-begleitende Personen teilhaben können an abendlichen Plena oder Demonstrationen? Denkt das queere Meditations-Retreat für linke Aktivist_innen bezahlte Kidsbegleitung mit? Wer hat die Kraft, in den Aushandlungsprozess zu gehen, ob Kinder zum Chor-Wochenende mitkommen dürfen? Wer hat die Kapazitäten, darauf zu achten, dass die Bedürfnisse von Kids-begleitenden Menschen und

224 *Pleasure* heißt auf Deutsch so viel wie ‚Lust' oder ‚Genuss'.

Menschen, für die die Anwesenheit von Kids wegen patriarchaler Gewalt ein Triggerthema darstellt, nicht gegeneinander ausgespielt werden?

JB: Cool, danke fürs Beispielgeben! Was die *Solidarity-*/Ausgleich-Acts zeigen, ist, dass über Bedürfnisse ganz konkret gesprochen werden muss, um Umverteilung überhaupt zu ermöglichen und Vorannahmen und internalisierten Paternalismus zu reflektieren. Solidarität hat viel mit Praktiken zu tun – also dem, was Menschen tun und wie sie sich gegenüber anderen verhalten – und diese Praktiken müssen meistens erst gelernt und geübt werden. Ich selbst habe beispielsweise vor allem durch BDSM-Kontexte[225] Praktiken kennengelernt und einüben dürfen, die auch auf andere Kontexte gut übertragbar sind: Konsenspraktiken, wertfreie Kommunikation von Bedürfnissen und Grenzen, Sorgen-Für und Umsorgen-Lassen, Geben/Erhalten jenseits von Tauschlogik, Aushandeln von Möglichkeiten, (Aus-)Halten von Emotionen, Widersprüchen, Nähe wie auch Verletzungen und Distanz, Hinterfragen von Körper- und Beziehungsnormen usw. Für mich auf jeden Fall ein Setting bedingungsloser Anerkennung von Bedürftigkeit – der eigenen und anderer Personen. Welche Kontexte und Perspektiven auf Körper erlebst du als ermächtigend im Verlernen von kapitalistischen Strukturen?

PA: Ich finde die Frage nach Verkörperung total interessant. Zu merken, wie und wann mein sorgender und sorgebedürftiger Körper kapitalistische Strukturen verkörpert. Es gibt zig körperorientierte Ansätze, von denen die wenigsten koloniale Unterdrückungs-, Ent- und Aneignungsgeschichten mitdenken. Die Quellen dieser Ansätze – oftmals indigene, nicht-europäische Praktiken – werden so verunsichtbart. Dabei wiederholt sich die Geschichte insofern, als

225 BDSM steht für *bondage* und *discipline* (BD), *dominance* und *submission* (DS), *sadism* und *masochism* (SM). BDSM umfasst eine Vielzahl von Praktiken, Handlungen, Rollen und Verhaltensweisen. BDSM-Kontexte können daher in vielfältiger Weise gestaltet werden. Zentral sind Praktiken der Kommunikation, Abmachung und verantwortungsbewusster Sorge füreinander, um die körperliche und emotionale Sicherheit sowie das gegenseitige Einverständnis zu gewährleisten. Alle Rollen, Handlungen, Verhaltensweisen und Praktiken orientieren sich (meist) an dem SSC-Konzept (*safe, sane, consensual*) oder RACK-Konzept (*risk-aware consensual kink*). Während ersteres davon ausgeht, dass alles sicher, vernünftig (voller Zurechnungsfähigkeit) und einvernehmlich geschieht, geht zweiteres davon aus, dass immer ein gewisses Restrisiko besteht und alle beteiligten Personen sich bewusst sein müssen, dass Unvorhersehbares geschehen kann und darauf entsprechend reagiert oder damit umgegangen werden muss.

sich somatisches Wissen angeeignet, es vermarktet und von kapitalistischen Gewaltlogiken auf Profit ausgerichtet wird. Die von dir auch schon erwähnten BDSM-Praktiken finde ich zumindest im Kontext der Berliner *conscious kink*[226] FLINTA*-*Bubble* noch mit am reflektiertesten. Wenn ich weiß, dass es eine kollektive Awareness für Körper- und Neurodiversitäten, Macht- und Kolonialismuskontinuitäten gibt, dann fühlt es sich sicherer für mich an, mir auch kognitiv die Erlaubnis zum Loslassen und Fühlen zu geben. Das funktioniert für mich besonders beim *rope bondage*[227] gut. Im Kontrast zwischen den Halt gebenden Seilen, der Begrenzung, der Beengung im gebundenen Zustand und dem Ausströmen, dem nicht anders können als tiefe Atemzüge nehmen, wenn die Seile gelöst werden – in diesem Kontrast kann mensch sich selbst wieder spüren, weil da etwas in Bewegung kommt. Das ist für mich Ausdruck von Lebendigkeit und gleichzeitig Bindung. Die Wortnähe zwischen Bonding (was ja eher ein Begriff aus der Bindungstheorie ist) und Bondage ist bestimmt kein Zufall.

JB: Stimmt, das ist bestimmt kein Zufall. Bindung und in Verbindung mit anderen sein, ist auch über BDSM-Kontexte hinaus für mich etwas Widerständiges, weil Kapitalismus Trennung und Spaltung braucht. In diesem Zusammenhang haben mich vor allem *radical vulnerability*-Ansätze[228] und queerfeministische Kollektive gelehrt, fehlerfreundlich und wertschätzend mit mir und anderen zu sein. Radikale Verletzlichkeit meint jedoch nicht unbedingt grenzenlose Großzügigkeit und Offenheit, sondern die Auseinandersetzung

226 *Conscious kink* heißt auf Deutsch so viel wie ‚bewusster Umgang mit Kinks/Vorlieben'.

227 *Rope bondage* heißt auf Deutsch so viel wie ‚Fesseln mit Seilen'. Unter dem Begriff werden verschiedene Praktiken und Techniken zusammengefasst, bei denen eine Person mit Seilen (aber auch Schnüren oder Bändern) umwickelt, in ihrer Bewegung eingeschränkt oder gelenkt, an Objekte oder andere Personen gebunden, an Hängevorrichtungen gehängt etc. wird. Verwandte Begriffe sind: Kinbaku, Shibari oder Seilkunst.

228 *Radical vulnerability* heißt auf Deutsch so viel wie ‚radikale Verletzlichkeit'. Ansätze, die mit radikaler Verletzlichkeit arbeiten, streben einen Zustand oder eine Haltung an, in der eine Person oder eine Gruppe von Menschen sich bewusst verletzlich macht. Das heißt, verinnerlichte Schutzmechanismen und Barrieren abzubauen, welche die eigene Verletzlichkeit und Angreifbarkeit verstecken wollen und sich stattdessen offen für emotionale, physische oder intellektuelle ‚Angriffe' zu zeigen. Dabei kann es darum gehen, verinnerlichte Gewalt- und Machtdynamiken aufzubrechen, Vertrauen und Verständnis aufzubauen und neue Beziehungsweisen zu erlernen, die nicht auf Selbstschutz, Konkurrenz oder Entwertung basieren, sondern die die Fehl- und Verletzbarkeit von sich und anderen anerkennen.

mit der Koexistenz von Unmenschlichkeit und Menschlichkeit in jeder_m von uns. Es geht darum, uns selbst und einander an die gewaltvolle(n) Geschichte(n) zu erinnern, die wir erben und verkörpern, obwohl wir sie verleugnen wollen (vgl. Nagar/Shirazi 2019: 239).

sein können
gierig auf das, was ist
dem, was bequem ist, widerstehen
vorsichtig unsere verschiedenheiten liebhaben
verbunden, abseits von identität und gleichheit

Um kapitalistische Strukturen zu kritisieren, sie zu sprengen und zu ersetzen, braucht es Körper, die sich einsetzen. Der Kraftaufwand dieses Einsatzes ist nicht selbstverständlich und entsteht nicht aus sich selbst heraus, sondern er bedarf Nahrung, Zuwendung, Ruhe, Unterstützung usw. Wir sind auf einer körperlichen Ebene mit anderen Körpern verbunden. Wir sind auf einer körperlichen Ebene aber auch mit gesellschaftlichen Strukturen verbunden und innerhalb dieser Strukturen haben nicht alle Körper die gleichen Bewegungsmöglichkeiten, Kapazitäten, Bedürfnisse. Unterschiedliche Körper begegnen unterschiedlichen Barrieren, Ent- und Bewertungen und Ein- und Ausschlüssen. Um Sorgetragen in den Mittelpunkt antikapitalistischer Praxis zu rücken, ist es notwendig, sich auf Körper zu beziehen und ihre Verletzlichkeit, ihre Bedürftigkeit und ihr Gewordensein anzuerkennen und ernst zu nehmen.
Für uns sind Körper nicht nur Ware, sondern auch Zeug_in und Medium. Durch Körper erleben wir gesellschaftliche Strukturen, durch Körper beziehen wir uns auf die Welt und aufeinander. Wir sind erschöpfte, müde, ausgelutschte und ausgezuzelte Körper, die ent- und bewertet werden, zwischen Stigma und Fetisch, wir sind sorgetragende Körper, die vom solidarischen Sorgetragen träumen und wir fragen einander nach widerständigen Körperpraktiken, Strategien und Fürsorgekonzepten abseits von Vereinzelung, Optimierung und (Selbst-)Ausbeutung.

Literatur

Abebe, Tatek; Biswas, Tanu (2021): „Rights in education: outlines for a decolonial, childist reimagination of the future–commentary to Ansell and colleagues.“ In: *Fennia-International Journal of Geography*, Bd. 199, Nr. 1, S. 118–128.

Anderson, Rosemarie (2002): „Embodied writing: Presencing the body in somatic research, Part I.“ In: *Somatics. Magazine-Journal of the Mind/Body Arts and Sciences*, Bd. 13, Nr. 4, S. 40–44.

Biswas, Tanu (2020): *Little Things Matter Much – Childist Ideas for a Pedagogy of Philosophy in an Overheated World*. München: Büro Himmelgrün.

Biswas, Tanu (2023): *Childism: A minor dimension of major significance III – developing the decolonial childist perspective contextualised within privileged majority-white contexts*. Vortragsreihe: Intersectionality Studies and Diversity Competence. Vortrag am 26.01.2023. Universität Bayreuth.

Bücker, Teresa (2022): *Alle_Zeit. Eine Frage von Macht und Freiheit*. Berlin: Ullstein.

Govrin, Jule (2022): *Politische Körper. Von Sorge und Solidarität.* Berlin: Matthes & Seitz.

Grach, Katja (2018): *MILF-Mädchenrechnung. Wie sich Frauen heute zwischen Fuckability-Zwang und Kinderstress aufreiben.* Berlin: Schwarzkopf & Schwarzkopf.

Haraway, Donna (1988): „Situated Knowledges: The Science Question in Feminism and the Privilege of Partial Perspective." In: *Feminist Studies*, Bd.14, Nr. 3, S. 575–599.

Hedva, Johanna (2020): *Sick Woman Theory.* Online unter: https://theanarchistlibrary.org/library/johanna-hedva-sick-woman-theory [letzter Zugriff am: 21.10.2023].

Johnson, Rae (2018): *Embodied Social Justice.* London: Routledge.

Lorey, Isabell (2017): „Sorge im Präsens. Verbundenheit, Sorge, _Mit_." In: Tobias Bärtsch et al. (Hg.): *Ökologien der Sorge.* Wien/Linz/Berlin/Zürich: transversal texts.

Nagar, Richa; Shirazi, Roozbeh (2019): „Radical Vulnerability." In: Antipode Editorial Collective, Tariq Jazeel, Andy Kent, Katherine McKittrick, Nik Theodore, Sharad Chari et al. (Hg.): *Keywords in radical geography.* Hoboken/Oxford: Wiley Blackwell, S. 236–242.

Roig, Emilia (2021): *Why we matter. Das Ende der Unterdrückung.* Berlin: Aufbau Verlag.

Salami, Minna (2021): *Sinnliches Wissen. Eine schwarze feministische Perspektive für alle.* Berlin: Matthes & Seitz.

Siever, Ravna Marin (Zesyr_a) (2020): „Frauisiert und vermuttert." In: *queErziehung.blog.* Online unter: https://queerziehung.blog/geschlechterfragen/151/ [letzter Zugriff am: 21.10.2023].

Thom, Kai Cheng (2019): „The Ties That Bind, the Family You Find, Or: Why I Hate Babies." In: Kai Cheng Thom: *I hope we choose love. A trans girl's notes from the end of the world.* Vancouver: Arsenal Pulp Press.

Tiné, Naima (2019): „Wissen und Kolonialismus." In: Rebekka Habermas (Projektleitung): *Universität und Kolonialismus – Das Beispiel Göttingen.* Online unter: https://goettingenkolonial.uni-goettingen.de/index.php/lehre/wissen-und-kolonialismus [letzter Zugriff am: 18.11.2023].

Tretau, Alisa (Hg.) (2018): *Nicht nur Mütter waren schwanger. Unerhörte Perspektiven auf die vermeintlich natürlichste Sache der Welt.* Münster: edition assemblage.

Janis Walter

Kapitalismus und Kameradschaft

Mit dem Begriff der Beziehungsweise lässt sich beschreiben, dass eine Beziehung mehr ist, als dass mindestens zwei Menschen in ein Verhältnis treten. Der Begriff bezeichnet das, was sich zwischen ihnen ereignet und was sie übersteigt. Neben den utopischen oder schönen Möglichkeiten des Miteinanderseins, wenn es beispielsweise um Solidarität, Kooperation oder Freund_innenschaft geht, gibt es auch gewaltsame und destruktive Beziehungsweisen. Eine solche ist die Kameradschaft.[229] Der Begriff und die Begriffsverwendung sind eng mit dem Soldatischen verknüpft. Im deutschen Sprachraum wird der Begriff zunächst im Zuge des Dreißigjährigen Krieges (1618–1648) geläufig und ist später ein wichtiger Begriff in der Erinnerung an die Erlebnisse des Ersten Weltkriegs sowie ihre rückblickende Verklärung. In den 1920er Jahren ist er Teil von Debatten und Streitigkeiten und wird schließlich zentraler Teil faschistischer Ideologie in den 1930er Jahren. Daneben findet er auch in anderen Zusammenhängen Verwendung, zum Beispiel in der Bezeichnung von Mitschüler_innen als Klassenkamerad_innen. Letzteres klingt für die meisten vermutlich altbacken, wie auch der Begriff selbst für die Mehrheit der Menschen in Deutschland nicht mit Erfahrung belebt ist. Es gibt aber Zusammenhänge, in denen Kameradschaft noch als Ideal gilt und in diesem Sinne gepflegt wird. In der Bundeswehr scheiterte der Versuch, mit dem sogenannten Traditionserlass[230] (von oben) ein Bekenntnis zur Demokratie im soldatischen Selbstverständnis zu etablieren, an der Hartnäckigkeit und dem Widerstand der Truppe (von unten). Im Kasernenalltag,

229 Da es hier um das maskulinistische Phänomen der Kameradschaft geht, wird der Begriff in diesem Text nicht gegendert.

230 1965, 1982 und 2018 haben die jeweiligen Verteidigungsminister_innen in den kurz ‚Traditionserlass' genannten ‚Richtlinien zum Traditionsverständnis und zur Traditionspflege' Eckpunkte zum Verhältnis der je gegenwärtigen Bundeswehr zur deutschen Militärgeschichte festgehalten. Anlass und Gegenstand war stets das umstrittene Verhältnis der Bundeswehr zur Wehrmacht (vgl. BMVG 2018).

gerade aber auch unter denen, die selbst im Krieg – zum Beispiel in Afghanistan – waren, findet sich eine Fortsetzung der Vorstellung einer generationenübergreifenden, die Wehrmacht einschließenden Gemeinschaft der Kämpfenden unter dem Begriff der Kameradschaft. In der Bundeswehr lebt also unterhalb des von der Führung ausgegebenen Ideals ein zerstörerischer Modus männlicher Gemeinschaftsbildung fort. Das allein ist noch gar nicht so verwunderlich. Es spricht in meinen Augen aber einiges dafür, die Attraktivität von Kameradschaft nicht als ein rein soldatisches oder auf die Bundeswehr begrenztes Phänomen, sondern als eines der kapitalistischen Moderne zu begreifen. Hierfür argumentiere ich in diesem Text, indem ich erstens nachzeichne, dass Kapitalismus wesentlich eine Gemeinschaft der Tauschenden, Austauschbaren und Konkurrierenden und in diesem Sinne vereinsamend ist. Zweitens zeige ich, dass Kameradschaft als destruktive Vergemeinschaftung eine Beziehungsweise ebendieser kapitalistischen Einsamkeit ist. Drittens diskutiere ich, dass das problematische oder gefährliche an Kameradschaft – neben anderen Faktoren wie zum Beispiel dem Ausschluss von FLINTA* – ist, dass sie über Gewalt funktioniert. Gemeinsam Gewalt auszuüben, stiftet Kameradschaft und die Kameraden neigen eher dazu, in Gemeinschaft gewaltvoll zu handeln, als sie es allein tun würden. Das lässt sich anhand des Tathergangs des Attentats von Halle 2019 beobachten. Schließlich argumentiere ich dafür, in der Forschung und der Berichterstattung über die häufig Einzeltätern zugeschriebenen, rechtsterroristischen Anschläge eine „beziehungstheoretische Perspektive" (vgl. Adamczak 2017: 249) einzunehmen. Das bedeutet, Kapitalismus und Kameradschaft als zentrale Elemente des Rechtsterrorismus kenntlich zu machen.

Kapitalistische Einsamkeit

Im Alltag, sei das am Arbeitsplatz, in der Freizeit oder zu Hause, sind wir permanent anderen Menschen nah und vor allem von anderen Menschen abhängig. Selten machen wir uns das bewusst. Dabei haben sie das Brot gebacken, das wir essen, oder uns unversehrt, wenn auch mit Verspätung, mit der Bahn gefahren. Diese Abhängigkeit offenbaren meist erst Unregelmäßigkeiten wie Unfälle durch ‚menschliches Versagen'. Viele uns verborgene Handgriffe führen zu der gelungenen Fahrt mit der Bahn ins Büro und auch zum Croissant und dem Kaffee am Morgen. In beinahe intimer Nachbar_innenschaft wohnen Menschen, die wir gar nicht kennen, aber an deren Leben wir teilhaben. Wir hören ihr Husten, ihren Fernseher, ihre Klospülung usw. Mit den meisten Menschen, mit denen wir täglich zu tun haben, verbindet uns nichts, außer, dass wir ihnen

als Tauschende begegnen: die Bahnfahrt gegen ein Brötchen. Vermittelt wird dieser Tausch durch Geld, das die meisten Menschen für ihre Lebenszeit bekommen. Zeit, die sie damit zubringen, etwas herzustellen oder zu machen, das in der Regel durch eine Firma an andere verkauft werden kann. Weil aber viele Menschen Brötchen backen, Texte schreiben oder eine Bahn steuern könnten, wenn sie dazu ausgebildet würden, haben nicht wenige Menschen Angst, ersetzt zu werden, gerade wenn sie älter oder länger krank sind oder schlicht jeden Tag das Gefühl vermittelt bekommen, dass sie bzw. ihre Zeit zu teuer ist. Das macht manche von ihnen wütend auf diejenigen, die sie ersetzen könnten („Die Ausländer nehmen uns die Arbeitsplätze weg."), obwohl auch die nur Geld brauchen, um Brötchen, Bahnfahrten usw. zu kaufen.
Neben der Lohn- oder Sorgearbeit und der Zeit, die wir brauchen, um uns davon zu erholen, bleibt wenig Zeit, intensive Freund_innenschaften zu führen, weil es schwerfällt oder unmöglich ist, diesen Beziehungen Vorrang vor der Arbeit einzuräumen. Entsolidarisierung und Einsamkeit sind also kennzeichnend für kapitalistische Gesellschaften – Gesellschaften, in denen sich Menscheneben wesentlich als Tauschende begegnen und in denen sich alle anderen Beziehungen hinter dieser Tauschbeziehung einreihen müssen. Während es Einsamkeit auch in nicht-kapitalistischen Gesellschaften geben kann und vermutlich auch in Zukunft in bestimmten Formen geben wird, gibt es also eine spezifische Form *kapitalistischer Einsamkeit.*

Kameradschaft als Beziehungsweise kapitalistischer Einsamkeit

Das Gefühl, am Ende allein zu sein, hängt eng mit dem Gefühl zusammen, sich gegen andere durchsetzen zu müssen. In der Schule, an der Universität oder im Beruf, aber auch auf der Suche nach einem Kindergartenplatz in einer Großstadt reicht es nicht, gut oder mit sich selbst zufrieden zu sein oder das Geforderte zu erledigen. Erfolg schon bei der Bewältigung des Alltags hängt hier ganz wesentlich auch davon ab, besser, schneller, zuverlässiger, vernetzter usw. als andere zu sein, also von vielem, aber nur zu geringen Teilen von einer_einem allein. Das eigene Leben ist Verhältnissen überantwortet, die sich unserer Kontrolle entziehen und ist damit in vielerlei Hinsicht nicht oder weniger planbar. Dazu vollzieht es sich in permanenter Konkurrenz zu anderen. Diese Entwicklung ist Teil dessen, was Neoliberalismus genannt wird. Nicht alle Menschen reagieren gleich auf den so erlebten Kontrollverlust. „Das Gefühl, in der modernen Welt keine Kontrolle mehr zu haben, ist ein gegendertes Gefühl [...]. Für Männer bedeutet der neoliberale Wandel einen Abstieg auf die Positionen, die Frauen gewohnt sind." (Kaiser 2020: 237) Den Anforderungen dieses Alltags gerecht zu werden, wird von manchen Männern daher als eine Herausforderung wahrgenommen, die eine Wehrhaftigkeit erfordert, die auffordert, das Schicksal entschlossen anzunehmen, den eigenen Weg zu gehen und sich durchzusetzen. Das soll das Verhalten dieser Männer nicht entschuldigen, sondern erklären, warum gerade bei ihnen zu beobachten ist, dass sie sich nach einer Ordnung und Eindeutigkeit sehnen, die in ihren Augen bedroht ist. Diese Sehnsucht findet dann in der Fixierung auf eine homogene nationale, ethnische und sexuelle Identität ihren Ausdruck. Für die Verteidigung dieser Ordnung zu kämpfen, wird wiederum als sinnstiftend empfunden. Es hebt den Einzelnen hervor und reiht ihn ein in den Kreis der gegenwärtig wie historisch Kämpfenden, der Kameraden. Perspektivlosigkeit und Sinnleere mit einem womöglich historischen Auftrag zu begegnen, ist das, was die jungen Männer auch nach der Aussetzung der Wehrpflicht in die Kaserne ziehen lässt. Nur ein Teil von ihnen führt die Stubengemeinschaft in aktiver Kampfgemeinschaft fort, geht also wirklich in einen Auslandseinsatz.

Aufsehen erregten zuletzt aber gerade diejenigen, die bereit sind, die Ordnung auch jenseits staatlicher Institutionen zu verteidigen.[231] Sie bereiten sich auf einen Tag-X vor, an dem Polizei und weitere Ordnungskräfte nicht mehr in der Lage sind, für Sicherheit zu sorgen oder zum Beispiel auch, um den als Unrecht empfundenen Grenzübertritt von Menschen auf der Flucht zu verhindern. In informellen Netzwerken, Kleingruppen und Chats motivieren sie sich zum Gutheißen, Planen und Verüben von Anschlägen auf Menschen, die sie in besonderer Weise für schuldig an der Zerstörung der Ordnung halten: migrantisierte Menschen, Juden_Jüdinnen, Politiker_innen, aber auch zunehmend Frauen und Feminist_innen. Die Attraktivität solcher Gemeinschaften liegt – in einer Gesellschaft, die vereinzelt und Menschen in ein Konkurrenzverhältnis zueinander drängt – darin, sich durch einen gemeinsamen Feind und Auftrag zu einen. Das stärkt die Selbstwahrnehmung, nicht jenseits der Mehrheitsgesellschaft zu stehen, sondern zu den Wissenderen und Entschlosseneren oder auch zu den Leidensbereiteren zu gehören. Da die Feindkonstruktion so elementar ist,

231 Gemeint sind hier Gruppen wie der Uniter e.V., ein Verein ehemaliger und aktiver Soldaten und Polizisten, der Teil des rechtsextremen Hannibal-Netzwerks ist (vgl. Renner/Wehrhahn 2019).

lässt sich von einer Burgfriedenspolitik[232] auf unmittelbar zwischenmenschlicher Ebene sprechen, das heißt Trennendes oder Konflikte werden als überwunden oder nebensächlich erklärt, weil die gemeinsame Aufgabe, sich gegen den Feind zur Wehr zu setzen, das Trennende angeblich übersteigt. Weil sie nicht aufgrund von Zuneigung oder Freundschaft zueinanderhalten, ist die Beziehung der Kameraden immer in Gefahr. Es gibt zum Beispiel eine geringe Bereitschaft, einander beizustehen oder der Mehrheitsmeinung in der Gruppe zu widersprechen. Die Gemeinschaft, die stark macht, droht permanent mit der Ächtung im Falle von Erfolglosigkeit oder Schwäche. Der Historiker Thomas Kühne fasst diese Gruppendynamik so zusammen: „An die Stelle individueller Verantwortung und persönlicher Schuld setzte die Kameradschaft die Aussicht auf soziale Geborgenheit und die Furcht vor dem sozialen Tod." (Kühne 2006: 88) Damit setzt die Kameradschaft das äußere Konkurrenzverhältnis des Kapitalismus nach innen fort: Die Kameraden müssen sich als geeignet beweisen, Teil der Kameradschaft sein zu dürfen. Sanktionierend verfährt die Kameradschaft mit Zögerlichkeit oder Schwäche, allgemeiner mit Momenten, die der Vergemeinschaftung im Kampf im Wege stehen. Hier ist sie anderen Dynamiken vor allem männlicher Vergemeinschaftung ähnlich, wie sie auch mein Aufwachsen als *weißer* Junge und junger Mann geprägt haben: Mutproben und Gewalt gegen Andere haben eine integrative Funktion.

Kameradschaft und Gewalt – das Attentat von Halle 2019

Am 9. Oktober 2019 beginnt Stephan B. den Stream zu seinem Amoklauf in Halle. „Hi, mein Name ist Anon und ich glaube, dass der Holocaust niemals stattgefunden hat. Der Feminismus ist der Grund für die sinkende Geburtenrate im Westen, die das Einfallstor für Massenmigration ist" (zitiert in Kaiser 2020: 20f). Anonym (als Anon) tritt er in einen Kampf ein, der ihn übersteigt. Dazu passt auch, dass er sich selbst eher geringschätzt. Als Teil einer Bewegung, in einer selbstgebastelten Uniform, gelingt eine Selbstinszenierung als entschlossener Kämpfer. Er fühlt sich stark. Sein eigenes Auftreten kommentiert er mit: „Nobody expects the Internet-SS"[233] (ebd.). Er handelt für diese kleine

232 Als Burgfriedenspolitik wird das Zurückstellen innenpolitischer Konflikte und wirtschaftlicher Auseinandersetzungen im Deutschen Kaiserreich während des Ersten Weltkriegs bezeichnet. Der Begriff wird als Metapher für das Zurückstellen von inneren Konflikten zugunsten des gemeinsamen Kampfes oder allgemeiner einer gemeinsamen Zielsetzung verwendet.

233 *„Nobody expects the Internet-SS"* heißt auf Deutsch: „Niemand erwartet die Internet-SS".

Gruppe ihm besonders Zugewandter, mit denen er sich im gemeinsamen Kampf wähnt. Seine Tat adressiert erst in zweiter Linie die Gesellschaft als Ganzes. Den Kameraden will er mit seiner Tat ein Vorbild sein und sie zur Nachahmung animieren. Und diese zuschauenden Kameraden sind weltweit zu finden. Ihnen gegenüber fühlt er aber auch eine besondere Angst, zu versagen. Das wird offenbar, als der eigentliche Plan, in die Synagoge zu gelangen, misslingt, und auch die selbstgebauten Waffen nicht so funktionieren, wie beabsichtigt. Damit scheitert das von ihm angekündigte Vorhaben. In diesem Moment könnte er abbrechen. Das macht er aber nicht. Es wird eine „neue Dynamik der Gewalt in Gang" (Schattka 2020: 57) gesetzt: Stephan B. erschießt erst eine_n Passant_in und nach zielloser Fahrt durch die Stadt noch einen weiteren Menschen im *Kiez-Döner*. Wahlloses Töten soll sein offensichtliches Scheitern kaschieren und seine Position in der Gemeinschaft der Kämpfenden bewahren. Denn die Gemeinschaft, die ihm den Mut gab, die Tat auszuführen, bedroht ihn permanent mit Ächtung im Falle von Erfolglosigkeit oder Schwäche. Kameradschaft entwickelt einen Konformitätsdruck, indem sie als eine von der Gesellschaft entrückte Gruppe mit der Verstoßung aus der eigenen Mitte droht. Zögerlichkeit, Unentschiedenheit oder Skrupel, nicht zur Tat zu schreiten, unterminieren das enge Korsett der Kameradschaft. Neben der grundsätzlichen Legitimation solcher Taten, dient die Kameradschaft wesentlich der Steigerung der Entschlossenheit von Unentschlossenen. Für Täter wie Stephan B. erfüllt sich diese Funktion vor allem im virtuellen Raum: durch seine zuschauenden Kameraden im Stream.

Das Internet ist also zum einen der Ort, an dem Stephan B. in den Jahren vor der Tat Gleichgesinnte findet und seine Ressentiments zu einem antisemitischen, rassistischen und misogynen Weltbild systematisiert, in dem ein Angriff auf Juden_Jüdinnen als logische Konsequenz angelegt ist. Im Internet findet er zudem die Infrastruktur, die seine Tat ermöglicht. Seine Tatwaffen baut Stephan B. mehrheitlich mit einem 3D-Drucker selbst. Die Baupläne dazu findet er im Netz. Nur zur Sicherheit nimmt er noch eine mutmaßlich bereits 2015 im Internet gekaufte herkömmliche Schusswaffe mit. Darüber hinaus ist das Internet und die dort geknüpften oder angenommenen Beziehungen jedoch vor allem im Tatverlauf relevant, und zwar als die Gewalt unmittelbar befördernder Resonanzraum. Damit bildet sich eine virtuelle Kameradschaft, denn auch für diese Gemeinschaft gilt die Beobachtung, die Kühne für den Ersten Weltkrieg macht: „Wenn das Gefecht begann, wechselte das Ich des Kriegserzählers ins Wir. Das Töten gestaltete die Erinnerung als kollektiven Akt." (Kühne 2006: 64)

Der Angriff vereint zu einem Kollektivkörper, die Männer fühlen sich stärker, mächtiger und geborgener als je zuvor.

Das Einzeltäterphantasma

In Einleitungen zu Publikationen über das Phänomen des Einzeltäters finden sich bisweilen Verweise auf historische Vorläufer (vgl. z.B. Hartleb 2018: 51ff). Im Fortgang wird dann aber meist der Bezug der Täter zum Nationalsozialismus oder zur deutschen Geschichte heruntergespielt. Dies geschieht in der Einzeltäterforschung gerne, indem rechtsnationalistischer Terror mit islamistisch motivierten Taten vermengt wird. Beide Tätergruppen gelten dann gleichermaßen als Extremisten. Die in Teilmomenten berechtigte Gleichsetzung verstellt den Blick auf die historische Kontinuität: Verunsicherte Männlichkeit neigt zu einer Überkompensation. Der Kampf für den Erhalt der Ordnung motiviert bis in die Mitte der Gesellschaft hinein autoritäre Bewältigungsversuche. Das Internet, aber auch physische rechte Netzwerke, überführen diese in Gewalttaten. Sie können dafür auf eine Beziehungsweise zurückgreifen, die Gewalt bestärkt: die Kameradschaft. Erst der Bezugsrahmen einer Gruppe Verbündeter verschafft der abstrakten Legitimität der Tat eine sich selbst verstärkende Konkretisierung. Klaus Theweleit schreibt deshalb: „[W]enn einer im Netz verkündet, er müsste Gewalt anwenden im Namen *seiner Organisation* wird es äußerst gefährlich [...]." (Theweleit 2015: 162) Wie der Fall Stephan B. zeigt, entfesselt (auch virtuelle) Kameradschaft Gewalt weit über die Ausgangsmotive hinaus. Nach den Maßstäben der Community bedeuten gelungene Taten zudem ein Nachleben durch nachahmende Bewunderer.

In einer Gesellschaft organisierter Rücksichtslosigkeit liegt es nahe, sich in Gruppen zusammenzufinden, die diese Rücksichtslosigkeit zum Gestaltungsprinzip ihrer Beziehungsweise gemacht haben. Verstetigte Konkurrenz und die permanente Beurteilung der Performance jedes einzelnen Mitglieds der Gruppe ist dabei keineswegs auf Kameradschaft begrenzt. Sie finden sich auch in neoliberalen Start-up-Strukturen, die nach außen Hierarchielosigkeit predigen, aber eigentlich Weisungsverhältnisse durch disziplinierenden Gruppendruck ersetzen. Erst wo Schwäche zu zeigen nicht mehr sanktionierende Stärke provoziert, steigen wir aus einer sozialen Dynamik aus, die immer wieder Gewalt hervorbringt. Die Existenz dieser Gewaltspirale ist für das zurückliegende 20. Jahrhundert anerkannt, wenn es sich um die Soldaten der Weltkriege handelt. Gleichzeitig wird damit aber häufig behauptet, es sei ein Phänomen, das sich wesentlich auf den Krieg, speziell die Weltkriege beschränken ließe. Damit wäre es lange her und nur Historiker_innen müssten sich damit beschäftigen. Für die Gegenwart gilt es, dieser Verbannung in die Vergangenheit sowie dem Einzeltäterphantasma entgegenzutreten und das Weiterleben dieser Gewaltspirale unter dem Banner der Kameradschaft zu problematisieren.

Literatur

Adamczak, Bini (2017): *Beziehungsweise Revolution. 1917, 1968 und kommende.* Berlin: Suhrkamp.

Bundesministerium der Verteidigung (BMVG) (2018): *Die Tradition der Bundeswehr. Richtlinien zum Traditionsverständnis und zur Traditionspflege.* Online unter: https://www.bmvg.de/resource/blob/23234/6a93123be919584d48e16c45a5d52c10/20180328-die-tradition-der-bundeswehr-data.pdf [letzter Zugriff am: 08.11.2023].

Hartleb, Florian (2018): *Einsame Wölfe. Der neue Terrorismus rechter Einzeltäter.* Hamburg: Hoffmann und Campe.

Kaiser, Susanne (2020): *Politische Männlichkeit. Wie Incels, Fundamentalisten und Autoritäre für das Patriarchat mobilmachen.* Berlin: Suhrkamp.

Kühne, Thomas (2006): *Kameradschaft. Die Soldaten des nationalsozialistischen Krieges und das 20. Jahrhundert.* Göttingen: Vandenhoeck & Ruprecht.

Renner, Martina; Wehrhan, Sebastian (2019): „Neonazis in Uniform." In: Apabiz e.V. (Hg.): *Monitor,* Nr. 84. Online unter: https://www.apabiz.de/2019/neonazis-in-uniform/ [letzter Zugriff am: 08.11.2023].

Schattka, Chris (2020): „Halle (Saale), 9. Oktober 2019. Protokoll eines Anschlags." In: *Mittelweg,* Bd. 36, Nr. 4/5, S. 45–62.

Theweleit, Klaus (2015): *Das Lachen der Täter: Breivik u.a. Das Psychogramm der Tötungslust.* Wien: Residenzverlag.

Olga Tiefenbacher

woher wir kommen und wohin wir gehen

Beziehungsweise(n) des schlechten Heute zum befreiten Morgen

> *[Es ist] wichtig, zu erkennen, dass wir mit vielen Narben in die Bewegung kommen. Wir alle sind gebrandmarkt vom Leben in einer kapitalistischen Gesellschaft. Gerade deshalb möchten wir kämpfen, die Welt verändern. Das alles wäre nicht nötig, wenn wir bereits perfekte Menschen […] in dieser Gesellschaft wären.*[234]

Herrschaft ist allgegenwärtig. Sie ist nicht nur auf institutioneller und ideologischer Ebene zu finden, sondern ebenso auf (inter-)personeller, in unseren Beziehungen zu anderen und zu uns selbst. Es gibt keine Räume, die davon ausgenommen werden können, keine Winkel, in die wir uns zurückziehen und Herrschaftsverhältnissen entkommen könnten. Es ist offensichtlich, dass es sowohl Institutionen als auch Personen gibt, die an der Reproduktion derzeitiger Herrschaftsverhältnisse ein Interesse haben – und dieses auch mit mehr oder weniger gewaltvollen Mitteln tagtäglich durchsetzen. Weniger klar hingegen ist, dass Herrschaftsstrukturen auch durch Gruppen und Strukturen fortgeschrieben werden, die für ein befreit(er)es Morgen kämpfen. Wie sich anhand historischer Beispiele zeigen lässt, reproduzieren auch Parteien, die linken Zielen verpflichtet sind, die Logiken der herrschenden Verhältnisse.[235] Es lässt sich also zunächst feststellen, dass auch Akteur_innen mit emanzipatorischen Absichten stets Gefahr laufen, eben jene Strukturen zu wiederholen, zu deren Überwindung sie

234 Federici 2020: 131.

235 Entweder die in Regierungsposition getretene linke Partei verkommt zur Verwalterin des Staats im Sinne des Kapitals (vgl. Zelik 2020: 96ff) oder aber sie übernimmt die Logik der Kräfte, die sie zuvor zu bekämpfen versuchte, inklusive ihrer Gewalt und untergräbt darin die ehemals eigenen Ziele (vgl. Adamczak 2007: 145ff).

ursprünglich angetreten sind. Dasselbe gilt für die zwischenmenschliche Ebene: Auch wenn sich unsere Positionierungen in und Betroffenheit von Herrschaftsverhältnissen grundlegend voneinander unterscheiden, so ist uns doch allen gemein, dass wir innerhalb eben dieser Verhältnisse aufwachsen, sie in uns aufnehmen und reproduzieren. Stuart Hall fasst diese Problematik wie folgt zusammen: „Etwas Neues zu sagen, bedeutet zuallererst, erneut die Spuren der Vergangenheit zu bestätigen, die in den von uns benutzten Wörtern eingeschrieben sind" (Hall 1999: 86). Die Einsicht, dass wir *alle*, auch diejenigen, welche für ein befreites Morgen zu kämpfen versuchen, mit den Makeln der Gegenwart behaftet sind, hat tiefgreifende Auswirkungen auf die Frage nach revolutionärer Veränderung. Ich denke, dass wir uns vor diesem Hintergrund als Bewegung, die sich einer radikalen Umwälzung der Verhältnisse verpflichtet sieht, die Frage stellen müssen, wie wir im Aufbau des Neuen diejenigen (verinnerlichten) Denkweisen, Handlungsmuster und Strukturen, welche wir überwinden wollen, nicht fortschreiben. Wie kann es gelingen, im (befreiten) Neuen nicht das (herrschaftsdurchzogene) Alte zu wiederholen? Der vorliegende Essay versucht der Beantwortung dieser Frage näher zu kommen. Der Fokus soll dabei auf den daraus folgenden Konsequenzen für politische Organisierung und Praxis liegen.

Vorab einige Anmerkungen zur eigenen Positionierung: Ich schreibe aus der Perspektive einer *weiß* und weiblich markierten Person. Ich studiere und meine Eltern haben ebenfalls studiert. Meine persönlichen Erfahrungen mit politischer Praxis sind dabei im deutschsprachigen und mehrheitlich *weiß* geprägten Umfeld linker Bewegungen verortet, insbesondere ihres mieten- und stadtpolitischen Teils. Dieser Essay ist der Versuch, praktische Kämpfe für radikale gesellschaftliche Emanzipation mit theoretischen Überlegungen zu begleiten. Es geht mir um eine solidarische Kritik, deren Anliegen in der Überwindung von Dynamiken liegt, die uns voneinander trennen, uns spalten und somit das gemeinsame Ziel einer befreiten Zukunft (noch) weiter in die Ferne rücken lassen. Insofern das Schreiben dieses Textes durch persönliche Erfahrungen motiviert ist – und das heißt: von meiner Positionierung bedingt ist – geht es konkreter gesprochen (auch) darum, den Weg meiner eigenen Politisierung und die in diesem Zuge gemachten Erfahrungen zu reflektieren.

Der Begriff der Emanzipation und das ‚Wir', welches ich im Rahmen dieses Essays adressiere, bedürfen vorab noch einer genaueren Erläuterung. Unter Emanzipation verstehe ich die Befreiung von Herrschaftsverhältnissen und den Aufbau selbstbestimmter Beziehungen, wobei diese hier, im Anschluss an Adamczaks Verständnis, sowohl intime wie anonyme, interpersonelle wie sachlich vermittelte Beziehungen umfassen (vgl. Adamczak 2017: 247). Mit dem von mir verwendeten ‚Wir' meine ich die Summe der verschiedenen Kräfte und Akteur_innen, welche für diese Emanzipation kämpfen.

> „Es ist egal, wo wir hinschauen, ob in die aktionsorientierten und praxisbestimmenden Gruppen oder die theoriebezogenen und meinungsbildenden Kreise – eines ist hierzulande [...] einem Großteil der Linksradikalen gemein: sie empfinden eine tiefe Abneigung gegen die Gesellschaft und fühlen sich ihr überlegen." (Kollektiv aus Bremen 2016: 9)

Was bedeutet die von der Gruppe kollektiv![236] beschriebene „Abneigung gegen die Gesellschaft" für die Absicht, im (befreiten) Neuen nicht das (herrschaftsdurchzogene) Alte zu wiederholen? Erst einmal resultiert daraus eine Bewegung der *Des*identifikation. ‚Wir', die wir in ‚der Gesellschaft'[237] all das Schlechte reproduziert sehen, das es zu überwinden gilt, wollen nicht mit dieser identifiziert werden und distanzieren uns von ihr. Gemäß der Logik: wir gegen den Rest. Aus dieser Bewegung der *Des*identifikation mit/von der Gesellschaft resultieren (mindestens) zwei Problematiken: Nicht nur wird die Möglichkeit revolutionärer Veränderung aufgegeben – insofern diese nur mit und von der Gesellschaft selbst errungen werden kann, da sie „[a]ndernfalls [...] zu einem Herrschafts- und Zwangsprojekt von oben [wird] oder linksradikale Politik zu Elitarismus [verkommt]." (Kollektiv aus Bremen 2016: 9) Sich selbst von/mit der Gesellschaft inklusive der in ihr reproduzierten herrschaftsbasierten Mentalitäten zu *des*identifizieren, verstellt darüber hinaus den Blick für die eigene Verstrickung in eben diese Verhältnisse. Folge dessen ist, dass ihre Überwindung blockiert wird. Dieser Punkt ist es, den ich im Hinblick auf die von mir gestellte Frage besonders hervorheben möchte. Die Distanzierung von der Gesellschaft bestärkt das Konstrukt der ‚schlechten Gesellschaft' auf der einen und dem ‚guten Wir' auf der anderen Seite, wobei beide als homogene Teile gedacht werden. Auf diese Weise verliert sich nicht nur die Möglichkeit, bestehendes gesellschaftliches Potential wahrzunehmen, das Quell revolutionärer Veränderung werden könnte, sondern die Abgrenzung vom ‚schlechten Anderen' bestärkt außerdem ein widerspruchsfreies Bild des ‚guten Selbst':

---

236 *kollektiv!* wurde in Folge der Angriffe des IS auf die kurdischen Gebiete in Nordsyrien gegründet.

237 Die Anführungszeichen sollen den künstlichen Charakter der Trennung zwischen ‚uns' und ‚der Gesellschaft' verdeutlichen.

„Diese Selbstwahrnehmung befördert die Trennung zwischen linksradikaler Szene und Gesellschaft und bringt ein elitäres Bewusstsein hervor. Darin wird die eigene Szene zum Hort von Aufklärung und Emanzipation stilisiert, während die Gesellschaft ‚da draußen' als Inbegriff des reaktionären Niedergangs erscheint." (Kollektiv aus Bremen 2016: 42)

Es geht mir nicht darum, die Reproduktion von Herrschaftsverhältnissen zu relativieren, die sich in der Gesellschaft, das heißt auch in uns, vollzieht. Stattdessen möchte ich versuchen, den Ursachen für die Trennung nachzuspüren, welche die Linke zu ihr vollzieht. Dabei halte ich zwei Ursachen für zentral: *Negation* und *Essentialisierung*.

Alles ist schlecht... (Negation)

Keeanga-Yamahtta Taylor hält am Ende des Buchs *Von #BlackLivesMatter zu Black Liberation* fest: „[D]ie Kämpfe, in denen Menschen sich engagieren, müssen die Vision einer anderen Welt beinhalten." (Taylor 2017: 254) Die Kritik an bestehenden Verhältnissen reiche nicht aus, sondern es brauche immer auch eine Imagination dessen, wie ein *besseres* Morgen aussehen könnte. Meine These ist nun, dass es der Linken an einer solchen mangelt. Bini Adamczak zufolge ist die Linke (immer schon) „in einer spezifischen Fixierung auf das übermächtige Gegenüber" (Adamczak 2017: 97) gefangen. Ihr vertraute Zugänge seien Kritik, Widerstand, Subversion, Dekonstruktion – alles Formen, welche die prinzipielle Möglichkeit zu *siegen*, selbst gestalten oder erschaffen zu können, ausschließen. Natürlich irrt die Linke nicht darin, auf die Dominanz von Unterdrückung und Ausbeutung hinzuweisen; Der ausschließliche Fokus auf die Kritik untergräbt jedoch die Möglichkeit, die kritisierten Verhältnisse tatsächlich auch zu überwinden. Erstens leitet sich aus der Kritik nicht automatisch eine Vorstellung davon ab, wie die Zukunft ausgestaltet sein könnte und sollte – die Negation, das heißt die Ablehnung des Bestehenden, führt nicht automatisch zur Position beziehungsweise Vision (vgl. Adamczak 2018: 76). Zweitens läuft der Fokus auf die Kritik Gefahr, diejenigen Verhältnisse zu stabilisieren, die er kritisiert, insofern die Obsession mit dem Schlechten den Aufbau von Neuem verhindert (vgl. D'Atri 2020: 246). Wenn wir immer nur damit beschäftigt sind, uns auf das zu konzentrieren, wie es nicht sein soll, bleiben weder Raum noch Kräfte für das Neue. Und drittens hat das Fehlen einer Vision von einer besseren Welt in erster Linie Verdrossenheit und Passivität zur Folge. Ohne Hoffnung scheint Handlung sinn- und zwecklos. Die fehlende Imagination eines befreiten

Morgen nutzt folglich in erster Linie denjenigen Kräften, die sich für ein Festhalten am Status quo oder anderen nicht-emanzipativen Versionen der Zukunft einsetzen. Vor allem jedoch führt der ausschließliche Fokus auf das Schlechte, so meine These, zur beschriebenen Bewegung der *Des*identifikation. Wir alle brauchen auch positive Formen der Identifikationen, welche im (Irr-)Glauben an die Totalität der Herrschaft nur über eine Abspaltung von eben diesem Schlechten erreicht werden können.

Erst die Perspektive auf das Gute – in der vergangenen wie gegenwärtigen Zeit – ermöglicht uns eine tiefgreifende Auseinandersetzung mit verinnerlichten Mentalitäten, die wir in einem befreiten Morgen nicht wiederholen wollen. Dabei findet sich dieses Gute nicht nur in dem, was sich Herrschaft bewusst entgegengestellt – sich als politisch verstehende, offenkundig widerständige Momente –, sondern auch in alltäglichen Situationen. Auch der Wunsch einer gut ins System integrierten Person nach Veränderung, nach einem befreiteren Morgen birgt widerständiges Potential. In Anlehnung an die kurdische Befreiungsbewegung (vgl. Herausgeber_innenkollektiv 2020: 79ff; Öcalan 2019: 85ff) möchte ich daher für ein Verständnis von Geschichte – sowie Gegenwart als ein Teil derselben – plädieren, welches neben der Strömung von Dominanz, Gewalt und Unterdrückung derjenigen des Widerständigen einen nicht weniger wichtigen Platz zugesteht. Für ‚das Widerständige' gilt hier ebenso wie für ‚das Gute': Sie finden sich (potenziell) in allen Teilen der Gesellschaft, die Linke hat also auf keines der beiden ein Monopol. Uns (alle) (auch) als Teil einer widerständigen Tradition und Gegenwart zu begreifen, ermöglicht dabei (mindestens) zweierlei: Zum einen öffnet sich der Blick für das bereits bestehende Potential, von dem wir Teil sind. Wir müssen das Rad also nicht neu erfinden, sondern den Momenten nachspüren, an welche es anzuschließen gilt. Diese Form der (Selbst-)Verortung hält uns im Umkehrschluss dann dazu an, uns mit Verfehlungen der uns vorausgegangenen sowie uns umgebenden widerständigen Kämpfe auseinanderzusetzen und aus ihnen zu lernen. So eröffnet sich ein Raum, in dem die Frage gestellt werden kann: An welchen Stellen lassen sich Kontinuitäten von Herrschaft (in uns) ausmachen?

Kurdische Befreiungsbewegung
Abdullah Öcalan ist ein kurdischer Aktivist und einer der Mitbegründer der Kurdischen Arbeiterpartei (PKK). Die Ideen der PKK sowie die kurdische Bewegung bauen auf dem Konzept des Demokratischen Konföderalismus auf. Selbstverwaltung, Partizipation, Gleichberechtigung und ökologische Gedanken sind Basis des demokratischen Konföderalismus. Diese Grundzüge wurden vor allem von der kurdischen Bewegung in Nordsyrien (Rojava) umgesetzt.

In Bezug auf politische Praxis lässt sich daraus schließen, dass unsere Organisierung stets über die Kritik der herrschenden Verhältnisse hinausgehen muss. In erster Linie Abwehrkämpfe zu führen und aus diesen nicht herauszukommen, reicht nicht aus. Stattdessen müssen wir, soweit dies möglich ist, am Aufbau desjenigen arbeiten, wo wir hinwollen, und *zugleich* den Kampf gegen die Bedingungen führen, die diesem Aufbau im Weg stehen. Bezogen auf Kämpfe im wohnungspolitischen Kontext heißt das, sowohl gegen die Eigentumsordnung zu kämpfen, welche Wohnraum für alle verunmöglicht und Prozesse der Verdrängung befeuert, als auch diejenigen Strukturen aufzubauen, die den eigenen Vorstellungen von Wohnen entsprechen: selbstverwaltet, föderativ, solidarisch. Auf diese Weise können wir eine „freudvolle Politik [leben], die schon in der Gegenwart Wirkung zeigt." (Federici 2020: 129)

...und bleibt auch schlecht. (Essentialisierung)

Die Behauptung der Unveränderbarkeit bestehender Verhältnisse, ihre Essentialisierung, ist ein wirkmächtiges Herrschaftsinstrument, insofern es Widerstand zwecklos erscheinen lässt und den Status quo festschreibt. Alles und alle scheinen dann in der ewigen Wiederholung der als geschichtslos behaupteten Gegenwart gefangen. Arslan Tschulanov konstatiert dazu, dass „[d]ie gesellschaftlichen Strukturen [...] fertige Produkte [wollen], Menschen, die genau ins Bild passen. Passt du nicht – selbst schuld, hättest ja anders sein können." (Tschulanov 2021: 140) Was Tschulanov hier beschreibt, ist – neben dem essentialisierenden Moment – die Individualisierung von Verantwortung, aus welcher eine moralisierende Schuld-Rhetorik resultiert. Die Verletzung der Norm der ‚Eigenverantwortung' gilt als eigenes schuldhaftes Versagen: „Öffentlichen Angelegenheiten wird mit Verachtung begegnet; [...] Wer sozialer Unterstützung bedarf, wird als unfähig, faul und vor allem schändlich unverantwortlich angesehen." (Butler/Athanasiou 2014: 148) Dieser Diskurs hat im Zuge der neoliberalen Offensive seit den 70er Jahren und im deutschen Raum insbesondere durch die Einführung des Hartz-IV-Systems eine Zuspitzung erfahren: Der Rückzug des Politischen sowie der Abbau des Sozialstaats gingen Hand in Hand mit der Überbetonung individueller Verantwortung. Dem Individuum wird die Verantwortung aufgebürdet, die staatliche Politik nicht länger übernimmt. Wie mächtig dieser Diskurs ist, wird erst vor dem Hintergrund des Einschnitts verstehbar, welcher der Zusammenbruch der Sowjetstaaten darstelle. Durch diesen wurde die Systemkonkurrenz zwischen kapitalistischem Westen vs. ‚kommunistischem' Osten beendet und das sogenannte ‚Ende der Geschichte' eingeläutet – die Erzählung, dass der kapitalistisch verfasste Status quo in seinen Grundzügen unangetastet bleiben müsse und werde, da er sich als überlegen bewiesen habe. In diesem Zuge änderten sich auch die grundlegenden Koordinaten von Politik, die nicht mehr für eine bessere, *andere* Zukunft kämpft, sondern stattdessen, wenn überhaupt, gegen die Verschlechterung der Gegenwart (vgl. König/Adamczak 2021). Die verschiedenen Krisen der letzten Jahre werden im Neoliberalismus folglich verwaltet, statt dass ihre Ursachen behoben werden. Der von Tschulanov beschriebene Zusammenhang zwischen Essentialisierung und Individualisierung lässt sich also wie folgt erklären: Dort, wo die gesellschaftlichen Verhältnisse als unveränderbar behauptet – heißt: essentialisiert – werden, wird Veränderung auf den Bereich des Privaten, des Individuellen beschränkt. Dies steht nur vermeintlich im Widerspruch zum neoliberalen Leitsatz des lebenslangen Lernens. Immer gleichbleibende Bedingungen auf der Makroebene und sich stets selbst optimierende Subjekte auf der Mikroebene gehen bei der Stabilisierung des Status quo Hand in Hand: Das Individuum ist der Übermacht der herrschenden Verhältnisse gegenüber ohnmächtig und kann sich – wenn überhaupt – nur selbst verändern (vgl. Adamczak 2017: 229).

Ich denke, dass sich diese Ideologie der Individualisierung und das Narrativ vom ‚Ende der Geschichte' auf spezifische Weise innerhalb der Linken niederschlagen. Wo sich die individualisierende Ideologie und das essentialisierende Moment verbinden, wenden wir uns in einer (rein) verurteilenden Geste von denjenigen ab, die nicht gendern[238] oder in anderen Punkten unseren Überzeugungen widersprechen, statt die Auseinandersetzung darüber zu suchen. Wenn auch nicht bewusst, so führt die individualisierende Essentialisierung dazu, dass wir gegen Denk- und Verhaltensweisen und nicht gegen die ihnen zugrundeliegenden Ursachen kämpfen. Teil dessen ist, dass wir Subjekten absprechen, sich verändern zu können. Dementsprechend imaginieren wir ‚schlechte' Menschen als ‚schlechte' Menschen, die auch ‚schlecht' bleiben.

Diese Tendenz ist es, die ich mit der bereits skizzierten Dynamik der *Des*identifikation in Beziehung setzen will. Wenn wir uns und anderen absprechen, verinnerlichte herrschaftsförmige Anteile überwinden zu können, suggerieren wir uns selbst, wir stünden außerhalb der Gesellschaft. Denn das individualisierende *blaming*[239], welches ich beschrieben habe, isoliert und schreibt uns im Sta-

238 Die Bedeutung von diskriminierungssensibler Sprache soll hier keineswegs relativiert werden. Es geht mir vielmehr um die Beschreibung der Beziehungsebene: Abwendung, statt Auseinandersetzung, Konfrontation, Reibung.

239 *Blaming* heißt auf Deutsch ‚Beschuldigen'.

tus quo fest. Nur der Glaube an die prinzipielle Möglichkeit von Prozess, also Veränderung, ermöglicht uns einen ehrlichen Blick auf diejenigen Teile, die wir überwinden wollen.
Die Anerkennung, dass herrschaftliche Denk- und Verhaltensweisen durch die Verhältnisse bedingt sind, in denen wir uns befinden[240] und daher auch prinzipiell veränderbar, ermöglicht uns eine andere Bezugnahme zu diesen Anteilen in uns sowie anderen. Das bedeutet, von der Haltung moralischer Verurteilung und dem damit einhergehenden Beziehungsabbruch (sowohl zu uns selbst als auch zu anderen) abzulassen. Wo Abbruch zu Festschreibung von Verhältnissen führt, findet Veränderung nur in Verbindung statt. Dabei müssen diese Verbindungen in Anbetracht einer derart individualisierten Gesellschaft aktiv hergestellt werden.
Für die Praxis (sowohl in organisierten Strukturen als auch in allen anderen Beziehungen) bedeutet das: Es bedarf einer Kultur, die anstelle von individualisierender Verurteilung und Schuldzuweisung auf Räume des (Ver-)Lernens setzt, in welchem wir uns (alle) gegenseitig dabei helfen, eben diese verinnerlichten und reproduzierten Strukturen zu überwinden. Die kurdische Bewegung hat in diesem Sinne die Praxis des Tekmîl entwickelt, was übersetzt ‚Kritik-Selbstkritik' bedeutet (vgl. Herausgeber_innenkollektiv 2020: 499f). (Selbst-)Kritik im Sinne von Tekmîl meint gegenseitige Verantwortungsübernahme und ist somit das Gegenteil von Abwendung, Abbruch, Stillstand, Essentialisierung.

> „Eines der grundlegendsten Prinzipien der Freiheit ist es, sich selbst zu kennen und als ein Individuum mit einer gesellschaftlichen und *geschichtlichen* Realität und Identität zu begreifen." (ebd.: 94, Hervorhebung O.T.)

Wie ist die befreite Zukunft also zu erreichen, wenn wir die Spuren der mit Herrschaft behafteten Gegenwart weder einfach abschütteln können noch die Augen vor ihnen verschließen wollen?
Im ersten Schritt, indem wir begreifen, dass das ‚schlechte Heute' und das ‚gute Morgen' sich nicht gänzlich trennen lassen, sondern miteinander verwoben sind. Ohne die Zweiteilung zwischen ‚schlechtem Heute' und ‚gutem Morgen' aufzubrechen, wird sich die Gegenwart dem Gewand der Herrschaft

240 Damit soll nicht gesagt sein, dass wir prinzipiell keine Verantwortung über unser Denken und Handeln haben. Vielmehr möchte ich auf die Situiertheit verweisen, ohne die sich eben dieses Denken und Handeln nicht verstehen lassen.

nicht entledigen. Und im zweiten Schritt, indem wir unser Verhältnis zur eigenen (heißt: kollektiven) Gewordenheit transformieren. Nur dieses veränderte Verständnis von den Verhältnissen und ihrer Gewordenheit ermöglicht es uns, unsere Verstrickung in das schlechte Heute nicht zu verleugnen, sondern die Widersprüche der bestehenden Verhältnisse auszuhalten. Es bedeutet, wie das Herausgeber_innenkollektiv der 2020 erschienenen Publikation *Wir wissen was wir wollen. Frauenrevolution in Nord- und Ostsyrien* schreibt, sich der eigenen/kollektiven „gesellschaftlichen und geschichtlichen Realität und Identität" bewusst zu werden. In dieser Bewusstwerdung liegt Befreiung, weil sie der Schuld den Rücken kehrt und den Weg für gemeinsame Verantwortungsübernahme eröffnet. Und das heißt: für politische Organisierung.

Organisierung ermöglicht es uns, dem bestehenden Potential, dem Guten im Heute eine Form zu geben, sodass es Teil des Morgens werden kann. Die Organisierung als „kollektives Bewusstsein" (ebd.: 528) eröffnet die Möglichkeit, zu *erleben* (sinnlich, emotional, mehrdimensional), was genoss_innenschaftliche, kollektive Beziehungen bedeuten. Meiner Erfahrung nach ist es dieses *Erleben* (und nicht das Wissen), dass das Gute nicht zur nie eintretenden Verwirklichung verdammt ist, sondern bereits im Heute Gestalt annehmen kann – als Beziehungen, die wärmer, näher, zugewandter, verbundener, freier sind –, was uns die notwendige Kraft gibt, zu kämpfen. Dann wird deutlich: Wenn sie auch momenthaft und unsicher sein mögen, es *gibt* sie bereits – *that's it*, dafür lohnt es sich zu kämpfen.

Dem Beginn dieses Essays ist also in gewisser Hinsicht zu widersprechen: Herrschaft ist zwar allgegenwärtig, nicht aber allmächtig.

Literatur

Adamczak, Bini (2007): *Gestern Morgen. Über die Einsamkeit kommunistischer Gespenster und die Rekonstruktion der Zukunft*. Münster: edition assemblage.

Adamczak, Bini (2017): *Beziehungsweise Revolution. 1917, 1968 und kommende.* Berlin: Suhrkamp.

Adamczak, Bini (2018): *Kommunismus. Kleine Geschichte, wie endlich alles anders wird.* Münster: Unrast.

Butler, Judith; Athanasiou, Athena (2014): *Die Macht der Enteigneten. Das Performative im Politischen*. Zürich: Diaphanes.

D'Atri, Andrea (2020): „Feminismus und Marxismus. Eine nötige Strategiedebatte für die aktuellen feministischen Bewegungen." In: Christopher Wimmer

(Hg.): *„Where have all the rebels gone?“ Perspektiven auf Klassenkampf und Gegenmacht*. Münster: Unrast, S. 244–260.

Federici, Silvia (2020): *Jenseits unserer Haut. Körper als umkämpfter Ort im Kapitalismus*. Münster: Unrast.

Hall, Stuart (1999): „Ethnizität: Identität und Differenz.“ In: Jan Engelmann (Hg.): *Die kleinen Unterschiede. Der Cultural Studies-Reader*. Frankfurt/Main: Campus, S. 83–98.

Herausgeber_innenkollektiv (2020): *Wir wissen was wir wollen. Frauenrevolution in Nord- und Ostsyrien. Widerstand und gelebte Utopien Band II*. Münster: edition assemblage.

Kollektiv aus Bremen (2016): „Für eine grundlegende Neuausrichtung linksradikaler Politik – Kritik & Perspektiven um Organisierung und revolutionäre Praxis.“ In: *kulturkritik. Zur Kritik der politischen Kultur. Wider die Kulturalisierung von Politik und Theorie und Anwendung*, 06.10.2016. Online unter: www.kulturkritik.net/politik/bremerthesen/Bremer%20Thesen.pdf [letzter Zugriff am: 12.06.2021].

König, Julia; Adamczak, Bini (2021): „Das Ende der Geschichte ist zu Ende.“ In: *Phase 2. Zeitschrift gegen die Realität*, Nr. 42 Frühlingsgefühle. Online unter: www.phase-zwei.org/hefte/artikel/das-ende-der-geschichte-ist-zu-ende-330 [letzter Zugriff am: 13.06.2021].

Öcalan, Abdullah (2019): *Jenseits von Staat, Macht und Gewalt*. Münster/Zürich/Wien: Edition 8/Mandelbaum/Unrast (Edition Mezopotamya).

Taylor, Keeanga-Yamahtta (2017): *Von #BlackLiveMatters zu Black Liberation*. Münster: Unrast.

Tschulanov, Arslan (2021): „Die geballte Faust aus der Tasche holen – Klassismus innerhalb der deutschen Linken. Ein Erfahrungsbericht.“ In: Francis Seeck; Brigitte Theißl (Hg.): *Solidarisch gegen Klassismus – organisieren, intervenieren, umverteilen*. Münster: Unrast, S. 138–146.

Zelik, Raul (2020): *Wir Untoten des Kapitals. Über politische Monster und einen grünen Sozialismus*. Berlin: Suhrkamp.

Autor_innen und Herausgeber_innen

Deniz Akyol entkommt dem Kapitalismus im Alltag durch zielloses gemeinschaften mit Menschen, die sie mag. Deniz trifft sich mit Freund_innen und liegt grundlos auf dem Boden rum und isst gemeinsam mit ihnen Chips, sie kuschelt und rangelt gerne mit ihren Freund_innen und frühstückt fast jeden Samstag gemeinsam mit ihnen.

Eliah Arcuri betrachtet kapitalistische Gefüge mit ihren althergebrachten Skripten, Normen, Kategorien und Paradigmen gern als Kopfgeburten, als monströse Geschöpfe der Vorstellungskraft. Er glaubt, dass nicht-kapitalistische BZW entstehen, wenn sie von Vorstellungen getragen werden, die nichts mehr mit besagten Skripten, Normen, Kategorien und Paradigmen zu tun haben. Was passiert, wenn immer mehr Leute auf unterschiedliche Art mit dem Experimentieren beginnen und sich solidarisch verbinden?

Elio Nora Hillermann fragt sich regelmäßig, ob es nach der Revolution noch *kinder bueno* geben wird, beschäftigt sich derzeit viel mit BDSM, empfiehlt zu dem Thema den Podcast *Drunk Church* (CN: es wird mit sehr viel Philosophie-BlaBla um sich geworfen, aber ist trotzdem toll) und wünscht sich sehnlichst eine große anarchistische queere Gewerkschaft, um gegen den kapitalistischen Wahnsinn anzukämpfen.

Emmillie Czizikowski will alles für alle und zwar umsonst! Wir nehmen von den Reichen und geben es den Armen. Friede den Hütten, Krieg den Palästen! Die Häuser denjenigen, die in ihnen wohnen! *Fuck the System* und *radical softness*! Community heißt Zusammenhalt und Wärme erzeugen, gegen die eisige Kälte da draußen! Jeden Tag aufs Neue! Bildet Banden und sucht die Feind_innen nicht in den eigenen Reihen! Das Patriarchale Kapitalistische System kann nur gemeinsam gestürzt werden! Grüße an meine geliebte Anarcho-Mama <3

Janis Walter fragt sich, ob sich unsere notwendige Verwicklung in den Kapitalismus nicht vielleicht doch in eine Stärke zu seiner Überwindung verkehren könnte und hofft in schwachen Momenten, dass wir vielleicht wirklich bloß noch nicht wissen, wie.

Jasmin Hagendorfers Vorstellung eines postkapitalistischen Lebens ist inspiriert von visionären und kritischen Werken wie die von Ursula K. Le Guin und Thomas Piketty sowie von audio-visueller Kunst wie der von Peaches und Nan Goldin, die zum Überdenken von (ihren) Grenzen anregen. Als Künstlerin und Kuratorin, die sich mit Geschlechtsidentität und sozialer Gerechtigkeit beschäftigt, findet sie in diesen Quellen Inspiration für eine Welt voller Gleichheit, Kreativität und Freiheit – frei von den Fesseln des Kapitalismus.

Jo Menhard liest gerne *Science-* und *Speculative-Fiction* mit viel *worldbuilding.* Am liebsten würde sich Jo mit Octavia E. Butler und Ursula K. Le Guin über die Frage, wie innerhalb von Gesellschaften Ausbeutungsverhältnisse entstehen, legitimiert und gebrochen werden, unterhalten. Die Beschäftigung mit dem, was ist und sein könnte, ist für Jo wichtige Praxis und Strategie, um kapitalistische Beziehungsweisen zu überwinden.

Joana Georgi fragt sich vor allem, wie sich die Linke in Deutschland entwickeln wird. Wird sich eine wirklich sozialistische Partei mit dem Ziel einer anti-kapitalistischen Gesellschaft noch finden oder wird die zersplitterte Bewegungslandschaft der Post-Wendegesellschaft weiter vor sich hinvegetieren, bis es zu spät ist und die AfD die Bundestagswahlen gewinnt? Vor diesem Szenario ist sie dankbar für jede_n Genoss_in, die noch Hoffnung hat, denn aufgeben ist keine Option.

Jona v. Czettritz' Vorstellung vom guten Leben ist es, jeden Morgen beim Aufstehen die Möglichkeit zu haben, den ganzen Tag mit gemeinschaftlichem Brunch zu verbringen. Solange Lohnarbeit das noch verhindert, freut sich Jona über jeden Moment, der das Gefühl vermittelt, auch jetzt schon allen Hindernissen mit einem solidarischen Wir entgegenzutreten.

Jonas N. Baer ist ein in vieler Hinsicht fluides Alter Ego. Um die verinnerlichten kapitalistischen Beziehungsweisen zu verlernen, sucht sie/er/es/sier Verbindung statt Trennung; Verbindung vor allem auch mit dem, was unbequem ist oder Befremden, Angst, Scham, Schmerz oder Wut auslöst. ‚Veränderung braucht Reibung' ist siers Credo.

Jule Fechner. Im Prozess: heile werden, im Hier&Jetzt ankommen, ausruhen, gegen diskriminierendes Verhalten im Alltag intervenieren. Einnahmensteigerung: Dinge verkaufen, die andere wegschmeißen oder nicht mehr brauchen. Anstehende Herausforderungen: Elternteil werden!

Katharina Vitt erteilt beige-grauem Minimalismus eine Absage. In ihrer Zukunftsvision eines guten Lebens für alle, können sich alle, wenn sie wollen, eine gehörige Portion Trüffelöl über die Nudeln gießen und ihren Alltag wie durch die Farblinse einer guten queeren Highschool-Serie sehen.

Luzia Winterholler interessiert sich angesichts der umfassenden Durchdringung von Macht im Neoliberalismus für Möglichkeiten zur Selbstermächtigung. Persönlich ist ihr dabei ein Leben ohne Eile mit Blick für die kleinen, aber wertvollen Momente im Alltag wichtig. Einfach im Moment zu leben ist eine Praxis, die wir als Erwachsene häufig verlernt haben. Deshalb erlebt sie die Arbeit im sozialen Bereich mit Kindern und Jugendlichen als besonders erfüllend.

Mascha Linke sieht ihre liebste antikapitalistische Praxis in der hormonellen Umverteilung. Und solange unser derzeitiges System diese nötig macht, bewegt sie sich mit ihren Freundinnen und Schwestern irgendwo zwischen tiefer Ablehnung und systemischer Abhängigkeit vom medizinischen Gesundheitsapparat.

Maxi Karthaus nimmt sich, was sie will, aus der schönen Lebensmittel Bio-Welt, denn auch nicht-reiche Menschen sollten sich gesund und lecker ernähren dürfen. Mit ihren Freundinnen teilt sie ihre Tricks und Erfahrungen, wie das am besten umgesetzt werden kann.

Olga Tiefenbacher, *communist diva, into intimate and radical friendships*. Sehnsucht nach befreiender und befreiter Kollektivität. Schaut zur Entspannung Serien auf doppelter Geschwindigkeit und davon sehr viele. Wünscht sich, wir hätten mehr Macht und kämpft in und mit der eigenen Organisierung darum. In einer befreiten Gesellschaft würde sie sich noch mehr als jetzt dem liebevollen Gossipen und der transformativen Kraft von Beziehungsanalyse widmen.

Oriel Klatt begleitet schon seit der Teeniezeit der Liedtext „Mein Widerstand heißt Lebendigkeit". Mit Witz und Leichtigkeit fliegt Oriel auf einer rosa Wolke Richtung schönem Leben und kann euch gerne per Anhalter mitnehmen.

Prince S. Ass' drei Lieblings-Strategien (um den kapitalistischen Alltag zu überleben) sind: 1) Twerking statt Working! 2) In den Vollkontakt trauen! z.B. in die Schreibtischplatte beißen, Schleim selbst herstellen, am besten einfach mal Kids zusehen – die haben das mit der Lebendigkeit meistens noch noch nicht so verlernt :) 3) Griefgasms! (Orgasmen, bei denen alles ausgeheult werden darf).

Rina Stefan empfindet Widerstand als grundlegende Voraussetzung für reflektierte und achtsame Beziehungen mit sich selbst und einander und sehnt sich nach mehr solidarischen Räumen, in denen solche Beziehungen entstehen und sich entfalten können.

Ruby Rebelde begreift widerständige Praktiken als ‚Trotzdem'. Auch und weil nicht gesagt ist, dass Widerstand automatisch erfolgreich ist, ist er umso bedeutender. Weil widerständige Stimmen die Ruhe stören. Weil widerständige Stimmen ein Störfaktor sind.

Sarah Mouwani denkt der Alltag nach einer antikapitalistischen Revolution wäre: *comme ci, comme-ça.*

Simin Jawabreh beschäftigt sich in Theorie und Praxis mit Themen wie *Racial Capitalism*, Dekolonialismus, Feminismus oder Migrations- und Grenzregimen. Als Kommunistin ist sie in verschiedenen antirassistischen und abolitionistischen Bewegungen organisiert. Sicherheit ist für sie, mit ihren Genoss_innen Solidarität Praxis werden zu lassen und für ein besseres Morgen zu kämpfen. Ein gemeinsames Nein zu den Verhältnissen ist ihr Ja zum Leben.

Tom Wulf stellt sich seinen Alltag nach der Revolution zwischen bequem schönen Sofas und gedankenverlorenen Sonnenspaziergängen vor, mit sich ständig bewegenden Bücherstapeln und strukturiert entschleunigten Plena. Ein bisschen Konzerttechnik basteln an einem Tag und witzige Fahrradideen umsetzen an einem anderen. Abends einen köstlichen Wein und Gnocchi aus den ausnahmsweise mal gelungenen Balkonkartoffeln.

Tuana Aynal begreift Solidarität als einen politisierten Akt der Empathie, der in allen Beziehungen selbstverständlich sein sollte. Um Haltung zu zeigen, füreinander einzustehen und füreinander da zu sein, muss man keine Bücher und Artikel gelesen haben.